BIOGRAPHY OF MR. QINGHOU ZONG

当你所有的思想聚集于一点，

强大的力量由此而生，

它汇聚人脉、金钱、一切。

宗庆后

娃哈哈集团学习版权威传记

宗庆后

万有引力原理

迟宇宙 著

红旗出版社

1987 年，宗庆后当上杭州上城区校办企业经销部的经理，那是娃哈哈的起点。图为宗庆后踩着三轮车送校簿的经典背影。

杭州五中初三(3)班毕业照 1961年5月

杭州第五中学是宗庆后的母校，他是很有号召力的班长。初三毕业时，他还是青涩的模样（第一排右三）。

宗庆后（后排中）是兄长，也是兄弟姐妹们倚重的中心。

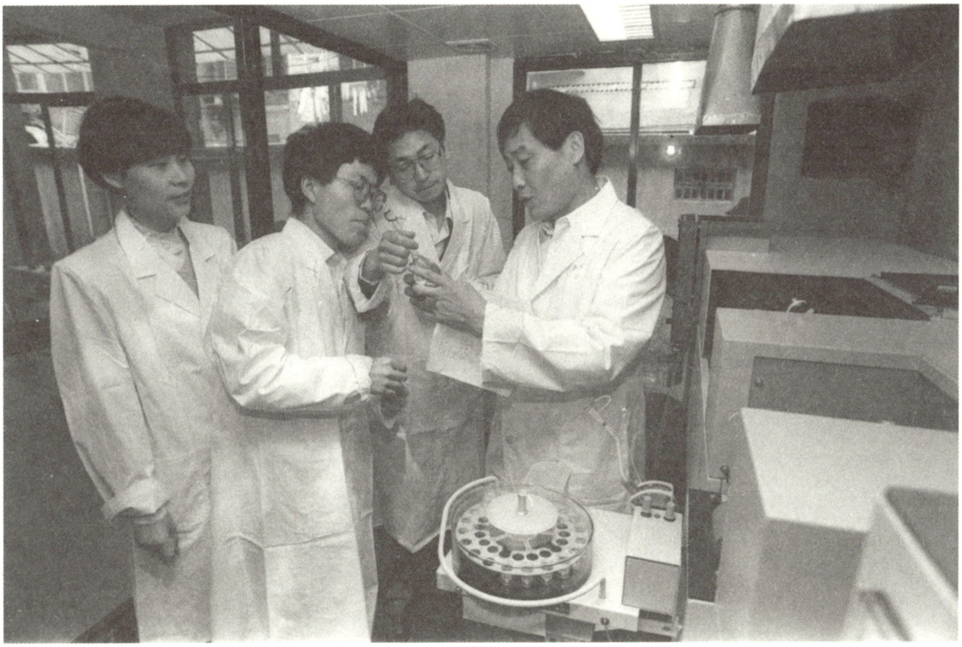

宗庆后是娃哈哈的“全能冠军”，他经常深入一线，解决经营、技术等各类问题，包括参与科研工作。

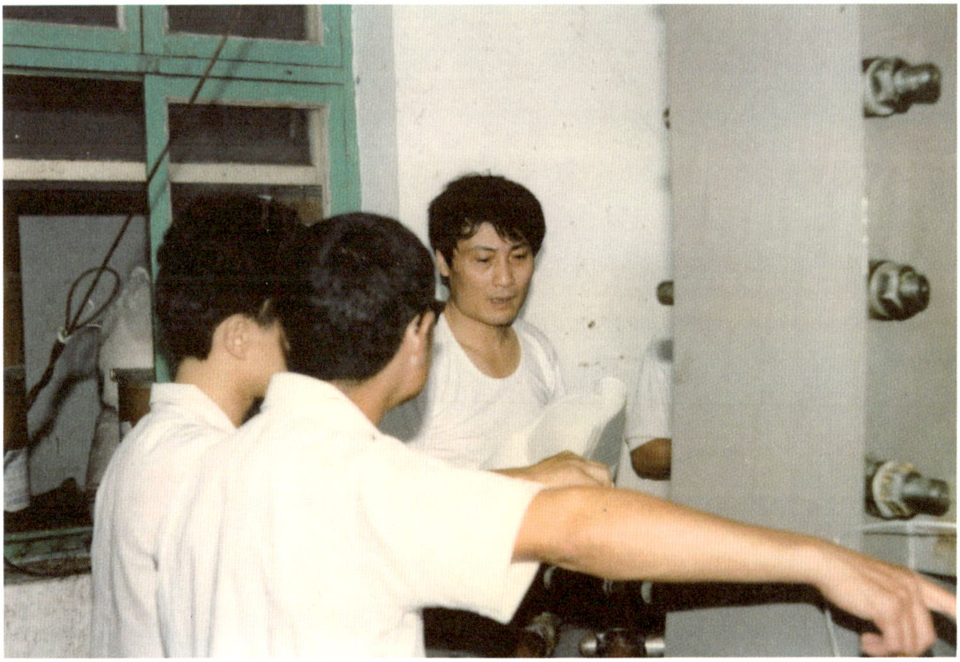

1989 年，宗厂长在娃哈哈原液车间与工人们一起解决机器操作上的难题。

宗庆后手持着精心研制的第一个产品、火遍全国的娃哈哈儿童营养液，目光就像注视着自己的孩子一样温柔而充满期望。这张经典照片曾经展示在上世纪九十年代杭州市最热闹的解放路两侧的画廊里。

1992 年 4 月 28 日，杭州市上城区重奖经济开拓者，当宗庆后接过 10 万元大奖时，这个铮铮铁汉流下了热泪。

1993 年 11 月 21 日，娃哈哈组织员工开展公关活动，为杭州市民赠送《娃哈哈特刊报》。亲自参与活动的宗庆后手持当年流行的大哥大，意气风发，踌躇满志。

1995 年 10 月 8 日，娃哈哈庆祝创业 8 周年，宗老大也上场来参与拔河比赛。

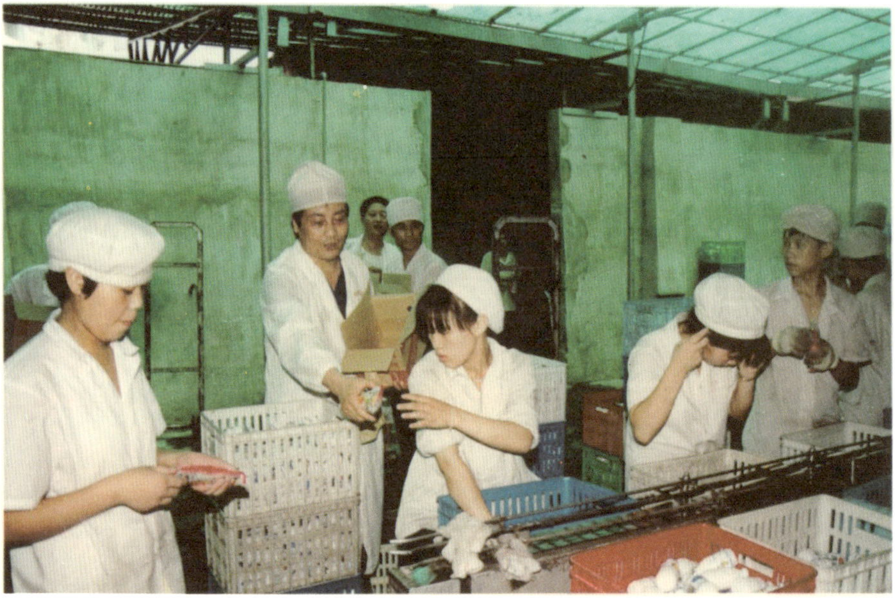

大热天的，宗厂长给员工们发冷饮解暑了。

2003 年，宗庆后与鲁冠球、冯根生热情握手，他们是杭州企业家的“三大巨头”。

在“水淹七军”的国产饮料悲剧之后，宗庆后“偏向虎山行”，非常可乐在“两乐”的夹击中脱颖而出，成为中国饮料界的一个传奇。

宗庆后的身先士卒是有目共睹的，这也是一个来自底层的劳动者的善良品格和优秀素质。

在商界时的叱咤风云和面对天灾时的悲天悯人，这两种特质和谐地统一在宗庆后身上。2008 年 5 月 15 日，宗庆后在参加凤凰卫视等举办的“众志成城——抗震救灾特别节目”时热泪滂沱，向中国扶贫基金会捐赠 400 万元。

一年超过 200 天，宗庆后不倦地“走读”娃哈哈在全国各地的生产基地和饮料市场，“深潜”对他来说是一种常态。

作为一名人大代表，宗庆后肩负着光荣的使命——把底层人民的心声传递出去，为了这个世界更好。

宗庆后和娃哈哈的形象代言人王力宏是忘年交，他很欣赏这个帅小伙的阳光和谦逊。

娃哈哈成为曼联的首个中国合作伙伴，在启动仪式上，宗庆后又开启了娃哈哈新的一页。(CFP 供图)

工作着是美丽的。20 多年来，宗庆后保持每天 16 小时的工作状态，被誉为“超人”。(CFP 供图)

宗馥莉是宗庆后的爱女，也将是接掌娃哈哈的人。2014 年 1 月，宗馥莉第一次以浙江省政协委员的身份参加浙江两会。(CFP 供图)

2014 年 1 月 15 日，宗庆后和女儿宗馥莉相遇在“风云浙商”颁奖晚会上。(CFP 供图)

BIOGRAPHY OF MR. QINGHOU ZONG

目录

chapter 9

chapter 12

天赋奇崛，行走初心

魏　杰

无论祖先宗泽赋予了他怎样的精神力量，今年 70 岁的宗庆后创建的娃哈哈帝国，从一个小小的校办工厂经销部开始，成为中国饮料大王，他走了整整 28 年。

他曾在同一年问鼎福布斯富豪榜和胡润百富榜，成为双料的中国首富。但这一位首富，不是一夜暴富的电商传奇，而是靠卖一瓶瓶水发家致富的，是干净的首富，是受人尊敬的中国企业界的“常青树”，是中国企业界的“活化石”。

中国经济三十年来的剧烈变化，造就了许多财富榜样，也产生了不少跌宕起伏的大败局，人们很容易忘记为何出发，但宗庆后和娃哈哈还行走在初心之上。多年来，我关注着一直扎根杭州的宗庆后，因为他身上不仅有中国财富英雄的大智慧和大谋略，还闪耀着天赋和奇崛之光，而他回报给社会的是一种怎样的财富观和人生价值观，则是我更关心的。

他是一位创意大师。凭惊人的商业直觉和想象力，他创造了多个注定要载入中国经济发展史的“第一”。无论有偿征名、“宇宙流”营销、免费品尝，还是联销体、销地产、明星代言等，宗庆后都有一连串令人炫目的创新和创意。

他是一位经营大师。27 年来，他保持每年 200 余天在全国“走读市场”的纪录，他编织了深入全国三线城市和农村的营销网并亲笔撰写营销通报，让娃哈哈营销戏码精彩纷呈。

他是一位“铁杆”实业家。娃哈哈的银行存款有数百亿元，有多少人鼓动他搞多元经营，但宗庆后坚决不涉足虚拟经济和房地产。他的实业情怀和成功经验，在当代经济乱象中，是一种孤独的骄傲。

他是一位勇士，是“民族经济主义的布道者”。面对世界五百强达能公司的“企图”，他以智慧、勇气和担当，得到了全体员工和经销商的绝对支持，取得了“达娃之争”在全球七八十场官司的“完胜”。

他是一位慈善大师。三次当选全国人大代表，提出一系列引发关注的民生议案，包括提高个税起征点等，还曾向温总理建言献策。他也是频频上中国慈善榜的企业家，娃哈哈集团有限公司二十多年来一直致力于慈善事业，为了更专注地做好这一事业，于 2009 年注资 1000 万元正式成立了浙江省娃哈哈慈善基金会（非公募慈善基金会），基金会宗旨是“产业报国、泽被社会，让爱无所不在”。同时，他领导下的娃哈哈为欠发达地区提供了大量工作机会。

我觉得宗庆后的意义已经超越了企业家的层面，超越了财富层面，他的人生历程和创业经历，充满了他对世界的看法、他的价值观、他面对困难的方法、他的思维方式。费斯克曾说，思想的自由就是最高的独立。我觉得，这句话很适合宗庆后，以及他所代表的那一代人。他的个性中呈现着矛盾的多样性，慈悲和敏锐共存，刚强和温情共举。一个不擅长表达情感的企业家，并非心中没有情感，而是心中装得太多。

党的十八届三中全会提出了“市场决定论”，意思是市场在资源配置中要起到决定性作用，要按照该原则来深化经济体制改革，继续释放民营经济的活力。这对企业又有了新的要求，需要企业看懂宏观政策，不然无法判断市场走向，更好发挥政府作用，使政府和企业在阳光下博弈。我欣喜地看到，娃哈哈已经在这样做了。

因此，在中国当代企业家的版图中，宗庆后是一个独特的存在；在中国经济发展的地图中，宗庆后带领的娃哈哈的发展路径，映照了时代的发展，契合了时代的呼吸，是中国改革开放的一个缩影，勾勒了中国崛起的典型案例。

风云激荡，穿越岁月的轮回，命运的诡谲和丰盛让人怔忡，北大才子、新京报前副总编、《中国故事》杂志总编迟宇宙的写作激情粲然，切入内核，神韵俱显。

他人的故事，他人的遇见，提出了你的问题，怦动了你心底的柔软，说出了你的答案。

2015 年 9 月 21 日

（魏杰，清华大学教授、博士生导师、著名经济学家，著有《企业前沿问题》、《市场经济前沿问题》等专著。）

“平行世界”就在眼前

宗庆后

一千个人的眼中会有一千个哈姆雷特，那么一千个人的眼中也会有一千个娃哈哈。

但对于我来说，娃哈哈只有一个。

它是我的整个人生，所有的梦，一切的意义、价值、标签和符号。它是我在这个世界上存在过的证明。

我希望它成为百年企业，成为不朽的象征。这需要未来者为它注入新的生命。我所能赋予娃哈哈的，就像是李云龙为独立团所赋予的，那种叫作“灵魂”或是“精神”的东西。

我们之所以选择成为企业家，并非来自我们的本能，也并非我们真正的性格使然。我们只是在一个找不到出路的年代里，使劲儿地在为自己找一条出路。等到年纪大了，回头一看，自己竟然走出了一条路——一条水路，“弱水三千，我只取一瓢饮”的路。

我经营娃哈哈的 27 年当中，一直想做些能够实现个人价值也能为社会带来价值的事，比如创新产品、创造财富、不拖欠人家货款、不去欺负别人、公平交易……

我们都是艰苦创业，一路走过来的。我们没有外界渲染夸张的那种奢华生活。我们这些人，没时间去享受，生怕一享受了，贪图安逸了，企业就搞垮了；而且那些太古怪的东西，我们也不敢去经历。

我小时候的理想很多，后来被社会现实慢慢地修正。有什么机会就抓住什么机会，就像《士兵突击》里的许三多一样，把每个机会都当作救命稻草，牢牢抓在手中。没有理想、没有目标是不行的。我年轻的时候在农场时就有想法，要把茶叶种得比别人更好。

几乎所有的年轻人都想成为出类拔萃的人。你想干什么就干什么。出类拔萃的人也不少，但不是所有人都能出类拔萃，大部分人都成了“类”而不是“萃”。奋斗的过程中有理想，有一个时代背景，还有一些偶然和运气，最后才能形成今天的“萃”。

我也不想娃哈哈带给我什么，它已经让我实现了我的人生价值。

我要一辈子把娃哈哈做到底，没有假如。

除了为这个国家提供了一个娃哈哈、提供了那么多税收之外，我能为这个国家、这个时代提供的最大价值是更新观念。有一个宗庆后在这儿，大家就会觉得在中国踏踏实实地做商业、做实业，一点一点地积累，还是有希望、有前途的。有一个现成的模式摆在这儿，大家就会看到希望，会觉得在中国做商业，可以不靠资本市场，不去做 PE，不去做创投 VC，也能获得成功。以前大家都觉得做实业赚钱慢，玩资本来钱快，不用那么辛苦；现在大家会觉得，还是踏踏实实做实业，才会成为“首富”。

在商业生活中，我认为勤奋最重要。天道酬勤。如果按 100 分来测算，勤奋最起码要占七八十分。除勤奋之外，我比较会创新，比较低调。我弱点是事无巨细地亲力亲为，大家对我依赖性比较强，我现在也慢慢地让部下们去历练。

这跟悟性有关系。我可能是无师自通的，也没去学人家的什么理论，完全是凭感觉和经验，判断一个问题应该怎么解决比较好，怎么去管理比较好，自己弄了一套东西，通过实践才知道对错。

这是看不见的价值，体现在人们的观感和内心上。在看得见的方面，我觉得最大的慈善是在欠发达地区和少数民族地区投资建厂，“授之以鱼不如授之以渔”。我们的原则是救急不救穷，碰到大的自然灾害，我们也慷慨解囊，伸手援助。

企业只有不断地创造财富才能更多地承担社会责任和推动社会进步，才能给更多的人带去欢乐。企业家不但要会赚钱，会经营企业，更需要社会责任感，有良心的财富才有意义。

中国曾经是个世界强国，中华民族也是很伟大的民族，只是在清朝末期，我们闭关锁国，才挨外国人打，最后把自信心给打掉了。中国人如今搞了三十多年改革开放，就搞成了今天这样子，说明中华民族还是了不起的。

我来自社会基层，了解老百姓的想法。老百姓不需要我们那么强势地去管理。现在社会风气大不如前，主要是老百姓的生活水平还没有跟上整个经济发展。这需要物质基础。有了物质基础，老百姓道德水平和自制意识提升后，你不用管他，他知道什么事能干，什么事不能干，这样社会才能管好。这就是社会转型时期。这就是整个社会的燃点、沸点。

你得看明白，人的本性是自私的，满足一定的条件才会有无私，物质文明有了才会有精神文明。

世界每天都在改变，不变的是我们内心亘古的准则与律令。“首富”不能代表任何意义，但娃哈哈矗立在那儿，就意味着我的人生没有虚耗，我在这个世界上活过的证据就矗立在那儿，没有谁可以动摇。

我这人心态比较好。

我生命中最快乐的时光，就是把这个事做成了的这二十多年。

一个人最伟大的成就，应该是为社会创造了什么。

当我站在斯坦福论坛的讲台上，面对世界名流和年轻的学子，我看到了和平与战争、富裕与贫困、奢侈与勤俭、贪婪与美德如同影子一般相互随形。如果说“平行世界”，我说，就存在于当下，此刻，我们看到的两种极端的并存。

在直觉之外，我体悟到生命本身的盛大。在财经的世界里，我们没有依靠，但也正是这种独立与自觉，给了我们更大的精神上的自由。

首富是一个桂冠，但是我并不想沦为一个财富的符号。卓越的企业家在价值积累的过程中，聚沙成塔，终将完成一个天命，那就是达到“无我”、“无物”的境界，为这个世界本身的进步和建设提供意见，提供建设性的思维模式和建设性的处世方案，这才是企业家带给这个世界的最大感动，亦同时是一个人的存世价值。比如，为“平行世界”中的那个弱势的世界提供帮助，弥补这个世界的残缺，推动社会的进步。

这个世界是联系在一起的。你和我，比我们想象的紧密得多。也许“自他同体”一说，有点玄妙，但是，道，在任何一个事物达到完美时，就会自然呈现。只是在追求完美的过程中，我们要舍得自己。

我是一个普通人，从底层崛起的凡人。幸运的是，我生于一个大时代；更幸运的是，我获得了一个机会，缔造了一家公司，并且因之而成为“中国首富”，得到了价值的实现与认同。

我唯一的念头是，当我真的老去，我可以对所有人说：“我这一生，并不非凡，但我干了一番事业，改变了一些人的命运，为这个时代、这个社会和这个国家提供了一些正能量。很多人因我而受到鼓舞，成为主动打造新世界的力量。”

真希望他们回答我：“不用担心，我们的看法相去不远。”

2015 年 9 月 15 日

WAHAHA ALWAYS STANDS TOWERING

Biography of Mr. Qinghou Zong

CHAPTER 01

磨难，是青春的修行

在经历过的每一桩过往当中，因为个性使然，全情投入，高峰体验总是如约而至。学校里的好班长、为家分忧的榜样大哥以及工作时的积极分子，三位一体，成就了我在少年人生圈内的“出类拔萃”，以及赢得最重要的东西——他人的尊重。

我曾在苦难中度过了我的童年和青春时光，但无论面对怎样的苦难都始终未曾放弃过对未来的希望；我曾面对人生中巨大的磨炼，但那些重压都不曾遏止我胸中涌动的斗志，我的心中依旧充满热望与期许。

苦难是人生的老师。

我看到的最多的是，一个事物光辉灿烂的那个剖面，以及可以运用人类的智力活动为这个事物穷尽至光辉的付出程度。

在历史条件的限制下，说胸怀大志有点遥远，但是，这并不代表我缺乏心理准备，相反，从触手可及的眼前和周边中，穷尽学习、磨砺思考、锻造付出之能事，是我的一种生活方式。事实上，人生的前 42 年，我几乎每一天都是这样走过的。我相信任何一个人，在他一生当中，都必须随时准备在特定时间节点作出他自认的关键决定。

——宗庆后

“超级婴儿”的降生

宗庆后出生在一个午夜，一个中国现代历史上罕见的具有片刻宁静的时段。在母亲的营养不良中诞生的他，养得出奇地好，是一个九斤重的“超级婴儿”。

宗庆后出生在一个午夜，一个中国现代历史上罕见的具有片刻宁静的时段。“我曾见过无数的文章和照片描述那个片段，但没有一种描述会比她的描述更让我激动。她的每一句话、每一个故事、每一次接近凌乱的描述，都填补了我生命中空白的渴望。”

母亲还告诉宗庆后，很多东西并不可靠，包括记忆；但有一些东西却比户籍卡和文字记录可靠得多。

“那就是你诞生的瞬间。”她说。

庆祝胜利的降生

一直以来，宗庆后都认为自己是 1945 年 10 月 12 日出生在江苏宿迁。虽然无关大局，但事实终究并非如此。母亲告诉他，准确的说法应该是，他于 1945 年 10 月 11 日出生于江苏徐州。他出生的时候，午夜的钟声刚过。阴阳交错的时刻，一天与另一天交汇的瞬间。

给予宗庆后生命的男人叫宗启騄。他与那个时代中无数的小知识分子没什么不同，对变革时代感到恐惧，又因为缺乏对未来的想象，任由命运推动自己四处漂泊，随波逐流，随遇而不能安。

宗启騄毕业于中国大学①化学系，毕业后就在南京政府的邮局谋了份小职员的差事。在那个风云激荡的年代里，个人的命运全然容不得自己做主，往往服从于民族的命运。可是一位中国大学的毕业生选择这种随波逐流的生活，却始终不被宗庆后认同。

其实如果能心平气和地自我检讨，宗庆后或许可以理解和接受父亲的选择。在那样的时代中，既然无法决定自己的命运，那么平静和庸常地度过一生也无可厚非。“在我的幻想当中，我希望他即或不能像延安那些充满激情和想象力的年轻人一样，至少也可以选择成为一名国民革命军军人，选择一种慷慨近乎悲壮的人生。”

可是，他拥有一个光辉的姓氏，宗，宗泽的宗。在宗庆后的整个少年时代，唯一值得骄傲的、整个家族带给他仅有的光荣，就只剩下这个姓氏了。作为一种纪念，2012 年 3 月，在北京参加两会的时候，他和另两位宗姓代表还举办了一个小小的聚会。

父亲是名将之后，而宗庆后母亲的血统也很具有传奇色彩。

宗启騄在读中国大学时有一位要好的王姓同学，是满族镶黄旗人，王同学的母亲是一位格格，父亲在北京做邮政局局长。王同学的母亲去世得早，六年后父亲也过世了，家中还有一位小妹。王同学见宗启騄忠厚可靠，就做主将妹妹许配给了他。这位格格的女儿，后来就成了宗庆后的母亲，名叫王树珍。

宗启騄和王树珍缔结婚约的时候，宗启騄还在读大学，王树珍还在北京的志成中学读高中。王树珍对这桩指定的婚约并不十分满意，她后来曾说：“如果我爸爸妈妈活着的话，我不会嫁给他。他是一个大家庭，我家就我这么一根独苗，

① 中国大学：初名国民大学，1917 年改名为中国大学。由孙中山、宋教仁、黄兴等为培养民主革命人才而创办。1913 年 4 月正式开学，1949 年停办，历时 36 年。宋教仁与黄兴为该校第一、二任校长，中山先生自任校董。李大钊、鲁迅等曾在此讲学。

哪会嫁到这样的大家庭？不是要吃亏、受欺负吗？可是也没办法，父母不在，只好听哥哥的。”此时的王树珍已九十多岁，她几乎已经把整个命运的坎坷都背负尽了。

宗启騄的确生于一个大家族，他属于“承前启后，继往开来”的“启”字辈，兄弟姐妹有十几个。宗启騄对宗庆后说，祖父曾担任过张作霖的财政部长，还出任过河北省的代省长。宗庆后的曾祖父据说也曾出任过中级以上官员，可是对他来说，这都是些模糊的记忆，并且因为年代的久远和细节的模棱两可，容不得深究。

在宗庆后的整个生命中，母亲是对他影响最大也最为深刻的一个人，除了生下他之外，她还赋予了宗庆后性格并且最终形成了命运。

他们订婚之后，在苏州度过了些时日，与父母一起住在宗启騄的二哥那儿。宗启騄的二哥在江苏宿迁县担任县政府秘书长，他后来托一位朋友帮宗启騄在宿迁的县政府里谋了个小职位，宗启騄就去宿迁上任了。王树珍过了些时日才在二嫂的陪送下过去，算是一个完婚的旅程，对那桩婚约的最终兑现。

王树珍说，他们刚到宿迁的时候，宿迁还处于日伪的占据之下，没过多久便光复了。那时候的宿迁如同乡下，城中仅有一条繁华街道；又经多年的频仍战乱，满目疮痍。

王树珍没多久就怀孕了——那就是宗庆后。又过了没多久，日本投降了，宿迁光复了，南京也光复了，整个中国都光复了。宿迁光复之后，宗启騄滞留在了宿迁。宗启騄的兄长和县长一起开溜了，他们把宗启騄留在那里办理移交手续。

那时候重庆国民政府派出的接收大员，都借机大肆掠夺，被时人讽为“五子登科[①]”。前来接收宿迁的这位见宗启騄是宿迁县政府秘书长的弟弟，以为他一定搜刮了不少民脂民膏，便想大敲一笔竹杠，要宗启騄供给几万套军装，或是私下给一笔买平安的钱。县长和兄长一起开溜了，宗启騄没有钱，也没有弄钱的本领，就只好乖乖地走进接收大员为他设立的牢狱中。

王树珍的肚子已经很大了，在穷乡僻壤的宿迁生孩子也不方便，况且宗启騄

---

① 五子登科：上世纪四十年代，日本刚宣布投降，国民党要员就借收复之机大捞一把。他们不顾法规、原则及国家和人民的利益，给收复区工商业带来了新的一轮浩劫。“金子、房子、票子、车子、女子(汉奸的妻妾)”是“接收大员”巧取豪夺的对象，被时人讽为新的“五子登科”。

还被关押。无奈之下王树珍就去了徐州投奔宗启騄五哥一家。怀孕时通常会害喜，王树珍却没有，何况也没啥可吃的，整天吃烙饼、喝黄豆芽汤，吃饱算数。她很庆幸，“我就吃这个，宗庆后也长得蛮好的，生下来有九斤重嘞”。

宗启騄在监狱里待了不长时间，重庆派来的接收大员就开溜了。这次赶跑他们的是新四军。他们打开牢门，把这些受压迫和受迫害的人全解放了出来。他们还给宗启騄发路费，建议他到延安去寻找光明生活。宗启騄说，我现在还不能去，我老婆快生孩子了。于是新四军就给他开路条、发路费和粮票，让他能够安全抵达徐州。王树珍说，就在宗庆后出生前不久，宗启騄到了徐州；如果不是新四军的突然出现，他就要被重庆派来的接收大员给枪毙了，宗庆后将从此成为无父的孤儿，自然也不会有宗庆后的弟弟妹妹们了。

历史和记忆有时候会在仓促当中错乱。在历史的记载当中，日军投降之后，活跃在宿迁附近的军事力量，既有新四军及其地方武装，也有国民党桂系的武装，甚至还有原在的伪军们。新四军在 8 月 18 日攻克了宿迁县城，10 月 3 日还在宿迁外围消灭了一支大约 500 人的伪军。幸好我们所描述的不是历史掌故，而仅仅是一段家族的回忆，中间的错愕，也无需争辩。

宗启騄到徐州的时候，徐州也刚刚光复。下午五点就开始宵禁。他担心妻子的生产，又因为是第一个孩子，岳父母双亡，父母又不在身边，没有可供咨询及依托之人，便寄望于医院。

他们在医院住了十几天，一直住到 10 月 10 日。那一天是民国国庆日，他们从医院请了个假外出庆祝了一下。第二天晚上十点，王树珍就要生产了。在医院折腾了两个多小时后，十二点的钟声刚响过没多久，她完成了分娩，他们的长子降生了。

这个在母亲的忧患和营养不良中成长的孩子，长得却出奇地好，是个 9 斤重的超级婴儿。

生下来不久，孩子一直在哭，母亲也一直哭；孩子哭是因为没得吃，王树珍哭是因为奶水涨得痛。那时这个婴儿太小了，没有力气把奶水吸出来。据说后来医生抱了一个六七个月的孩子来吸奶，才把乳管通开了，他才可以吃上奶。

10 月 11 日是这个孩子的生日，与所有户籍记录上的 10 月 12 日不同。由于这个孩子排行“后”字辈，又是“双十节”后出生，他的名字便叫作了宗庆后。

“庆”是母亲定下的。宗庆后曾见有文章说他出生在宿迁东大街，这是历史的误读；至于父亲给他起名字是寓意“宗家庆贺有了后代”，则纯粹属于一种外界的揣测。

对宗庆后来说，虽然没有记忆，但天然对出生地宿迁有了一种莫名的情愫，甚至后来把分公司开到了那里，也是再自然不过的事了。

“开蒙”在南京

宗启騄的命运是那个悲剧时代的缩影。也许在一个和平时代，他会成为一个优秀的公务员，勤勉而廉洁，或者会成为一位工程师或者化学博士。但是，他最终只是成为了宗庆后的父亲。

宗启騄给长子留下了一种感觉，那就是要趁还年轻的时候，努力去改变自己的命运。多年之后，宗庆后知道改变命运只是一种虚妄的悖论。最终的痕迹构成了人们的命运，所有的改变都只构成了过程。

可是，他毕竟是父亲。他给予宗庆后的，一定会超过赋予生命、奠定基因。无论宗庆后是否愿意承认，父亲影响了他，并且以他的基因与性格构成了自己的生命。母亲曾经说过，宗庆后工作狂的时候与他父亲一模一样。“他工作起来什么都不管。”

在宗庆后出生之后不久，宗启騄去了南京，在南京政府邮局系统继续自己小职员的生涯。可是这政府依然没维持多久。1949 年春夏之交，百万雄师过大江，红旗插上总统府，国民政府在大陆的时代算是结束了。

光复之初，据王树珍的描述，日本军队并未真正地完全放下武装，至少一部分日本飞机还在对徐州和南京进行轰炸，当然也有可能飞机是汪伪政府留下的。何应钦将军要求冈村宁次所辖的日军在指定国军接收前，“应负责做有效之防卫”，如果各地“为股匪所占领，日军应负责任，并由日军将其收回”。于是在日军战败投降之后，共产党的军队与日军的作战还是不能避免。

王树珍说：“我公公婆婆因为听说是男孩儿嘛，就很高兴，叫我们回去，我们就回到了南京，也蛮危险的。到了南京火车站的时候，炸得一塌糊涂。我公公还说，你们还算运气好的，如果早一天回来，你们可能都没命了。”

在南京时，宗启禄是一位称职的父亲。在王树珍的记忆里，丈夫在邮电局工作，每个月拿了工资之后就把零花钱放好，给小庆后买点儿粽子糖，剩下的钱就交给王树珍，让她来打理一家人的生活。

父亲抱小庆后的次数并不多。王树珍曾说："他这个人怎么说呢？小孩儿他喜欢的，但你让他抱，他怕的。小孩儿骨头软，他抱不来，不敢抱。"王树珍还说，宗启禄晕血，所以宗家煲汤的时候都不煲鸡汤而是煲牛肉汤，因为处理过的牛肉没什么血，更不像活鸡需要宰杀。

"所以，自打我出生，到我弟妹的陆续诞生，哺乳期的母亲都是喝牛肉汤来增加营养的，这已经成为了我们家的一个传统。不知是否是牛肉汤和母乳的效用，我们兄弟姐妹的身体都很强壮，让我母亲安心和自豪。"宗庆后说。

王树珍那时候不单要管理一个小家，还因为自己的持家才能，被祖父、祖母赋予了管理整个大家庭的担子。她不知自己如何赢得了这艰难的使命。她曾说过："到了南京之后，公公婆婆看上我了，一定要我管家，我很年轻哎。我妈妈在的时候，我真的是什么都不会做，厨房都没进过。我妈是格格出身嘛，小姐怎么能进厨房呢？我一样都不会。可是他们一定要让我管家，公公一定吃我烧的菜。大概是看上我能吃苦吧。当时我真的是不会做，但他们就说我烧的菜好吃。"

◢ 宗庆后的母亲王树珍已经年届九旬，依然思路清晰，回忆往事历历在目。 梁臻 / 摄

他们在南京的日子即或充满了维生的艰辛，但至少可称得上是幸福的。劫后余生的国家以及劫后余生的宗启禄带着妻儿过了最平淡无奇的几年。可是在一个剧烈的大变革时代里，个体的幸福是脆弱而有限的。

"胜利是来临了，战争是过去了。天明时，重庆城又已恢复宁静。狂欢很快就消失。和平是到来了，但那陈腐的政府，那由来已久的苦难，那照旧的恐惧，全都依然存在。中国并没有丝毫较从前接近改革，它反而是离开国内的和平更远一些了。战争是已经过去了，但是中国还会有长期的大流血和大斗争。”

这是美国著名记者白修德在陪都重庆的人们欢庆抗战胜利时所做出的断语。不久之后，一切皆成现实。内战爆发的速度之快超乎人们的想象，也彻底击碎了一部分人的幻想。抗战八年，人们已经厌倦了战争和流血，厌倦了充满恐惧和不安的生活。他们想回到自己家中，与父母妻儿享受片刻的欢愉。可是连这点基本的要求，他们也得不到满足。

内战在日本投降之后就已事实上开打了。在江苏，被收编的伪军们对峙着新四军，等待国民党军的回来。他们对后者并不充满仇恨，相反却对新四军充满了敌意，因为在夹缝中求生存的新四军多年来始终以他们为主要的敌人。

但是小规模的冲突毕竟还不能使人们对和平的想象幻灭。终于有一天，南京政府开始对共产党所实际控制的山东、陕北进行大规模的攻击，内战于是如人们预料地那样爆发了。

战争打到 1948 年的时候，至少东北的局势已经十分清晰了。林彪的军队已经控制除了几个大城市之外的东北全境，攻下那几个大城市、将政府军逐出东北，是指日可待的事了。

在南京，人人都知道东北的最终结局。事实也正如此，没用上半年，国民政府就丢掉了东北。接下来是整个江淮。然后是整个华北。国民政府肯定是要灭亡的，可是即或他们的对手都不能理解——他们崩溃的速度竟如此之快。

宗庆后的大弟宗端后还没满周岁，南京就变成了红色的南京，红旗就插到了总统府上，宗启騄就失业了，并且因为他的任职经历而开始了悲剧性的人生旅程。

宗启騄开始走向另一个对他及全家具有深刻意义的城市——杭州。当时，宗庆后的祖父母住在苏州的二伯父家，王树珍独自带着庆后和端后在南京生活。战火纷乱中，王树珍收不到丈夫寄来的家用，刚强的个性首次张扬，她走出家门，去寻找能养活一大两小三张口的工作。这是她人生中的第一份工作，却是后半辈子挑起全家经济大梁的一种预演。她后来找到了在南京的宁波同乡会，自告奋勇当同乡们的老师。当时庆后已经会走路，母亲上课的时候，他就摇摇摆摆地待在课堂上，当一名最小的“旁听生”，开始了他的文化启蒙，而不足周岁的端后则睡在隔壁的办公室里。

在这样艰难的境况里，小兄弟俩依赖母亲的顽强生存了下来。母亲每月的工资是几斗米。

“如果我关于南京的回忆有什么意义的话，那么它的前一阶段一定在某种意义上满足了我对幸福和安全感的需求；至少在我的内心深处相信，我曾拥有一段值得称作幸福的童年，尽管它很短暂，并且脆弱而易破碎。而它的后半部分，让我在懵懂中便习惯了‘艰难’这一命题，明白它是一种常态，明白它像掌心中的纹路一样清晰、自然而富有诗意，是我们人生的一部分，并且要用最大的智慧和勇气去克服它。”宗庆后说。

在人间，有品才有格

学校里的好班长、为家分忧的榜样大哥以及工作时的积极分子，三位一体，成就了宗庆后在少年人生圈内的“出类拔萃”，以及赢得最重要的东西——他人的尊重。

今天的年轻创业者喜欢炫耀自己艰难的少年时代，用以佐证其今日成就的来之不易，宗庆后却只想描述童年时代的平常。个人的生活经历，只要真实地叙述出来，一定会引发真正的共鸣。

在诱惑前“转身”

他的童年时代，处于前所未有的变动当中。南京的国民政府垮台之后，解放军一路势如破竹，只用了不到一年时间，便扫清了整个大陆，连幻想的机会都不曾给对手留下。

1949 年秋天，宗启騄辞去了南京邮政局的职位，跟妻子一商量，先到杭州来探路。宗庆后的曾祖父辈均为杭州府钱塘县籍，曾祖父也葬在杭州，所以宗启騄一直把杭州当作祖籍之处。

宗启騄把杭州当作一个可以安身立命、平静生活的地方，之后王树珍带着宗庆后和端后来跟他会合。在杭州，一家人除了宗启騄的九弟之外，找不到任何可以投靠的人。九弟的处境跟他们差不多，所以用无亲无故、无依无靠来形容他们当时的状态毫不为过。

年少懵懂的宗庆后，就这样变成了一名杭州人。然而贯穿他的整个童年，这座陌生而新鲜的城市，始终没有真正地欢迎过他们。

邮政局是回不去了。虽然新政权的邮政系统会留用一些旧政权时的职员，但宗启騄已经从南京的邮政局辞了职。唯一值得庆幸的是，那时他手中还有一笔的小小积蓄。

“他的九弟会开车，就打算大家拼一下，一起做物流。那时候也没多少钱，车也不太好。他不会开车，帮弟弟搞业务。刚解放的时候，物流还蛮紧张的，还可以维持。但到了后来，车不好，汽油也贵，烧木炭之类的，车就跑不起来了。他的工作垮了，就等于说家里没有经济来源了。”王树珍说。

那时候他们租住在西湖边的韶华巷，就在柳浪闻莺边上。今天来看是湖滨豪宅，离南山路很近，可是在当时，南山路还是一片荒凉，几乎可以用破破烂烂来形容。跟他们一起住的除了宗庆后的九叔叔和九婶婶，还有十叔叔。两间房子住了三家人，有时候连米都买不起，饭都吃不上。

刚到杭州的时候，王树珍也没有工作，一直待在家里照顾孩子。有一天有个邻居告诉她，杭州师范学校在招师范生，是短期班，白天工作，晚上读书，只消两年就能毕业参加工作。她去试了一下，结果被录取了。

后来她在报纸上看到招聘消息，说是文教局向社会公开招聘老师。她又去尝试了一下，结果又考取了。母亲时常说：“我的工作是我自己争取来的。”她是对的。她在两百多个应聘者中脱颖而出，成为幸运的四五十人中的一员。

当时女人考文凭、求职业，还真是非常具有超前意识。王树珍说过，宗庆后的超前意识遗传自她，宗庆后十分认同。

王树珍的这一举动对他们整个家庭来说具有伟大的意义。这么说丝毫也不夸张，因为从那之后，她有了固定工作，他们家就有了稳定收入，再也不用担心吃了上顿没下顿的事情了，虽然生活依旧拮据，却可以萌生出微弱的希望来。

王树珍分配了工作以后，他们全家就搬到柳翠井巷小学里去住了。柳翠井巷小学所在地，在解放前是一个商会，类似于祠堂的一个建筑，改建成学校之后，大厅隔起来当成教室，两边的厢房就是教工宿舍。王树珍庆幸自己分配的学校还算好的，是浙江省工商联办的学校。一般的小学老师刚分配时，也就是 28 或 32 元的工资，她刚分配就是 55 元。

那是 1950 年，宗庆后 5 岁。

他跟学校和教育的缘分也就打那时开始萌生和滋长，并且纠缠了一辈子。后来经常有记者问宗庆后，为什么这么热心地捐资教育，因为他就生长在校园中，他家的卧室就在教室边上，就像大树上的一片绿叶。宗庆后跟学习的关系也是如此近，几乎是贴肉的关系。这也是很多人赞叹的宗庆后强大的学习能力的一个外因——青少年时代，他 24 小时置身于一个学习的氛围中，耳朵听得最多的是琅琅书声。

有时候宗庆后回想自己的童年，回想自己所经历的这大半生，能够拥有今日的一切，如果说全赖他的母亲，肯定算不上夸张。他母亲临盆前，在徐州就是吃烙饼、喝豆芽汤；她坐月子的时候，也是什么都没有，连鸡汤都没喝上，反而因为赶赴南京而冒了巨大的危险。王树珍时常说自己命中注定不该死。宗庆后相信这是上苍对她的照拂，可是对照后面她所承受的苦楚与艰难，宗庆后又难以说清这到底是照拂还是强迫的修行。

王树珍曾说，宗庆后刚出生的时候一直在哭，因他太小，吸不出奶水。她后来曾对一位访问者讲："我们几个孩子都是吃奶水长大的，所以身体好，不大有毛病。就是苦，我苦了一辈子。所以宗庆后晓得，妈妈最苦，所以他结婚的时候就对媳妇说，妈妈把我们带大不容易。"

五个孩子全是王树珍母乳喂大的，没有吃过一袋奶粉，况且也吃不上。他们同样也没喝过鸡汤，因为父亲晕血。

宗庆后不确定到底是什么让自己养成了沉静内敛的性格，似乎他是天生的内向。在很小的时候，宗庆后已能够意识到，母亲才是这个家庭的核心与基石，她是最值得敬重和爱的那个人，而作为她最大的孩子，宗庆后唯一能做的就是替她去分担些压力，哪怕是微不足道的压力。

那种生活强迫的训练，那些独立、坚强和承受，也许只是儿时的冷暖，但宗庆后相信，它们一定塑造了后来的自己，使他在面对社会、公司和人事的各种胶结时，学会了从容面对。

在宗庆后的记忆当中，他从来没有看到母亲焦虑、抱怨或者退却过。她总是一副处变不惊、从容不迫的样子。

他记得母亲几乎没有时间陪伴他们嬉戏玩耍，她白天上班，常常要工作十多个钟头；晚上读夜校，争取一个更好的文凭；其他时间她忙于家务。几年后，宗庆后的大弟端后慢慢大了起来，他比较调皮，受到的惩处大多是做家务。王树珍后来不用上夜校了，紧张的节奏才得以舒缓下来，而此时的宗庆后却已突然长大。

王树珍的家教严格而充满贵族气息。有一次，宗庆后年幼的弟弟看到别家的孩子在吃零食，在那个物质比较贫乏的年代，他的双腿就迈不开了，眼神中流露的对零食的渴望完全不加掩饰。正好王树珍路过看见这个情景，她立即把孩子们叫回家中召开“会议”，郑重地给孩子们定下了一条“家规”：今后看到别人吃东西，必须马上走开，决不允许再像今天这样站在那里看别人吃。同时，王树珍又赋予了宗庆后一个责任：除了必须保证自己能做到外，还要管好两个弟弟。因为，王树珍知道，几个小弟年纪实在太小，肯定是没有足够的自制力的。

从那以后，只要别人家的孩子在吃东西，宗庆后就得拉上弟弟们走开。令人高兴的是，自从他这样做了之后，他对钱的感觉没有这么糟糕了，从某种程度上来说，钱如果是一种外化的挑战，宗庆后感觉自己已经接下它发来的战帖——在没有准备好的时候，他用志气和傲骨来应对；同时在心中埋下一种说不清道不明的感觉：当他准备好的时候，还有更为出彩的一场近身肉搏将在自己与金钱之间展开。

同时，如果说“转身”展示的是一种志气和傲骨，宗庆后自然提不出反对，可是他真正的受益是：人生中总会面对很多诱惑，此时如何保持清醒，如何节制欲望、抵制诱惑，对人们就无比重要。

修身的“孩子王”

勤奋或许是上苍对这样一些人的纠偏，它使人们通过刻苦的训练来准备面对下一个挑战。“即使不知路在何方，我总是脚步匆匆。”幸运的是，父亲给予宗庆后勤奋的同时并没有把他知识分子的优柔给予儿子；更幸运的是，母亲把她生命中最杰出的坚韧和坚强遗传给了他。

宗庆后是在 1953 年读的小学，没有在母亲执教的那所小学读书。母亲把他送到了杭师附小。这是母亲对他的教育所作出的战略选择。杭师附小无论师资力量还是办学质量都堪称一流，而且它是公立学校。母亲相信，杭师附小所提供的严格教育和严谨学风，会使长子得到“主流”的教育，而当时这是宗庆后无法理解的，因为杭师附小离家太远。

无论如何，上学都是一件值得庆贺的事情，路虽然远一些，但对于宗庆后来说也算不上什么苦楚。他自小没什么爱好，喜欢安静的生活。甚至在弟妹的印象中，宗庆后小时候是被当成女孩子养的，因为他不淘气、文静，父母省心。弟妹们小时候打球、玩弹子，可是他这位大哥从来不玩，在家听爸妈的话，在学校听老师的话，是标准的好孩子。

生活的视野逐渐开阔，但生活的节奏却始终一成不变。上学、放学、写作业、睡觉、起床……

他们的生活依然拮据，不足 10 平方米的房子，挤着 6 口人。所以当男孩子们长大之后，他们搭建了高低铺，来缓解住宿的拥挤。

当别的同学高高兴兴地去看学校组织的电影的时候，宗庆后和弟弟们很多次找借口不去，原因只是交不上钱。当然，宗庆后的班主任总是很好心，端后的班主任也总是很好心，他们为宗氏兄弟俩买单。但即使是这样的帮助，也渐渐地成了他们的心理负担。

在杭师附小，宗庆后做过学生干部，二年级的时候他转学回了新华小学，当上了少先队中队长。今天看来，这些东西对未来的实际影响有限，但在当时，它却满足了一个孩子对未来的渴望、光荣和成就感。因为性格的沉静与稳重，学校里的老师大多表示出了对宗庆后的偏爱。他那时候读书又很用功、做作业又认真，自然就博得了整个学校的欣赏。

有一次学校打算邀请解放军叔叔给少先队员们做辅导报告，宗庆后被安排为队日活动主持。当时不仅需要主持现场，还要孩子自己去部队邀请解放军官兵来做报告。说心里话，得到这个任务的时候宗庆后也很紧张，因为不确定自己是否能把解放军叔叔请来，又是否能把队日活动主持好。

他忙了整整一夜，设想了无数的场景，准备好了前往军营邀请解放军叔叔时的对话。今天想来，那种戏剧性的场景设计根本无助于他的邀请计划，整个计划的成功并不在于想象和设计，而在于行动。

第二天宗庆后带着介绍信去了部队营地。那种训练的场面让他激动。宗庆后相信大部分男孩子看到士兵训练的场面时都会激动，尤其是在那个充满集体主义、英雄主义并且还提供成为英雄的机会的年代。宗庆后觉得自己内心的梦想被点燃了。他幻想着自己成为英雄，成为指挥官，千军万马一起动，冲锋陷阵，前赴后继。多年后宗庆后看到一篇文章，说联想的柳传志喜欢指挥若定、千军万马一起动的感觉，他报以会心一笑。

一名军官出现在宗庆后面前。宗庆后把介绍信给了他，把来意告诉了他。没有设想中的场景。军官愉快地接受了他的邀请，并且愿意配合宗庆后主持好队日活动。

像所感应到的一样，队日活动很成功，解放军赢得了景仰，宗庆后赢得了尊重。那个年代里所深埋的英雄梦，也开始冲动和萌芽。

宗庆后自此开始相信，所有的英雄之路都不是始于想象，而是始于行动。很多时候人们的失败不是因为准备得太少，而是发现困难太多而主动放弃。其实有时候，只要行动了，就会得到比预期更好的结果。这是宗庆后在 12 岁那年学到的东西，它使宗庆后变成了一个注重实际行动的人，并因此而终生受益。

宗庆后大约在那时候养成了阅读的习惯。弟弟们说，在此之前，他喜欢看小人书。这是那个年代所有孩子都喜欢干的事情。王树珍也说，宗庆后从小就爱自己看书。“他上二年级的时候，国家和苏联关系好嘛，《卓娅和舒拉》啊，《钢铁是怎样炼成的》啊，这些书他都看，他看书很快的，本事真大。”

那时候学校的图书馆有不少书，他是教师子女，又住在学校里，所以就有了天然的便利。王树珍喜欢孩子们读书，她坚信“万般皆下品，唯有读书高”。她也相信，读好书可以改变他们的命运。

母亲知道榜样拥有一种力量。她说：“我就管牢宗庆后，宗庆后考第一，老二也得考第一，老三也要考第一。一个比一个，我就先抓大的。宗庆后从小读书就认真，我就管牢他，让他来管弟弟妹妹。他是老大，很有威信的。弟弟们都得

1959 年冬，宗庆后所在班级参观杭州萧山棉纺厂，第二排右数第二个为宗庆后。

听他的。你要去玩，要先把作业做好，如果作业做不好，他会批评他们。他很自觉。”

小学毕业之后，1958 年夏天，宗庆后到杭州市第五中学读初中。那是令他长久回忆的美好时期。随着青春期的到来，宗庆后个性中活跃的一面逐渐显露，他不仅是班长，还因为普通话标准当上了学校的播音员。每个清晨，他自发地为班上的同学朗读当天的报纸新闻，有时还讲几个冷笑话。后来“达娃之争”时，有位中学同学在网络上留言“顶”他：“宗庆后那时就是我们的班长，虽然自己从不打打闹闹，但看到有弱小的同学被欺负的时候，他都会挺身而出，我相信他一定是正义的一方！”

宗庆后记得他初中第一任班主任叫金秀芳，大队辅导员叫吴保成。金秀芳是对其影响最深刻的人，她是一位工农兵出身的大学生，丈夫是驻外使节，那时候刚分配到学校。金秀芳喜欢宗庆后，觉得他独立而有头脑，让他当上了中队长。大队辅导员吴保成也喜欢这个想象力比较丰富的孩子，时常让他组织些活动。他们两个的信任与关爱，毫无疑问也构筑了宗庆后的性格。

宗庆后的一位同学说:“那时候我们年纪小，相互之间经常开玩笑，我们给他起了两个外号，女同学叫他‘白面书生、白米粽子’，‘白面’是因为他小时候皮肤很白，‘书生’是因为他学习成绩比较好，是公认的尖子生。还有一个名字叫‘大头’，他那个时候个子不太高，但是头比较大，所以我们叫他‘大头’；另外一层意思是因为他是我们的中队长，又是班长，所以他是我们的头，我们就叫他‘大头’，这是男同学叫他的。”

宗庆后是个很有号召力的班长，他的身上有一种无形的吸引力，把同学们吸引到他身边，天然地被他折服。这不仅因为他自身的优秀，也得益于他的平等意识。放学的时候，他自发地组织学习小组，他说：“我们自由组合的时候，不要成绩好的同学在一起，成绩不好的在一起，大家要均匀一下。”差生由是感激，觉得“大头”果然有领袖的大量。学习小组一般到宗庆后家去活动，他总是先“抓牢”大家学习，做完作业再玩。玩也玩得很有创意，小桌乒乓球、打篮球等，大家玩得很快意。

班主任金老师看出了宗庆后的实力，“他在同学中有凝聚力，敢负责，敢担当，很多中队活动我只是指导一下，放手让他去干，他就能把全班带动起来，独立活动”。从初一到初三，每年的清明，宗庆后班长总是带领三班的同学们，从学校所在的南星桥步行两三小时到万松岭，然后扫墓、种树和开展纪念活动。杭州市教育局在西湖边一公园附近搞了一个实验园地，大队辅导员吴老师就把这个任务交给了宗庆后所在的三中队，宗庆后带着同学们种“浙大萝卜”，这种萝卜个头很大，跟人一样高。同学们看到一排排人一样高的浙大萝卜，别提多美了！

当然，最被传为美谈的是“大头”的头脑，会动脑筋，点子大王。有一次，一项“讲卫生、除四害”的宣传任务交到了宗庆后手上，老师要求他以最快的速度让宣传覆盖最大的面。宗庆后灵光一闪，自己写了一份宣传稿，到学校开了一份介绍信，然后叫上班上一个很会吹笛子的寿金海同学，一起赶到杭州市中心的官巷口食品商店。“当时这个食品商店是杭州最繁华的地方，人流量很大。他们进了商店，就直奔广播站，把介绍信给广播站的人看，然后说，我们要来这里宣传‘除四害’，这个稿子能否在这里念一念？结果广播站的人一看介绍信就同意了。”老同学戴时超现在说起来还很佩服，“然后‘大头’就把大话筒调好，他在上面念稿子，念完以后叫寿同学再吹支曲子。老师要求宣传覆盖面，这样一广播，受众不是很多了吗？他很聪明，这个比发传单效果好多了。”

“‘大头’的脑筋是灵光的，”戴同学印象深刻，“因为粉笔写到最后很短，老师也不要了，就浪费了。‘大头’带领我们把粉笔头收集起来，再把黑板上擦下来的灰也收集起来，用水拌匀，加上一点胶水，然后放在细竹管做成的模子里面，做出来的粉笔粗一点，但是效果还是可以的。”

脑子活络的宗庆后，到了暑假的时候就带同学们到杭州花圃附近去拔野草，也算是勤工俭学。一天的收入可能还没到 2 毛钱，但是大家都把这一分一厘的钱存起来，到开学买文具。那时候，中国家庭普遍收入不高，孩子们很懂事，知道赚点钱补贴家用，而宗班长总是出主意、想办法的那个“灵魂人物”。

那个时候班级出黑板报，一周更新一次。“我印象当中‘大头’很认真，一方面他自己写稿子，一方面组织大家写，再由他最后编辑润色，我们就叫他总编。”当时班上的宣传委员说，“而且他很认真、仔细和追求完美。他写完黑板报，由我最后画插图。有一次，他写好后走了，结果又回来了，说有几个字不准确，要改一改。”

还有一位同学在一次同学会上遇到了宗庆后，问他是否认识自己。宗庆后说：“我怎么会不认识你！”那时候宗庆后他们经常在一起打篮球。“他最大的优点就是组织能力。我们初中的时候，他组织了一个篮球队，他蛮热心地联系班与班之间比赛，放学的时候打一场球。他也是很要强的、荣誉感很强的人，打篮球我们一定都争第一的。输了就练。他就是这样学习好、品德好、身体好的三好学生。”

那时候，宗庆后也可以自由地、有意识地阅读，读学校图书馆里的藏书，可以想象自己是保尔·柯察金，可以对女英雄卓娅表示出深深的敬意。

他开始意识到自己姓氏的与众不同。历史教科书中提到了宗泽，他是岳飞的伯乐和导师，而岳飞则是一位妇孺皆知的民族英雄，尤其在杭州，到处都弥漫着岳飞的气息，尽管充满了悲剧。当意识到自己身上流淌着宗泽的血脉之后，你可以想象这位少年的慷慨与激昂。尽管距那位伟大祖先的历史时刻已经过去了八百年，但他似乎总能生动地跃马目前。

“时至今日，尽管我始终不相信‘血统论’，也不相信什么‘基因说’，但我依旧相信家族和宗法在中国的力量。祖先所拥有的光荣会激发你去奋斗，即或是

◢ 2012 年 12 月 16 日，宗庆后与初中同学、老师的合影。前排左二为班主任金秀芳，左三为宗庆后，右三为大队辅导员吴保成。

为了一些虚幻的泡影。世界上成功的都是行动派，有时候你很幸运，看似虚无缥缈的理想，因为你的行动，就成功了。成功很艰难，有时候却又那么简单。”宗庆后说。

稀缺的财商教育

宗庆后的父亲从一位纯粹的知识分子走上了创业求生之路，没人知道他当时心中的感喟，但是他如同推石头上山的巨人一样抗拒命运的顽强，却在孩子们心中画了一个特别的剪影。

杭州成立运输公司的时候，一些好车并到运输公司了。宗启騄和九弟的那辆车实在太破，就只好拿去卖了点儿钱。正赶上那时候他们的父亲刚刚病逝，十弟说要拿这笔钱去安葬父亲，然后他就消失了。直到多年后，宗启騄因为他的缘故遭到审查的时候，他们才知道，老十被怀疑做了情报工作。

戏剧、命运多舛以及生不逢时，这些古典戏剧中寻常的慨叹，用在宗启騄的身上最合适不过。他生在了一个不恰当的时代。

在卖掉了那辆破车之后，宗启骎开始寻找一条适合他的道路。事实上，毕业于中国大学化学系的他有着不错的学养，是一位典型的知识分子。至少在 1949 年前后，他的出身并不构成他探路的障碍。在新政权内部，大家也有着不同的出身，大家因为共同的信仰、对未来的美好希望、对中国的爱和信心，走到了一起，出身和经历并不是致命之处。

新中国成立之初，教育还是两条腿走路，至少杭州是这样的。政府希望民间能够办学，提升国民的整体素质，同时提供一种全新的形象。父亲就办了一个补习班性质的学校，取名叫“求是中学”。王树珍回忆：“他筹了点钱，自己买课桌椅、租房子，办得很好的。”宗启骎的确对求是中学充满了希望，教育也的确是一条适合他的学养、符合他的性格的道路，甚至称得上唯一完美的道路。

但是在那个风云激荡的时代中，个体命运因不受控制而支离破碎。那时候朝鲜战场上的硝烟已经弥漫，中国人民志愿军秘密地跨过了鸭绿江，给予对南京国民政府残存希望的人致命一击。他们以及一些黑心商人的行动的确使志愿军受到了伤害，而作为回复，他们得到了“五反”[①]。阶级斗争成为一个时代词汇。

在那个特殊的时代，宗启骎背负的“包袱”颇多。他出身于官宦世家，祖上都是旧官僚；解放前，他是供职旧政府邮局的小职员。更要命的是，他一度还被当成他的十弟而被怀疑为特务。

这些“定语”让宗启骎注定无法在一个新时代里获得新生，他已经被打上了旧时代的深刻烙印，就像黥面的囚徒，无论走到哪里，都带着过去的痕迹。

至于对宗启骎十弟的怀疑，至今仍然停留在“据说”之上。但大历史有时就这样毁灭了小人物的命运，就是这个“据说”，几乎毁灭了宗启骎。他的求是中学很快被政府接管，他被当成十弟宗魁发配到杭州乔司农场，被隔离审查了一年多。他反复地告诉审查他的人，自己叫宗启骎不叫宗魁，一定是他们搞错了。

宗启骎在那段时间里写了很多材料，供清查者一一核对。经过了一年的审查和观察，清查者终于相信，宗魁是宗启骎的十弟，对他的怀疑与宗启骎无关，他只是一个优柔且没能力制造伤害的小知识分子。他们把他放了，就像抓他时那

① 1952 年我国在私营工商业者中开展的反行贿、反偷税漏税、反盗骗国家财产、反偷工减料和反盗窃国家经济情报的运动。

样，没有任何解释，自然也不会有任何的补偿。

对于这段经历，对于宗启騄所遭遇的厄运与失败，宗庆后的母亲曾多次唏嘘不已。“我先生是中国大学毕业的，还不错的，不过他的命运不好。”她说，“他当时如果接着办教育也很不错的，退休的话教师工资也蛮高的，结果工作又没了。他也闲不住，当时整个家就靠我一个人撑着。”

那时候的宗启騄一定很绝望，对过去、对未来以及对曾经所寄予希望的一切东西。鲁迅有段著名的文字：“我只得由我来肉薄这空虚中的暗夜了，纵使寻不到身外的青春，也总得自己来一掷我身中的迟暮。但暗夜又在那里呢？现在没有星，没有月光以至笑的渺茫和爱的翔舞；青年们很平安，而我的面前又竟至于并且没有真的暗夜。”

“绝望之为虚妄，正与希望相同！”对于宗启騄来说，“希望之为虚妄，正与绝望相同！”

他后来又千方百计地去找事情做，也办过小厂子。他的自行车零件厂办得不错，可是他脾气“杠”（犟），而那条“旧时代尾巴”又如影随形。“因为他出身官宦人家，用他也在用，查他还是要查。”王树珍说，“我先生就是一心一意为共产党做事的，他也没别的想法，问心无愧。”

街道办事处主任对于宗启騄这样的人始终会多加关注，但他们后来对他也不错，说他办事认真，白手起家，分配给他的都是家庭妇女和犯过错误的这些人，很不容易等。然而在“白手起家—成功—被审查”这样一个诡异的轮回中，宗启騄始终没能逃脱身份的阴影。

但是在宗启騄看似没有起色的生活中，宗庆后发现了一种禅意，这种禅意就像是春风拂面的晚上包藏的一场急雨，虽然雨总是下，但是无法抹去雨中暖暖的春意。在某种意义上，父亲在孩子们面前，展现的是一种永不放弃的姿态。岁月推移，这种姿态甚至凝固成了一个雕像。

宗启騄不像孩子们的母亲，是一个正面撞击，他总是淡远成一个背影，在他许许多多创业和被审查的日子里，哪怕是顺风顺水的时候，他也是内敛而淡然的。“我只是记得，全家的聚会总是在晚餐时，在不足十平方米的小屋中，在昏黄的灯光下，父亲给我们讲他的企业、做生意的法则、为人处世之道、时事趣闻，等等。”创办企业于宗氏兄弟来说，并不陌生得令人胆寒，因为宗启騄早在孩子们的童年时代，就开始了这样的启蒙。

在宗庆后的童年，从来没有想过要成为一个企业家，但是这样的谈话对于作为长子的宗庆后来说，是十分有营养的，也是父子间亲近的为数不多的方式之一。

为了生存的“告别”

家里的经济状况始终不见好转，宗启騄始终无法提供经济上的安全保障，儿女越来越多，逐渐构成了巨大的经济压力，王树珍所承受的苦难可想而知。

不幸的是，整个国家都开始面临着饥荒的威胁，饥饿变成了中国最大的敌人。就在宗庆后读中学的时候，三年自然灾害开始了，“大跃进”运动带来了它的恶果。

起初的时候只是因为挣钱的人少、花钱的人太多，宗庆后他们偶尔能吃上水果和糖果就可以得到满足；后来水果和糖果的味道消失了，饥饿的味道到来了。

王树珍有一次说：“后来到六〇年还要苦嘞，买东西都要凭票。二十四斤定量，没票什么都买不来。青菜，一人二两，还要一大早排队去买，盐花拌饭吃还算好的，农村都饿死人的。包心菜都包不起来，长的绿叶子，你要不要买？有钱也没得买。”

“二十四斤定量，还不都是米，还要搭番薯干儿，杂粮。宗庆后当时在五六年级吧，按照定量称好了拿去学校食堂蒸。做爸爸妈妈的总想孩子们多吃点。他说，不行，一定要先保证爸爸妈妈的量，国家给你们这么多，你们就要吃这么多，爸爸妈妈吃饱了才能工作。他很懂事。”回想起来，王树珍很感慨。

每个人都饿得心慌慌的，宗庆后和弟弟们都在生长期，更是感觉饥饿像从胃里长出一只手来，不断地想抓点吃的。于宗庆后来说，儿时的称米分粮可能是一种管理的启蒙。面对弟弟们无辜而可怜巴巴的目光，他必须克制自己，让理性升腾。

宗庆后是家中的老大，自然要为母亲多承担一些。那时候在家里吃饭，母亲总想多拨些饭给我，她生怕正在长身体的长子被饿坏了。宗庆后所能做的就是把粮食称好，带到学校食堂去。

对王树珍来说，她一生最大的成就就是生养了五个懂事、听话和有出息的孩子。同样对于她来说，一生最大的伤痛，或许就是将女儿宗蕊送人，过继给了九叔叔家。

那时，宗蕊出生了，白天宗氏兄弟们要去上学，王树珍要去上课，没有人能够照顾她。王树珍的班上有个男生生活很困难，他的寡母没有工作，全靠给别人洗衣服维持生计。她给人洗一个月衣服收 1 块钱，同时要给 15 个人洗衣服，一个月挣 15 块钱，才够她和儿子两人吃饭。王树珍觉得他们母子太可怜，就想帮一下他们。

有一天，那个女人找到母亲说："王老师，小妹没人带，我给你带孩子吧。"王树珍同意了，答应每个月给她发 15 元钱工资。"每天的一二节课和三四节课之间有 20 分钟的休息时间，一听到打铃了，她就把孩子抱过来吃奶。吃中饭的时候，再抱过来吃奶，然后抱回去。我每个月给她 15 块，剩 40 块就是我们家的生活费。"王树珍说。

一开始他们还觉得宗蕊得到了照顾，王树珍又帮助了那个可怜的女人，可是没多久居民区的干部们就找到王树珍，说："王老师，你在教别人的孩子，你的孩子却在受虐待。"王树珍跟他们一交流，再跟别人一打听才知道，原来那个女人拿了她给的 15 块钱之后，还是照样去给别人洗衣服。她洗衣服的时候，如果宗蕊在哭，她就用棉被盖住宗蕊，让她的哭声传不出去。有时候她嫌宗蕊老是哭，还偷偷地打她、拧她。王树珍知道了宗蕊被虐待的惨状，无法忍受，眼泪哗啦啦地往下流。

那些干部劝王树珍说："王老师，你先不要着急，她不就是个国民党家属吗？我们盯着她。你放心好了，我们会看牢她，不会让她再打你的孩子。但是你现在不要把她辞掉，要不然她会恨你砸了她的饭碗的。"王树珍想了想，觉得干部们的话在理儿，又没有其他的办法，就只好继续雇着那个女人，继续每个月给她 15 块钱。

差不多这时候，宗启騄的九弟从外地回到了杭州。王树珍知道九弟媳不能生育，就跟九弟商量说："宗蕊这孩子没人带，现在雇的这个帮忙女人老虐待她。我把 15 块钱给你，你来帮我带吧。"九弟说："钱我不要，孩子我带走，不给你了。"王树珍想了想说："好吧。"

其实当时宗启騄九弟一家最喜欢端后，给宗庆后兄弟几个做鞋子的时候都要特意给端后做得好一些。他们曾提出领养端后的想法，端后因为已经大了，死活不肯；后来端后每次到九叔叔家里，他们要留他吃饭，他就赶紧溜走，生怕被留在那里。

宗庆后坚决反对送走妹妹，但他的反对没有生效。王树珍一想到宗蕊被虐待就全身发抖，坚决不想让这样的事再度发生。她后来自我开解说，自己是为了工作，也是为了宗蕊不受虐待；最关键的是，都是一家人，一笔写不出两个“宗”字。

宗庆后兄弟几个已经开始懂事了，知道妹妹去了叔叔家，没法跟他们生活在一起了，但是他们毫无办法，只能把眼泪含在眼眶里，吞咽在心里。

那时候的学校食堂，菜都是自己烧的，一人二两青菜，拌点儿盐糊弄过去。王树珍一回忆起那段往事，就伤心不已：“五点就要排队去买菜。一人二两油，五个人就一斤油。反正蛮艰苦的，什么都凭票，就是有钱也买不来。粮票、油票、布票，什么都凭票。”幸好，这一切总算过去了，都已经过去了。

经商初体验之“爆炒米”

1961 年是三年自然灾害的最后一年，也是对人们生存意志的最终考验。那一年宗庆后初中毕业，听说在师范学校读书不仅吃饭不要钱，还能发生活津贴，于是他打算报考师范学校。可是他去报名的时候，却突然被学校告知：你的家庭成分不好，报考师范必须是贫下中农出身。

对宗庆后来说，那是一桩激烈的打击。此前这样的打击已经有过一次，同样因为家庭出身问题，他无法加入共青团。现在，他终于意识到，他的姓氏，除了带给他杰出的祖先外，什么都带不来。即使他那位伟大的祖先，也是在绝望和哀恸中走到了自己的人生终点站。《宋史》中说：“泽威声日著，北方闻其名，常尊惮之，对南人言，必曰宗爷爷……泽前后请上还京二十余奏，每为潜善等所抑，忧愤成疾，疽发于背。诸将入问疾，泽矍然曰：‘吾以二帝蒙尘，积愤至此。汝等能歼敌，则我死无恨。’众皆流涕曰：‘敢不尽力！’诸将出，泽叹曰：‘出师未捷身先死，长使英雄泪满襟。’翌日，风雨昼晦。泽无一语及家事，但连呼‘过河’者三而薨。都人号恸。”

人生充满了太多的不确定性，最起码自己的父母就无法自行选择，当然他们也无法自行选择未来的子女。因为出身，宗庆后无法去读师范学校；不让读师范，宗庆后就索性不读书了，早点工作赚钱。

那时候宗启騄无法帮助妻子担负起照顾整个家庭的责任，只能由宗庆后挺身而出。就这样，1961 年，宗庆后离开校园，踏上了社会，开始与自己的少年时代和校园生活做一次彻底的告别。

起先宗庆后跟人学修汽车。有一次，他去以越剧闻名的嵊县修车，给师傅打小工，拧螺丝、递扳手，到了饭点儿还要给师傅烧饭。那时候他们烧饭的面粉也不是精面粉，而是夹杂着红薯筋和各种杂粮的面粉，烧出来的就是面疙瘩。虽然学得很苦很用心，可是毕竟太小，又没有基础，师傅自然不满意，而且收入又很低。后来宗庆后就开始四处打零工，挣点钱补贴家用。

有一个场景一直烙印在宗庆后的记忆最深处——他和端后两个半大不小的孩子，抬着一个比他们矮不了多少的铁家伙，在幽暗而逼仄的巷道中穿行，因为年轻和腼腆，几乎连“爆炒米嘞——”这样的吆喝声都羞于出口。

爆炒米机是宗启騄从一个朋友那里弄来的，一套东西花了八十多块钱，这在当时可算一笔巨款了，但是宗启騄因为腼腆而一直任它躺在墙角。

宗庆后决定用它挣钱。

现在的孩子估计已经不知道这样的古董了，但是在他们小时候，这还是很流行的玩意——一个开水瓶大小的铁葫芦横卧在火炉上，要不断地翻滚它，用以均匀加热炉中的米等食料。开炉时，一手用麻袋罩牢铁葫芦，另一个手把拉钩“砰”地一拉，就成了。那一声让人又怕又期待的“砰”的巨响，让围在边上的孩子像过年一样喜庆。一开始拉钩，兄弟俩也有些发怵，后来慢慢就胆子大了起来。

爆炒米的大米都是买主自己带来的，宗庆后和弟弟只负责为他们加工，收加工费。他记得那时候爆一炉米，不加糖精是一毛钱，加糖精是一毛五。除了来爆炒米的，还有人来爆蚕豆、黄豆、玉米，甚至还有人爆年糕。他们是来者不拒，爆什么都是一个价钱。

那段走街串巷的日子回头想起来，还颇有成就感。通常情况下，如果赶上过年过节，生意还是蛮不错的，一天能赚七八十块钱，算是不得了的一笔收入了。尤其是过年前的几天，生意好得不得了，从一大清早爆到天黑，还有好多人排队等在那里。主要是那时候人们办不到什么年货，只好拿点儿大米爆一下，权充打发年关的零食了。

爆炒米大概挣了百十来块钱，后来兄弟俩就不干了。主要原因是离家太近，很容易碰到熟人。那时候又年轻，很要面子，觉得有些难为情；近的地方不太想去，远的地方又走不动。

这是宗庆后人生的第一笔生意。

宗庆后向青涩而高贵的少年时代告别，那骨子里奢侈的骄傲，将在岁月的磨砺中，更深地沉埋到血液深处，而蜕变成一个为了生存而奋力拼搏的年轻人。

后来他们见火车站有人卖红薯，就去菜场买了红薯回家煮熟。寒风呼啸的冬夜，他们把煮熟的热红薯拿到火车站去卖给外地人。那时候他们卖四毛钱一斤，算是很贵的，可是那些外地人刚下火车，没什么吃的，也会掏钱买。

那时候宗庆后已经会采购最低廉的原材料了。“记得有一次，我骑自行车到良渚农家买番薯，回家时已经天黑了，看不清路，一下撞到桥头，摔倒在地，巨大的撞击力把自行车的前杠都撞弯了。那天我一直推着自行车，走了几十里路，把一堆番薯运回了家里。”

可是无论爆炒米还是卖红薯，对他来说都是不情愿的被迫。如果生活能够给他提供稍好的另一种选择，如果母亲并不那么心力交瘁地抚育他们，如果他的妹妹不必过继给九叔叔家，如果……他又怎么会做这样的选择呢？

人生中的很多事情，并非出自人们的自愿，更非因为懒惰和懈怠。在 20 世纪 60 年代初期，人们的选择就是没有选择。人们只是在等待命运的裁决，等它或是残酷或是仁慈的手，将他们推向不得不去的那个方向。

无论在哪个方向上，对于宗庆后，对于他的家庭来说，都至少是一种磨砺，如果不能称为磨难的话。“有时候我们或许会以为人生就是一场又一场的冒险，到后来冒险变成了一种习惯。事实却并非如此。人生就是闷着头往前走，走着走着，眼前突然一亮，狭路走了出来，一片开阔地。对于我和与我类似家庭出身的人来说，人生的最大区别就是你是否还有勇气继续闷头走下去，是否还有勇气接受命运之手的肆意摆弄。”

1963 年，宗庆后艰难的少年时代结束了，在命运之手的随意一挥下，他开始了一段新的人生旅程。随后漫长的 15 年即或不是造就宗庆后人生的关键，也在他的整个生命中烫下了永远抹不去的烙印。

“而我回望这段岁月，却深深地感受到，年轻时承受的苦难就是一笔财富。”宗庆后的声音中有一种沉思，“无论是否带给我正面的东西，我都要感恩那段岁月，就像我们必须感恩苦难一样。”

劳动是最尊贵的修行

任何青春都是一个伟大的开场，尽管宗庆后的青春很苦难。他的“大学”来自那15年的农场生涯。他在星光的照耀下劳动竞赛，种茶也要种出水平，并学会了各种各样的活计……

1963年的一天，有人告诉宗庆后一个消息，说是舟山马目农场正在杭州招收知识青年，不论家庭成分，谁都可以报名参加。在当时，对于已经厌倦了在杭州街头叫卖的宗庆后来说，意味着这是改变命运的一次机会。他甚至从没想过，这其实是他的唯一机会，唯一的“救命稻草”。

宗庆后并不了解马目农场，甚至也不了解舟山，只知道舟山是浙江沿海最大的岛屿，马目农场就在大海边上。他并不知道，从杭州到舟山，中间除了漫长的距离之外，还隔着一条长长的海峡。但是他没得选择，除了报名。

宗庆后与母亲进行了告别，那一年他十八岁，如同后来余华小说中描述的那样，“十八岁出门远行”。与所有的分别场面一样，儿子的期望、母亲的泪光，思念、担忧、心酸、爱和无奈……背负着满身心的沉重，他到了舟山。

“马目农场令我感到震撼，一种有别于大海所给予的那种震撼。那是一处荒无人烟、寸草不生的无主之地，偏远而荒凉，绝非理想中的热土。我再次被自己的想象力给戏弄了。”

后来宗庆后才知道，马目农场本是一个关押犯人的劳改场，当地人称之为

"舟山西伯利亚"，言其不仅人迹罕至，而且不适宜人类生存。更让他们绝望的是体力上的折磨，劳动量很大，每天不是挖沟修坝，就是拉土堆石，简直如同做苦力。超负荷的劳动量让很多城里的年轻人难以承受，脆弱一点的人甚至晚上躲在被子里哭。大部分人都受不了，但他们只是满腹牢骚，叫苦连天；胆子大的干脆找机会开溜回杭州，不知道这些被称为"逃兵"的人该如何在杭州立足。

星光照耀下的竞赛

宗庆后刚下乡时才 18 岁，瘦弱的身体在抬石头、打石头、挖沟中变得结棍（结实）。那时候围垦海涂，下面土很嫩，他们用一个像弓的器具，用铁丝一割，就切出一块很大的泥土方。他们还挖过海埠头，就是潮水退掉之后，海涂上要挖条河出来，因为要放船进来，否则船进不来。

宗庆后所能做的只有沉默和等待。他必须在海边默默地拉车。他必须接受来回拉一车一车的石头却只能得到九角多钱的收入。他必须接受艰难的人生。

农场有位唐书记，他见宗庆后勤奋可靠、能吃苦，就有意培养他。他向我承诺：只要好好干，会被保送上大学的。可是唐书记最终没能兑现诺言。

那时候搞"四清"，马目农场是省农业厅所属的国有农场，但管理上却属于地方农业局管，唐书记不买他们账，结果"四清"时他们就来找他麻烦了。唐书记惹上了麻烦，宗庆后的"大学梦"也就跟着结束了。

宗庆后那时年纪还小，根本不懂这些。那时他如果去读大学了，也许会变成教授，也许会当上公务员。

事实上在马目农场近乎自虐的坚持，连他自己都没有想到会延续这么多年。只是从此之后，"遇见困难不被吓倒"这样的观念已经变为宗庆后血肉的一部分。他只知道，他是在赌自己的未来，骨头累得散架了，总比一生都匍匐着活下去好得多。

多年后有人问起宗庆后那段经历对他的影响，他唯一的回答就是：苦惯了。年轻时候吃点苦是一种财富，最可怕的是老年吃苦头，那是真的苦。事实上，只有习惯才会使人们接受苦难。没有谁比谁更坚强，只有习惯，只有彻底绝望或是始终充满希望，人们才能坚持到最后。彻底绝望的人，成为了失败者；始终充满希望的那个，就是宗庆后。

多年后宗庆后告诉一位来访者：“那个时候，生活在社会的最底层，一切都为了稻粱谋。这也是我到现在为止，看到三轮车上坡时，还会情不自禁地下车，帮忙推一下的缘故。”

宗庆后并不后悔当年的选择，尽管是出于不得已。社会也是一所大学，高尔基的《我的大学》他读过，印象深刻。确实，现实生活中可以学到无数学校中不能得到的知识。

宗庆后是一个好胜的人，要做就做到最好。他相信好胜是人类创造力的源泉，是不断自我超越的动力。他读书的时候要考第一，打篮球要争第一，在农场也要成为最好的那个——一颗倔强的心容不得他有任何软弱。很多年轻人吃不消，但是宗庆后还是很积极，带领大家搞竞赛。拉石头、堆石方，白天干不过人家，动员大家晚上干，趁对方晚上休息，超过他们。因为装石头的车子拉出去会有响声，为了不被对方发现，他们就抬着车子出去。宗庆后不知道累瘫在床上的自己从何而生的力气，他们在星光下拉大板车、运石头，全身的肌肉逐渐从酸痛到麻木。

在农场那年的先进评选中，宗庆后成为农场的先进，还成为了整个舟山地区的“上山下乡积极分子”。除此之外，马目农场还给了他前所未有的壮硕身体，可以承受远超他想象的沉重压力。

2006 年，当宗庆后以一个追忆者的身份回到马目农场时，看到的只有一片荒凉。多年前的往事，虽然历历在目，恍若昨日，却终于真正地变成了过往。一切都结束了，一切又像是从来没有开始过。

转战茶场的“学习超人”

1964 年，马目农场停办了。他们原本打算填海之后种棉花，最后发现那地方根本种不了棉花，强种的话肯定亏本。马目农场停办，唐书记作出的承诺天然地失效了。

起初他们想把原来在农场的人转交给舟山航务局，结果舟山航务局也在搞“四清”，根本顾不上他们，连个过来接收的人都没有。正在他们无处可去的时候，浙江省农业厅接管了绍兴的劳改农场，他们就被划到了绍兴茶场。等舟山航务局搞完“四清”再来接人的时候，本来要招的90个人只剩了25个，都是些所谓调皮捣蛋的家伙。

宗庆后就这样被转移安置到了绍兴茶场。这是一次身不由己的选择；可对于他来说，这是一场流放，也可谓是一场自我放逐。毛泽东说：“广阔天地，大有可为。”那么，宗庆后就只有选择在那里大有可为。

绍兴比舟山离杭州近得多，尽管绍兴茶场地处偏远的丘陵山区，但至少它没有一条海峡横亘在中间。茶场的主要工作就是种茶、割稻、造地，强度不比马目农场大，同样整日面对一望无际的茶山，与马目农场的生活同样枯燥和单调。

对这一变化最为兴奋的是王树珍。她回忆说：“当时马目农场是海涂，要把海涂弄成棉田，地得挖四五米深，然后下雨把盐冲掉，种棉花。棉花只长一点点高。国家赔钱，没办法，一百多个杭州青年的工资发放都要靠上面贴钱。然后就让他们去运石头、修堤坝，所有的食品全靠用船从定海运过来，如果今天刮风了，没法出船，那就菜都没得吃，只能酱油拌饭，也是很苦的。后来农场维持不下去，这一百多个人就去绍兴的农场。这下就比较好了，离家也近，坐火车一块钱就到家了，比较好。”

茶场里除了大片茶山，还有水稻田、果园、菜园，因此一年四季都是农忙季节。与此同时，知青们还要自建宿舍，所以他们每天晚上还要拉建筑用的砖头。虽然白天收工的时候他们已经累得骨头散架，但晚上吃完了饭，又要来回5里路推着架子车去拉砖头。爬上坡路，拉100块砖是最起码的，一个晚上至少要拉上3次，而报酬仅仅是一角五分的夜餐费。对于这些知青来说，没有加班的概念，只有付出的自觉。

在绍兴茶场，宗庆后学会了很多，包括学会如何成为一名厨师。那时候要给大家做大锅菜，一筐一筐的菜倒到大锅里翻炒，也是一件重体力活儿。有时候他也会做几个小炒，据说味道还不错。事实上，宗庆后此前从来没做过厨师，也没有师傅带，学习能力营养了他——他只是拿几本烹调书，按照书上的教导，这个少许、那个少许地做出来的。他是无师自通的。宗庆后做了一年多的厨师，在农场里，这算是好工作了，饭能吃得饱，菜也有得吃。

宗庆后甚至学会了杀猪，他是在给一位师傅打下手的时候学会的。猪宰了后要吹气，他负责吹气，在猪蹄子部位开个口子，用一根铁管捅入，使劲往里面吹气。吹气之前，猪皮是软塌塌的，吹气之后，猪皮就鼓起来了，毛就容易刮了。

每逢过年农场里都会分点肉，那时候会请人来杀猪，杀好之后，师傅就回家过年去了。那一年师傅回去了，但是肉不够分了，没人杀猪，只好让宗庆后上阵。杀的时候，把猪嘴巴捏牢，扳紧，刷地一刀捅进去。刀捅得好，肉里就没血；捅得不好，肉里带血，吃起来一股子血腥味儿。宗庆后第一刀就成功了。

"煺毛的时候，水要烧滚之后再掺冷水，否则水太烫毛就烫牢了，反而煺不下来。烫了水之后，先把猪头上的毛煺干净，再把猪身上的毛仔细煺得精光剔滑，然后再动刀刮毛。毛刮光了，猪头先剁下来，整猪倒挂起来，开膛破肚，取出内脏……那时又没冷藏的，都是现杀现吃。"

宗庆后回忆起来，最苦的要数开山打石头和修石坎——就是石头像墙一样地砌起来。开山的那个榔头柄是软的毛竹柄，两片贴合起来，依靠惯性，敲打起来还蛮有力量。开山的时候，放炮倒是不需要他们放，有专门的师傅，在石头上打个洞，把火药放进去，点燃导火索后完成爆破。

那时候宗庆后也摇过船。他说，摇船的时候，一只手抓着橹柄，一只手抓着橹柄下的绳子，双手要反方向交替用劲，不然下面套牢的环要脱出来的。

种地也是经常干的事。插秧种田，两边两条线，六列秧苗，要秧正行直。不过宗庆后还是觉得割稻最吃力，因为割稻要弯腰。那时"双抢"，装满人粪尿的料桶担挑到田里，要均匀地洒，洒了之后，还要耘田，有时还要把石灰撒到田里再耘田。耘田时要一路弯腰摸过去。"插秧也好，耘田也好，就怕牛虻，叮在身上痛得要死，跟打针一样；蚂蟥叮在身上是不痛的，叮上了就一把扯掉。我记得有一次大冬天赤脚去挖荸荠，脚冻得生痛，幸亏没生冻疮。因为经常赤脚，回城的时候，我脚底板上的茧都很厚了。那时走的都是石子路，一个月只有两双草鞋，很快就穿破了。那时候的人都差不多，都是这样的……"那样的经验，已经刻在宗庆后的记忆里。

当然，在茶场，最重要的活就是种茶叶。那时候的日子过得就像在一片荒漠中，看不到头，也看不见一丝亮色。很多人开始吃老酒、打老 K（纸牌），似乎想在娱乐中忘掉绝望，但是从小的自律让宗庆后没有去做这些无谓的事。在这样没有一丝亮色的生活中，他依然有一种做出像样的事情的冲动，想着要把茶叶种得比别人更好，还特地找了一本种茶的书来研究。“我的内心时刻有着这样的一种准备，虽然这样的准备在那个年代显得有点奢侈。你不断寻找，却什么也找不到。”

就这样，宗庆后在绍兴茶场干了 14 年，种过茶、割过稻、喂过猪，每月工资 28 元，加上马目农场的一年，15 年总共得到了 5000 块钱左右的工资。

这些钱，除了用于安排生活外，剩下来的，宗庆后会寄一些回杭州，让母亲贴补家用，还有一部分则用来买书。其实那时候也没什么书可买，自然也没什么书可读。他读得最多的书，毫无疑问是《毛泽东选集》，一边看一边琢磨，翻来覆去地读过之后，它自然成为宗庆后理解最深、最透、收获最大的书了。待到他日后创业，在内部的管理和外部的拓展中不自觉地使用到毛泽东的一些战略战术，也就丝毫不值得奇怪了。

说实话，宗庆后他们这一代创业者，由于阅读的管制和一元化的价值取向，很多人获取管理知识的来源都是《毛泽东选集》，据他所知，北京的柳传志、深圳的任正非都是如此。并非大家对《毛泽东选集》有多么偏爱，而是他们除此之外，几乎一无所知。

时间是可怕的，尤其是无聊的时间，最为使人绝望和恐惧，这就是为什么有人说监狱里关在单间里的人不是成为疯子就是成为哲学家的原因。

那时候大家习惯聚在一起聊天，慢慢地学会了抽烟、喝酒甚至赌博。宗庆后对喝酒和赌博没什么兴趣，只是抽烟一项，算是慢慢变成熟手了。有时候他会在夜晚抬头看星空，看星星和月亮的移动。如果每一颗星都代表一个生命的话，他不知道自己是更亮的那颗还是更黯淡的那颗。对于未来，宗庆后缺乏想象力，也缺乏方向感。想象力和方向感，对于那时候的他来说，该是多么奢侈的词汇啊！

后来茶场给宗庆后调整了工作，他便有了更多可以自由支配的时间，读书的时间也就更加充裕了。可是书越来越少，它们都变成了“毒草”。

生活总是得继续，无论多么艰难。他一直在想，成功的人一定有一项特殊的技能，那就是苦中作乐，随遇而安。坚持下去，带着希望地坚持下去，不让自己匍匐在命运的脚下，然后，生命中才会突然出现开阔地。

险些成为“反革命”

那时候宗庆后最喜欢看的还有一本书——《钢铁是怎样炼成的》。当他有一天离开茶场、回到杭州，当他有一天创办了娃哈哈并且使它成为中国最好的饮料企业之后，当他能够以物质和精神的双重财富帮助到别人的时候，当他能够厘清自己的“天命”，决心为更多人谋福祉的时候，宗庆后终于明白了钢铁是怎么炼成的，他也明白了钢铁是怎么没炼成的。

炼钢讲究温度和火候。温度代表人们所承受的压力，达不到适合的温度，钢铁永远无法炼成，大炼钢铁时代的土法炼钢就是温度不够的结果；火候代表着机会，机会一定是给经过高温熔炼的铁水的，就像是格言中说的：“机遇只给有准备的头脑。”

在“文化大革命”中，宗庆后的领导才能还差一点儿让他沦为“现行反革命”。那时候搞大串联，宗庆后带了 16 个人坐火车到北京去，路上没花一分钱。他们是奔着毛主席去的，却没看见毛主席。他们属于农垦部，当时农垦部分两派，斗得很厉害。全国的国营农场红色造反军团开会死活要宗庆后一道参加，没办法，他就去发了个言，发完言就走了，他们却把宗庆后缺席选上常委。宗庆后回来后，国营农场红色造反军团被北京市定性为非法组织，宗庆后因为是常委，就变成了“坏头头”。

回来之后，他们这边也搞了两派，宗庆后因为是“坏头头”，就面临着很大的危险，一旦被关进牢房就糟糕了。反对派指控他们“冲击中南海”、“攻击江青”、“攻击林彪”，都是很可怕的罪名，都是死罪啊！宗庆后写了申诉书，军管会来调查后发现那些指控不实，都是虚构的，就给他平反了，不然说不定要抓进去枪毙了。那时宗庆后年纪太小，思想和阅历还不成熟，斗不过那些绍兴师爷。

那段往事使宗庆后学会了与一些人斗智斗勇，也顺便把一些人的本质看清楚了。

那是一个什么样的年代啊，一边喊着“毛主席万寿无疆”之类的口号，早请示晚汇报，汇报完才能吃饭的。一张领袖像不小心糟蹋了一点，就会变成反革命。那时群众专政，说给你专政就给你专政，不用任何批准。

在农村待的那十几年，真的很长。那是一段惨痛的岁月，今天宗庆后可以以轻松的心态回忆，但在当时，看不到一丝希望。

待在绍兴茶场的14年里，中国已经发生了巨大的变化，很多变化是宗庆后后来才知道的。“四清”、“文革”、“文攻武卫”、“林彪事件”、“批林批孔”、“领导人去世”、“天安门事件”、“四人帮倒台”、“恢复高考”……它们发生了，又结束了。发生的时候轰轰烈烈，结束的时候却往往悄无声息。或许这才是真正的历史。

“所以命运也是安排好的。如果那时候读了大学，可能现在也不会有娃哈哈。”他笑道。1977年的时候，中央已经决定恢复高考，宗庆后的弟弟宗泽后也从插队的农村回到了杭州，四个儿子当中唯有宗庆后一人还在外面流浪，这使他母亲颇为焦虑。那时候知青返城最难的是在城市里找到一个接收单位。可是返城的知青比接收的名额多得多，很多知青注定要一生留在农村，除非他们通过高考改变自己的命运。

母亲找不到接收的单位，宗庆后也自知无法通过高考来改变自己的命运。母亲和父亲一商量，决定让他在绍兴娶妻安家，他们觉得这样至少可以使他获得最起码的生活照顾，而不必再过那种孤独寂寞的日子。

为了能让他早日在绍兴体面地讨上个老婆，他们拿出家里的全部积蓄买来木料，宗端后做木工，宗泽后做油漆，一家人自力更生，为他打了一套崭新的家具。

他们后来果然把家具打了出来，托人捎给了宗庆后。至少从外观上来看，手艺还算不赖。可是宗庆后从来没有在绍兴安家落户的计划，更不打算在绍兴茶场里终老一生，死后籍籍无名。他第二天便找了辆车把家具给原封不动地送回了杭州。他还让人捎去一句话：“人活着，必须干一番事业，不能碌碌无为过完此生。”这句话，一方面是对家人的安抚，另一方面也算是他对自己的一种激励吧。

多年以后，宗庆后说，在农场那一段时间，对他后来创业最大的影响还是意志。“事实上你的观念这么多年沉淀下来，你把最基本的问题看明白以后，就知道自己该做什么，不该做什么。关键是要通过经历把道悟出来。”

又过了整整一年，命运的手又是随意一挥，转机出现了。1978 年的秋天，宗庆后 33 岁的时候，中央新出台了一个文件，规定城镇干部职工退休后，在农村下乡插队的知青子女可以返城顶替。

冬天的时候，王树珍提前退休，他回到了杭州，以顶替岗位的名义，被安排到了同属教育系统的杭州上城区邮电路小学校办工农纸箱厂当工人。生命的形态终于发生了改变，虽然他所面对的只是一叠叠的纸板，唯一的工作就是不停地做纸箱。

WAHAHA ALWAYS STANDS TOWERING

Biography of
Mr. Qinghou Zong

CHAPTER 02

励志的超级供销员

如果没有那8年在商海一线中的草根搏击，我就无法积累对中国市场如数家珍般的透彻了解，这是以后我在创办娃哈哈中的“秘密武器”。我用脚来丈量中国的市场，深入到穷乡僻壤、犄角旮旯，“中国市场地图”就是这样在水里火里、摸爬滚打中来摸透的。

当我背着几台落地电扇，像个跑单帮般地挤在绿皮火车上，在天涯海角斗智斗勇追款讨债，在招待所里打着地铺，以及在广交会的大门外摆地摊时，我不会去这样一种历练的价值所在。

对于当时的我来说，供销员是一种职业，一种谋生的手段；与此同时，它也是我消解无穷能量的一个出口：相对于枯燥的叠纸箱工作来说，我喜欢它的智商和情商含量。

有时候，不安分的心，是前行的力量。

更多的时候，只有付出感动上苍的努力，才能扭转你的命运。

我的公式是这样的：感动上苍的努力+头脑+亲和力=有所为。

——宗庆后

上苍的第一份礼物

穿越 15 年的农场风雨回到杭州，宗庆后在成就什么的想象和现实的尴尬夹缝中挣扎，而人生的珍贵礼物——婚姻和女儿，也在他从叠纸箱的工人变身为供销员时蹁跹而至。

1978 年冬天对于整个中国来说，是告别寒冷刺骨的时刻。邓小平在北京宣告了对内改革和对外开放的国策，它意味着中国将回到轨道上来，重新开启人们的想象力和创造力，同时不再将企业家的贡献及其尸骨一同埋葬。

这是一个充满苦恼也散发希望的时代，每个人都在努力寻找出路，试图改变自己的命运。

那个冬天宗庆后已经 33 岁，他在舟山和绍兴的农场里已经过了 15 年的放逐生活。这 15 年为他提供了很多。有一次他曾对一位访问者说："这 15 年，尽管是我人生当中最年轻、最有成长希望的大好时光，看起来好像在农村没有什么作为，但我感到这 15 年，对我整个人生道路确实是有很大帮助的。至少这 15 年的艰苦生活，磨炼了我的斗志，同时也练就了比较好的身体，为我 42 岁以后的重新创业，打下了比较雄厚的基础。这 15 年我也没有白过。"

这 15 年同时使他相信，任何青春都是一个伟大的开场，尽管他的青春艰涩而苦难，尽管他错过和失去了很多，但是却学到了如何在艰难中维持自己的生活，如何追求卓越，如何在寂寥的日子中数星星，如何在空洞的形态下阅读和想象……

农场生涯改变了他的生活形态，也改变了他的命运。

15 年后的杭州相较于宗庆后离开的时候并未发生剧烈改变，因为改变的故事才刚刚开始。最大的变化来自母亲，她明显地老了，岁月在给予她苦难的同时，并没有给予她相应的仁慈。她一直在付出，从未索求过。她退休的时候还不到 55 岁，是为了儿子返城而提前退休的。

15 年前宗庆后离开杭州的时候，还是一个青涩瘦弱的少年；15 年后，他穿越岁月的风雨和超强度的体力劳动磨炼回到杭州，已经成了一位已过而立之年、魁梧强壮的男人。

那时的他，在充满了一种成就什么的想象和现实的尴尬夹缝中挣扎。曾经有过的那些远大的梦想，已被残酷现实击打得风流云散，却又似乎在消散中留下挥之不去的影子。

宗庆后的兄弟们都已经长大成人，就连最小的宗宇后，都要满 18 岁了。他离开杭州的时候，弟弟宇后才 2 岁。

回到熟悉而又陌生的杭州，宗庆后感到了一种疏离。

纸箱厂里的供销员

因为学历不够，宗庆后只能顶替母亲去校办工厂做工人。

这家纸箱厂叫工农纸箱厂，原来是糊纸袋的，后来开始糊纸箱子，有时还糊点儿别的东西。这个纸箱厂的出现，与时任上城区文教局副局长傅美珍的庞大计划有关。她一心要改变教育的现状，要改造教学楼和宿舍楼，自然要想办法创造收入。

在宗庆后去工农纸箱厂上班前，傅美珍找他谈了一次话。这是他第一次见到傅美珍，她看上去干练而充满自信。宗庆后并不知道这位女局长的手中有一支魔杖，可以点化他的未来。

他们谈起了他的母亲，谈起了傅美珍与他母亲的见面。她们的第一次见面，就是谈论儿子顶母亲的职回杭州的事。王树珍对教育的热爱以及她杰出的普通话能力，给傅局长留下了深刻的印象，无疑也促使傅局长最终玉成了此事。

宗庆后向傅局长表态，他愿意去纸箱厂奉献青春。命运就是如此奇妙地将他们关联到了一起；在接下来的人生历程当中，傅局长好几次出现在了宗庆后命运的关键时刻。

宗庆后在工农纸箱厂糊了很长一段时间纸箱子，那种一成不变的单调生活虽然已是他十几年来的习惯，但却并不完全符合他对未来的预期。

那时，北京已经传出了要“改革开放”的消息。宗庆后相信一切正准备往好的方向去走。他希望发生一些改变，哪怕只那么丁点儿。

那时，傅局长已经意图雷厉风行地推广她的伟大计划，希望校办工厂的创利能够补贴教育经费的空缺，改善教职员工的生活。而当时上城区文教局麾下大部分的校办工厂都停留在一种简单的模仿和跟风阶段，产品单一，而且一哄而上。

哪怕生存在一个小不点的校办厂中，宗庆后那停不了的大脑，又开始了飞速的运转。

宗庆后开始向厂长提各种各样的建议，也公然无忌地向众人发表他个人的观点和意见。有人说这是宗庆后性格中刚毅、好强的一面，实则是他已经受够了这种看不到希望的生活，“我希望自己能够在 15 年的历练与压抑之后，释放自己内心的零星希望，尽管我并不确定这些希望的形状。”

幸运的是，宗庆后所遇到的那些领导足够宽仁。他们并不因为他对人、事看不惯常与人据理力争而恼怒，也不因他不愿看他们的眼色行事而恚怒。他们所面对的是一个算不上年轻的年轻人，三十多岁，干过 15 年的苦力，正为了卑微的希望努力向前。他们给了宗庆后机会，决定让他当供销员，以求“人尽其才，任人唯贤”；宗庆后觉得，他们大概更愿意他脱离视线，至少可以保持短暂的内部和谐，求片刻的“眼不见心不烦”吧。

他的这种猜测并非毫无来由，傅美珍局长后来说，工农纸箱厂厂长曾好几次向她抱怨说他“不是很听话、喜欢自作主张”。幸运的是，傅局长不但没把它们当成宗庆后的“罪状”，反而当成了一种优点。

宗庆后喜欢那种独来独往的生活，尽管那所谓的“供销员”，只是脚踏三轮车卖纸板箱而已。对于纸箱厂的大部分工人来说，“供销员”是一种折磨，必须忍受风吹雨打，其吃苦受累的程度，远甚于坐在车间里糊纸箱。可是对于他这样干了 15 年苦力的人来说，“供销员”不仅意味着他可以重新快速地融回杭州的生活，可以与各种各样的人打交道，而且这三个字提供的一种广阔的自由度和自主度，带给他一种释放的感觉。

那时候他每天踩着三轮车为不同单位送货。他喜欢跟各种各样的人打交道，也喜欢那种谈生意、做买卖的感觉。虽然当中的套路和窍门，与他之前爆炒米、卖红薯没什么本质的差异，成天跑来跑去、谈天论地所做的也都是不起眼的小生意，但的确让他充实而开心，充满了新奇和成就感。

幸福的小屋

那时，教师家庭的住房条件一直不太好。宗庆后一家的房子一直很小，只有10平方米左右，要住6口人，搭建了两个上下铺给兄弟四人住。用家徒四壁来形容虽然并不贴切，但家中的确没有太多摆设，每天兄弟四个爬上爬下，挤占了所有的空间，父母晚上只能临时栖息在教室的角落里。

那时候所有的教师都是这样住着。学校原来是个陈旧的祠堂，都是些破房子，有的瓦片都掀掉了，桌子椅子都破破烂烂的。

在宗庆后回到杭州之前的那段岁月里，整个国家都流行“读书无用论”，教师就是“臭老九”，张铁生们才是“英雄”。张铁生是辽宁兴城的一个插队青年，1973年6月他被县里推荐考大学工农兵学员。在物理化学考试时，他大部分考题不会回答，就在试卷背面写了《给尊敬领导的一封信》，诉说自己在集体利益与个人利益发生矛盾时，因不忍心放弃集体生产而躲到小屋里去复习功课，而导致文化考试成绩不理想。他在当时被称为“白卷英雄”，后来因此被突击提干做了高官，“文化大革命”结束后又因此成为“新生的反革命分子”被判刑入狱。不久前有消息说他因为一笔成功的投资，成为亿万富翁。

这是时代的吊诡之处，时代的巨变造就了个人命运的剧烈变化，甚至翻天覆地，昔日错误的今天变成了正确的，昔日所景仰的偶像如今则轰然坍塌掉了。但在当时，“臭老九”被公认合该过清苦的日子。时任杭州上城区文教局副局长的傅美珍曾经到教师家中家访，那些破屋子，一下大雨，水要漫到大腿，床都淹掉了。有的教师家的煤饼、煤球都是堆放在桌子上的，可见条件之差。

傅美珍打算改变这种状况。她首先要改变的是教师的住宿问题。包括宗庆后母亲在内，那时候很多教师白天在教室上课，晚上在教室睡觉。被子一收，宿舍就变成了课堂；被子一铺，课堂就变成了卧房。

即或这样的教室或卧房，也是岌岌可危的。有一座教学楼，楼板被孩子们踩了个洞，下层的小朋友头顶上经常会有小脚丫在晃荡，不但两个楼层的课都上不好，还极易发生危险。这些少年们的童年记忆里，虽然极具美和浪漫，但在傅美珍看来，却只是一种残酷。

类似的情况在全国比比皆是，于是，中央发文，要求“校校无危房，班班有教室，人人有课桌凳”。藉由这个伟大的目标，傅局长计划为教师们盖宿舍，把老师的宿舍从学校里全部搬出去。她还要翻新教学楼，使上层的小脚丫不致晃荡在下层的头顶。可是傅美珍没钱，文教局也没钱，整个杭州市上城区文教局一年的拨款只有六十多万元，除了发工资之外，平均到每所学校的运作经费，一年只有几百块而已。除非能弄到巨额资金，否则傅局长的伟大计划只能流于空想。

就是在这样的背景下，傅局长的校办工厂创利补贴计划轰轰烈烈地开展了，供销员宗庆后也成了她伟大计划的一分子。

或许是对宗妈妈一辈子兢兢业业工作的一种补偿，她后来分到了一小间宿舍，这于宗家来说不啻于天上掉了馅饼。

经过家庭会议的讨论，大家决定把这间小屋给宗庆后，一则是他的年纪最大，二则他们心疼他这么多年漂泊在外。宿舍位于杭州城北拱宸桥，离宗庆后上班的地方有十多公里，可是当他拥有它的时候，不啻拥有了最大的幸福。当时宗庆后已经在父母那儿蹭住了太久，这种毫无空间和隐私的生活，对于他这样一个三十好几的人来说，殊难忍受。

对于父母兄弟，宗庆后感激他们对他如此地厚待。

幸运的是，他有了一间宿舍，宛如天堂。从此他就可以拥有自我的空间，可以安静地读书和学习，可以自由地想象和回忆，可以自由自在地生活，而不必担心因为翻身摇动了床板或起夜的窸窸窣窣影响了弟弟们的休息。现在他可以自由地开灯和熄灯，可以自由地翻身和起床，可以自由地走来走去、晃来晃去。那种感觉的美妙，今日回想起来，依旧让宗庆后产生片刻的激动。

宗庆后甚至想到了《孟子》的名段，“故天将降大任于斯人也，必先苦其心志，劳其筋骨，饿其体肤，空乏其身”，他以此激励自己。

也正是这间小屋，让宗庆后遇见了人生中的另一份珍贵。

当宗庆后回到杭州之后，他的婚姻，在父母的心中就变成了头等大事。母亲曾经帮他找过好几个对象，都没谈成；或许是面对异性不自然，宗庆后在姑娘面前显得颇为腼腆、沉默，对此也不热心和主动。母亲也曾委托同事帮儿子介绍对象，却也始终勾不起他的兴趣来。事实上，当他还在绍兴茶场的时候，也曾有姑娘委婉地向他暗示美意，却遭到了他的回绝。那时候宗庆后一心只想着工作，想着未来，他觉得，爱情和婚姻是遥远的事。

可是等他回到杭州，意识到自己已经三十四五的时候，却不得不承受一个“大龄青年”的外部压力，尽管他并未因此而焦虑过。那个时候，因为时代的特殊，出现了一群“大龄青年”，但是像宗庆后这么“大龄”的，却也为数不多。那时候人们也并不觉得，三十四五岁是个“黄金年龄”、属于“钻石王老五”，姑娘们还是喜欢年纪相仿的小伙子，父母都希望子女早早成婚，开启全新的生活。

他处于尴尬的年龄，适龄的姑娘大部分都觅得了自己的如意郎君，今天被称作“剩女”的“大龄女青年”，可供选择的空间又小，兼之他又缺乏成家立业的动力及经济基础，所以就这么有一搭没一搭地晃荡着。父母对此颇为焦虑，这是唯一令宗庆后感到不安之处。

不过他内心的这种不安很快就解除了。他在拱宸桥的那间宿舍隔壁，住着一位退休的居民干部。这个细心的老头儿发现宗庆后虽然孤身一人，却从不串门聊天儿，也不外出打牌喝酒，只是待在宿舍里看书学习。老人便留心上了这个年轻人，觉得他虽然是个大龄青年，但秉性品行都还不错，尤其耐得住寂寞这点儿实属难得，就打算给他介绍个对象。这些都是宗庆后后来才知道的。

老人有一个朋友，家中有个孩子叫施幼珍，与宗庆后年纪相仿。施幼珍有两个妹妹，她从杭州第八中学新二届毕业后，按照当时的政策，本来可以留在杭州，可是作为大姐的她为了能使妹妹得到留城的机会，就主动报名去了黑龙江建设兵团。

她在东北边陲完达山下一个名叫雁窝岛的地方度过了自己最美的青春岁月，从一位来自江南水乡的女学生，变成了一位备受尊敬的女知青。她经过各种磨砺和考验，从学习割麦、养猪干起，最终干上了畜牧排的副排长，使很多男知青都钦敬不已。

施幼珍比宗庆后稍早一点儿回到杭州，被安排到商业系统工作。她与他一样，除了都是家中的老大之外，都在偏远的农村度过了自己的青春。她的两个妹妹已经结婚。等他们见面的时候，两人都已经三十好儿，都是大龄青年，只是性别不同而已。

兵团和农场的岁月使他俩有太多的共同经历和话语，也使他们有了彼此的理解与珍重。白天的辛劳、夜晚的竞赛、风霜雨雪、日月星辰，都构成了两人的回忆，虽然隔着绍兴和完达山的漫长距离，可是它们一旦被叠加，就会产生似曾相识的模糊，以及彼此心意相通的亲切。

一切似乎都自然发生，水到渠成。有了第一次见面，加上那位邻居的不断撮合，就会有第二次的交往，差不多一年时间，最终谈婚论嫁时，她已去过了宗庆后柳翠井巷的家中，宗庆后也拜见了她的父母。双方的父母都还认可和接受，于是，她就成了他的妻子。多年后宗庆后对她开玩笑说："你看你当年找了我，是只绩优股哎!" 事实上在当时，他们只是一对同病相怜、彼此珍重的青年。

就在宗庆后甜蜜地和施幼珍谈着恋爱的时候，他开始了人生中的第一场创业实验。他在纸箱厂中创办了"厂中厂"——电表厂，这个厂在他的奋力推促下效益不错，他的个人积蓄也慢慢地积累到能够支撑一场婚礼。

1980 年 5 月 1 日，宗庆后和施幼珍领了结婚证。此时距离他俩从乡村返回城市，已经过去了一年半的时间。他们重新适应了城市生活，尽管这生活并没有预期中那般美好，充满了各种不确定因素及复杂的人际关系。

施幼珍小宗庆后四岁。她与丈夫一样，是一个充满忍耐力的人。插队下乡的生活，对于他们这代人来说，所受到的最大训练就是忍耐，忍耐命运的不公、岁月的易逝、生活的残酷，以及各式各样的艰难、寂寥和绝望。他们的婚姻生活也是如此，算是一个彼此接纳、相互忍耐的案例，尤其是她要忍耐丈夫刚强有余、欠缺温柔的大男人性格，以及有时候爱事业甚于爱家庭的野心。

女儿宗馥莉是 1982 年 1 月出生的。她的降临，改变了这个家庭的生活形态，也改变了宗庆后的内心结构。女儿是上苍给予他的最珍贵的礼物。施幼珍怀孕的时候，宗庆后陪她去医院检查，医生说施幼珍的身体很好，孩子发育得也不错。她很开心。事实上作为丈夫的宗庆后也很开心。

女儿出生之后，宗庆后看到襁褓里的她小小的样子，有点婴儿肥，但是五官轮廓很像自己，虽然嘴上不说，但心里一阵初为人父的喜悦。施幼珍见生的是个女儿，略感遗憾，也很快释然。后来出院的时候，因为没有汽车，宗庆后就找了辆三轮车，一路踩着，载老婆和女儿两个一起回家。

宗庆后给女儿取了一个名字：馥莉，取的是“福”和“利”的谐音，寄托了他对女儿的深切祝福——有福又有利。

那段时间里，馥莉主要是由宗母在照顾，所以她与奶奶的感情很深。王树珍有一次很感慨地说：“阿莉蛮健康的一个女孩儿，现在大起来好了，能干了。”

宗馥莉带给宗庆后的惊喜，使他更觉上苍的厚爱。他们家并不存在重男轻女的观念。王树珍曾说：“我公公婆婆重男轻女，但我认为无论男女都一样。我是劳碌命，带完了孩子，还要给他们带孩子。”

宗庆后曾多次想象，究竟是什么促使父亲和母亲摒弃重男轻女的传统观念。也许他们都是读书人，他们的视野以及育有四子的现实决定了他们对待子孙的态度。然而，他总是以为，四妹宗蕊过继给了九叔九婶使他们所产生的愧疚感影响了他们的整个观念。

宗蕊被送到九叔叔家的这段经历，虽然并不如想象般惨痛，但它一定构成了母亲心头的愧疚，并且使她在后来的生活中对宗馥莉倾注了额外的关爱。

宗庆后说：“那段时间也是我生命中的美好时光，是我和她们在一起的时间最为充裕的阶段。对于我来说，上苍给予的礼物是一种恩赐；宗馥莉使我相信，未来是值得我去充满希望的。”

不听话的供销员

早在成为企业家之前，宗庆后已经是一个伟大的供销员。他用脚丈量中国的一、二、三线市场，用跑单帮的精神来背着、驮着、游说着、销售着自己的产品，挣来那个年代的“巨额”收入。

当宗庆后和施幼珍甜蜜而温馨地谈着恋爱的时候，他的供销员生涯也颇为风生水起。

尤其是供销这一行所需要的智力活动，这部分的角力是他特别钟爱的部分，亦觉得游刃有余，有爆发力。

办起“厂中厂”

在别人还在推销纸箱的时候，宗庆后就已经拓展了业务范围。比如，当他听说重庆的白蚕丝多且价廉，而浙江求购旺盛时，他便把重庆的蚕丝先赊过来，卖掉后赚了一笔钱，再把重庆的账还掉。

在这个过程中，有两个必备条件：一是对信息的掌握的灵通和准确程度；另一个则是让客户愿意信任你，信任到愿意把产品赊给你的程度。对于后者，宗庆后觉得自己是比较幸运的，因为他有一张客户愿意投“信任票”的脸。而当他们跟他接触过后，他们更加认同了这个男人的内心有着与外表同步的诚实。

就是这样，靠着灵活的头脑、勤奋的双腿和诚实的推销，宗庆后的供销员生涯可以称为一枝独秀，在别人每年上缴几千元利润的上世纪80年代，他上交的利润高达几万元甚至十万元。

这在当时简直可以说是一笔巨款。

当时宗庆后萌生了结婚的念头，可是一想到家中的经济状况，就难免有些沮丧。他的两个弟弟虽已成人，但小弟还在读书，生活依旧拮据而艰难。

而当时，买进卖出的供销生涯已经无法满足宗庆后的“智力游戏”的欲望，于是，他人生中的第一场创业开始了，准确地说，应该是一场创业的实验。

宗庆后跑了一段时间供销后，发现当时国家工业正在复苏，电表厂家却寥寥无几，电表在市场上很稀缺。他悄悄考察了一家电表厂，发现这种产品的技术含量也并不高，只要采购好零部件，组装起来也容易。一个念头闯进了宗庆后的脑袋——现在纸箱厂这么多，为什么不能生产利润更厚、销路更广的电表呢？他就寻了个机会跟工农纸箱厂厂长聊了聊，建议他办个电表厂，发展真正的工业。厂长一直想干点儿像样的产业，而不是整天除了糊纸袋就是糊纸箱，可是突然办个谁都不熟悉的电表厂，却难免让他心生忐忑。他跑到傅美珍局长那里抱怨宗庆后喜欢自作主张，在获得了傅美珍“支持宗庆后”的明晰信号之后，他说道：“喏，宗庆后要搞电表厂，可以发展工业，我作为厂长想想也好的，那我们也同意他。”

厂长给了点儿钱，说是搞搞试验。宗庆后就在工农纸箱厂边上办了电表厂——杭州胜利电器仪表厂。这个电表厂的袖珍可以说是绝无仅有——只在本来就很小的纸箱厂中刨出了一个角落。宗庆后去采购了最简单的设备，几个工人边学边干，开始加工电表，其实主要是把别人的东西拿来组装一下。当时宗庆后因为做供销员积累了一些经验，所以对于市场并不很怵。

等电表样品做出来后，宗庆后就背上几十个样品到处去推销。一开始情况并不顺利。那时候做销售就得跑展销会，可是他们的厂子太小，付不起摊位费；就算能付得起摊位费，因为没地位，摊位也轮不到他们。那时候的展销会也不会像今天一般，离开会还老早，邀请函就发到了你的手中。所以宗庆后只能不停地跑，不停地想办法。现在总在说某某是营销天才，其实所有天才都是逼出来的。

宗庆后确实也有着这样的经历：在展销会门外摆地摊，扯着嗓子吆喝电表。跟沿街爆炒米和卖红薯不同，他已经走上供销的道路，拥有一种正规的产品，采取的却还是游击队的做法。

但是宗庆后咬牙坚持了下来，甚至还成功拉到了两笔生意。

因为宗庆后相信：卑微是伟大的起点。

后来山西一家单位说是打算采购 1000 只电表，每只报价 23 块钱。这 1000 只电表，两万多的营业额，对于他们新办的杭州胜利电器仪表厂算是一笔巨额收入了，而且还可以解决掉厂里的产品积压。可是不知为什么，厂长却嫌对方报价太低，建议宗庆后赶紧跑趟广州。“听说那边有人要上万的数量，而且每只的价格可以卖 24 元。”他说。

宗庆后不知道厂长信息的来源，在一个信息相对封闭的年代里，厂长天然会掌握比他们更多的信息，这就是层级结构造就的垄断。掌握了信息也就掌握了权力，也就可以发号施令、指点江山了。

可是厂长的这次发号施令，却最终被证明是一桩错误。当宗庆后跑到广州时，广州的客户给出的报价是 18 块一只，而且只要 500 只电表，这与厂长所传递的信息以及宗庆后所为之兴奋和憧憬的预期相去甚远，简直教人绝望。

起初，宗庆后还抱有死马当作活马医的念头，在广州四处跑来跑去，试图多谈几个客户。可是他最终发现，这是毫无意义的行动。市场上的价格一旦确立，除非你遇到了一个傻子，否则没有任何一个客户会以高出市场 1/3 的价格来采购一家浙江不知名小厂的产品。

有一天，带着一身的疲惫、满心的沮丧，以及被厂长误导后的郁闷，宗庆后到一家大排档去吃点儿东西。他记不清自己点了些什么，是河粉还是其他，多年后他只记得邻桌两人低声的聊天。两个人在聊海南岛，说是海南正在搞大开发，机会很多，各种资源的需求量都很大。

海南岛与广东的湛江隔海相望，中间的琼州海峡，最窄处直线仅有 18 公里，与宁波及舟山两者的地形极为类似。宗庆后当时也不知哪来的勇气，第二天一早便出门奔海南岛而去。这一次，他既未向厂长请示，也没跟家人打招呼。对于他来说，海南岛是一次机会，更是孤注一掷。如果这趟海南之行没有签下订单，他们的电表厂估计就得停业了。

那时候的海南岛跟今日的“国际旅游岛”全然不同，即或跟后来海南建省大干快上时的场景也全然不同。那时的海南贫穷落后，人们充满了对贫穷的麻木，以及对外部生活的茫然无措。对于当地人来说，这是痛苦和煎熬；对于宗庆后来说，这是机遇。

他在海南岛盘桓了将近一个月，这一个月的杳无音讯使厂里和家里都忧心忡忡。当他一个月后带着一份与海南一家五金交电公司签订的供销合同回到杭州的时候，厂里和他的家人们都开心不已。

对于订单，厂长很是兴奋，他唯一担心的是回款问题。宗庆后告诉他，考虑到客户分散在海南全岛，他也担心出现拖欠货款的问题，所以就在海口找了一家规模比较大的五金交电公司，让了点儿利给他们，让他们作为中间方参与进来。虽然少赚了些钱，但是降低了风险，免去了未来在海南收账的麻烦，算是给这批发往海南的电表上了个保险。

厂长很高兴。这笔订单一方面弥补了他误导宗庆后去广州失误，另一方面也使他办电表厂的试验被定义为成功。他虽然对宗庆后的“不听话”及“自作主张”颇有微词，可是在业绩面前，一切的小节及分歧都可以忽略不计。

“这件事对我来说，最大的意义在于：市场的变化之快超乎想象，行动远比想象更有价值。”这算是宗庆后的第一场市场调研和试验，对于他未来创立娃哈哈、施行全新的“联销体模式”不无裨益。这些意义，在当时还未有蛛丝马迹，但它们潜藏于他的内心，直到有一天完全暴露了出来。

艰难的收款

宗庆后和施幼珍的蜜月尚未结束，厂长的命令又来了。签署订单和催收货款构成了他几乎全部的工作。那一趟的出差差不多有半个月，四川、内蒙古……一路跑下来，他追着的都是些拖欠货款的人。那时候拖欠货款比较普遍，“三角债”是司空见惯的事情，虽然令所有人头疼，但因规模尚未做大，还不致像几年后那样形成全国性危机。跟那些客户软磨硬泡、斗智斗勇，虽然艰难，但他也要把欠款一笔一笔地收回来。这种要账的麻烦，使他大为感触，为了解决这个问题，宗庆后在做娃哈哈的时候发明了“联销体”。

最艰难的一次收款是那年的年底，都到年三十了，内蒙的一家客户还是拖着不结账。那笔钱本来说是银行托收的，领导们认为银行托收不好，要电汇，还对宗庆后说："如果收不回账，你就不要回来了。"那时候施幼珍已经生下了宗馥莉，正在坐月子。宗庆后顾不上那么多，匆匆地坐了几天绿皮火车跑到内蒙去。

去内蒙之前宗庆后已经想好，一定要坚持到底，把账款全部收回来。等宗庆后到了开鲁县，对方告诉他："你们的电表不合格，我不会付钱。"宗庆后当场就懵了。在当时的生产条件下，的确容易出不合格的产品；如果真是这样，他就回不了杭州了。

宗庆后对那个人的话将信将疑。第二天宗庆后悄悄地到他的店里去了解情况，发现并不是电表不合格，而是他的销售情况不太好，就找了这么个理由，打算赖账。于是宗庆后就拿着电表去电力局进行检测，一检测全部合格；然后宗庆后又拿着合同和电力局检测结果跟他一起到了农业银行里，对他说："你卖不掉的不付钱，已经卖掉的必须付钱。"他的钱都存在农业银行里，宗庆后手里又有检测结果和合同，再加上农业银行也很配合，于是他就把货款给汇了。

后来宗庆后办娃哈哈的时候，老是有人问他："娃哈哈制定了什么战略?"宗庆后跟他们说："娃哈哈没有战略，我不会去考虑八九年之后的事情，只考虑明天的事情。"他们不相信，觉得他有所隐瞒。其实宗庆后说的是实话。"市场变化太快，任何一个变数都可能置你于死地。所以我们其实一直在为生存而战，来不及制定什么战略，也没那么多时间去思考所谓的战略。我思考的只是生存，更好地生存。"他说。

这或许是那次收账对宗庆后最大的影响，除了因为它的曲折和艰难，还因为馥莉的刚刚出生。"有时候回想起来，我觉得自己真算不上是一个好丈夫、好父亲，如果妻子和女儿因此对我有所抱怨，我也实在没什么可辩解的。"

内蒙的那次收账经历对宗庆后影响至深。那时候他又创建了另外一个工厂，虽然用今天的说法，投资主体并没有发生改变，只不过又重新建立了一个杭州光明电器仪表厂而已。杭州光明电器仪表厂是宗庆后在 1981 年创办的，当时觉得杭州胜利电器仪表厂没什么前途，收账实在太痛苦，见当时电扇热销，他们就筹划办个厂子生产电扇。

光明电器仪表厂里当时也没什么特别的生产设备，因为主要还是进行组装和焊接。用得最多的材料是铝，为了弄铝，宗庆后还专门跑了一趟常德的纺织机械厂，去买废铝锭，主要是想把铝块弄回来做电风扇。废铝锭很便宜，买回来后一算，赚了很多钱，就是运输太麻烦了。

厂里当时生产的电风扇，质量不是很好，转起来的时候哗哗哗地响，转得时间长了叶片有时还会抖掉。

可是不管怎么样，产品制造出来了，就得拿出去把它卖掉。以前宗庆后背着上百斤的电表四处推销，这次换成电风扇了。

那时候火车票很紧张，宗庆后经常就在火车上打地铺。出门的时候一般会背六台电风扇，每台都是几十斤，还都是立式的那种，分装在纸箱子里。有时候他回忆起这些来，感觉跟温州那些跑单帮的人也没什么区别，坐不完的绿皮火车，住不完的鸡毛店。幸亏那时候还算年轻，体力也好。

然而宗庆后始终坚信，所有的付出，一定会得到回报。所有的付出，不一定会得到现金的补偿，但它一定会构成对你的某种训练。一旦机会降临，接受过残酷训练的人比那些懵懵懂懂等待机遇的人，更容易博得上苍的垂怜。6 年后的事实证明，宗庆后的坚信没错，他的付出是值得的。

电扇厂也只搞了一年时间，因为全国各地都开始搞电扇厂了。竞争突然加剧，小厂子就开始濒临倒闭。生存，对于个人和工厂来说，都变成了一种残酷的训练和考验。

厂长说："你回纸箱厂吧。"宗庆后就回到了杭州工农纸箱厂。虽然 8 年的供销员生涯充满了奔波和劳苦，有时也因为看不见未来而漫长得让人难以忍受，但是，此时的宗庆后已经拥有了两次算不上成功的创业实验经历，并且因为走南闯北而获得了更开阔的视野。在推销和追债的过程中，他已经发现了一些经营的秘密，开始体会到了"现金为王"的内涵。

这一切都使宗庆后对自己和未来充满了信心。他相信，与身边的那些人相比，他已经经过了市场的残酷检验。他就像是一场战争中的老兵，在枪林弹雨中存活了下来。这不是一种侥幸，而是一种经验累积出的生存智慧。

现在，他需要一个时机。

他不知道它何时会来，以及如何到来。

扑向机遇

在人生的第 41 个年头，他看中了一个机遇，就像看中了水中的一条大鱼，他化身为网，一跃而下，以确保自己能够毫无悬念、万无一失地一举攫取这个机遇。因为，那恐怕是他人生的最后一个机遇。

自从 1982 年重回工农纸箱厂的序列之后，宗庆后继续着自己供销员的生活。浑浑噩噩，慢慢地就接近到麻木。尽管他始终相信，未来不会以当下的这种姿态展示在面前，但他不确定它到底什么时候到来。

事实上，未来说来就来了，只不过它并非以人们预期的姿态。

伯乐的眼光

他 41 岁那年获得了一个机会：杭州市上城区文教局要对下属的校办企业经销部采用承包经营的方式，并选拔经销部的负责人。这是傅美珍副局长的想法，得到了时任区委书记的支持。宗庆后作为“能人”被傅美珍副局长推荐为杭州市上城区校办企业经销部经理的候选人。

在此之前，他已经在校办企业经销部上了班，只是没有被委任为经理，尽管他事实上履行着经理的职责。他前面一任经理不会做生意，把这个经销部弄成了个烂摊子。商业系统的一位官员曾经来他们这儿“会诊”，提出了几条意见，切中肯綮："一是不能断货、不能缺货；二是不能积压。"

傅局长对宗庆后说："我们都没有碰过经济。我们都要学做生意。既然前任做得不好，我们就要再选能人。"

宗庆后说："我想搞搞试试。"

当时傅局长他们也提出动议，说是谁能搞这个工作可以自己推荐。宗庆后毛遂自荐之后，又获得了傅美珍的推荐。

后来她对一位访问者说："我发现了宗庆后有几个优点：一是他很遵守作息时间，按时到，他住得很远，在拱墅区，但他上班第一个到。他每天把女儿送到幼儿园后，7 点不到就到了办公室，然后把办公室打扫好。第二是他很勤奋，上班的时候，甚至中午休息的时候，他都在看资料、看书、做事情，像做事的人，从来没看到他像别人一样在聊天、打扑克。"

傅美珍副局长分管的勤工俭学办公室和校办企业经销部只一墙之隔，她每天到文教局报个到之后，就到位于邮电路小学的勤工俭学办公室上班。她对宗庆后印象比较好，一是他能吃苦，二是责任心强，三是肯动脑筋，主意总是会让人眼前一亮，不是坐在那里不想事情。"我觉得有这三个条件就够了，所以就推荐宗庆后来当这个经销部经理。"她说。

事实上推荐和选拔的复杂程度远超傅局长的想象。那时候很多人自荐，即或庸碌无为之人，也认为自己有资格去撞一下大运。况且那时候有不少跟宗庆后一般境况的人，都是顶了父母的职，带着压力和愧疚，带着改变人生的期望，把这机会视作命运的垂青。

那一次选拔极为谨慎，整个过程即或算不上旷日持久，也称得上是个漫长的约定。包括宗庆后在内的每个"能人"都在焦虑中等待最终的裁决。

直到 1987 年 4 月 6 日，他们才迎来了最终的裁决。那一天，上城区文教局为校办企业经销部的经理选拔召开了"点将"大会，主持会议的人就是傅美珍副局长。多年后宗庆后依然记得当时自己的激动，记得那种对他来说值得层层抒写的情绪，仿似沙场的对决、将军的临阵。

一个人的对决

傅美珍副局长开出的条件近乎苛刻：这个校办企业经销部连经理在内一共只有 3 人，开办费只有 4 万元，其余 14 万元可用资金全部来自贷款，要靠承包者们赚取的利润偿还；她还要求，当年的利润指标是 4 万元，也就是人均创利接近一万五千元，远超当时国企的人均利润指标。

傅美珍和她的同僚们指定的几个候选人中，似乎没人愿意干这个位置，除了宗庆后。但他没有立刻表态。他想观察一下局面，做出最为有利的决定。弥漫在空气中的是沉默，藏匿在沉默背后的是尴尬。就在每个人都坐立不安的时候，宗庆后站了起来。

“我干吧，不过当年创利 4 万元好像少了点，我可以保证上交 10 万元。”宗庆后说。

一定会有人对宗庆后的承诺感到吃惊，或是不相信自己听到的话，以为他是因为紧张，不小心说错了数字。傅局长暗示宗庆后再说一遍，于是他又重复了刚刚作出的承诺。此时一定会有人认为宗庆后疯了，或是认为他随口做出了不负责任的决定，唯有宗庆后自己明白，他需要一个机会，为此他等了太久。他需要把这个机会牢牢抓在手中，容不得任何竞争者出现。

多年之后有人告诉宗庆后，他当时采用的是彼得·德鲁克“孤注一掷”的策略。“‘孤注一掷’是美国内战时期一名南部联邦骑兵将军连连取胜常用的战略。采用这种战略，企业家的目标是掌握领导权，或是占领新市场，或是进军新产业。‘孤注一掷’的目标并不一定是立即建立一个大企业，虽然这是它的最终目标，但是初始目标是占据永久性的领导地位。”

正值盛年的宗庆后将要走入一个男人在一生中最为顶峰的阶段。对于 10 万元的承诺，他也不是贸然脱口而出的——无论是捣鼓白蚕丝还是开办电表厂和电风扇厂，他都经营得头头是道。一年上交 10 万元的利润不是个遥远的目标，而早就已经成为了他个人的辉煌战果，是他根据事实和对自己的充分自信抛出的竞争利器。

多年后当他创立的娃哈哈成为一个值得尊敬的品牌，而他也因娃哈哈成为中国首富的时候，有人曾夸张地描述他在当日所进行的艰难选择。宗庆后所给出的答复只有一个："没有什么崇高的意义，更没有必要美化一位企业家为了企业的生存、为了自己赢的欲望所付出的努力、所冒的风险，以及进行孤注一掷的魄力。"

他只是为了生存。

彼得·德鲁克曾说：只有经过仔细的分析后，"孤注一掷"的战略才有可能成功。即使这样，它还需要非常专一的努力，必须有一个明确的目标，所有努力都必须围绕它进行。当这些努力开始产生成果时，创新者必须准备大规模地调动资源。

"孤注一掷"的战略必须击中目标，否则所有努力就会付诸东流。或换一个说法，"孤注一掷"很像是向月球发射火箭：如果时间弧线稍有微差，火箭就会消失到外空中。一旦发射出去，"孤注一掷"的战略就很难再调整或修改。

宗庆后说："我当时所作出的承诺，不仅是源于我的自信，更是因为我的职业训练和在商场上的摸爬滚打，以及我对整个市场的熟稔程度。我相信自己比其他候选人更了解校办企业经销部，更有能力和资格赋予它活力和生命力。我相信自己更熟悉市场，了解我们要做的事业及承担的使命。"

最重要的是，宗庆后比其他人更需要这一个机会。不是这个机会需要他，是宗庆后需要它。他已经等了太长时间，不确定自己是否还有足够的勇气等下去。校办企业经销部对他来说，就是最后的"救命稻草"。

傅美珍他们讨论了老半天，他们对宗庆后的履历了如指掌，相信他的能力以及他所特有的能吃苦、能坚持和有想法。但是同时他们也怀疑一个只有初中学历的中年人是否能够在这条路上走下去、走到底。

当时，杭州市上城区文教局党委会上因为"宗庆后"三个字上演了激烈的风云对决。正方只有傅局长一人力挺宗庆后，反方却是党委会上两位"阿姨级"的成员，她们诘问傅局长，"傅美珍，4 万元啊，你胆子那么大？""宗庆后可是胆子蛮大的呢，挺慌的，万一把钱弄光了怎么办？"

说实在的，当时的这 4 万元，真的是上城区教育局"压箱底"的钱，是校办工厂赢利的积存。傅局长首先列举了宗庆后的优点和证明这些优点的事实，并指出正因为这 4 万元是校办工厂赚的钱而不是教育拨款，所以可以放手一搏。她说：“他有这样的责任心，哪怕失败了，也要允许人家去试。”

傅美珍将怀疑和争议搁置，使议论仅止于议论。她把这个校办企业经销部交给了宗庆后。她对宗庆后的信任是那么坚定，不仅出于理性，更出于一种敏锐的直觉，这种直觉在多年后被事实证明为“超常出色”，而成就了她自己的“伯乐级”的眼光。多年后她清晰地看到，因为娃哈哈的成就，这一刻成为她一生中最重要的时刻。

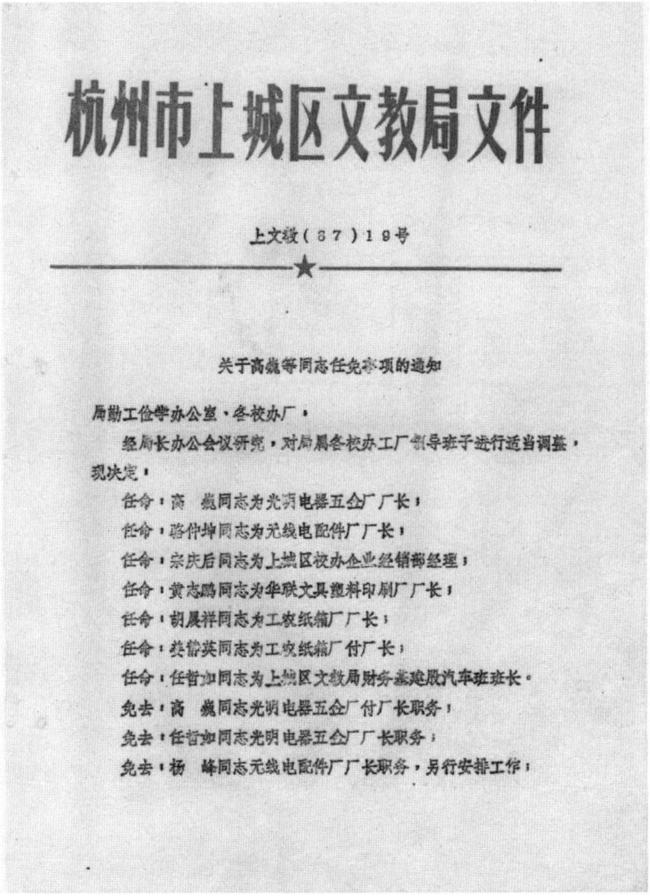

杭州市上城区文教局文件

上文教（87）19号

关于高巍等同志任免事项的通知

局勤工俭学办公室、各校办厂：

经局长办公会议研究，对局属各校办工厂领导班子进行适当调整，现决定：

任命：高　巍同志为光明电器五金厂厂长；

任命：路仲坤同志为无线电配件厂厂长；

任命：宗庆后同志为上城区校办企业经销部经理；

任命：黄志鹏同志为华联文具塑料印刷厂厂长；

任命：胡展祥同志为工农纸箱厂厂长；

任命：娄韵英同志为工农纸箱厂付厂长；

任命：任哲如同志为上城区文教局财务基建股汽车班班长。

免去：高　巍同志光明电器五金厂付厂长职务；

免去：任哲如同志光明电器五金厂厂长职务；

免去：杨　峰同志无线电配件厂厂长职务，另行安排工作；

1987年，杭州市上城区文教局任命宗庆后的文件。

傅局长和宗庆后约定，先期投入的 4 万元中，每年要还 1 万元。他答应了。傅局长建议他 3 个月内用 4 万元把厂房建起来，然后他们签订了合约，要求第一年上缴利润 10 万元，第二年 20 万元，第三年 30 万元。“我们合约也是内部签订的，他也保证的。”她说。

傅局长给予宗庆后的帮助，远多于她在教育局党委会上的力排众议。当时要建清泰立交桥，原来的清泰小学要拆了，只剩下一些旧房子还杵在那儿。她就对他说：“这个旧房子派不上什么用场，你们到那里去开店吧。”这个地方，就成为他们的出发地、他们的起点，直到今天，娃哈哈的总部依然屹立在那儿。

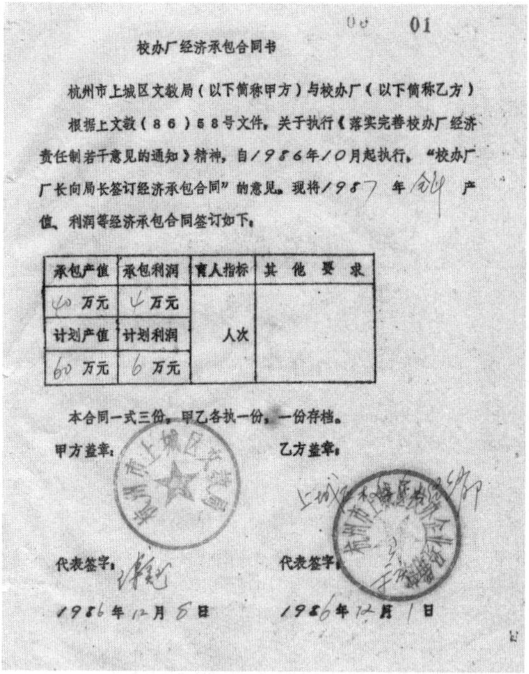

01

校办厂经济承包合同书

杭州市上城区文教局（以下简称甲方）与校办厂（以下简称乙方）根据上文教（86）58号文件，关于执行《落实完善校办厂经济责任制若干意见的通知》精神，自1986年10月起执行，"校办厂厂长向局长签订经济承包合同"的意见。现将1987 年全年 产值、利润等经济承包合同签订如下：

承包产值	承包利润	育人指标	其他要求
40 万元	4 万元	人次	
计划产值	计划利润		
60 万元	6 万元		

本合同一式三份，甲乙各执一份，一份存档。

甲方盖章： 乙方盖章：

代表签字： 代表签字：

1986年12月8日 1986年12月1日

◢ 校办厂经济承包合同书

傅美珍也曾对宗庆后承诺过她的权力支持，说："钱我借给你，你要是能闯出来了，要钱我再给你。我先给你4万元。大家都有个尝试的过程。我们约好：你好好工作，后面的事，我给你做后盾；你出了事情，我负责。"

他们当时签订的合约极为简单，书面打印，一式三份，宗庆后一份，傅局长一份，教育局办公室一份。签订合约后，一切就必须按照宗庆后的思路和速度往前走了。

世界虽然未曾改变，但他已与往日全然不同。

WAHAHA ALWAYS STANDS TOWERING

Biography of Mr. Qinghou Zong

CHAPTER 03

它的名字叫娃哈哈

杭州市清泰街 160 号是一栋 6 层的小灰楼，那就是娃哈哈的总部。有人说它简陋，因为在中国营业额超过 800 亿元的公司总部里，它的确是最简陋的。

虽然后来又重新翻建过一次，但是它依然保持了上世纪八十年代的格局、装修风格、人际相处的方式，甚至热烈而纯洁的气息。

我从这里出发，走向辽阔的远方，这种辽阔甚至超越了我的想象、他人的想象，超越了财富、成功和荣耀本身。

从踩着三轮车送校簿、代加工儿童口服液，到拥有一个自己的产品，势如破竹地行销全国，我的企业家之路是“超音速”的，也是这么多年积累的一种总爆发。

当我回过头去重新审视我的梦想，我发现只有当现实的天空有了梦想的太阳，万事万物才会丰盛，才会有玄妙和曲折，才会有苦中的乐，才会有暂时的挫折和永远的胜利。

从清泰街出发，我第一次觉得，无论我做什么，结果都会是正面的，充满建设性的。“只有天空才是我们的极限。”我喜欢这句话。

——宗庆后

“异类”是这样养成的

对于亲自踩三轮车送校簿的“经理”宗庆后来说，这仿佛是在一片森林中开出一条小径，能够连接起多年来插上标志的地点和其他的路径，使之成为一个平面。

那一天是1987年5月1日，劳动节。

又是一个奇妙的巧合。

7年前，宗庆后和施幼珍就是在劳动节这天结的婚；7年后，他又在同一天当上了“经理”。

宗庆后亲手把招牌挂在清泰街的小楼前，“杭州市上城区校办企业经销部”，几个红色的大字，意味着他开始了一次新的冒险，也意味着他的生命出现了转机。

正是在这一年，被视为美国文化象征的可口可乐经过长达7年的谈判，在中国首次建厂。

在毫无方向感的时候为自己找到方向，在无路可走之地为自己找到出路。那种激动感慨和雄心勃勃，时隔多年，依然宛如昨昔。

宗庆后想起读过的一本书——《异类》，讲述了“不一样的成功启示录”。这本书通过数据分析得出了一个惊人的结论：“无论是作曲家、篮球运动员、作家、滑冰运动员、钢琴演奏家、棋手，还是作案屡屡得手的惯犯，对他们的练习时间进行统计，都毫无例外地得到了 10000 小时这个数字，以确保一个人能成为专家。”

那些 IT 巨子，比尔·乔伊和比尔·盖茨都曾经历超过 10000 个小时的练习。他们的成功使宗庆后相信，当自己在市场上摸爬滚打了 8 年，跑遍了整个中国，包括很多二线城市、三线城市之后，已早早地完成了 10000 个小时的“销售训练”。

踩三轮车的“校簿经理”

但是，理想很丰满，现实很骨感。

这个“经理”被称作“光杆司令”毫不为过，底下只有两位并不年轻的女同志，是退休教师或即将退休的教师；然而对于那时候的宗庆后来说，这仿佛是在一片森林中开出一条小径，能够连接起多年来插上标志的地点和其他的路径，使之成为一个平面。

3 个人，50 平方米的经营场地。这就是他们的全部。

刚开始的时候，他们的主要业务是向杭州市上城区各家小学推销、供货，批发文具、纸张、饮料，以及搞卫生用的拖把、笤帚等日常用品。这些都是很多人不愿做的小生意，利润非常低，2 分钱一块的橡皮，6 分钱一本的作业簿，单品利润只有几厘。

10 万元的承诺是一种巨大的压力，那些微利的文具，却是他们的安身立命之本，意味着有了聚沙成塔、集腋成裘的机会。

创业初期的辛苦，如人饮水，冷暖自知。作为唯一的男士，所有的体力活儿几乎都落到了宗庆后的头上。不管白天黑夜、刮风下雨，只要有哪家学校要货，他总会随叫随到。一辆三轮车是主要的送货工具，上城区的每一所学校，都是他一脚一脚踩过去的。

那时，他在上城区的各个学校间奔走，“脚踏实地”地推销文具、笤帚这些物品，一开始总会遭到一些冷遇——虽然这个中年男子自称是“经理”，但从简朴的装扮来看，就像一名普通的送货员。

宗庆后荣辱不惊，有礼有节，并且有着随叫随到的诚心和诚信。他赢得了老师们的尊重、口碑和业务。

1987年，杭州娃哈哈集团有限公司前身，位于杭州清泰街160号的上城区校办企业经销部。

但是，单靠这些利润微薄的文具，要完成一年上缴10万元利润的任务，可以说是天方夜谭。宗庆后仔细观察，深深思考，试图在自己“三轮车”的剖面上，找到新的突破口。

杭州的夏天来得早，潮湿和闷热是长夏里的城市气息。对于杭州人来说，消暑最好的是棒冰，无论男女老少，棒冰都是他们夏天的最爱。宗庆后问傅美珍：“我们经销部能不能做棒冰？”傅局长又一次被他的灵光打动了。“每次你的主意提出来，总让人觉得提到了点子上，是下了功夫去想的。”她说，“可以。只要是合法的，都可以。”

那时候湖州有一家震远同食品厂，是一家创立于1840年的中华老字号企业，创始人是湖州菱湖镇人沈震远。震远同号称“糕点世家”，也兼做冷饮。多年来一直想走出湖州，拓展杭州市场。宗庆后听说这个消息后主动与他们联系，提出帮助他们销售冷饮，双方一拍即合。

所有做过小生意的人都了解，夏天的时候冷饮最赚钱，但这钱也是最难赚的辛苦钱。宗庆后他们便品尝到了残酷的折磨。棒冰来的时候，得以最快的速度往冷库里卸货；客户电话来了，又要立刻把棒冰从冷库搬出来，装在保温箱里，踩着三轮车顶着烈日酷暑送过去。冷冷热热、搬上搬下、反反复复，在一整个夏天，这样的折磨练每天不知凡几。

那时的宗庆后，身披着杭州人俗称为“棉大袍”的军大衣，乍一看像一位威风凛凛的将军，在冰库弥漫的白汽中出出进进。但这“将军”真不好当，酷热和严寒交替的滋味就是“冰火两重天”，经常是棉大衣里面下着“汗水雨”。

汽水更是磨人，不但分量重，而且那时都是玻璃瓶装的，很容易碎。宗庆后自己一箱一箱地扛来扛去，女老师两人抬一箱。女老师体质弱，原本干的都是较为轻松的工作，突然之间，她们的生活状态就发生了改变，没日没夜地工作、加班构成了她们新的生活元素。有一句话叫“把女人当男人用，把男人当牲口用”，说的大概就是他们这种状态吧。

在这个集体中，宗庆后是一位沉默而实干的“头”。他既是军师，又是将军，同时还是士兵。在很短的时间内，女将们就感受到了他身边凝聚起来的气场。她们觉得这个“头”有点另类，没有架子，像个苦力，想法与众不同，身上的劲头很鼓舞人。

但是，她们毕竟都是有家室的人。加班加得多了，经常深更半夜回家，家庭矛盾就出现了。宗庆后印象最深刻的是王琴的先生，一开始对妻子老是加班到深夜又心疼又担忧，每天晚上总要等她回了家才安心，时间长了他就心生怨气。终于有一天，他带着一腔怒火来到了经销部，看到他们正在辛苦加班，怒火和怨恚顿时化为乌有。可是王琴却不干了，一气之下索性把铺盖卷儿搬到了经销部。

宗庆后知道了这件事，就找到她丈夫谈心：“经销部成立不久，万事开头难呀！她是经销部的骨干，为经销部的起步和发展做出了很大的贡献和牺牲。为了工作，我只知道让大家加班加点，对员工的生活实在是关心太少了，影响了你们的家庭团结，责任全在我啊！”聊完了，王琴跟着丈夫回了家。她丈夫握着宗庆后的手说：“经理你放心，我一定全力支持她的工作，今后家里的家务我全包了！”

事实上，宗庆后不是一个会说话的人，平常也没什么话说。多年的重压、农场和茶场的枯燥生活，已经使那个能言善辩的宗庆后变成了过去，剩下的只是一个沉默寡言的中年男人。这个人不懂得怎么做思想工作，只知道要待人以诚、将心比心；只知道要拼了命地往前，找到一条真实的出路。

经过几个月的发展，他们的业务越来越多，活有点忙不过来了。很快在上城区文教局内进行了内部招聘，十几位新员工到岗，这个小小的经销部连宗庆后在内，一共有了 22 名成员。

一到开学发放校簿的时候，气氛就会突然变得紧张。每个学生都需要拿到自己的校簿，而经销部的人手又不足。那时候宗庆后就会组织人马，按区域分组，再将校簿按年级、品种、规格分类，并根据各校的需求情况，分别送达。毫无疑问，这种分发，训练了他的组织能力和协调性。

翁建平是 1987 年夏天进入经销部的，他记得有一次震远同公司送来冰砖，为了第二天一早能及时发货，宗庆后就带着几个人一直等到后半夜，货到后赶紧一起装卸，第二天戴着草帽顶着烈日用平板三轮车一车一车地送到工厂、商店和电影院。

业务繁忙，宗庆后索性把家搬到清泰小学，找了一间教室安顿了下来。住教室并不像当下电视剧里表现的那样浪漫，反而冬冷夏热，但是这样既能没日没夜地忙活乎，又能见到家人了。那时宗庆后不知道，他们一家就像一棵常青树一样长在了这个充满活力的地方，且一住就是整整 9 年。

经销部这样一个商海中的小不点，不免会遭受现实的冷遇。似乎也是一件微不足道的事：有一次，员工向隔壁同属于上城区文教局的兄弟单位借点木头刨花，想用来发煤炉、烧午饭，没想到却遭到了歧视和白眼。

当时的宗庆后，平静地接受了现实，对员工说："别人可以瞧不起我们，但是我们不可以瞧不起自己。"

这是宗庆后隐藏在心中的座右铭。在困顿的时候，他时常把它如剑一般，从心中拔出来，用手指拂过它的锋利，那气息给予了他沸腾的勇气。

宗庆后想，他们不会困守一隅，他们会突出重围！

但他知道，突围之路不是校簿和畚箕，也绝不是棒冰和雪糕。

"贴牌生产"的突破口

承包经销部没多久，就有一家公司找上门来，希望经销部能成为他们的代理商。这家公司叫"中国保灵"，成立于 1985 年，当时主要生产和销售一款名为"中国花粉口服液"的产品。

宗庆后至今记得当时的感觉：仿佛有一道光线照了进来，那个答案，它来了！

机会，就是长期思考后电光火石的一刹那。想了又想，一想再想，思想的结果就是机会。

中国保灵公司今天依然活跃在杭州，“保灵药业”的官方网站上是这么描述的：“杭州保灵集团有限公司，成立于1985年，是国内最早从事蜂产品深度研究开发生产的企业，代表产品为‘中国花粉口服液’，曾获国家优质产品银奖。1994年以整体资产与澳大利亚、新加坡合资成立杭州澳医保灵药业有限公司。”

“中国花粉口服液”出现时，正值各种各样的营养品疯狂流行的时代。1987年，上海和江浙一带流行甲肝，“中国花粉口服液”据说有免疫功能，所以“中国保灵”成为营养品行业的一个“探路者”；胡庆余堂有个人提取了参精，在杭州中药二厂生产，后被叫作“青春宝”；红极一时的，还有后来广州的“太阳神”，而最终保持旺盛生命力的，则是“娃哈哈”。

“中国花粉口服液”诞生后，就把目光瞄到了小孩子身上。上世纪70年代初期，政府开始大力推行计划生育；1978年以后，计划生育更成为一项基本国策。到了1987年，大部分城市家庭只有一个小孩子，“小皇帝”这个特殊的词汇，就这么诞生了。

一旦“中国花粉口服液”将自己与“小皇帝”结合到一起，就迫切需要一个突破口，以尽快占领市场，使自己成为儿童营养品领域的霸主。“中国保灵”知道，幼儿园和小学是“小皇帝”最集中的地方，而拥有“官方背景”和校园业务“代理权”的“杭州市上城区校办企业经销部”就成了他们的天然选择。

“中国保灵”的一个经理找到宗庆后，希望经销部能代理他们的产品。谈了几次后，宗庆后了解到他们的口服液以纯天然花粉为原料，含有多种氨基酸、维生素、微量元素和活性酶等营养成分，对增强学生体质具有一定效果。

宗庆后对他们说，很多学生家里并不富裕，如果每个月都要给孩子买上几盒口服液，一年下来也是一笔不小的开支，不少家庭难以承受。不如想办法把成本降下来，价格调低一些，把销量搞上去，这样无论对家长还是“中国保灵”来说都是件好事。

“中国保灵”不无欣喜地接纳了这个颇有见地的点子，开始提供简装产品，价格一下子就降下来了，再加上经销部在上城区学校里的渠道优势，销量立马蹿升，一时间“中国花粉口服液”供不应求。

经销部代理“中国花粉口服液”的销售，自然获得了上城区文教局及傅美珍的支持。她有一次在校长会议上说：“为了补充教育经费的不足，我们在经销‘中国花粉口服液’，请各位校长和老师给予支持，但是不能侵犯学生的利益。这个东西确实好，才经销的。”当时各家学校都很支持，加上父母之心、孩子健康的客观需要，傅美珍一句话说下去，采购订单就络绎而来。

“中国保灵”一边高兴地数钱，一边面临着“甜蜜的苦恼”——他们没想到市场需求如此旺盛，他们的产能跟不上了。

宗庆后突然听到了机会劈空而来的声音。

机会一闪而过，所以必须快。虽然条件不足，但宗庆后决定让结果来催生条件，让未来照进现实。

这一次，宗庆后主动找到“中国保灵”，提出为他们代加工口服液。当时现实的考虑是，相对于经销文具和冷饮来说，代理“中国花粉口服液”是个大买卖，不但可以完成年度利润指标，还有助于经销部找到未来的发展方向。宗庆后当然没有把内心的想法告诉“中国保灵”，只是提出了代加工的建议；后者正囿于产能的困扰，一听提议，立马就应承了下来。

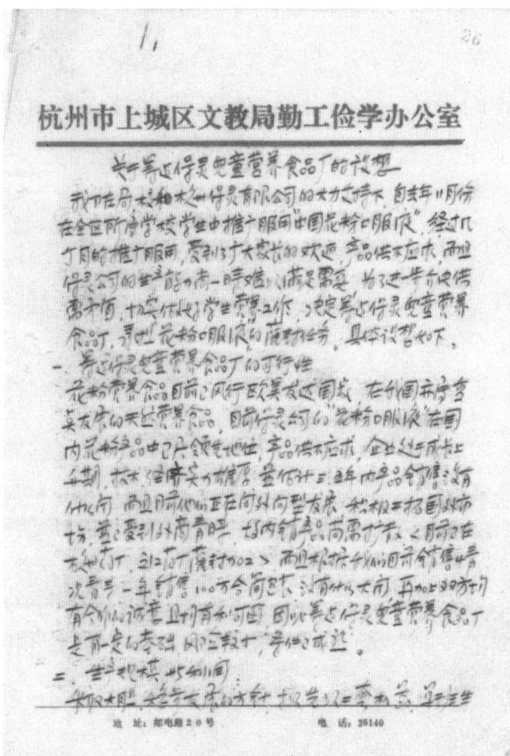
杭州市上城区文教局勤工俭学办公室

关于筹建保灵儿童营养食品厂的设想

地址：邮电路20号 电话：26140

宗庆后亲笔撰写的关于筹建保灵儿童营养食品厂的设想，没想到这个小厂后来成为了中国饮料的巨头。

宗庆后给文教局和计委等主管部门打了个报告，希望成立儿童营养食品厂。报告的核心内容是“改善儿童营养结构，增强儿童体质”。报告很快得到了批复。1987年7月4日，杭州市计划委员会下文同意建立“杭州保灵儿童营养食品厂”。

由于当时的中国商标和商号保护制度并不完善，所以虽然有个“中国保灵”，但他们依然可以叫作“杭州保灵儿童营养食品厂”。当时的人们包括宗庆后本人都不会想到，就是这样一家不起眼的小厂，短短十余年后竟会成为中国食品饮料行业的龙头企业。而在当时，这家小厂的诞生却是困难重重，虽然计委同意了，但是并没有一分钱的投资，全部要靠宗庆后和员工们自己想办法，最后他们以自己销售花粉的预收货款和向银行借款的方式，勉强筹集了“杭州保灵儿童营养食品厂”的第一笔启动资金。

资金解决了，还需要人。在上城区文教局的帮助下，宗庆后吸收了区里一些教师的家属来厂里工作，并招了一些农民工，儿童营养食品厂的框架就这样搭了起来。

除此之外，值得说明的是，宗庆后的弟弟宗泽后当时在“中国保灵”上班，若非他的牵线搭桥、居中斡旋，和“中国保灵”的合作不会那么从容顺畅。

辛苦、幸运、机遇……条条大路、种种线索，综合到一起的时候，就仿佛森林中的小径，一旦开辟，原先彼此独立和封闭的道路一下子贯通起来。其面前所展示出的，再不是一片灰暗混沌，而是好大一片开阔地。

宗庆后的队伍慢慢地壮大了起来。依靠他在上城区所建立的幼儿园及中小学网络，他们只用了 3 个月时间就成功推销出 120 万盒“中国花粉口服液”。当他们与“中国保灵”达成备忘，计划代加工其产品的时候，他们已经成为那家公司最大的经销商。

“中国保灵”同意帮助营养食品厂建造一条灌装生产线，当时的投资额要 10 多万元，相当于此前所有的积累，一旦这些钱全投入到生产线当中，后续发展的资金保障就会出现问题。最关键的是，没有领导的支持和主管部门的批准，谁也不敢把这么大一笔钱投进去。

没办法，宗庆后只好再次给傅美珍打报告，诉说难处，希望能够得到她和文教局的支持。为了能够获得批准，他特意将投资额度“压缩”到了 5 万元。傅美珍很快做出了回复，她说：“企业赚来的钱，就是应该投入到扩大再生产中去，我支持你们！”

3 个月后，1987 年 11 月底，一座面积超过 300 平方米的灌装车间在清泰街 160 号落成，一条日产量达 1 万盒的口服液灌装生产线，开始生机勃勃地运转起来。这时，距离经销部的成立仅过了 6 个月。当年，这条生产线即生产出了 180 万支“中国花粉口服液”，产值超过 270 万元。

当宗庆后看到它们出现在面前的时候，他知道，它们将带来的不仅仅是超额完成的利润指标，还有对未来的期许。

到了 1988 年 5 月，经销部成立周年之时，这个“由短暂零件组成的永恒实体”，拿出了一份体面的成绩单：销售总额 436 万元，上缴利润 22.2 万元，比 10 万元的创利指标足足超出了一倍多。宗庆后没有让赏识他的领导失望，用响当当的业绩兑现了自己的承诺！

苦干和智慧让他们挣出了一份厚实的家底——他们已经拥有了 130 名工人，还用这一年时间发展出了 3 家企业单位、300 平方米的生产及营业用房，以及超过 800 万元的净资产。

虽然未来依旧横亘在远处，但宗庆后已有足够的底气对其进行怒吼。他开始相信，自己有机会去成就一番事业，将会修改自己和家族的命运。

自己的口服液

依附于他人的生产模式，不仅利润微薄，更无法获得生产上、经济上和精神上的真正自由。这种“被绑定”的弱势状态，与宗庆后心中的宏图相去甚远……

有一天，在清泰街的车间里，宗庆后的目光扫过加工生产线上一瓶瓶输送过来的“中国花粉口服液”安瓿瓶，突然灵光一闪：为什么我们自己不能生产一种营养液呢？

这真是一个美丽而疯狂的念头。

受掣肘的感觉

从经销文具、冷饮，到代销花粉口服液获得空前成功，再拉起灌装生产线，成为花粉口服液的代加工厂家，经销部在宗庆后的带领下实现了一次次跨越，并且是在短短一年的时间内“极速”实现的。

这被人们称为奇迹，但是宗庆后却忧心忡忡。

因为，他的肩膀上担负的不再是区区三张嘴，而是130多名员工的生存和未来。

当时的营养品市场近乎癫狂，“太阳神”、“延生护宝液”红极一时，“中国花粉口服液”也是当中的佼佼者。虽然当时宗庆后他们为保灵代加工和推销中国花粉形势不错，但当时社会上有人说花粉含有激素，会让小孩子早熟。因为当时他们主要推销对象是小学生，宗庆后就找保灵公司的朱总反映了这个问题，并希望他们能开发新产品，但他们没有接受宗庆后的意见。因而，宗庆后感到若中国花粉这个产品有问题，他这个100多人的工厂亦将倒闭，所以要想方设法开发自己的产品。

作为“中国保灵”的代理商，宗庆后有时不得不迎合对方的一些额外的要求。1988年中秋节，宗庆后带手下到半山的保灵公司帮他们清理仓库，搞了场“义务劳动”，是自愿并不是条件。宗庆后便是这样努力寻求抓住机会的可能。他的选择实在有限，所以不得不对每一种选择都使用到极限。

当“帮忙”完成返回时，已经过了晚上8点。圆圆的月亮挂在天上，家家户户都在吃着团圆饭。兄弟们忘了饥饿和疲劳，大家一起引吭高歌。这特殊的夜晚，宗庆后犒劳兄弟们，在城站的大排档吃了一顿中秋团圆饭。

那一次，生意虽然圆满地实现了，但是弱势的地位，以及长久以来与这次事件相似的种种因果，让他感觉到一种深重的掣肘。

宗庆后不反感劳动，但是反感被限制的感觉。

上城区文教局的傅局长听到“不和谐”的风声，愿意出面斡旋一下。在她带领下，宗庆后和部下到“中国保灵”厂区参观。一圈走下来后，宗庆后发现，那里的生产工艺、技术水平实际上没什么神秘之处，完全可以复制，最重要的是配方。

回来后，宗庆后有点压抑不住自己的兴奋，对傅局长说：“这样的产品我们自己也可以做，自己研制！”对他充分信任的傅美珍再次投了赞成票。

掌握了配方，就掌握了一切。要是能够自己研发新的儿童营养液，就能摆脱“为他人做嫁衣裳”的处境，制造出属于自己的产品。要知道，每代加工一盒“中国花粉口服液”，只能赚取一毛钱的加工费，要是拥有了自己的产品，依照宗庆后当时所拥有的市场和渠道，利润可以说将滚滚而来。

所以，必须摆脱外界对“中国花粉口服液”的猜测和质疑，找到属于自己的产品，打造出烙印着“宗庆后”名字的新品牌。

理念可以疯狂，但操作必须理性。

宗庆后他们当时进行过市场调查，发现市场上有 38 种营养液，竞争激烈，市场近乎饱和，分析报告据此“建议退出竞争”。

宗庆后的热情遭到了打击。可是，那一年《杭州日报》上的一条新闻又把他从深渊里打捞上来。那条新闻说：“中国学生营养促进会会长、著名营养学家于若木在日前的一次研讨会上透露，全国 3.5 亿儿童和中小学生中有 1/3 的人营养不良，仅浙江省 8 岁至 12 岁的儿童中就有 47%的人营养不良……”

“47%！”一个多么触目惊心的数字，又有点惊心动魄——这意味着将近一半孩子需要补充营养，也意味着一个庞大的市场！宗庆后想到了“中国花粉口服液”的旺销。国内现有的 38 种营养液都属于成人产品，与其生产第 39 种这样的营养液，不如生产一种儿童专用的营养液！

他委托一家科研机构对 3006 名小学生进行了一次调查，调查结果显示，很多小学生因为饮食结构等问题患有不同程度的营养不良症，有缺锌、缺钙、缺铁症状的，竟然占到了 44.4%。

对宗庆后刺激最大的，是女儿宗馥莉。与很多孩子一样，她也不太爱吃饭，有着轻度厌食的症状。每天的喂饭，成了一家人最大的压力，他也为此苦恼不已。

宗庆后想给那些孩子们、也给自己的女儿生产一种口服液，改善他们的营养状况，使他们有更好的胃口，也有更好的身体。他对那些内心充满疑惑和不安的人说：“全国儿童市场有 3 亿消费者，1/10 就是 3000 万。如果能在这个市场上喝上‘头口水’，就一定会取得巨大的成功。”

他的梦想，就这样突然具象化为一种尚未诞生的产品，一个全新的未来的产品，是一个“中国第一”——儿童营养液。

洗衣机里的实验

如果说宗庆后设计了一张伟大的蓝图，那么有三个人让这张蓝图显化为精彩的现实。提供产品配方的朱寿民、设计提取工艺的张宏辉和设计生产线流程的顾馥恩工程师，是宗庆后早期创业生涯中的三位“贵人”。

朱教授那一年 63 岁，是浙江医科大学（现为浙江大学医学院）医学营养系教授，也是该系的第一任系主任，除此之外，还是国际营养学会（International College of Nutrition）会长和浙江省营养学会理事长。多年来一直关注儿童偏食、挑食、厌食和营养不良问题，希望经由营养结构的改善、元素的均衡，让孩子们拥有更为强健的身躯，实现“强健民族”的目标。

宗庆后与朱教授素不相识，之所以选定朱教授，是因为全国只有浙江医科大学有营养系，而他是首席专家。恰好有一位同事与朱教授有所交集，就居间进行了联络。他们约好在5月的一个午后见面，地点是朱教授的办公室。

那天张宏辉陪同宗庆后去拜访朱教授，两人各自骑了辆自行车，大中午的，从单位一直骑到浙江医科大学。朱教授一副学者的儒雅而严谨的风范，他出生于浙江的中医世家，从1951年起一直执教于浙江医科大学。在宗庆后心中，他是崇高的学术权威，朱教授的高度和严格令他感到颇有压力。

打动他，想办法获得朱教授技术及精神上的支持！

宗庆后向朱教授介绍了自己的公司，并描述了儿童营养液的构思与设想，分析了市场的需求热度。当然，也介绍了宗馥莉及3006个孩子的调查结果，用数据引发朱教授的忧思与责任感。宗庆后对朱教授说，他们什么都不缺，就缺一个配方。

朱教授说，他一直想为孩子们做点儿事，做儿童营养液是他一直以来的想法，只是苦无商业机遇。真是英雄所见略同，宗庆后激动不已。

但是，朱教授提出想先到厂里看看。朱教授巡视了这个建在校园里的小厂，看了教室改建成的厂房，以及厂房里显得有些简陋的生产流水线。宗庆后在边上陪着，心里有些忐忑。最后，只听见朱教授暗暗叹了口气。

朱教授没了下文，宗庆后的焦虑日渐上升。他想，朱教授到底还是觉着他们厂的基础差了。

果然，当他第二次、第三次登门造访时，朱教授表示，他确实担心把用毕生的心血开发的产品交给一个基础薄弱的厂家，可能暴殄天物，自己的期许也将变成一个美丽的泡影。

宗庆后说，物质条件确实不佳，但是他有必胜的信心。

宗庆后不确定最终是什么打动了朱教授，或许是他一次又一次登门造访的真诚，或者还有他的责任与信念。他们确定了未来的合作，厂里为朱教授提供了5

万元的开发经费，并且签署了合作协议。5 万元对当时的他们来说，是个不小的数字；可是对于他们的未来，它又显得那么微不足道。

朱教授的开发工作进展得很快。事实上，对他来说，这是一件没什么技术难度的事情，只需要依据中医学及传统药膳食疗学说，结合现代营养学理论，以及自己在医学实验中的积累，炮制一个儿童营养液的配方即可。这个配方，包含桂圆、红枣、山楂、莲子、胡桃、米仁和鸡肝等原料，营养的均衡自然不成问题，又因为他出身中医世家，早已考虑到如何解决中药成分相生相克的问题，所以这个配方很快就成为最终确定的儿童营养液配方。

在配方确定之后，宗庆后就开始筹划营销上的包装。朱教授根据药食同源原理选用了 10 种药材，他所依据的是营养学的逻辑，但是市场自有其所信奉的逻辑，并不全然与营养学逻辑相同。

当时市场信奉的逻辑是“微量元素”，所以他们必须在配方中标明微量元素的含量，以及基于此含量之上的适当添加。当时提出要添加人体所需的钙、铁、锌等微量元素的逻辑，直到今天娃哈哈生产“营养快线”时也依然坚守着。

“微量元素”是宗庆后提出的市场逻辑。他认为，光靠莲子、桂圆、红枣这些东西，无论怎么提纯，还不能满足人体对钙、铁、锌元素的需要，还是达不到应有的效果，他们做出的产品小孩喝了没有明显的效果，就缺乏足够的说服力，就无法吸引人们的购买欲；有了效果，就有了自己的特质，也就有了市场。

朱教授提供的配方和营养学逻辑，解决了科研机构调研得出的 44.4% 孩子缺钙、铁、锌的问题，接下来需要进行提取工艺的设计，以求达到最好的流水线生产效果。

跟张宏辉关系链是这样连成的——当时在“中国保灵”有位能人叫孙建荣，宗庆后一直希望孙建荣能到公司来上班，帮助他做好“中国花粉口服液”的代加工。

有一天孙建荣对宗庆后说，他有个叫张宏辉的“发小”，在胡庆余堂工作，是个技术能手。宗庆后马上伸出橄榄枝，邀约张宏辉见面一谈。

那时候，他们的“中国花粉口服液”代加工灌装车间已经上马 4 个月，生产如火如荼，宗庆后每天忙得人仰马翻，形势一片大好。别人敬佩宗庆后是真正意义上的以厂为家，却不知道，他的工作已经无法以白天和晚上来区分，从早到晚都泡在办公室、车间和市场上。

有一天晚上 7 点来钟，张宏辉下班后来到宗庆后的办公室。他们相互介绍和寒暄后就直奔主题——儿童营养液的工艺和技术。宗庆后跟张宏辉说："过两天你就来我这儿上班吧。"张宏辉回答："我先请个假，过来几天试试。"

4 月中旬，张宏辉向胡庆余堂请了长假；6 月，又索性短期借调到娃哈哈工作。

在营养物质的提取方面，各家营养液厂所采取的方式都差不多，基本上都是煎煮成汤，再进行沉淀和过滤。但在沉淀和过滤等后处理工艺上，各家的差距和分歧就比较大了。

张宏辉煎煮提取营养液的设备，是做中药提取用的翻斗锅。他们买了 4 个翻斗锅，两个 300 升的，两个 500 升的。张宏辉每天就翻腾这 4 个锅，而宗庆后每天就在那里看他翻腾 4 个锅，想着锅后面的市场。

营养液原液需要澄清，不能有沉淀和残渣，要求所有成分都能溶于水。后处理中最常见的是沉淀提取物中的残渣，使用最多的工艺是用乙醇提纯或沉淀，采用的是酒精与水密度不同的原理。

一开始张宏辉也建议用乙醇来提纯，但是他的提议遭到了朱寿民教授的反对。朱教授认为，乙醇一旦稀释到浓缩液里，沉淀过后，酒精虽然可以回收，渣滓可以排掉，但是无论工艺怎么成熟，在最终的提纯物中乙醇一定会有所残留。

朱教授说，虽然用乙醇提纯比较省时省力，成本也相对较低，但是乙醇残留可能会对儿童成长造成很不好的影响。"我们做的是儿童营养液，必须得考虑它对孩子们的影响。"他说。

宗庆后把朱教授的意见告诉了张宏辉。他对张宏辉说，做儿童营养液的宗旨是改善孩子们的健康状况，提升他们的营养水平，改善他们的营养失衡，一切可能对儿童健康产生不良影响的，都不能干。"醇提是肯定不能用的，你想想别的办法吧。"

他们需要一个完美的产品，无论从道义上，还是质量上。

道义这样的概念，虽然是无形的，但是，宗庆后觉得它才是决胜的核心，若非站上道义的制高点，则难以维系天长日久的持续力。

朱教授的反对和宗庆后的态度，无疑给了张宏辉不小的压力。张宏辉灵光乍现之前的两个月时间里，他们每天都泡在实验室里，用各种方式反复进行着试验。有一次朱教授提议尝试用“离心法”，可是没有离心机。宗庆后灵机一动，就让公司那台洗工装的洗衣机“粉墨登场”了。

一开始他们觉得过滤效果不错，因为连“枣花”这种红枣的植物纤维残渣都能过滤掉。结果有一天，一声巨响打碎了他们的幻想。那天晚上 9 点多钟，宗庆后和张宏辉在那里做离心试验，洗衣机转着转着，里面的过滤袋突然就炸了，那台洗衣机也跟着报废了。他们检查后才发现，原来是残渣附着在过滤袋上，阻塞了过滤孔，最终导致过滤袋不堪重负，以致炸裂，同时也宣告了“离心法”的彻底失败。

在这个过程当中，还有一件具有决定性意义的事情：正如宗庆后所担心的，中国花粉口服液虽然生产和销售不错，但是当时社会上就有人说花粉有激素，会让小孩子早熟，风险很大。不久全国果然发生了一场争论，并且导致“中国花粉口服液”和整个花粉产品都受到了冲击，其波及范围之广、幅度之大，几乎将整个行业摧毁。

事实上，宗庆后只是想生产出一款主打儿童市场的营养液，并希望自己生产的儿童营养液能够给孩子们带来健康，而不是带去乙醇残留和性早熟。他们知道，一旦儿童营养液中出现了不利于儿童健康的成分，那这种营养液的寿命就长不了。宗庆后相信，这不是什么远见，这只是一种常识，一种良知。

蛋清凝聚法

离心法在反复的试验中以失败告终。张宏辉很苦恼，直到有一天，他看到了那筐鸡蛋。

儿童营养液原料里面，有一种原料是蛋黄。所以在进行试验的时候，他们会购买很多鸡蛋。蛋黄成为原料，蛋清就散落在那里，派不上什么用场。有一天，张宏辉看到了那些蛋清，突然说了句：“要不咱们用蛋清试试?”

张宏辉不是凭空臆想。在胡庆余堂工作的时候，他们曾经试验过用明胶提纯。他觉得蛋清和明胶都是胶状物，提纯的功能应该差不多。他所采用的原理其实很简单，那就是蛋清在加热过程中慢慢凝固，吸附了那部分不溶于水的残渣。

做了几次试验之后，张宏辉发现效果非常好。当蛋清凝固之后，浓缩液一片澄清。

那一刻，简陋的实验室里一片欢腾。

当他们发明了蛋清凝聚法的时候，就已经知道，其他营养液厂家是不会使用这种方法的，因为它的成本太高了。每生产一万盒儿童营养液，就需要 50 公斤蛋清，而这 50 公斤蛋清，至少需要 100 公斤鸡蛋。

蛋清凝聚法发明后，所有的卖点、所有的影响力和意义就都完整了起来。至为关键的是，蛋清凝聚法不仅没有大幅提高他们的成本，反而每年可以节约成本 30 万元，因为蛋清本身就是他们的生产产过程中的废料。

这一切都是值得的。当消费者知道他们的提纯法之后，一定会感佩其对儿童健康的照拂，继而因为对他们的信任，成为他们最坚定的拥趸。儿童营养液后来的热销，就是最好的印证。

1992 年 11 月，娃哈哈儿童营养液荣获杭州市科技进步特别奖，产品开发元老之一张宏辉上台发言。

儿童营养液中是否含有性激素成分曾经困扰了宗庆后很长时间。在没有得到科学的数据之前，他始终对其充满了疑虑。还请了不少专家对此进行理论分析，专家们都说不可能存在性激素。宗庆后虽然相信他们的判断，却始终因没有数据支撑而心怀忐忑。终于有一次，中国军事医学科学院帮他们找到了检测的方法，拿到最终数据的时候，他的心彻底地放了下来。

宗庆后自认不是一个“怀疑论者”，而是希望自己的产品不仅能获得理论支持，更能得到数据支撑。凡事没弄清楚，他会想尽一切办法请教，直到结果出来。

多年以后，回想当日“娃哈哈儿童营养液”受到的追捧，宗庆后觉得中国人生活在儒家这样一个文化氛围中，自己也在潜移默化中受到了同样的熏陶。“企业的行为，不仅是生产和经营行为，也是伦理的行为，应该有道德的核心。孔子老先生对中国精神世界的建构做出的贡献，怎么说都是不为过的：一切善，将以善来得到回应。”

在他们完成了整个工艺之后，宗庆后开始思考儿童营养液的形象和包装，朱教授开始进行提取物营养成分的动物实验。那时候朱教授是医学营养系主任，给一组小白兔服用提取物，另一组小白兔什么也不服用，从而进行对比测试，最后发现服用了提取物的小白兔明显“活力四射”。试验的结果，证明了他们在这个研究课题上的成功和突破。

对宗庆后来说，他梦想中的那一款产品，深深烙着“宗庆后”印迹的那款产品，终于诞生了。它对他的意义不亚于又生了一个孩子，带来的喜悦，就如同宗馥莉的诞生。

它的名字叫娃哈哈

宗庆后需要一个自己的产品，就像一个嗜武之人需要一件得心应手的兵器。这件兵器，它终于来了，显然没有人预见到它的名字“娃哈哈”会以雷霆之势迅速崛起，并在中国儿童营业液市场一枝独秀。

就在他们为开发新产品酣战时，宗庆后曾经的担心转化为现实：市场上出现了一些对“中国花粉口服液”颇为不利的传言，致使其市场份额呈现剧烈的萎缩。而“中国保灵”的人也听到了一些风声，多次找他们交涉，要求其停止开发儿童营养液，一门心思地做好代加工。

“中国保灵”当时的老总，也亲自找到宗庆后，给他下所谓的“最后通牒”。对方说他们正在研发的这款新产品是在抢“中国保灵”的市场，要么老老实实地代加工，要么只做自己的产品。

面对强势的“中国保灵”，宗庆后也将了他们一军，提出了两个条件：一是希望“中国花粉口服液”能保持旺销的势头，因为只有它的旺销才能保证灌装生产线饱和生产，才能带来效益；二是希望能够逐季逐年提升加工费，而不是只付每盒一毛钱。

“中国保灵”没有答应他们的条件，谈判破裂，双方都没了退路。这时宗庆后才能体会所谓“破釜沉舟”的心情——新产品还在襁褓之中，而他们已经没有了“中国保灵”的支持，唯有埋头往前闯一条出路了。

“有奖征名”广告

那段时间里，不停地有相熟的朋友去做宗庆后的“思想工作”，希望他不要去冒险，安分守己地做代加工就行了。他们说：“你就这么几个人，两口锅子、三个罐子，还自立什么山头？”宗庆后心意已决，反问道：“你们能理解一位 42 岁的中年人面对人生最后一次机遇的心情吗？”

1988 年 6 月 16 日，《杭州日报》头版刊登了一则大幅广告：

“一种高效能的儿童营养液，已在杭州保灵食品厂试制成功，特向社会各界征集产品名称及商标图案……”

伴随着广告一同出现的，是对“儿童营养液”的介绍：根据测试，每 100 毫升营养液内含钙元素 28 毫克、铁元素 12.5 毫克、锌元素 12.5 毫克、蛋白质1.4 克以上，这些营养元素对改善儿童营养不良、不全面问题及增强体质都是必需的。

这是宗庆后亲自设计的一则广告。

当手里有了一个过硬的产品可以“折腾”，宗庆后心头的万丈豪情终于找到了一个落点。如果说爆发力有多么猛烈，那是因为他压抑的时间真的太长了。

这个未命名的产品，宗庆后的第一个产品，就是一把钥匙，它开启的不仅是一家企业的新天地，而且打破了某种桎梏，冲破了思维上的某种限制。它开启的是一种全新的人生，一个美丽新世界。

他那时的感觉，真像一个嗜武之人终于找到一件得心应手的兵器。

那时候没多少企业在报纸上做广告，在杭州甚至在全国，宗庆后都算是“第一批吃螃蟹的人”。一则广告投入十几万元，在当时是一笔非常大的开支，况且他们的家底并不丰厚。

很多人反对这种大投入的方式，但宗庆后有自己的考虑。

营销，几乎是产品的生命线。宗庆后想，他们的营养液虽然老少咸宜，但刚刚研制出来，没什么名气，必须以最快的方式打开市场，获得认同。用“征名广告”的方式打开市场，在当时是最好的选择，因为数字是最好的论据。

那时候，“有奖征名”还真是鲜少发生的事。

那时候还不是网络时代，信息尚未爆炸，“新意”是人们平稳的生活中需要的一种“消费品”。

让消费者参与一个产品的诞生过程，无法不令他们对这个产品产生好感。而“命名”这样一个富有权力感的游戏，隐含对消费者无形的尊重。

宗庆后想到了结果。最好的结果是他们获得了一个令人耳目一新的产品名称，在市场上一炮打响；最坏的结果是一无所获，但手中还有新产品名称的备选，同时还能够获得社会上的普遍关注，巨大的广告效应一定会带来市场，绝对不是桩赔本的买卖。

被称为“非常营销”的征程，就是从这里开始的。

所以，宗庆后认为，营销这个东西，不仅要点子，还是要有一点浪漫主义精神和时尚感觉。商品营销并不一定都是理性精神，因为商品面对的是人，要揣摩人性，而人对于浪漫主义、带有新奇色彩的事物，关注度一定大于传统的事物。

所以，营销也要有诗意和想象力。

《杭州日报》的广告刊出后不久，应征的信件如雪花般飞来，没几天就收到几百封信，各种各样的名字都来了。里面有文采洋溢、琅琅上口的，也有标新立异、故作惊人之语的，最多的还是因循守旧、抱残守缺的，不但没个性、少新意，还让人听到之后昏昏欲睡，毫无购买欲望。

宗庆后他们成立了一个专家评审小组进行筛选，从当中挑选出一些备用的名称，却始终没找到那个让他们眼前一亮的名字来。就在他们颇感失望的时候，有一个名字跳了出来——娃哈哈。宗庆后马上想起了那首著名的、传唱不已的儿歌：

我们的祖国是花园
花园里花朵真鲜艳
和暖的阳光照耀着我们
每个人脸上都笑开颜
娃哈哈娃哈哈
每个人脸上都笑开颜

他忍不住轻轻地哼了起来，大家会心一笑。很多人小时候都唱过这首儿歌，

“娃哈哈”这三个字中包含着大家的集体记忆。

“娃哈哈”是当时杭州市上城区少年宫主任朱松龄报送的，据说这是他儿子想出的名字。朱松龄后来当过杭州市文联副主席。

事实上，在宗庆后哼哼《娃哈哈》的时候，已经发现这就是他们想要的那个名字，就是让他们眼前一亮、耳目一新的那个名字，就像灵光乍现。

宗庆后曾在他们的小办公室里讨论过儿童营养液的名字。他对张宏辉说：“必须让孩子们好记、易读，特像顺口溜，但又不能超过三个字的名字。”“娃哈哈”符合这种定位。

这个名字中，“娃哈哈”三字的韵母都是“a”，是每个孩子最早学的音节，据一些专家说这是人类的“元音”，开口时说出的第一声；三个字连起来琅琅上口，又很好记忆，就连婴儿都能发出来，便于模仿，极易传播。

事实上，这并非宗庆后的创造，而是一位语文教师对他的建议。他说：“根据发音原理，开口最大的元音是‘a’，开口最小的元音是‘i’。如果商标名字的每一个音节都带有‘a’这个元音，对孩子们来说，就易于发音了。曾经有专家研究过，孩子开始学说话的时候，发的第一个字就包含有‘a’这个音节，比如：爸爸妈妈。”宗庆后立即同意：“好！那就专找带有‘a’这个元音的汉字。”

并且从字面上看，“哈哈”是不分肤色、族群的人类抒发喜悦时的共同发音。《娃哈哈》的曲调也证明了这点。它本是经由新疆传入的俄罗斯民歌，传入时只有曲调没有歌词，经著名作曲家郭石夫填词之后，全国传唱，经久不衰。《娃哈哈》这首儿歌超民族、超国界的情感传播方式，深入民心，经常在国庆节等重大节庆日播放，老百姓的认知度非常高，用它做名字容易拉近与顾客的距离，产生亲切感，同时会降低传播成本。

不过在当时评审过程中并非所有专家都认同这一名称，有一位专家就认为“娃哈哈”俗不可耐，除了琅琅上口之外，没有什么文化内涵。宗庆后没有反驳，他认为企业家和文化人由于立场的不同，在对同一事物的判断上一定会发生分歧。

知识分子和商人之间始终存在着一道心理鸿沟，因为在中国传统文化中，有着“士农工商”的排序，知识分子与商人分属不同的阶级，谁也不肯也无法轻易切断自己所效忠的思想脐带。

宗庆后并不要求那位专家拥有与他一致的念头。他聘请专家担任评委，并非花钱请他们附和自己，而是希望他们能够弥补自己判断中的缺憾，帮助他找到最合适的那个名称。

“娃哈哈”就是那个最合适的名称。一旦想法确定，谁也左右不了他的决定，无论对方是什么职位、资格和资历的专家。这就是企业家的好处——作为最终的决策者，你可以集思广益，可是决策一旦形成，你的决定就是最终的选择。

多年之后，据说有一位测字先生解开了暗藏于“娃哈哈”中的玄机：“女”字旁，暗喻事业由女人鼎力助成；两个“土”，暗喻根基扎实可屹立不倒；四个“口”，暗喻是非闲言不断；三个字都是九画，则是暗喻事业可长久不衰。

宗庆后没见过这位测字先生，尽管他的拆解属于“事后诸葛”，但竟能说得如此准确，解读了娃哈哈二十多年创业史上的所有现实。这让宗庆后不得不相信，除了冥冥中的缘分，没有什么能够定义他和“娃哈哈”之间的那条纽带。

有人曾在一条微博中说：“采访宗庆后，得出几个结论：1.做生意是需要天赋的；2.勤奋很重要，勤奋的前提是旺盛的体力和精力；3.坚持最重要，一条道走到黑远比四处寻找出路更能找到出路；4.要有超常的忍耐力和承受力；5.比最重要更重要的一条，是运气。‘有的人天生勇敢，有的人天生机敏，但却都不如天生就幸运的人。’”

宗庆后知道这句话，“有的人天生勇敢，有的人天生机敏，但却都不如天生就幸运的人”，这段文字出自古龙的小说《七种武器》之《碧玉刀》。

可是，在他看来，这不是一种幸运，而是意志的转化。

“超音速”改建

在幸运地从朱寿民、张宏辉那里收获厚礼之后，宗庆后又幸运地获得了顾馥恩总工程师的帮助。

顾总工程师是杭州一家知名的制药厂退休的高级工程师，是工艺设备设计安装方面的专家。她在医药行业里干了差不多 30 年，因为长期与有毒有害的药物接触而患上了再生障碍性贫血。

宗庆后经人介绍认识了顾馥恩，希望她能去公司指导一下工作。顾馥恩好几次都拒绝了，但最终没耐得过宗庆后的软磨硬泡，答应到车间里参观指导一下。

宗庆后将顾馥恩接到了杭州三岔村的生产基地，陪着她走进了车间。新建的原液车间通常从项目报批到设计安装，没有两三年时间是完不成的，而他们只用了两个月时间就建起来了。宗庆后唯一担心的是设备流程设计是否科学，是否符合安全生产的需要。

顾馥恩显然惊讶于他们的建设速度，以至于对其刮目相看起来。但是她什么都没说，只是不停地看，偶尔会向他发问，有时下意识地摇头。宗庆后心中忐忑不安："顾总，有什么问题就请您直率地给我们指出来吧，您向我们提出问题，就是对我们最大的帮助，我们好及时改正。"

顾馥恩面色凝重，沉吟了半晌后，终于开了口："恕我直言，你们的这个车间在流程设计上的确存在不少问题，但是要改建的话，其难度特别是工作量会比新建一个车间还大。如果我年轻20岁，或许可以给你们一些具体的指导帮助，可我现在的年龄和身体状况，已经不允许了。"

宗庆后当时就急了，他说："顾总，您无论如何要帮帮我们，这个项目直接关系到我们160多名职工的命运啊。您给我一个月时间，我们一定根据您的要求把存在问题的地方都改正过来！"

1992年4月8日，宗庆后和顾馥恩总工程师在研究新产品开发及技术改造问题。

顾馥恩最终答应帮助他们，逐条地提出了改进车间和生产线的建议，虽然她很难相信在这个城市里谁可以用一个月的时间解决这些设备安装问题。

可是对宗庆后，对他的160多号工人来说，他们没有别的选择。宗庆后对张宏辉和其他人说，只有在一个月内解决这些问题，才能为公司找到活路。必须解决这些问题，该加班加班，该熬夜熬夜，就是死也要死在车间里。

整整一个月，宗庆后和他的员工们没睡过一个完整的觉。他们通宵达旦地加班，以至于每个人都几乎变成了"野人"。他们要用一个月的时间兑现对顾先生的承诺。

一个月后，宗庆后又将顾馥恩请到了车间。当她看到胡茬满脸、憔悴不堪的宗庆后时，吃了一惊。而当她出现在原液车间的时候，更感到了震惊。也许他们的整改依旧存在着细节上的疏漏与瑕疵，也许他们的技术水平依然粗陋，但是他们兑现了承诺，在一个月的时间内，清单上所列出的设备问题和需要改进的工艺已全部整改完毕。这是她前所未见的效率。她感受到，这个车间所代表的意义，对宗庆后来说就是生命和一切。她相信这些不眠不休的“野人”有改变未来的意愿和能量。

朱寿民、张宏辉、顾馥恩，这三位“贵人”的出现，帮助宗庆后造就了“娃哈哈”，彻底改变了宗庆后的生存状态。尽管无意渲染“娃哈哈”对于他们的意义，但宗庆后始终相信，这三个字也一定在三位“贵人”的生命中深深地烙印下了火痕，成为了他们生命燃烧的象征。

那一年的 11 月，宗庆后他们对“杭州保灵儿童营养食品厂”进行了增资，注册资本增至 100 万元，其中流动资金 80 万元。增资的理由是“为了进一步发展勤工俭学事业，育人聚财而增资注册”。“资金来源为利润上缴积累拨款，自有资金积累。”也就是说，当时宗庆后完全通过自有积累实现了企业的扩张。

上城区文教局审查同意的企业章程称：本企业组织机构产生程序为上级主管局任命厂长，由厂长组阁建立生产指挥系统；人员构成为教育系统内部调配、人事局分配、通过劳动部门招用合同工及自行招用临时合同工；利润分配形式为50%上交主管局，30%企业留成扩大再生产，10%职工福利基金，10%职工奖励基金。

这套企业章程对宗庆后来说意义匪浅。它意味着他从“娃哈哈”正式诞生的那天起就在负责整个企业。“厂长负责制”，虽然章程中并未出现这五个字，但包括投资决策、产品开发、劳动用工、人事任免等一切权力的集中，使其获得了无限的“自由开火权”。后来有人说：“宗庆后这位‘冰棍儿经理’终于成了名正言顺的企业家。”对这样的评价，他很愿意笑纳。

生产车间和设备很快调试到位，样品也很快生产了出来，无论口感、功效都很理想。对这些，宗庆后丝毫不担心，因为配方有朱教授，设备管理和监控有顾总工程师，他们会提供最好的产品。他唯一担心的是人，是张宏辉。

就在增资后不久，张宏辉打算离开。他原本是从胡庆余堂借调来的，借调期只有 3 个月，到 9 月 30 日就期满了。那时候“娃哈哈”的样品刚刚生产出来，一切处在最关键的时刻，倘使张宏辉突然离去，不啻为晴天霹雳。要知道整个工厂160 多号人中，掌握原液提取全套工艺的，只他一人而已。

市场上对“娃哈哈儿童营养液”的饥饿已经到了望眼欲穿、几近癫狂的程度。如果投产日期延后，“娃哈哈儿童营养液”很可能因为过度饥饿而被市场遗忘。

宗庆后挽留张宏辉留下来，事实上宗庆后似乎已预感到张宏辉会留下来。多年后张宏辉说，刚出生的“娃哈哈”给予了他巨大的成就感，这种成就感最终成为他留下来的情感因素。

后来,“娃哈哈”在市场上的火爆反响也促使张宏辉留下来。自从 10 月 20 日投产以来,“娃哈哈”的销售就异常火爆，所有参与其中的人都知道,“娃哈哈”一出生就风华正茂，一出生就拥有了顽强的活力与生命力。

但是对于张宏辉来说，他依旧无法跨越自己内心的羁绊——相对于胡庆余堂这样稳定的国营企业，娃哈哈总令他觉得缺乏安全感……为此，宗庆后特地“数顾茅庐”。张家四口人挤在 28 平方米的房子里，无论物理空间还是精神空间都是逼仄的，毫无隐私可言。

宗庆后决定给张宏辉最为需要的安全感。他给了张宏辉一套房子。那时候上城区文教局为了褒奖宗庆后的贡献，在全体教师大会上表决通过，奖励他一套三室一厅的房子。这在当时是难得的殊荣，也是天大的奖励。妻女的狂喜还没退尽，钥匙在手心还没捂热，宗庆后就把它交给了张宏辉。

他的这一举动使很多人难以置信，包括他的妻子，以及激动的张宏辉本人。

而宗庆后想的是，要看得够深，望得够远，并且摆脱物质给予他的一切羁绊，才能在一个更大的层面上抵达。张宏辉，他是“娃哈哈”的灵魂人物之一，他是自己的臂膀。

张宏辉果然留了下来，1988 年 12 月 31 日，他在第二次借调期满后留了下来，一直干到今天。现在是娃哈哈集团党委委员和华东片区总经理，分管着娃哈哈大本营所在地浙江及江苏、安徽、上海三省一市近 20 家公司，是娃哈哈集团产能最大的一个片区。

“娃哈哈”快跑

当第一批“娃哈哈儿童营养液”从生产线上源源不绝地传输下来的时候，宗庆后泪流满面。他不知道自己到底因何而流泪，只知道泪水似乎是对自己往日的冲洗。

那一年的10月20日，“娃哈哈儿童营养液”正式投产。

第一批“娃哈哈儿童营养液”从生产线上源源不绝地传输下来的时候，宗庆后泪流满面。他不知道自己到底因何而流泪，只知道泪水似乎是对自己往日的冲洗。从1988年10月20日起，他拥有了烙着“宗庆后”印迹的产品，拥有了等同于自己生命的事业。

他后来将那天确立为娃哈哈的厂庆日，在每年的这一天，对1988年进行一次系统性回忆，重新跌落进那一天的激动与泪水当中。

“攻占”华东

宗庆后极为看重娃哈哈创业初期的经验，因为他相信人生的成败都只是几步路，无非是走对了或走错了几步路。创业成功，虽然有诸多的因素，但体现在最终的结局上，无非是在几个关键的节点做了正确的判断和选择，朝向了对的方向；创业失败虽然有无数的理由，但归根结底无非是踏错了步点而已。

有的人说宗庆后拥有智慧，他却只认定自己是一个拥有丰富经验的人。他的人生，以及市场上的摸爬滚打，很容易使读者产生一个受苦英雄的沉闷印象。事实却非如此，宗庆后是一个经验主义者，他的经验来自生机盎然的体验，而非沉闷无趣的冥想。

"娃哈哈"的整个诞生过程只有 3 个多月，简直就是"超音速"。从朱教授做出配方，到正式投产，中间只经历了一个"百日维新"而已。尽管宗庆后对速度的期望和要求都高，但如此超高的速度依旧使他大喜过望、兴奋不已。

起初的时候，他们在上城区文教局所属的仓库改造了一个车间，生产能力大约是每天 1 万盒。10 月 20 日，"娃哈哈儿童营养液"正式投产后，销售超出了宗庆后的预期，"娃哈哈"的紧俏程度简直能和彩电相提并论。于是当年就在九溪建立了第二个生产基地，产能达到每天 4 万盒。

后来娃哈哈又把生产基地搬到了三岔村，第一期的产能达到了每天 12 万盒，第二期的产能达到了每天 25 万盒。这已是 1990 年的事了。他们像候鸟一样不停地迁徙，而每次迁徙都意味着娃哈哈的成长壮大。

事实上，有了"娃哈哈儿童口服液"之后，宗庆后和娃哈哈才踏上了真正的征途。他们有了属于自己的产品、商标和公司，有了自己的事业。市场正在赋予他们自信和尊严。

对于一位企业家来说，伟大的征途总来自市场。市场是审判企业的唯一法官，也是检验企业理念的唯一标准。1988 年，宗庆后要独自带领一支队伍打一场有未来但没计划的战争。他所依靠的工具只有经验和本能。他所能赋予的，只是以自己的经验，谨小慎微地一步步往前走；如果发现脚下是坚硬的泥土而非沼泽地，那么，就冲吧。

《杭州日报》上的"征名"拉开了娃哈哈"征途"的序幕，尽管宗庆后的产品在那时尚未面世。用今天的说法，这种行动叫"饥饿营销"，幸而他们并未让市场"饥饿"太久，在 10 月 20 日就发出了第一批产品。

1988 年 10 月 20 日，可以想象当日宗庆后及部属的激动。他们完成了一件事，也完成了一桩使命。他们决定赋予那个日子纪念色彩，从此确定 10 月 20 日为娃哈哈的"厂庆日"。

"征名"只是他们整个营销计划的第一步，必须让更多人知道、了解和使用

"娃哈哈"。媒体是唯一的通道，那时候还没有互联网，平面媒体刚刚迸射出它的生命力，报纸和电视是最优的选择。

1989年，宗庆后在办公室里夜以继日地工作。

他们找到了杭州电视台，与其谈判广告事宜。那时候广告对于电视台来说，虽然不是什么新鲜业务，但依旧是匮乏的资源。在电视上做广告的都是些大企业，而且大都是公益广告。几番谈判下来，电视台开出了 21 万元的价码。21 万元对于今天的娃哈哈来说，犹如九牛一毛，相较 800 亿元营业额，21 万元最终呈现为账目上的零头而已。然而在 1988 年，21 万元几乎是宗庆后他们的全部。他们在研发、工艺、厂房、设备、生产和前期推广上已经花了太多的钱，手中的流动资金只剩下 10 万块。21 万元，意味着他们将会有一段时间除了债务一无所有。

宗庆后大笔一挥，毫不犹豫地在广告合同上签了字。回到工厂后，有人说："你胆子太大了！"宗庆后告诉他："箭已经在弦上，无论风险多大、代价多大，都不能不发！既然相信自己的产品，我们就要大胆地放手一搏，这不是冲动，更不是蛮干。"

宗庆后对"娃哈哈"充满了期望。他相信无论品质和包装，"娃哈哈"都是最好的。他了解市场，并在市场上经历过最严酷的训练，成为了市场上真正的"异类"。现在，他只是在进行一场最终的考试和总结。他知道结果。

神秘的"儿童营养液"叫"娃哈哈"。当杭州市民知道这个消息之后，不啻于洞悉了一个秘密。他们中的很多人因为"征名"而知道了"杭州保灵儿童营养食品厂"，也听说了正在开发一款"儿童营养液"。现在，他们知道它叫"娃哈哈"，还知道它以解决儿童厌食为主旨，口号就是"喝了娃哈哈，吃饭就是香"。

这句话透过电视荧屏走进了杭州人的生活当中，也走进了孩子和家长们的心中，更赢得了市场的青睐。广告播出没几天，经销商和零售商就纷纷上门求购，订单与日俱增，销售部的每个人都忙得不可开交、焦头烂额。广告播出的当月，“娃哈哈儿童营养液”销量即突破 15 万盒；一个月后，更新统计数据，销量更是扶摇直上，一举突破 20 万盒大关。

宗庆后知道此时所有的质疑者都将闭上嘴巴，有时候他也会在厂子里听到一些恭维话，诸如“咱们的宗老大，就是有魄力”之类。但是他最想知道的无疑是“中国保灵”那些充满偏见的人，到底会怎么看他们的新生呢？他们得尽快与之撇清关系，不要让“彼保灵”成为“此保灵”的羁绊与负累。

电视广告可以提升市场对“娃哈哈儿童营养液”的熟稔程度，但却无法让消费者对娃哈哈有深度了解。他们继续在《杭州日报》上使用自己的“市场逻辑”。他们告诉消费者，根据测试，每 100 毫升“娃哈哈儿童营养液”含钙元素 28毫克、铁元素 12.5 毫克、锌元素 12.5 毫克、蛋白质 1.4 克以上。

他们用数字说话，并邀请朱寿民、沈治平、顾景范等专家撰文，在报纸醒目位置上用大幅版面，介绍“娃哈哈儿童营养液”的功能特性、科学原理和原料配方。他们都是中国营养学会的专家，他们客观、中性和科学的推荐会使消费者产生天然的信赖，化解此前弥漫在市场上的“性早熟”疑云，塑造出“娃哈哈儿童营养液”与别的口服液截然不同的形象。而著名营养学专家、陈云的夫人于若木女士，在了解了这一产品的有关情况后，也欣然题词“娃哈哈，九十年代第一春，首都儿童收到的珍贵礼物”，还在报纸上称赞“娃哈哈是很有前途的儿童营养食品”。

“实证广告”、专家推荐这种绝无仅有的景致，也是娃哈哈在中国的一种首创，继而成为一种刮遍商界的营销风潮。

付出最终得到了回报。长期的训练与准备、巨大的媒体力量，以及市场上的庞大需求，最终造就了一个小小的奇迹。在“娃哈哈儿童营养液”推出当年，仅仅几个月时间，就实现了 488 万元的销售收入，创造利税 210 万元。

伴随着财务上奇迹般的数字而来的，是消费者的感谢和表扬。那时候没有互联网，没有论坛和贴吧，没有百度和谷歌，也没有官方网站。消费者想表达谢意，都是通过电话或写信。

消费者的感谢和表扬，以及亲见宗馥莉胃口大开，成为1988年宗庆后最大的成就。他创造了一个烙着“宗庆后”印迹的产品，市场接纳了它——对于一个普通人的人生来说，还有什么是比这更好的明证呢？

“奇迹”开启之后，它的脚步就再也没有停止。娃哈哈占领了杭州市场，用“势如破竹”来形容毫不为过。接下来他们如法炮制，向浙江的各个地市县挺进、渗透。他们的业务员奔赴一个个陌生的城市，直奔当地的报社、电视台和电台，豪迈地签下合同，豪爽地拍出一笔笔广告费。他们带着广告合同去找当地最大的糖酒公司，建议对方进货销售。那时候的营销手段并不发达，他们出钱为经销商做广告，让那些糖酒公司大为意外，并迅速被征服，成为他们的区域代理。

有了先期的广告轰炸、渠道网络的及时跟进，加上后期的疯狂造势，一般不到两个月，他们就能拿下一个地区。通常在“攻陷”区域后，宗庆后会把那些“先锋部队”调动到其他地方，只留一两个工作人员在当地跟进铺货、结款和巩固市场。

经由频繁攻掠，1988年当年，浙江已经成了娃哈哈的桥头堡。

1989年4月17日，宗庆后他们终于摆脱了“保灵”，与“中国保灵”完成了彻底的切割。经由杭州市计划委员会、杭州市教育委员会批准，杭州保灵营养食品厂更名为杭州娃哈哈营养食品厂。更名之后，企业性质、隶属关系、企业法人等均不改变。

5月30日，娃哈哈完成了工商登记，注册资金变更为200万元。

伴随着更名进程，市场快速扩张。

上海，是所有杭州人，所有浙江人，乃至所有中国人都曾迷信和迷恋的城市。1989年，虽则并未显现巨大的改变，“浦东”也仅是一个充满想象的乡村，但上海依旧被定义为“中国最西方化的城市”，依旧被那些西方人形容为“远东的巴黎”。

宗庆后同样对上海充满迷恋和好感。对他来说，上海是中国最大的城市，也意味着是中国最大的区域市场。上海是一个象征。占领了上海，他们就可以立足全国。况且上海离杭州那么近，市场的拓展成本也相对低一些。他可以在那里应对一切的变化，只要他们能够攻克它。

然而上海给予宗庆后的却是当头棒喝。他带着合同和支票去到上海电视台、解放日报社、文汇报社和新民晚报社的时候，对方的广告部门一开口就是“天文数字”。这使宗庆后有些发懵，因为它超越了他在杭州的经验，使他的自信遭受了挫折，也使他产生一个念头：上海人是见过大钱的。

没有办法，宗庆后只能再次孤注一掷地拿出娃哈哈的全部家当，砸给上海滩的主流媒体。有人形容说“宗庆后依旧没有怎么犹豫”，这是瞎扯。当你要支出那么大一笔钱的时候，怎么可能不犹豫？怎么可能内心不掂量？“但是，我想，没有投入，哪来产出？娃哈哈的产品设计和市场影响已经显现出它是一个光辉灿烂的产品，它前途无量，我自判的结果一定是赢。”在南京路上打转的宗庆后没有别的选择，只能进行一场生死攸关的赌博。

主流媒体上全方位的广告轰炸，使上海人在最短的时间里知道了“娃哈哈”，知道了一个叫“宗庆后”的杭州人。“娃哈哈儿童营养液”成为当地人谈论的焦点，“喝了娃哈哈，吃饭就是香”的口号，在征服了浙江人之后，又征服了上海人。这使宗庆后相信，天底下的父母都是一样的，他们对孩子的爱会超越理性，更遑论地域。

家长们试探着买入“娃哈哈儿童营养液”，发觉立竿见影的效果之后，欣喜若狂。几近癫狂地抢购使娃哈哈只用了一个月就占领了上海市场，成为市场上新的霸主。那一个月，娃哈哈在上海的销售量超过 20 万盒，相当于九溪生产基地 5 天的产量，每盒 5 块钱的定价，意味着他们获得了 100 万元的营业额。

更为重要的是，娃哈哈从一个弱小的外来者，一夜之间成为了上海滩上的强者。这难免会让人产生“许文强”的遐想。在那部风靡一时的《上海滩》中，许文强就是从外来青年迅速成为上海滩强者的，并且在爱恨情仇中完成了自我救赎，成为一个时代传奇。

多年后，娃哈哈果然成为一个时代传奇，并且与法国达能公司进行了一场生死存亡之战。幸运的是，娃哈哈没有像许文强那样倒在血泊中，而是顽强挺立在中国，挺立在整个世界，并且因为打破了枷锁，成为更强的强者。

“平津战役”

攻陷上海，又有浙江作为桥头堡，意味着娃哈哈拥有了整个华东市场。现在，宗庆后准备进行“平津战役”了。他们将决战华北市场，并以此之成败决定娃哈哈在中国的地位。时为1990年夏天。

年初的时候，他们正式注册了“娃哈哈”商标，还同时注册了“哈娃娃”、“哈哈娃”等十多种与“娃哈哈”品牌近似的文字和图形商标，申请范围扩大到了一切可能应用的领域。这是防御措施，从源头上控制那些从“金庸”到“全庸”、从“古龙”到“占龙”的仿冒恶念。

如果说这是先见之明的话，宗庆后并不谦虚；但是在1990年1月30日，他并没意识到，娃哈哈会成为今日的娃哈哈，拥有今日之市场、规模和能量。那时候他只不过不希望市场上出现“娃哈哈儿童营养液”的假冒和仿冒产品。他必须以品牌的形式确立“娃哈哈”的地位并赋予它价值；他必须使人们确信，只有一个娃哈哈，也只有一个宗庆后。

1990年夏天，宗庆后思考以一种与“上海会战”不同的策略来扫荡华北战场。毛泽东在“平津战役”中的战争智慧给予宗庆后不小的启示，他没有命令林彪直接发起对北平的攻击，而是先取天津，再下北平。后来娃哈哈在进行“华北会战”的时候，也采用了类似的战略。

宗庆后调集了娃哈哈市场营销部门的全部人马杀奔天津。他自己也从上海的迷雾中走出来，大踏步北上，准备投身到一场白热化的市场扩张中。宗庆后知道天津之于娃哈哈的重要，不仅在于它是北京的前哨，更在于天津的经验和教训能够作为娃哈哈进军北京的试水，将有裨益于制定北京的“作战计划”。

记不清到天津时是个怎样的日子，但宗庆后明显地感觉到，天津与上海似乎是两个完全不同的世界。它们之间的分野，既是气候上的分野，也是经验上的分野。天津开朗而保守，上海精明而开放。虽然已经改革开放了12年，天津的媒体形态依旧保持着旧时模样，简洁而严肃，做天津市场的营销必须契合这座城市的性格。

宗庆后抵达天津后住到了一家招待所里。那时候的天津已经有了不少豪华宾馆，选择招待所除了因为它的价格便宜能够节省开支外，还因它离市民阶层最近，能够使宗庆后便捷地观察消费者的购买心态。这是他至为看重的。

唯一不便的是，招待所的设施实在简陋，想在房间里打个电话，那是一种奢望。很多时候，宗庆后只能当着服务员的面，在服务员咄咄逼人的审视之下向杭州下达指令。娃哈哈“平津战役”睥睨天下、指挥若定的“攻城略地”，是在他们目光的扫描与质疑下完成的。

营销人员投身到市场的时候，宗庆后到了天津日报社，提出要买大幅版面来刊登娃哈哈的广告。因为其市委机关报的特殊身份，对方不是没有犹豫，但是在改革开放的整体氛围中，他们最终顺利地签下了广告合同。

除了《天津日报》，还需要无线电波和模拟技术的帮助，需要电视、广播和车站站牌的立体协助。为了全方位、360 度无死角地占据广告空间，除了报纸，宗庆后同时还在电视、电台和车站站牌等媒介载体上进行娃哈哈广告的“集束式轰炸”。

1990 年的娃哈哈，经过了两年快速的扩张后，虽然算不上财大气粗，但也的确“鸟枪换炮”，财力上已呈焕然全新的面貌了。

天津卫的“沦陷”速度之快虽则超乎很多人的想象，却依旧在宗庆后的意料当中。“立体式轰炸”是他们能够带给天津市场的最高的经验。他们的目标是让天津市场在毫无知觉、对娃哈哈毫无了解的情形下，为娃哈哈所征服。首批运抵天津的产品迅疾售罄，甚至先于很多天津人知道娃哈哈是一家什么样的企业、有多大的实力。他们的营销人员欢欣鼓舞，原来“开疆拓土”竟如此易如反掌！

宗庆后随即召开了一场新闻发布会作为娃哈哈“天津之役”的总结。记者们的催问使他相信，公众对于新产品和新信息的索求欲望，远远超过了市场所能供给的极限。媒体作为传播的介质，其所提供的放大效应，也远远超过了广告本身。所以，当他们需要“料”的时候，宗庆后给他们“料”；需要格言警句的时候，他给他们格言警句；需要豪情万丈的时候，他给他们豪情万丈。只要利于娃哈哈稳固天津市场的，宗庆后会顺着媒体的心思，进行并不夸张的讲述。所带来的回报也的确惊人。媒体的渲染和夸张，引爆了很多宗庆后不曾思考过的“新闻点”。这些新闻点经由印刷术和无线电波的传送，使经销商和消费者都激动起来。天津向杭州生产基地要货的订单数及频次超出娃哈哈人的预期，甚至使他们产生了“天津市场太火爆了”的幻觉，尽管事实的确如此。

1990年，北京同样抵挡不了娃哈哈的“宇宙流”攻势，娃哈哈儿童营养液迅速风靡京城。图为娃哈哈在京召开新闻发布会。

北上！北上！

到了秋天，北京的召唤再次从内心传出。《故都的秋》中所描述的秋景令人向往，“北京”所藏匿的象征意义和市场价值也使宗庆后神往不已。征服的热望驱赶着他坐上开往北京的列车。他要到那里去开创一个新的纪录。

宗庆后选了深秋的一个平凡日子来引爆“娃哈哈效应”。他通过中央电视台和北京电视台突然轰炸了整个市场。“喝了娃哈哈，吃饭就是香”萦绕在人们的茶余饭后，萦绕在晚间的整个生活当中。第二天早上，当人们打开《北京日报》和《北京晚报》，娃哈哈又顽固地出现在他们眼前。它就像是电脑病毒一样无孔不入，渗透到了人们的意识当中，也渗透到了孩子和家长的内心柔软之处。

孩子们要喝娃哈哈，“娃哈哈”包装上的卡通形象惹他们怜爱，他们哭闹着向父母索求；家长们或慑于孩子们的压力，或慑于“娃哈哈”的品牌威力，或慑于人们的趋同心理，或者仅是慑于爱，为了孩子吃得好、睡得香，开始竞相购买“娃哈哈儿童营养液”。

一个星期后，“娃哈哈”成为北京的热词；一个月后，“娃哈哈”成为孩子和家长们的生活习惯。那一个月，“娃哈哈儿童营养液”在北京销售了 30 万盒，宗庆后则在疲惫和欣喜的交集中回到了杭州。他知道，得花点儿时间去思考广东市场了。在那里，有一家不容小觑的对手——“太阳神”，他们的歌中唱着“在太阳升起的地方，我们的爱天长地久”。

在宗庆后南下广州之前，数据为娃哈哈提供了最好的总结，1989 年娃哈哈销售收入达到 2713 万元，创利税 821 万元；1990 年销售收入超过了 9800 万元，利税也达到了 2639 万元。

在上世纪 90 年代的初始时刻，娃哈哈即将成为跨入“亿元”量级的大企业，而它诞生才三年时间。三年前，宗庆后还是在彷徨和漫无目的的混沌中寻找方向的人。

三年后，利剑出鞘，势如贯虹。

挑战“太阳神”

1991 年春天，宗庆后带着娃哈哈的营销队伍朝向太阳升起的地方，杀奔广州。怀汉新和他的“太阳神”在那里如日中天。他们也刚经过了两年的发展，在 1990 年创造了 2.4 亿的销售额。他的“太阳神口服液”同样以改善学生健康状况作为自己的卖点。

除了规模优势外，他们还拥有本土优势。广州人认为，太阳神是自己的企业，尽管“太阳神口服液”毫无地域限制，怀汉新是山东新泰人。怀汉新在营销方面也是位高手，他首创了立体拉升市场的概念和方法，很多方面都领先于市场。如果说宗庆后在经营企业的过程中存在对手的话，那么怀汉新是他的第一个对手，太阳神则是他在市场鏖战中必须碰撞和跨越的一道关口。

这一次宗庆后思考了良久。他不能再采用在上海和北京使用过的方法来与怀汉新硬碰硬，否则极有可能溃败而逃，即或勉强取得了胜利，杀敌一千，自损八百，也不过是两败俱伤的局面。得想个新办法。

为了储备人才南下，娃哈哈在《杭州日报》上向社会公开招聘。孙建荣是宗庆后的助手，担任市场部部长。他从六百多封应聘信中挑出了二三十封，由宗庆后亲自挨个儿通知他们到娃哈哈来面试。这一方面是因为招聘的急迫，另一方面也希望从接电话的人的反应当中，发现他们性格、风格的隐秘之处。

在清泰街办公楼的三层，宗庆后对他们进行了面试。那间会议室原本是间教室，前后的墙上都还保留着黑板，这倒方便平时开会时在上面画图和制表。宗庆后和孙建荣等人都是考官，宗庆后是主考。通常是孙建荣等人询问，宗庆后冷不丁地插个话，打听一些他最关心的情况。其他时候，宗庆后更像个听众。

宗庆后最常问的问题是："你们是否了解娃哈哈？""我们面临与太阳神的竞争，太阳神出了太阳神口服液和太阳神猴头菇两种产品，我们是娃哈哈儿童营养液。你有什么办法能让我们在广东市场上打败他们？"

答案千奇百怪，偶有亮点，但这些年轻人的热情与冲劲儿令宗庆后感动。他们有时候会提供一些创新的思路，最终会帮助宗庆后形成新的决策。所以中午宗庆后请他们留下来，一起吃了个快餐。一些人后来回忆说，这是他们吃过的最有意义的豪华午餐，因为在 1990 年，15 块钱的快餐的确堪称"豪华"；他们因此产生了一个念头：娃哈哈真有钱啊！

午饭后，宗庆后请他们把其如何击败太阳神的想法付诸文字。当中让他印象颇为深刻的是一个叫单启宁的小伙子，是个广东人，后来成为娃哈哈的新闻发言人。单启宁说广东人有个习惯，喜欢中药成分、原汁原味的东西，譬如山楂、红枣之类。如果请广东的专家来正面评说娃哈哈产品，广东人一定会产生信任感；如果是浙江的专家来说，人家反而会认为你是自吹自擂。

宗庆后后来才知道，单启宁之所以能够产生这样的结论，并且承诺可以邀请广东的儿童营养学专家召开一个儿童营养学会议并以他们的名义写文章正面评价娃哈哈儿童营养液，盖因他有亲戚在广东省卫生厅所辖的一家药物检验所担任所长。

单启宁的话打开了宗庆后的思路，并使他确信，最初在杭州使用的专家推介的"实证广告"方法并不过时，但是他们必须开阔自己的视野，采用本土化方式与本土企业抗争。他们要在太阳神的老家，请当地的专家来推广营销娃哈哈儿童营养液。

三天后宗庆后给单启宁和其他几个小伙子打了电话，他说："我们明天要到广州去，到市场一线进行实地检验和考察。广州市场拿下来了，你们的考核就算过关了，才可以被录用到娃哈哈。"

第一批去的只有四五个人，后来工作慢慢地开展起来，美工什么的都去了，人头就超过了十个。宗庆后带着这十来号人，准备与怀汉新大干一场。

事实上，娃哈哈出现在广州采用的是“潜入”的方式。他们不声不响地出现，而不是如往常一般高举高打。宗庆后命令杭州那边秘密向广州发货，一箱箱娃哈哈儿童营养液随后被悄悄运抵广州，集中堆放在一个事先预订好的仓库中；同时命令孙建荣和单启宁他们，暂时不得在任何商店卖场里销售这些儿童营养液。

宗庆后不想与怀汉新打“巷战”，他要发动一场突袭、一场闪击战、一场集中优势兵力的“兵团战役”，集中所有的炮火，一举摧毁其防御力量，使其无法在短时间内组织起有效的反攻。他们只需要利用好这个间隙，就可以在广州站稳脚跟，从此步步为营，让太阳神在惊叹和错愕中变得沮丧不已。

单启宁曾问宗庆后：“宗厂长，太阳神的广告这么强大，我们是不是要做广告跟它打擂台？”当时太阳神的广告夺人眼目，壮士伴随着“当太阳升起的时候”的画外音抡大锤，然后红太阳慢慢升起，爆发力和爆炸力都非常强，极具视觉冲击。娃哈哈人担心，一旦在广告上干起来，己方会落于下风，遭到对手的压制。

宗庆后说：“不用担心。我可以不惜一切代价。只要你们觉得广告有效果，我不惜一切代价，与太阳神背水一战，在广州市场死拼。”

单启宁似乎被“背水一战”、“死拼”这些词汇给吓住了，因为1991年春天的太阳神在他们的眼里犹如巨人，又因为广告效应的放大，简直如“巨灵神”一般。而宗庆后，娃哈哈，却要去和“巨灵神”死拼，单启宁说，“我真的要先傻个几十秒的”。

单启宁后来说，正是宗庆后的那种描述，使他萌生了雄壮之气：“感觉心定了，反正厂长会出钱，中气足，咱们不差钱。十五天，初见成效了。”

宗庆后让单启宁先去邀请广东本土的专家开座谈会。他有人脉，很快就办成了。中华医学会广东分会、广东优生优育协会、广东省中医学研究所、广东省药物研究所等四大权威机构的众多专家聚集一堂，宗庆后向他们汇报情况，请他们给出评价。

这些医学、药学和营养学专家们都对娃哈哈儿童营养液给予了很高的评价，并且从产品原理、配方和实验等角度作出剖析，提供了科学权威的理论支持。他们组织的一批消费者代表也参加了座谈会，聆听了专家们的意见，并且带走了试饮赠品。

第二天，参加座谈会的广州主流媒体开始从不同角度、以不同篇幅报道娃哈哈儿童营养液的到来。他们意识到，在宗庆后与怀汉新之间，在娃哈哈与太阳神之间，即将展开一场战斗，他们无法确定输赢，却以旁观者的心态，乐于看到两虎相争。

随后的几天，娃哈哈密集的广告、专家学者们正面评价的文章，纷纷出现在了《南方日报》、《羊城晚报》、《广州日报》、广东电视台和广州电台上。专家和消费者的亮相，成为了最好的代言，使娃哈哈获得了权威的支撑。

“娃哈哈”突然之间就成为六月羊城最火热的词汇，在宗庆后看来，热度远超广州的夏天。用“供不应求”来形容娃哈哈儿童营养液的热销毫不为过，即便用“疯狂”来形容，也只是贴切而已。他们囤积在仓库中的货物瞬间清仓，火车从杭州调集货物速度太慢，一辆辆卡车昼夜往复地奔跑在杭州和广州之间。那一个月，娃哈哈在广州的销量超过了 70 万盒，比上海和北京首月销售总量还高。

宗庆后无法想象怀汉新的感受，或许在 1991 年 6 月之前，对方从未将他视为对手，因为相比太阳神的规模、知名度以及广告的视觉冲击，宗庆后和娃哈哈都显得弱小，在对方眼里甚至不值一提。在广东商人眼里，浙江商人或许显得土而松散，根本构不成任何威胁。

怀汉新或许因此而轻敌，没有作出防御性的备案，使宗庆后能够以瞬间的一击，轻易地占取了上风。怀汉新和太阳神在很长时间里处于错愕当中，没有进行任何的回应。他们高大的身影突然变得像是阴影，在娃哈哈的广告轰炸下，太阳神的广告黯淡了。宗庆后想那时候对怀汉新最大的刺激，应该是很多广州人以为广州只有一种叫娃哈哈的口服液的错觉。

可是怀汉新毕竟是强者，太阳神毕竟是“巨灵神”，他们一旦开始组织反击，同样会势不可挡。他们开始频繁地邀请记者对太阳神进行访问，同时到电视台和报社洽谈广告投放事宜。所幸的是，宗庆后早已料想到他们的反应，布局在前。他已经悄悄砸下了 80 多万广告款，几乎包下了那些媒体黄金的广告版面和时段。他不想让怀汉新组织起有效反击。他不能给他们机会。

令宗庆后颇感遗憾的是，当娃哈哈的密集广告开始降温后，媒体上开始出现一些诡异的声音，有的从关心儿童健康的角度出发，提醒人们要注意科学合理地选择补品，因为“钙铁强化剂不适用于南方儿童”；有的告诫人们要注意安全，因为“玻璃安瓿瓶装的营养液存在安全隐患，儿童很可能会吃进玻璃碎片”。

宗庆后无法确定这些消息的来源，但这些流言最终没能对娃哈哈构成巨大伤害，他们早已占尽先机。1991 年 7 月，娃哈哈在广州市场上的销售突破了 100 万盒。“完胜”，是媒体以及娃哈哈人自我总结时给出的评价。

多年后，当宗庆后回顾当年在全国市场所向披靡的南征北战，曾经作过这样的总结：“我们把跨国公司的推销术称为‘渗透流’，即平衡使力，一点一点地渗透市场，这种方法需要大资金投入和长期的品牌运作。而娃哈哈是‘宇宙流’，即集中资金，全力投放在通路上，力争在最短的时间内以最大量的资金和人力投入，通过实现一点，辐射全局。”

WAHAHA ALWAYS STANDS TOWERING

Biography of
Mr. Qinghou Zong

CHAPTER 04

非常生长

1991 年 8 月下旬，我和张宏辉在忐忑和兴奋中开车在杭州罐头厂的厂区里慢慢地转着。张宏辉说：“真大啊。”我回答道：“真大啊。”杭州罐头厂的厂区面积有一百亩，对于那时候的我们来说，它就是艘“航空母舰”。

在那个思想争论、观念交锋的年代，浙江人开拓的个性和智慧绽放在我们这场娃哈哈兼并“杭罐”厂的“百日兼并”个案中，闻名全国的“小鱼吃大鱼”构成了独特的风景，在中国经济史上吹响了先声夺人的号角。

“姓社还是姓资”的争议犹在耳边，我在反对、抗议、争议的漩涡中惊心动魄、惊险万状地行走，却选择扛住，选择相信自己的判断，选择正确的艰难。多年之后，当我回忆这场风起云涌、激情澎湃的兼并，它给了娃哈哈爆发力。我由衷地感谢浙江人开拓的勇气和智慧，感谢来自政府和民间的每一份支持。

电影《教父》里说：“在一秒钟内看到本质的人和花半辈子也看不清一件事本质的人，自然是不一样的命运。”

要做好事情，关键在于看透本质；看透本质，关键在于化繁为简。

——宗庆后

跨越

三年的时间里，娃哈哈的产能扩大了 60 倍，利润暴涨了 100 倍，销售商们扛着一袋袋现金来抢货。急需扩大产能的娃哈哈面临着一场创造性的跨越之战，在政府的支持下，宗庆后在一波波质疑声中，作出了最明智的抉择。

1991 年夏天，娃哈哈已经告别了小型校办工厂的地位，宗庆后终于不再是一个迷茫彷徨的中年男人，而变成了一位真正的企业家。他已然成为杭州城里家喻户晓的人物。

桎梏娃哈哈和宗庆后未来之路的，不再是市场，而变成了产能。从 1988 年开始的三年里，娃哈哈的产能已经扩大了 60 倍，但这远远不够；利润暴涨了 100 倍，但他希望得到更多。

娃哈哈已经成为一个奇迹。它在全国都是一个火热的词汇。催货的电话、电报和信函不断，清泰街上排了一长溜前来提货的车队，把公司的门口都堵起来了，有时候甚至需要警察来协助维持秩序。宗庆后的办公室门口站满了等待批发货条子的人，他们很多人都扛着蛇皮袋，袋中装满了现金。他们知道，得到了宗庆后的条子，就等于得到了更多的现金。公司的仓库空荡荡的，杭州一些拿到了条子的销售商干脆直接倒起了指标，把指标卖给外地的销售商。他们把“娃哈哈儿童营养液”当成了期货，这样的时代，简直比黄金还要灿烂。

已经开始有人关注“娃哈哈现象”，经济学界甚至夸张地说这是“校办企业

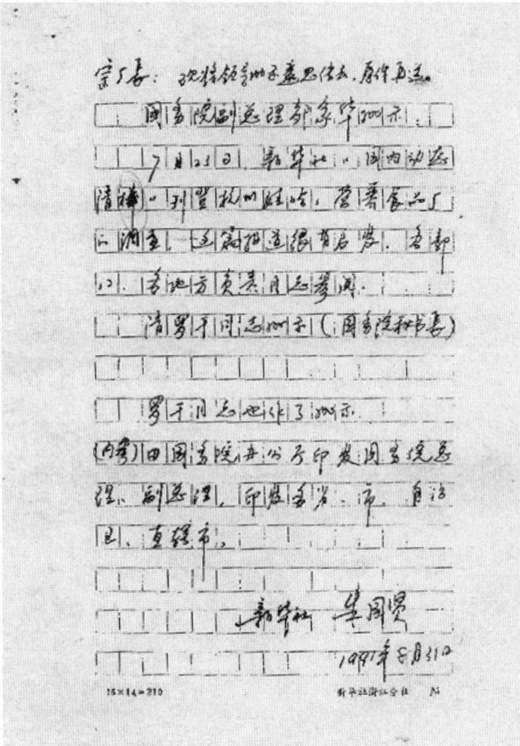

国务院副总理邹家华批示：

7月23日新华社《国内动态清样》刊登杭州娃哈哈营养食品厂调查，这篇报道很有启发，各部门、各地方负责同志参阅。

请罗干同志批示（国务院秘书长）

罗干同志也作了批示。

（内参）由国务院办公厅印发国务院总理、副总理，印发各省、市、自治区、直辖市。

新华社 朱国贤

1991年8月31日

15×14=210 新华社浙江分社

◢《发生在小学校里的经济奇迹》这篇新华社内参获得了时任国务院副总理邹家华的批示。

的奇迹”。

那时候娃哈哈囿于产能，无法扩大生产，眼见每天的产量跟不上，市场长期处于饥饿状态，宗庆后大感苦恼。要知道，市场机遇可谓千金难换，一旦丧失，会让人痛心疾首、追悔莫及。

宗庆后已经向上级递交了批地建厂房的报告，可是这次的“上级”已不单是上城区教育局，还有杭州市的很多个部门。他们要层层把关地审批项目，正儿八经地当作一件“大事”来对待。杭州市计划委员会批了30亩用地计划，可是整整一年，娃哈哈的项目还是没批下来，地还是在天上飘，他们只能四处找地方去租车间生产。

用困兽来形容宗庆后当时的心情也不为过，他为此心急如焚。

有一天新华社浙江分社的两位记者朱国贤、傅上伦到娃哈哈调研，宗庆后在清泰街的办公楼里跟他们见了面。他把自己的苦恼告诉了他们，希望能得到他们的帮助。宗庆后希望通过媒体的力量使那些“官老爷”们知道，照这样的审批速度，即使30亩地敲定，他们把厂房建设好了，市场也不会干等着。市场很饥饿，如果喝不上“娃哈哈儿童营养液”，就会去喝别的口服液。娃哈哈辛苦经营的市场，最终会抛弃他们。

两位记者在娃哈哈整整待了一个月，写了一篇详尽客观的长篇报道——《发生在小学校里的经济奇迹》。这篇长篇调查报道刊发在1991年7月份的新华社内参上，详尽地介绍了娃哈哈的发展历程，介绍了娃哈哈的四个特征：工厂无成品仓库，库存几乎为零；每百元产值占用流动资金仅1.54元，定额流动资金周转天数为全国罕见的6天；没有借贷欠款，与当时深陷“三角债”的大中型国有企业形成鲜明对比；流动资金全部自给，银行账户里还有将近2000万元存款。他们真实地复述了宗庆后的苦衷，呼吁有关部门给予娃哈哈帮助和支持。

邹家华副总理看到了这篇内参，做出了批示：“这篇报道很有启发，可印发各部门、各地方负责同志参阅。”国务院办公厅印发后报送给了国务院各领导和各省、市、区负责人参阅。“娃哈哈”和“宗庆后”成为国办红头文件上的名字，受到整个中南海以及各地主要领导人的关注，杭州市自然也跟着被瞩目起来，并且因此创造了机会，使娃哈哈完成了历史上的第一次跨越。

历史性的“大胆假设”

1991年8月14日，娃哈哈在清泰街的办公室来了几位客人，一位叫沈者寿，是当时杭州市委常委、市委秘书长；一位是杨树荫，是市委办公厅主任；还有一位是《浙江日报》杭州记者站站长杨新元。他们的突然造访，令宗庆后颇为惊喜。促成这事的，是新华社内参上的那篇《发生在小学校里的经济奇迹》，以及宗庆后与杨树荫的一次短暂接触。

就在之前不久，宗庆后与孙建荣拿了一位报社老编辑的条子去找杭州市委办公厅主任杨树荫。宗庆后对他说，娃哈哈有一个报告早已报上来了，要征用土地、扩建厂房，审批程序走得实在太慢了，希望杨主任能帮忙说一下，让下面的人批得快点儿。

之后，杨树荫就去打听了娃哈哈状况，了解了一下宗庆后这个人。他发现娃哈哈发展得非常好。“这样好的企业没有听到过，产品用不着进仓库，门口汽车排着等产品，零库存、零贷款、零欠款，什么都没有，三零企业。”杨树荫因而大感兴趣，想寻个机会到娃哈哈去看一下，这才有了8月14日的突然造访。

沈者寿他们三位给娃哈哈和宗庆后都打了高分。杨树荫回忆说：“去了娃哈哈之后，感觉非常好，企业的前景非常好。当时就看到车间里热火朝天，管理得非常有效率，井井有条，宗庆后也非常朴实，没有一点企业家的架势，说的话很实在，很能抓住要点。”他们印象特别深刻是亲眼看到排队等货的许多车辆，佐证了娃哈哈营养液的旺销。大家为杭州出现了这样一个“出挑”的企业而感到由衷自豪。

双方在三楼的小会议室里进行了一场座谈。既谈起了那篇文章，也谈起了娃哈哈所面临的艰难现状，尤其是在厂房扩张方面所受到的政策制约。他们的到来使宗庆后感到问题有了解决的可能，所以在谈起困境和制约的时候，一吐为快。

宗庆后向他们说了娃哈哈因为厂房而制约了产能，因为产能而制约了市场，极有可能错失发展的大好时机；同时也向其抱怨了批地的流程和办事的效率。他们微笑着倾听，没有反驳，除了偶尔的提问外，只是默默地记录。等宗庆后讲完了，抱怨完了，他们才开始自己的"畅谈"，就像是今天的"头脑风暴"。

一屋子的烟雾缭绕中，畅谈打破了身份的界限，每个人都在为娃哈哈出主意、想办法。接下来就是务实的讨论，而不是官话和套话。

这三个人都是思想敏锐、视野开阔的人，他们提出了一个大胆的假设——让娃哈哈兼并一家亏损的国有企业。他们认为当时杭州不少国营企业都负债累累，日常经营陷入困境，职工工资发放都成了难题，但是他们有大量的厂房设备闲置，还有很多熟练的技术工人，如果能够让娃哈哈兼并一家亏损的国营企业，不但可以解决娃哈哈的难题，还可以盘活僵死的国有资产，解决国企职工的就业问题，一举多得，多方共赢。

对于宗庆后来说，兼并的成本是优先考虑的选项，毕竟，厂房是第一位的。娃哈哈当时面临的问题无非是想获得大面积的厂房，为此，宗庆后什么都能豁得出去。

哪家国企最合适？沈者寿提到了一街之隔的杭州罐头厂。杭州罐头厂在杭州可谓鼎鼎有名，它有着辉煌的历史，曾经是全国十大罐头厂之一，也是外贸部定点出口加工企业。"杭罐"拥有超过 2000 名员工，在上世纪八十年代初期就创下过一千多万元的年销售额。

然而历史不能当饭吃，当计划经济逐步为市场经济取代，"杭罐"的制度劣势就像爆裂的大米花一样迸射开来。尤其是 1989 年之后，主要依靠出口生存的"杭罐"，因为西方对中国的制裁，外贸订单骤减、产品大量积压，以致经营急转直下，负债不断攀升，企业很快陷入了难以为继的尴尬境地，就连基本的生存都成了难题。到 1991 年初，"杭罐"已经负债超过 6700 万元，人均欠债超过 3 万元，库存积压产品高达 1700 万元，超过 740 名退休工人的退休金也需要企业来负担。曾经辉煌一时的“梅林罐头”，终于走到了末路。

依靠自身的力量，杭州罐头厂已经没有起死回生的任何可能了。“烂摊子”、“回天乏术”……尽管人们把这些词汇套用在了“杭罐”身上，但是宗庆后知道“杭罐”是一个宝藏，一百多亩地的厂区、超过6万平方米的厂房，2000名熟练的技术工人，对于他和娃哈哈来说，简直就是“无价之宝”。

在回市委的路上，沈者寿他们又把讨论深入一步，除了杭州罐头厂，还提到了杭州一家制药厂。讨论了一路，沈者寿最终拍板还是建议兼并杭州罐头厂。

然而他们又产生了担忧：由一家创办才不过4年的校办工厂去兼并一家庞大的国营企业，这行得通吗？这样一个触及传统体制和利益机制、充满了开创性和挑战性的设想，大家会平静地接受吗？在当时风气未开的情况下，要冲破几十年来形成的体制和利益束缚，谈何容易？他们心里没底儿。

沈者寿等人回去之后，就把对娃哈哈的调研写成了调研文章，由杨树荫执笔，三个人共同署名。

文章写完之后，杨树荫和杨新元立即把他们在娃哈哈调研的情况向时任杭州市长卢文舸作了汇报，还把娃哈哈兼并杭州罐头厂的设想提了出来。卢文舸很激动，从座位上站起来，说：“这个设想很好，我支持！”他们对卢文舸进行了“多方共赢”的分析，也把他们的担忧提了出来。卢文舸一边听，一边频频颔首。他对两人说：“改革就是要冒风险。只要是对经济建设有利的，再大的风险也值得。”

得到了卢文舸的首肯之后，沈者寿又向时任杭州市委书记吴仁源作了汇报。吴仁源肯定了他们的思路，但是他并未急于决断。他要到娃哈哈实地考察一番再做最终的决定。

第二天下午，正是酷暑季里最热的时候，吴仁源来到了清泰街。他在娃哈哈的厂区里转了好几个圈子，看了生产线、库房、前来拉货的货车，他跟工人、货车司机聊天儿，然后才把宗庆后找去谈话。

吴仁源是宗庆后这么多年来见过的最大领导，在杭州，对方就相当于“天”。吴仁源开门见山地问了娃哈哈的一些经营数据。宗庆后则是敞开心扉，把各种急切、焦虑、困惑、抱怨一股脑儿地倒给了他。“我就是想抓住机遇把企业做大做强，为杭州的发展多做贡献。”宗庆后说，“现在是个黄金市场，如果错失了发展机遇，我们肯定肠子都悔青了。”吴仁源微笑着听他的抱怨，离开的时候，神态怡然、步履轻松。

吴仁源的到来，以及杨树荫所反馈回来的信息使宗庆后确信，无论是否能够兼并杭州罐头厂，由于吴仁源、卢文舸、沈者寿等人的支持，也由于娃哈哈所呈现的令人期许的未来，他们遇到的烦恼都会烟消云散，一切的阻碍都会轰然坍塌，一切的困局都会迎刃而解。

吴仁源从娃哈哈调研回来后就找到沈者寿，确定了兼并杭州罐头厂的思路，并且吩咐他与相关部门对接，交换意见，听取建议。沈者寿获得了吴仁源和卢文舸的两面“金牌”，又身兼市委常委的身份，所以当他逐一找杭州市经委、体改办、财税局、轻工业局等部门的负责人和上城区区委、区政府领导交换意见的时候，所获得的都是对兼并思路的赞赏和支持。

所有人都意识到，在 1991 年的杭州，必须要出现一种突破常规的改革思路，也必须要出现一种能够呈现出活力和生命力的改革方案。在大胆假设、小心求证之后，他们表态一定会全力以赴、密切配合。他们想成为改革的参与者和亲历者，而不仅仅是旁观者和鼓掌呐喊的人。

选择代价最大的方案

就在杭州市委、市政府下决心把兼并之路趟平的时候，宗庆后让张宏辉开车陪同一起去罐头厂进行“秘密考察”。吴仁源到清泰街的调研已经使宗庆后确信有兼并“杭罐”的可能性，他需要在一切变成既定事实之前去实地考察一下将要拥有的那片土地，以及在那里工作和生活的人们。

张宏辉说：“真大啊。”宗庆后回答道：“真大啊。”杭州罐头厂的厂区面积有一百亩，对于那时候的他们来说，它就是艘“航空母舰”。

尽管宗庆后和张宏辉都曾走南闯北，算是见过世面的人物；尽管他们在杭州已经名声大振，为很多人所议论和羡慕，但是他们依然像乍富的穷人，满眼都是新奇，对未来充满的只是基于经验之上的想象。除了在想象当中，他们从来没拥有过这么大的地方；这种念头，在今天听来，似乎充满了怪诞滑稽。

连年的亏损已经使杭州罐头厂丧失了活力，荣誉感的丧失、现实的压迫，让昔日的光辉变成了沉重的负担，压得人们不堪承载，压得他们只有茫然和沮丧的神情。

看到他们，油然而生的，不是厌弃，而是一种拯救的冲动。直到今天，宗庆后依旧相信，人不是生来就高尚的，一定是某些东西激发了内心的某些欲望，使他成为了一个代言人，一个仲裁者。那一天，那一刻，宗庆后所被激发出来的，今天他意识到了，那是一种责任，愿意改变那些人生存状态和命运的冲动。

“这里将是我们的了。”宗庆后对张宏辉说。

“是吗？”

“好大的地方啊！要是这里真的能让给我们来用，再大的代价我也愿意付出！”

就在他们对杭州罐头厂进行了秘密考察后的第二天，宗庆后接到了来自杭州市委办公室的通知，说是市委秘书长沈者寿有请，让他前去谈谈改革方面的事。接到这电话的时候，宗庆后的心狂跳不已，因为他知道，兼并杭州罐头厂的事终于到了实施阶段，推进的速度之快，远超他的预想。

两人见面后，没有任何寒暄，沈者寿就开门见山地说：“如果让你兼并杭州罐头厂，你愿意不？”

宗庆后没有任何犹豫：“只要市委下了决心，我当然愿意！”

沈者寿说：“‘杭罐’厂还有 6000 多万元的债务和 2200 多名职工，其中光退休工人就有 740 多人，这个负担也不轻啊。为了稳妥起见，有关部门提出了代管或者联营等几种方案，你看看，觉得哪种方案更合适？”

宗庆后回答说：“要兼并就应该清产核资、明晰产权、彻底兼并，否则旧账不清，企业是很难放开手脚发展的。”

沈者寿：“这样的话，你可是要付出很大代价的。”

宗庆后说：“我不怕吃眼前亏，债务我有信心偿还，员工我也有能力安置。”

市委和市政府也曾提议搞合并，娃哈哈不需要花一分钱，仅要接收 500 个工人就可以了。宗庆后也动过念头，因为合并的速度更快，可以让他以最快的速度把杭州罐头厂的厂区、厂房吃下来，快速开工。但当时社会上已经出现了一种声音，认为娃哈哈合并杭州罐头厂是“瓦解国有经济”，形成了舆论上的压力。同时，也有明智的朋友劝他说：“老宗，不能搞合并。合并是一种行政行为，兼并是一种市场行为，这是性质完全不一样的两种方式。不能退，只有兼并。一搞合并，所有领导班子保留，一正七副都要保留；兼并的话，厂领导都由杭州市负责安置。”后来宗庆后就再也没动过合并的念头。

事实上，宗庆后并非对要付出的代价没有担心，但他更担心的是，如果制度问题不能一次性解决，日后一旦磨合不到位，各种错综复杂的因素、盘根错节的关系交织到一起，要想理顺，所付出的代价，不知凡几，远远超过一次性的成本支出。

颇具开拓精神的杭州市委、市政府发出指令，让市体改委牵头成立专门的工作小组，提出了一个比较可行的兼并方案：由娃哈哈出资 8411 万元整体收购杭州罐头厂，同时负责接收原企业的 500 名合同制工人。“杭罐”厂的其他员工解除劳动合同，通过提前退休、下岗等途径分流，退休人员由杭州市政府负责安置。为了减轻娃哈哈的负担，允许“杭罐”厂原有欠款由债权银行挂账停息，待企业扭亏为盈后再进行还款。

出资 8411 万整体收购杭州罐头厂，这个数字使宗庆后大感压力。然而其他的条件，尤其是人员分流、原有欠款由债权银行挂账停息，又使他大为感动。没什么好犹豫的。宗庆后告诉沈者寿，人员分流问题不用市里为他考虑，他愿意接收“杭罐”厂的全部 2200 多名员工。他还愿意立下军令状，一定在半年内扭亏为盈，决不拖债权银行的后腿。

宗庆后知道这样做一定会使他和娃哈哈面临更多、更大的压力，但他相信，人与人之间的沟通，是基于相互的理解与扶持、彼此的接纳与沟通；做生意更是如此，别人站在你的立场上帮助你解决问题，你更应该站在别人的立场上为别人排解烦忧，这样才能长久。

当宗庆后回到清泰街，把兼并杭州罐头厂的消息告诉孙建荣、张宏辉等一拨大将之后，他们开始埋怨起来。他们觉得老大意气用事，市里都已经主动替公司卸包袱了，他却非要自找麻烦。

宗庆后告诉他们，作为一家校办工厂，历史又很短暂，兼并杭州罐头厂，一定会面临很大的舆论压力。“我们的姿态越高，兼并改革中遇到的阻力就会越小，我们从市领导、“杭罐”员工、社会各界那里赢得的好感和支持就会越多。”

他说：“吃亏是福。老话不是这么说的吗？只要能顺利实施兼并，成功拿到罐头厂的土地和厂房，我们娃哈哈的优势就会发挥出来，蛋糕就能成十倍、百倍地做大，别说几千万元债务、几千名员工，就是背上再大的包袱也是划算的。”

征服

阻力还是超出预期地到来了。在“杭罐”厂、娃哈哈内部和社会舆论三重压力的“围追堵截”下，宗庆后杀出重围，用一次讲话就瞬间“秒杀”了“杭罐”厂职工的沸反盈天，他不仅要兼并“杭罐”厂，更要征服人心。

然而阻力还是超出预期地到来了。改革，是一次利益的再分配，是冲破习惯势力的影响、扫除旧观念的一次攻坚战。尽管得到了父母官的支持，“好人宗庆后”只是体现在了市领导面前，“坏人宗庆后”却成为杭州罐头厂的公敌。

当兼并的消息传到杭州罐头厂的时候，因为毫无心理准备，又因为国营大厂的“辉煌记忆”，干部和职工们团结一致，空前激烈的反应迸发了出来。

三重压力

1991 年 8 月 29 日，由杭州市委、市政府为此次兼并专门成立的工作组进驻了杭州罐头厂。当天下午，工作组和“杭罐”厂共同召开了全体职工大会，但是兼并的决定刚开始传达，整个会场就乱了，他们开始议论纷纷，有的痛哭，有的大骂，甚至有的人已经坐不住了，站起来直接退场。总之，所有的员工都在用自己的方式表达他们对这次兼并的抗议。

第二天，杭州罐头厂再次召开了职工代表大会，会议的主要目的是就“是否同意兼并”这一议题进行表决。但到最后，还是没有得出同意兼并的结果——表决进行了好几次，都未能通过。会场上的气氛十分沉重，每个“杭罐”厂的职工代表们的脸上都是一副世界末日的表情，他们既悲愤又凄凉。

宗庆后能够理解他们的愤慨与悲怆，尽管他无法认同和接受。但同时，他也无法强迫他们认同“这不是世界末日，这是一种更好的未来”。谁都知道，1991年的中国大地，虽然改革的浪潮早已席卷整个中国，但是因为国内外的种种原因，人们的改革意识还处在停滞甚或倒退当中。

1990年2月的《人民日报》还有文章把“取消计划经济，实现市场化”叫作“资本主义化的改革”。在那两年中的思想交锋中，产生了皇甫平所警告的“新的思想僵滞”，以至于邓小平后来在南方谈话中一针见血地特意强调：“现在，有右的东西影响我们，也有‘左’的东西影响我们，但根深蒂固的还是‘左’的东西。……‘左’带有革命的色彩，好像越‘左’越革命。‘左’的东西在我们党的历史上可怕呀！一个好好的东西，一下子被他搞掉了。右可以葬送社会主义，‘左’也可以葬送社会主义。中国要警惕右，但主要是防止‘左’。右的东西有，动乱就是右的！‘左’的东西也有，把改革开放说成是引进和发展资本主义，认为和平演变的主要危险来自经济领域，这些就是‘左’。”

小平同志抓住1991年思想争论和交锋的要害，尖锐地指出：“改革开放迈不开步子，不敢闯，说来说去就是怕资本主义的东西多了，走了资本主义道路。要害是姓‘资’还是姓‘社’的问题。判断的标准，应该主要看是否有利于发展社会主义社会的生产力，是否有利于增强社会主义国家的综合国力，是否有利于提高人民的生活水平。”

1991年，思想上的交锋和争论正处于最激烈的时段。在杭州，在国营企业里习惯了从生到死制度保障的“杭罐”人，相信国营企业是颠扑不破的“铁饭碗”，相信国家不会不救一家有着辉煌历史的国营大厂。

对于两千多“杭罐”人来说，如果是另一家规模更大的国企兼并了他们，即使不情愿，也可以勉强接受。但是当“宗庆后”和他那间只有160名工人的校办小厂出现的时候，他们不可避免地感到了羞辱，从感情上接受不了。

各种声音、各种反对力量，自发地结集起来。“誓与企业共存亡”的标语刷满了罐头厂的围墙，揭露企业被“出卖”、反对企业被兼并以及批判兼并的“大字报”，贴满了厂区的公告栏；“护厂队”、“生产自救委员会”正在酝酿成立。在今日看来，一桩普通的经济事件正在朝着复杂的方向发展。

工作组进驻的前一天，正好是礼拜天，罐头厂的一些中层干部开了个会。他们争论不休，但感情还是主导了结果。很多老职工希望“自救”，鼓励员工“自救”，他们还建议成立护厂队，以抵制娃哈哈的兼并。

与之遥相呼应的，正是弥漫在1991年的那场思想交锋。社会上的各种议论也出现了：

“姓‘社’还姓‘资’？这是资本主义复辟！”

“中央不是说要搞活国有大中型企业吗？可他们却偏偏把一个国有大企业给搞死了！”

“这简直就是和平演变！”

这种充满指向性的标语霸权出现在一家国营企业尤其是杭州罐头厂身上时，充满了浓重的政治意味和死亡气息，让人印象深刻，历久而无法忘记。杭州罐头厂已经变成了一个符号，它的衰落缘于西方国家对中国的制裁，它的命运应由国家负责，而不是由宗庆后与娃哈哈来支配。

宗庆后回忆说：“不仅是因为当时兼并很少见，更因为是‘民营小鱼’吃掉了‘国有大鱼’。这在全国都引起极大的震动和反响。很多人都反对，一些报纸也写文章批评我，说我挖社会主义墙脚。”

如果仅是杭州罐头厂2200多号人的反对，再混杂一些外部的声音，倒也算不上什么令人头疼的事情。这是杭州市委与市政府的决策，天塌下来有他们顶着。但是娃哈哈内部的反对力量，却需要宗庆后独自承担。

娃哈哈的160多名工人已经习惯了创造市场奇迹，并且经由市场的奇迹获得令人羡慕的工资收入。那时候，厂里小日子越过越滋润，什么福利都发，目鱼卷、排骨、带鱼、黄鱼，员工之间的玩笑话是：“除了女人，什么都发。”他们担心兼并杭州罐头厂会拖垮娃哈哈，使他们的收入下降。

“这么大个亏损企业，几千万元的债务哪，咱们好端端的一个企业还不被他们给拖垮了？”

“咱们吃苦受累创下这份家业，现在倒好，一下子要来那么多亏损企业的职工跟我们分食，他们凭什么？”

“兼并可以，承担债务我们也认了，但是那么多员工我们不能要！”

各种反对的声音、商榷的说辞，纷至沓来，对宗庆后形成了一种围堵，使他艰于喘息。好在他已经习惯了在压力下面讨生活，三重压力共同出现，只是增加了压力值而已，所需要解决的，是同一个本质。

杭州市委、市政府也面临比这更大的压力，他们所苦恼的是社会压力和政治压力。他们不愿这项新的改革因为各方势力的反对功亏一篑、无疾而终。他们明白历史的最终方向和人心的最终去处，是希望能锐意改革。

解决市场问题最好的办法是让市场主体直接对话。所以，在最紧急的时刻，8 月 30 日的深夜，沈者寿给宗庆后打了一个电话：“我想让你明天跟我一起到‘杭罐’，去跟那边的职工介绍介绍娃哈哈的情况，谈谈你对兼并的思路和打算，你看怎么样？”他说，只要宗庆后有勇气站出来，他愿意出马为其保驾护航。

宗庆后说：“好，我去！”

瞬间“秒杀”

“我今天来这里，不是来救你们的……”

这是那天下午宗庆后对“杭罐”人说的第一句话。在说这句话之前，宗庆后所看到的是一群散兵游勇，闹哄哄地准备看一场笑话。如果可能的话，他们也会不吝口水，将他赶下台去。

在下午两点半宗庆后出现之前，杭州罐头厂的 300 多名党员和班组长以上干部已经被召集到了厂部礼堂里。他们像炸开了锅一般，议论纷纷，猜测着“宗庆后”这个野心勃勃的兼并者到底是何方神圣？“宗庆后”会跟他们说什么？娃哈哈职工、原“杭罐”人陈刚强说：“许多职工代表商量着要把宗庆后从会场轰出去，我当时也接到了通知。”

当宗庆后说出第一句话后，哄闹声不见了，口哨停止了。他们被镇住了。他们陷入了沉思当中，陷入了记忆、当下以及未来的三维困惑当中。是啊，杭州罐头厂，已经是濒死了，谁会来救他们呢？

“没有人能够救‘杭罐’厂，除了你们自己，两千多名‘杭罐’人。”

多年来，宗庆后已经学会了喜怒不再形于色，真诚是最能打动人的东西。那一天，他想推心置腹地与他们进行交流，告诉他们一个真实的娃哈哈，以及藏匿当中的那个真实的“宗庆后”。他会把自己的慷慨激昂、生气和压力一起展现给他们。他对他们说:“命运掌握在你们自己手中，请做对你们最好的一个选择。”

在“杭罐”人记忆当中，这样的话，这样的“拯救者”，是他们从未见到过的——没有传说中的傲慢与偏见，只有真实的理智与情感；没有“拯救者”的咄咄逼人，只有邻家大哥的掏心掏肺：

“‘杭罐’厂落到今天，不是大家不努力，而是机制上的问题，是运转了30多年的计划经济旧机制，再也不能适应新的市场经济冲击了！我们来，是要和你们一起脱胎换骨，让‘杭罐’厂重振雄风!”

宗庆后向他们介绍了娃哈哈的基本情况，讲了他们激动人心的创业历史，如何开拓市场，打赢了华南、华东、华北几大战役，成为市场上异军突起的力量。他对他们说起了娃哈哈耀眼的数字：

“去年一年，我们娃哈哈146名职工实现年产值1个亿，创利2224万元，经济效益在杭州市名列第2位，在浙江省列第6位！从经济效益看，娃哈哈才是真正的强者！在全国500家最佳经济效益工业企业中，我们娃哈哈名列第85位；在全国60万家校办企业中，我们更是连续多年的效益冠军!”

1991年，兼并“杭罐”厂首次全厂班组长会议在厂区召开，宗庆后发自肺腑的话和掷地有声的承诺赢得了“杭罐”厂员工的心。

数字是最能说服人的东西。当人们因为务虚而备感折磨的时候，数字能够为他们提供值得信服的证据。

躁动的会场在一连串关于娃哈哈的数字中安静了下来，“杭罐”人的内心一定再次被撼动了。

杭州罐头厂有着辉煌的历史，然而即使在他们最光荣的时刻，也不曾达到娃哈哈的市场高度。他们辉煌得早，衰亡得也快，人均欠债达到 3 万元，仓库也满是积压的罐头，几乎一夜之间就从顶点跌落到了冰点。

“我们的主导产品娃哈哈儿童营养液，已经先后获得国家级和省级的各类金奖、大奖 20 多项，销售状况和资金回收情况都非常良好，目前企业不仅没有任何欠债，而且在银行里有一笔吃吃利息就足够支付全厂职工工资的存款！”

“按照我们的发展趋势，完全可以在短期内实现规模化经营。但是，我们的生产场地十分有限，发展因此受到严重制约。市计委给我们批了 30 亩的用地计划，可一年多时间过去了，项目却还没有批下来。眼看着大好的形势就在面前，可我们却无法扩大优势乘势而上，我心里着急啊！”

当时的宗庆后差点哽咽落泪，因为那碰触到了他最真实的焦虑。他相信听众一定感受到了这种痛感，因为他感受到他们的敌意和消极因素正在消失，正在朝着友善和积极转化。

在自己人面前时，宗庆后不是一位霸气横溢的厂长。他不需要在他们面前展示自己的权威，反而希望展现真性情，成为他们的父兄，成为他们的家长。他们能够看到他坚强的 A 面，也会看到他脆弱和柔软的 B 面。

他们见到了一个说话坦诚直接、不隐瞒真相的宗庆后，没有场面话、客套话，也没有趾高气扬的姿态、咄咄逼人的语调。多年之后宗庆后意识到，这或许是他特殊的优势：自己可以用最直接、最有效、交易成本最低的方式与人们进行沟通。

宗庆后告诉他们：“现在，‘杭罐’厂虽然在经营中遇到了困难，但是你们有 6 万多平方米的厂房和设备，有一支政治觉悟高、战斗能力强的职工队伍。如果能把‘杭罐’和娃哈哈的优势结合起来，肯定能产生无穷的力量！”

他要抛给他们一个美好而触手可及的梦想，让他们看到自己的未来；他要给他们方向和路径，让他们作出最优的选择。

“企业要生存，就必须要盈利。兼并之后，罐头还是可以照做，但必须是要能够赚钱的，不赚钱的我们坚决不做。”

“兼并之后，两厂的工人就是一个大家庭里的人了，所有员工同工同酬，多劳多得，一视同仁。我保证，只要是勤劳肯干的人，收入一定会比原来多几倍，甚至十几倍!”

宗庆后郑重向他们作出承诺:“我来这里以后，你们有工资，有奖金，有活干——我先贴三个月奖金给职工，以后干好干坏看自己；娃哈哈现在只有一百来个人，所以现在工厂的干部当然都继续当干部，以后干好干坏当然也要看自己。”

陈刚强说，宗庆后还承诺“尽快恢复生产，改善职工生活”，并且具体说明了职工将得到哪些实际利益，比如职工子女一至六年级的学费予以报销。

对于每月奖金只有5元、10元，月收入只有20多元的杭州罐头厂员工来说，这样的承诺无疑是一种巨大的震撼；对于那些担心职位不保的干部来说，他们悬着的心可以暂时放下了。他为他们描绘了一个美好前景；他也必须让他们知道，他所提供的只是前景，能否实现全靠他们自己。就像《国际歌》中唱的那样:“从来就没有什么救世主，也不靠神仙皇帝。要创造人类的幸福，全靠我们自己!”

“关于企业的管理，我坚持的是管理要严、待遇要好的原则。没有严格的管理，企业就不会有凝聚力和战斗力；没有良好的待遇，企业同样不会有凝聚力和战斗力。”

“同志们，有没有信心一起创造美好的明天?”宗庆后最后一句掷地有声、豪情满怀的提问，把全场的气氛推向了高潮。

当他说完之后，响起了雷鸣般的掌声，久久不曾停歇。宗庆后听得出掌声中蕴含的情感和期待。他知道，他成功了。

在接下来的杭州罐头厂第七届职工代表大会第三次会议上，娃哈哈兼并“杭罐”的决议获得了通过。杭州罐头厂的2200多名工人，作出了对自己最好的、最值得去赌一场的选择。多年之后，宗庆后还在为他们感到骄傲，也为自己骄傲。

9月4日，杭州市政府正式下文批准娃哈哈营养食品厂兼并杭州罐头食品厂，成立杭州娃哈哈食品集团公司。自1991年10月起，娃哈哈先后为杭州罐头食品厂偿还银行贷款3190.84万元；偿还其他负债1167.4万元；弥补杭州罐头食品厂历年亏损1657.61万元及待处理财产损失192.4万元，收回杭州罐头食品厂产品价差 0.31 万元；并且在 1993 年 2 月至 1997 年 4 月期间向杭州市财税局共支付 2000 万元资产转让费。也就是说，娃哈哈这条“小鱼”，为了吃下杭州罐头厂这条“大鱼”，先后共付出了 8207.94 万元的代价，可谓是倾全力一搏。

宗庆后认为必须要感谢时任省委书记的李泽民同志在《浙江日报》上公开表态支持，以及一些新闻媒体此后对他和娃哈哈的支持，他们的“话语权”使他最终获取了舆论的信任。那场新闻发布会后，杭州的所有媒体都对这场“小鱼吃大鱼”的兼并作了正面报道，而这当中最具有影响力和舆论风向标作用的当属 9 月 5 日的《杭州日报》的头版头条。

新段落的开始，需要一个感叹号为旧段落谢幕。

这篇名为《娃哈哈营养食品厂兼并杭州罐头食品厂》的报道以“让优势企业增强后劲，使亏损企业摆脱困境”作为副标题，这句话无疑是对这次双赢的改革的最好评价。这篇报道的作者就是这次改革蓝图的设计者中的两位——浙江日报社杭州记者站站长杨新元和杭州市委办公厅主任杨树荫。

配发这篇报道的“评论员文章”也毫不保留地对这次兼并活动表示赞赏。这位隐姓埋名的评论员毫不掩饰对这次兼并活动的支持和肯定，并把这次兼并定性为“深化改革的一项重要突破”。这位评论员正是让此次改革破冰的重要人物——市委秘书长沈者寿。

舆论的肯定不只在社会上引起了极大的反响，更是引起了浙江省省委的重视。9 月 7 日，娃哈哈迎来了一位贵客——时任中共浙江省委书记李泽民，他是专程来刚组建的娃哈哈食品集团公司实地考察的。他在查看了被兼并的“杭罐”厂后，十分满意，面对众多娃哈哈的新老员工，他大赞这次兼并改革是一件“利国、利民、利企业”的大好事。不久之后，时任浙江省省长葛洪升亦表态支持，时任杭州市市长卢文舸也带着当地银行的负责人上门，帮助娃哈哈解决后续发展资金问题。而实际上娃哈哈并不需要贷款，因此仅提出来原罐头厂贷款予以挂账停息，而后娃哈哈亦很快把罐头厂的贷款还了。

“百日”奇迹

28 天拉起新的生产流水线，原“杭罐”厂和娃哈哈的工人展开了两条流水线上的竞争。比宗庆后承诺的半年更快，百日之内，亏损 4000 万的“杭罐”厂扭亏为盈，创造了中国经济史上的奇迹。

舆论的力挺与省市领导的支持，使宗庆后底气十足。他彻底放开了手脚，开始按照自己一贯的行事风格，大刀阔斧地干了起来。

两条流水线上的竞争

宗庆后干的第一件事就是关闭罐头生产线。

这个消息一宣布，就激起了轩然大波。一些老工人愤怒地跑到他的办公室，要向这位“言而无信”的新领导讨个说法。

“你为什么要把我们的罐头生产线停掉？你不是在大会上说过，兼并之后，罐头还可以照做的吗？这不是在欺骗我们吗?”

宗庆后说：“没错，我是说过兼并后罐头还可以照做。可我还说过，必须是要能够赚钱的，不赚钱的我们坚决不做!”

宗庆后用不怒而威的目光把他们横扫了一遍，说:“现在的罐头生产线，亏损有多么严重，难道你们都不知道吗？这样的生产线如果不马上停掉，不要说想扭亏为盈，就连原本娃哈哈的那点优势也会被耗尽！”

工人们不再说什么，一个个哑口无言。没有人比他们更明白“罐头之痛”，也知道罐头即使生产出来了也卖不掉，只能是内部分发自己吃掉，甚至很多人家里还堆积着罐头。宗庆后的话戳到了他们的痛处，这是他为他们下的“猛药”。

当初为了说服他们，宗庆后使出了“缓兵之计”；兼并已是既成事实，除了按照他那正确的思路往前走，没有更好的选择。宗庆后没什么私心，一切都是为了大家好。所以，他们默默地走了回去，回到了曾经挚爱过的罐头生产线旁，回到了那些水果边上，嗅一嗅历史的味道，准备与它们进行彻底的告别。

这是一幅幅悲哀而动人的画面，他们三五成群，静静地看着生产线，时而抚摸它们，时而无声地啜泣。他们不是来向生产线告别的，他们是来向一段历史、一段往事、一段青春、一段美好的回忆告别的。告别之后，他们将走上新的道路，去迎接全新的命运裁决。

这是宗庆后与他们的第一次交锋，他胜利了。接下来，他还要与他们不停地进行交锋。

胜利的总是宗庆后，必须是他。

宗庆后在大会上已经承诺过三个月扭亏为盈，他要求老“杭罐”人一个月内建出一条全新的儿童营养液生产线出来。得到的回答却是，这是不可能的，一条全新的生产线，至少需要三个月时间。宗庆后大为光火，任命宗泽后为生产部长，叫他带娃哈哈人过来，要他们老“杭罐”人比一比，看看到底能不能完成这项他们眼中的“不可能的任务”。

宗泽后带着王琴等人来到了老“杭罐”厂的车间。他们什么也没有说，扔下手中行囊就开始忙活起来。他们没日没夜地干着，吃住都在车间里。只花了 28 天半，就在“杭罐”厂厂房二楼拉起了一条娃哈哈儿童营养液生产线。

那 28 天，宗庆后却依然保持着“校簿经理”那种冲上第一线的实干作风，身先士卒，亲力亲为。他每天早上 7 点还不到就进厂，晚上陪大家加班，很晚才回家。职工黄国华至今还记得宗庆后跟他们一起安装发动机的事：“他丝毫没有厂长架子，体贴地说：‘我很长时间没抬东西，正好试试。’于是三位职工和一位厂长，四人两前两后，稳稳当当地将 500 多斤重的发动机抬上了车架，安装特别顺利。”

◢ 1991 年 10 月 6 日，娃哈哈食品集团公司在杭州人民大会堂召开成立大会。

那壮怀激烈的 28 天半，创造的不仅是一个小小的奇迹，更是一种力量与精神的贯穿。

老“杭罐”人服了。

这条儿童营养液生产线取代了已经运转几十年的罐头生产线，月产能达到了 250 万盒。在经过三岔村营养液六分厂的岗位技术培训之后，老“杭罐”人都别无选择地变成了娃哈哈人。

他们的转身速度之快就连他们自己都大感讶异。在此之前，他们从未想过自己可以用一个月时间建造出一条生产线。多年的计划经济运行模式和国营企业的生产方式使他们的潜能钝化，现在它们突然被激发了出来，以至于他们自己都感到害怕。

说起来也很有戏剧性：生产线上马后，一车间是总厂来的老娃哈哈员工，年龄都在 20 岁左右；二车间基本是原罐头厂的员工，平均年龄在 30 岁以上。由于兼并不久，新娃哈哈人的思想习惯还未适应娃哈哈的工作节奏，情绪尚不稳定，一个月下来产量根本做不过一车间。产量公布后，大家都有所触动，被任命为营养液灌装分厂二车间主任的陈刚强当时也很着急。

有一天，陈刚强在杀菌工序的过道上碰见宗庆后时，宗总突然先知先觉地问：“你们要跟我对话？”

陈刚强回答说：“不是对话是沟通。”

陈刚强心里明白，观念的转变是需要一个阵痛的过程的，但从兼并到首月公布产量已经两个月了，阵痛也应该消退了，不仅宗庆后在关注他们这些新娃哈哈人，整个社会都在关注他们，拥护兼并应该贵在行动。在宗总和二车间的老“杭罐”人“面对面”沟通后，他们明白了业精于勤的道理，干起活来劲头自然足了。第二个月月底，产量已达到一车间的水平。

更使这些新娃哈哈人意想不到的是，当月的收入大大高于他们的期望。陈刚强记得那个月他拿了370元奖金，员工们也平均在300元左右。那时的300元可是个大数目，兼并前他们的月收入约在20元左右，奖金只有5元、10元。宗庆后在代表大会上的承诺兑现了，而且兑现得这么快。这下子，所有员工心里的疙瘩彻底解开了，他们得到了实实在在的利益，和宗庆后的感情自然就近了，这为娃哈哈走向和谐打下了良好的基础。

三个月后，亏损4000万元的罐头厂扭亏为盈。这就是闻名全国的“百日扭亏为盈”事件，宗庆后向市委、市政府承诺半年扭亏的目标提前实现了。

这段往事，后来被浙江电视台拍成了新闻片，叫作《两条生产线上的竞争》，后来还获得了“全国新闻奖”一等奖。

单启宁参加了这个摄制组，目睹了整个过程。他还记得宗泽后对哥哥的评价：“什么叫宗庆后？你没办法解释宗庆后，这就是宗庆后！”

有些人糊涂，但基层员工们不糊涂。兼并前陈刚强住的是17平方米的房子，房子里也没有卫生间。兼并的第二年，他就分到了60平方米的两室一厅。2001年，兼并十周年的时候，他分到了一套复兴南苑140平方米的复式楼。对于基层员工来说，谁能为他们带来幸福，他们就支持谁、拥护谁。

随时可擦去的“黑板干部”

宗泽后他们则面临另一重阻力。他带去的第一批干部队伍只有十几人，虽然都是宗庆后精心挑选过的心腹干将，但他们还是感到了极大的不适应。娃哈哈人所习以为常的工作方式在这里根本行不通。这些曾经跟随宗庆后冲锋陷阵、干劲冲天的大将们举步维艰，英雄无用武之地。他们遇到了空前的阻力——

定岗定人生产方案确定了，执行起来却远没有像在娃哈哈时那么顺利。“杭罐”厂的工人有的不愿意上“太紧张”的流水线，有的不愿意接受“太高”的生产定额，有的不肯加班，推脱的理由更是让人哭笑不得：因为会影响家庭，家属不同意……

宗泽后把面临的难题汇报给大哥，宗庆后抑制不住心中的怒火：“怎么会有这样离谱的事？不肯加班、不肯干活，这样的工人还是工人吗？”

宗泽后说：“‘杭罐’的有些工人的确是懒散。可是我们觉得，工人懒散，根子还是在干部。‘杭罐’的科室干部机构臃肿、人浮于事，他们不干活也拿钱，这就难怪下面的工人要不平、要偷懒了。”

宗庆后也曾经考虑过折中的方案，“杭罐”人和娃哈哈人两套制度、两张皮，但他知道，这是行不通的，迟早要出事。他也想过暂时稳住那些干部，使他们不至于产生反作用，影响到生产和销售，但他也知道，稳是稳不住的，一旦他们形成习惯，要扭转过来，比登天还难。

他必须痛下决心，一步到位。

宗庆后拍了拍泽后的肩膀，说：“好吧，就从干部开刀，我要搬走他们的铁交椅，让他们成为‘黑板干部’，有能力的，留着；没能力的，擦掉！”他不信自己调教不好那些懒散的员工。当初能够对沈者寿夸下海口，就是因为他相信自己可以使他们从“杭罐”人变成娃哈哈人；如果他们无法完成这种转变，就意味着兼并中接收“杭罐”人毫无意义。

宗泽后拟了一个兼并后重新聘任的干部名单，宗庆后把这个名单略作修改后马上公布了出去。原来杭州罐头厂的41名干部从这份名单中消失了。

这是41个被“伤害”的人，他们的“位子”没有了，“面子”也没有了，自然也会影响到他们的“票子”。他们聚集到一起，又一次怒气冲冲地跑到宗庆后的办公室中兴师问罪。

“你宗庆后不是主动向市政府保证，愿意接收我们全部员工的吗？凭什么出尔反尔，一夜之间就把我们的饭碗给敲了？”

宗庆后的回答很简单：“我们是在办企业，不是慈善机构，我们需要的是踏实肯干的创业者，而不是混日子的人。没错，我是承诺过接收“杭罐”全部的员工，但我并没有承诺要把不肯干事的人都养起来。老实说，我们也养不起!”

他们见识了宗庆后的强硬，知道在他面前闹腾下去毫无意义，只好默默地回去思考自己的出路。他们中有的人想通了，能上能下，去新岗位报到了；有的人从头开始努力，到了更基层的岗位，最终又回到了管理岗位上；当然，也有咽不下这口气的，甩手辞职走人；更有的人，觉得“被侮辱、被损害”而到处告状，甚至还把信写到了中央……

宗庆后对此置之不理，也没时间管这么多，娃哈哈正处于发展的关键期，他必须把心思花到市场上。他对市委、市政府有承诺，对两千多号工人有承诺，他必须兑现自己的承诺。

宗庆后告诉他们:“改革不可能给每个人利益，它给予每个人的只是机遇和自主的选择权利。能不能在改革中最后获益，就看你自己有没有眼光、能不能作出正确的选择。既然选择要走，这也是你的权利，无论你多么能干，我一个都不会挽留。”

告状的，任他们告去，宗庆后自认清清白白不担心告状；提出走人的，任他们走人，一个也不会挽留。下面递上来的60多份辞职、调离和退休报告，他全都批了，笔有点沉重，但是他不敢有丝毫的犹豫。

宗庆后必须按照自己的方式推着娃哈哈往前走，容不得片刻的懈怠与丝毫的疏忽。他答应过要为政府分忧，然而这并不意味着他背上了包袱之后就不能打开包袱，把包袱中的物品重新整理、打包。他有自己解决问题的方法。不能背着旧包袱走一辈子。

清掉了41名干部、批了60多人走人之后，整个“杭罐”厂的生产氛围一下子好起来了。人浮于事的现象突然消失了，就好像从来没有出现过一样。所有人都知道，宗庆后是个“铁石心肠”的人：干部是可以从黑板上擦掉的，也可以从生产线上升迁的，想走的没人挽留……

从此,“黑板干部”制度也成了娃哈哈的一个内部管理圣经。

后来成了宗庆后朋友的杨树荫说:“宗庆后在官场中的口碑并不太好，人家对他是无可奈何。他很少出现在会议上，也很少请领导吃饭。如果他把更多的时间花在酒场上，也许口碑好了，但是企业就不会发展这么快。他的企业始终以翻几番的几何级数在增长。”

宗庆后承认，这说得很对。他自认为自己实实在在，干干脆脆。很多领导觉得他有能力，就是不太听话。但是事情做完之后，他们又会对宗庆后产生不同的想法。他不爱敲领导的门，也很少参加会议，一开始他们认为是他架子大，后来才知道他一方面个性如此，一方面确实很忙很辛苦。

经历内部改革和结构调整的短暂阵痛之后，娃哈哈突然开始发力。宗庆后仿佛又看到了清泰街的那个小小的娃哈哈，充满了生命力与活力。严厉而高效率的管理模式在整个秋涛路(老“杭罐”厂所在地)厂区得以推行，生产和销售比预期的还好。

罐头厂扭亏为盈后，随着业务量的激增，生产也明显忙了起来。娃哈哈“家文化”的企业文化理念，在宗总的身体力行下已经初露端倪。一天深夜，宗庆后检查完生产情况，来食堂吃饭，见卖菜师傅忙得满头大汗、上夜班的职工排成长龙，他二话没说，就默默地帮卖菜师傅端菜送饭。“很多人记住了那一幕。”一位老工人说。而对宗庆后来说，这似乎只构成了一种温馨和习惯。

兼并一百天后，时任浙江省省委书记李泽民带着姚民声、杨树荫来到娃哈哈。李泽民高度肯定了宗庆后和娃哈哈的努力。那段时间，宗庆后每天六七点就到办公室，晚上十一二点才回去，办公室中一直灯火通明。

所有的努力在 12 月 19 日那天得到了全景呈现。对宗庆后来说，那是他人生当中最风光的一天。这一天，宗庆后以一位成功企业家和改革者的形象出现在了几大权威媒体的重要版面上。《浙江日报》和《杭州日报》同时刊文，报道了实施兼并 106 天之后的杭州罐头厂一举扭转长达三年亏损局面的消息。就连上海的《文汇报》也拿出大幅版面，刊发长篇通讯《小鱼吃大鱼 百日传佳音》，对娃哈哈兼并“杭罐”厂的首战告捷给予了最热烈的褒奖。

两天后，《解放日报》在头版头条发表通讯《百日兼并》，同时还配发了《再论改革要有胆略》的评论员文章。一种夸张的说法是，这篇充分赞扬此次兼并的评论员文章得到了中央领导的支持，在见报之前，报社还专门给杭州市委、市政府打了招呼的。

到 1991 年底，宗庆后提前实现了让“杭罐”厂扭亏为盈的承诺，娃哈哈食品

解放日报

JIEFANG RIBAO

第15522号 今日八版

1991年12月 21 星期六

百日兼并

·生产线上 两军对垒·

再论改革要有胆略

本报评论员

1991 年 12 月 21 日,《解放日报》的头版头条发表了题为《百日兼并》的报道。

集团有限公司全年创产值 2.5 亿元，实现利润 4000 万元，两项指标均比上年翻了一番，并开始提前向银行偿还欠款；据工商银行原杭州解放路办事处出具的资信证明书显示，当时其银行存款高达4293万元。

这份成绩单让各种非议都变得不攻自破，也使新闻界找到了新一轮的兴奋点。在一个偶然的时刻，宗庆后被偶然地选中，变身中国改革的先驱和改革的符号。在 1991 年底，这是多么幸运的事。

这次兼并不但让娃哈哈获得了高速发展的生产平台，更因有了杭州罐头食品厂这顶“红帽子”，让娃哈哈从市场、信誉、融资、税收等方面一举突破了过去“校办工厂”的局限。

“而今迈步从头越”，真的完成了一个大跨越。

补“血”

新人领饭碗的时候需要宗庆后的签字，他要让他们知道，饭碗的意义不仅是免费供应一份午餐，更重要的是，饭碗意味着娃哈哈是他们一起吃饭的家。

对于娃哈哈来说，1991 年的重要性不只是完成了兼并和跨越，至为关键的是那一年娃哈哈的干部队伍也同样实现了一场跨越与升级。

宗庆后向来就重视娃哈哈的干部培养。毛泽东说："政治路线确定之后，干部就是决定的因素。因此，有计划地培养大批的新干部，就是我们的战斗任务。"邓小平说："干革命、搞建设，都要有一批勇于思考、勇于探索、勇于创新的闯将。"娃哈哈需要大批的新干部，需要一批勇于思考、勇于探索、勇于创新的闯将。

"领饭碗"的象征意义

1991 年夏天，就在娃哈哈市场前景无限却遭遇空前的产能危机时，他们进行了一次招聘。宗庆后在《杭州日报》上打了一个招聘广告，说娃哈哈年产值过亿，需要面向社会招聘大量质检、科研、市场人才。

一个星期下来，他们收到了二十来份报名表。宗庆后仔细地看了这二十多个人的简历后发现，大部分人并不是他们所需要的"质检、科研、市场"专业人才，有的是学光学的，有的是学英语的，跟娃哈哈的业务完全不搭界。

他们虽然不在娃哈哈录用的范围之内，但那时候娃哈哈没几个大学生，这么多大学生来应聘，是对娃哈哈的重视。于是宗庆后就让办公室把这些专业不对口的应聘者都请过来见面。

应聘者们见到宗庆后的时候大吃一惊：企业的老总竟然穿着一件圆领汗衫，趿着一双拖鞋，如此随意，一点老板派头都没有。如此出人意料的场面，轻松、亲和的氛围，使他们顿时喜欢上了娃哈哈。

“它的经营思想、管理模式，似乎和我们那个年代的国企完全不一样，蛮有新意的。企业是小，但不简单。”后来成为娃哈哈人的他们说。更令他们震撼的是超过一个亿的年产值，这在当时来说是一个天文数字，这些大学生们对娃哈哈充满了遐想，希望能在这个平台上创造更美好的梦想。

那天晚上，宗庆后带他们穿过了破旧的楼梯，走进了教室改造成的大会议室。他让他们围着大方桌坐下，大家一边啃西瓜一边闲聊。很多年轻人都侃侃而谈，充满想法，这让宗庆后对人才更加期待，甚至渴望。他们谈对娃哈哈的看法，又通过娃哈哈的广告谈了对品牌认知的改变，有人还说起自己有引进外资和新技术的洽谈经验。

宗庆后想起娃哈哈计划谈一个合资企业的项目，需要人才，尤其需要懂外语的人才。他说：“娃哈哈未来要做大，需要各方面的人才。”

过了没几天，宗庆后亲自给看中的人才一一打电话，希望他们在第一时间感受到娃哈哈招才纳贤的诚意。“我是宗庆后，你被娃哈哈录用了，希望你尽快到娃哈哈来上班。”他那略带沙哑的宗氏嗓音，让求职者们感受到了他的恳切。

他给出最短的期限，仅仅只有十天。

那个年代跳槽不像现在那样稀松平常，当时办个调动是很复杂的，尤其是一些属于干部身份的人。“我在娃哈哈感受到了一种特殊的活力，这种活力产生了一种致命的吸引力。”有人写了辞职报告，放弃了干部身份，出现在了清泰街娃哈哈的办公室。

年轻人的到来使宗庆后颇感欣慰，他们就是娃哈哈的加速器。他们来报到的时候，宗庆后让人带他们去领饭票，还给新人们发了一只饭碗。领饭碗需要宗庆后的签字，他要让他们知道，饭碗的意义不仅是供应一份免费午餐，这在当时的企业里并不常见；更重要的是，饭碗意味着娃哈哈将为他们提供一份保障，只要娃哈哈不倒，这里就是他们一起吃饭的家。

当天下午，宗庆后就找到新来的精通英语的年轻人杜建英："走，去开会，去见台商。"他带她去清泰街的外贸局参加与台湾一家企业合资建立娃哈哈医药保健公司的谈判。谈判完了，就要开始审批流程，流程的第一步就是要提供项目建议书。宗庆后让杜建英开完会后就开始写，当天把项目建议书拿出来。

"当时连娃哈哈朝南朝北我都不知道，突然要写项目建议书，只能硬着头皮上。"杜建英说，"台资方面提供了一些产品的背景，我们就写市场预测。"

杜建英当时写了不下十稿，每次都被宗庆后打回去，来来回回修改了很多次才完成。

接下来要搞可行性报告和论证，也是反反复复了很多次。那时批个药厂非常难，除了要邀请一些专家论证外，还要与药管局的人打交道。那时候搞合资企业也不像现在以双方意愿为主，官员、专家、消防、环保、工商、税务……各个层面都要接触，只要有一方反对，"合资"就搞不成。

那段时间对杜建英来说是极大的锻炼。她的性格决定了她喜欢这样的挑战，更喜欢这样的效率。"这是进去以后做的第一件事，很锻炼人。你要在那么短的时间内去了解一个产品。那时候信息不像现在这样，Google 一下、百度一下就出来了，要自己去看书、翻资料，还要请教医管局的专家、官员，求他们给一些其他药厂的资料，只能靠嘴巴勤、笔头勤。"

杜建英后来凭借扎实的外语功底，被派驻杭州罐头食品分厂，负责罐头食品等的出口业务。她很快就在娃哈哈脱颖而出，并且一步一步成长为杰出的女将。

宗庆后知道一个企业家需要走在市场的前头，需要抓住先机。1991 年的娃哈哈最大的弱项是人才匮乏，干部队伍是短板。大批人才的到来，给娃哈哈注入了活力，也改造了娃哈哈的内部结构。

除杜建英之外，娃哈哈还有很多"巾帼英雄"，以至于外界对宗庆后有一种判断，说他特别重视"任用女性干部"。虽然他没有刻意这么去做，但是回过头去想，女性的执行力强、直觉好、悟性高、心思缜密，最重要的是，女干部的忠诚度要超过男性；她们不争权、不专权，会像管理家庭一样，习惯性地事事处处为公司着想。

新鲜血液的补充，以及接下来的兼并杭州罐头厂，使娃哈哈完成了发展史上的一次大跨越。娃哈哈的员工数量，一下从不到两百人变成了两千多人。放在战争年代，这就相当于一支部队，突然从一个连扩张成了一个加强团，真可谓是鸟枪换炮，兵强马壮了。

中国特色的强势企业家

在急剧的扩张之后，管理就变成了最麻烦的事。事实上，对于任何一家公司来说，管理都是最麻烦的事。宗庆后把执行权下放给各个干部，然而关系到娃哈哈未来、关乎市场选择的权力，他依旧会事无巨细地抓在手中。

这种习惯，他一直保持到了现在。

外界对此多有微词，认为“娃哈哈是家族企业”、“宗庆后专权”。宗庆后承认娃哈哈是家族企业，但娃哈哈不是小家族，而是大家庭；他也承认“宗庆后专权”，但却是“大权独揽、小权分散”。

很多企业的经验和教训证明，在中国这样特殊的文化背景下，干事业都需要强势领导者。领导者必须大权独揽，才能镇得住局面，才能不受干扰地决策，才能指挥好各路诸侯，才能使各路人才凝成一股力量，朝着一个目标奋斗。

现在有些人的心态不太好，都想当老板，都想当“总统”、当“皇帝”，这是不可能的事情。尽管你可能比他能干，但他可能当得了“皇帝”，而你当不了。所以心态要好，不可能每个人都能成功，而且成功的目标也不一样。如果心态不好，可能永远不会成功。

譬如在娃哈哈，每个月都有《销售通报》。这看似一件很小的事情，几乎没有企业家会亲力亲为地去写，但是在娃哈哈，撰写《销售通报》是宗庆后的权利，也是他的义务。通过亲自撰写《销售通报》，他会掌握娃哈哈第一手的销售数据，也会建立起最畅通无阻的市场情报体系。他要借此告诉所有的销售主管，《销售通报》不是业务交流，而是指令的传达。如果有人一定要诟病其为娃哈哈的“圣旨”，宗庆后也甘愿承认。

至于娃哈哈的财权，宗庆后绝不会请旁人代劳。娃哈哈苦苦经营这么多年，走到了今天，其根本原因除了领先市场半步之外，还在于资金的使用效率。那时，在娃哈哈，公司所有物资的采购，都要由宗庆后签批，哪怕是新人领取的饭碗、办公室购买的笤帚。有一次，杨树荫在宗庆后办公室跟他谈话，见不断有人进来要宗庆后批发票，就劝道："你这样累不累，这么多事情，叫其他人弄弄么好了。"宗庆后说："其实我也放手，但是这个字一定要我来签，因为我要对这个企业负责。第二个，让他们有一层顾忌，老总一定要看过的。其实就是一种威慑力。这些发票也就是买办公桌之类一般的报销发票。"

宗庆后珍惜挣来的每一分钱，那都是娃哈哈人的血汗钱，都来之不易。他也借此让所有娃哈哈人明白，宗庆后不允许任何的浪费，无论多小的开支，都需要精打细算、斟酌再三。

事实上，所谓的管理就是企业内部运营的习惯。当大家习惯了宗庆后的风格之后，管理机制就开始正常运转了。宗庆后并不反对"六西格玛"，也不反对彼得·德鲁克、汤姆·彼得斯和明茨伯格什么的，但是在娃哈哈，只选择最适合、最有效的那种。

WAHAHA ALWAYS STANDS TOWERING

Biography of Mr. Qinghou Zong

CHAPTER 05

逆向的痛

在娃哈哈，有一个终极事实，那就是偶然可以改变命运。我们在偶然当中获得了杭州罐头厂，也在偶然当中成为了改革的代言人和背书者。

然而偶然未必是正向的，我们同样要经历一些反向的偶然，它们也同样改变了我们的命运，使我们变得更加理性、谨慎，并且更加坚韧不拔，更加具有好士兵、好部队和好将军的气质。

我不是神，我承认在关乎企业存亡的紧要关头会惶恐、迷茫，但是当我看到员工们比我更惶恐、迷茫的眼神，我的心中就会生出勇气来。

人有时被逼着成长，所以，不要害怕痛。痛是生命的一部分，有时候，它是礼物，是上天恩赐给你的成长契机。

——宗庆后

“免费品尝”惹的祸

在 20 多年前，新奇的“免费品尝”就像是突然打开了一扇窗，人们期待经由这扇窗探出头去，看到一个不一样的美丽新世界。

1992 年元旦那天，宗庆后突然接到了公关部经理孙建荣的电话。“老板，出大事了！”他说，“我们的果奶送光了，现在很多人在骂我们不讲信用！”宗庆后说：“我知道了。”

自从兼并了杭州罐头厂之后，娃哈哈的生产线一直处于冗员状态。虽然他们创造了“百日扭亏”的奇迹，但是并没有创造“百日维新”的奇迹——娃哈哈儿童营养液的新生产线只有一条，并不是每个人都有事情可做；他们从观念上改造了老“杭罐”人，却没有从生产线上彻底革新。

所以“百日扭亏”的过程当中，他们开始设计和研发新产品，想让那些“冗员”们尽快回到生产岗位上来。

除此之外，宗庆后也确信，娃哈哈必须告别单一产品打天下的局面，否则一旦市场萎靡、销售出现滑坡，整个娃哈哈将陷入绝境。他们必须开启多元化之路，形成不断更新的产品集群，将一根指头变成一只拳头，狠狠地打出去，牢牢地占据市场领先者位置。对于娃哈哈来说，兼并杭州罐头厂是一次跨越，而只有告别了充满风险的单一产品形态，开始系列产品运营，才算完成了真正的升级。

失控的免费品尝

那时，小孩子开始喝牛奶补充营养，但是因为牛奶味道单一，小孩子不爱喝。这时候，宗庆后注意到市场上出现了一种比较畅销的儿童产品——果奶。他们的研发部门迅速推出了娃哈哈果奶、八宝粥和绿豆沙等几个新品种。在品尝完样品、对市场进行了梳理和分析之后，宗庆后决定将娃哈哈果奶当作下一步的拳头产品发展。

回想起来，当时的创新还停留在跟进创新阶段，主要是瞄准市场同类畅销产品，通过改变包装、口味或配方等进行一些初步的创新，但可以使其比同类产品领先半步。

常规的广告轰炸模式依旧会采用，市场已经证明，这是最有效的手段。然而宗庆后喜欢每次搞点新鲜的玩意儿。他把公司里的“大脑壳儿”们聚到一起“头脑风暴”，要他们每人都拿出几个点子来，用最快速、最有效的方法将娃哈哈果奶推向市场。

反复碰撞之后，“大脑壳儿”们的意见统一为一个营销方案——免费品尝。事实上，在当时的市场上已经出现了好几种果奶产品，要想挤进这个市场，什么“后发优势”都是空话，只有让消费者认定“非娃哈哈莫属”，他们才能后发而先至。

他们准备了一个电视广告片，几个小女孩儿在那里放声歌唱：“甜甜的酸酸的，营养多味道好，天天喝真快乐，妈妈我要喝，娃哈哈果奶。”后来很多年轻记者采访时对宗庆后说，他们是看着娃哈哈果奶的广告长大的，这首广告歌代表了他们儿时的记忆。

但在1991年年底，娃哈哈的“大杀器”来自《钱江晚报》和《杭州日报》。那一年的最后几天，他们在这两份报纸上连续刊登了一则相同的广告：杭州市民可凭12月26日和12月31日刊登在《钱江晚报》上的剪报标识，或者12月29日至1992年1月1日刊登在《杭州日报》上的剪报标识，到杭城的40余家商店免费领取果奶。

现在，“免费”和“试用”是最寻常的一种营销手段，但是在二十多年前，在人们对外部世界还充满了无限好奇的时候，“免费品尝”就像是突然打开的一扇窗，人们期待经由这扇窗探出头去，能够看到一个不一样的美丽新世界。

▲ 1992年1月，娃哈哈果奶免费大品尝活动在杭州大型商店举行，受到杭州市民热烈追捧。

杭州人的情绪被调动了起来，人们想知道，这一次娃哈哈到底会为他们制造怎样的生活奇迹。美联社的一篇报道则对娃哈哈和宗庆后个人不吝溢美之词："今天，在社会主义中国，终于出现了琢磨消费者心理并懂得市场营销的企业家。"

他们做出"免费品尝"的决议，是基于《钱江晚报》与《杭州日报》的发行量。依照宗庆后的推测，它们各自的发行量也就几十万份，促销期间的发行总量也不过一百多万份，剔除了外地读者、机关读者，以30%的比例来测算前来兑领赠品的人数，准备30万瓶果奶绰绰有余。

然而宗庆后终于因为自己的武断与疏忽犯下了一个错误。他低估了消费者的热情，没有想到人们不仅渴望品尝娃哈哈果奶，更是对一种新鲜事物充满了好奇与热情。据说连续好几天，报刊亭里的《钱江晚报》与《杭州日报》都被一抢而光，卖报人从未笑得如此开心，买报的人也同样笑得开心，他们有的人一下子购买了几十甚至上百份报纸，因为他们知道一瓶果奶的价值并不低于一份报纸的售价。

面对"免费"两字，著名的"杭儿风"刮起来了，杭州市民追随报纸上的那一方"剪角儿"，就像追星似的，办公桌上、阅报栏里的报纸都成了抢手货，有的甚至仅留下被剪割的"残躯"。

元旦这天终于到了。一大早宗庆后就待在办公室里，守在电话边上。他希望听到孙建荣、杜建英他们传来的捷报。娃哈哈果奶代表他们的未来。他知道一定会有好消息，但他希望听到超出预期的好消息。

然后，孙建荣的电话来了。

却是这样一个消息。

孙建荣说，第一批14万瓶果奶早已发放到了22个促销点。元旦一大早他们的促销队伍打着横幅去现场时，发现很多促销点门还没开，外面就已经挤得水泄不通。商店的门一打开，那些人就涌了进来，一眨眼的工夫，14 万瓶果奶就不见了。很多人还拿着报纸上剪下的小角儿呆站在那里。促销点的店主们没见过这种阵势，他们吓坏了，孙建荣他们也吓坏了。中间维持秩序的时候，还发生了拉扯，孙建荣的促销队里，还有人的衣服也被扯破了，商场的柱子都挤歪了。后来警察来了，秩序才得以恢复。

有的娃哈哈员工，当时差点儿被挤扁了。娃哈哈的另一位女将杨秀玲，当时率队在靠近西湖第一公园的一家食品店前发放果奶，他们刚摆好摊、打起横幅，整个场面就失控了。

1 月 3 日这天，又是同样的场面，这一次孙建荣他们有了经验，提前知会了警察，让其出面维持秩序。然而，原先准备的 30 万瓶果奶发放完毕之后，他们发现，依旧有很多人呆站在那里，举着报纸的“剪角儿”嚷嚷：“娃哈哈到底还讲不讲信用啊？你们承诺的果奶哪去了？”

60 万元，为承诺买单

当孙建荣他们急吼吼地把这些告急信息汇报给宗庆后之后，看着他们的慌乱和沮丧，他气定神闲地笑了。他们担心的是广告效果付诸东流、企业声誉遭受危机。宗庆后笑的是，果奶成功了，还未正式向市场投放，娃哈哈就完成了升级！

宗庆后召集他们开会，说：“慌什么呀，这是好事！”他问：“我们搞促销的目的是什么？不就是希望消费者能够关注我们吗？现在消费者对娃哈哈果奶的关注度远远超过了我们的期望值，这是值得高兴、值得骄傲的事情！”

“可是我们准备的赠品数量远远不够，很多人领不到赠品，对我们已经造成了信任危机了啊！”孙建荣说。

“亡羊补牢，为时未晚。”宗庆后告诉他们，“不管花多大的代价，我们都要信守向消费者做出的承诺！你们要相信，在这个时候，无论花多大的代价，都是值得的。”

他让孙建荣他们赶紧与《钱江晚报》与《杭州日报》联系刊登致歉声明，重申“有票必有奶”的承诺。又叫宗泽后等人紧急动员，组织人马加班加点赶产果奶，准备后续发放的赠品。

一天、两天、三天……赠送的时间被一次次延长，娃哈哈还开出专门的赠奶窗口，专门为顾客兑换果奶，每天八十多人、十来辆车专门负责运送赠品。整整持续了一个多月。直到2月10日，娃哈哈收到了最后一张“剪角儿”，才彻底兑现了“有票必有奶”的承诺，总共送出去的果奶超过了50万瓶，比原计划超出了20万瓶，付出的代价超过了60万元。

这一场由娃哈哈自导自演、充满创新性的营销大戏，差点就演砸了，演变成一场严重的信誉危机，险些扼杀娃哈哈果奶于襁褓中。但是让宗庆后感到颇为欣慰的是，他们在危机处理上的不含糊，也即对维护消费者利益的不含糊，让这场赠奶风波消匿于无形，并且让娃哈哈果奶“因祸得福”，在正式入市之前，就产生了意想不到的轰动效应。如此看来，这60万元不仅花得不冤，而且花得物超所值！

用了一个多月时间，娃哈哈花巨资兑现承诺，市民“凡有票必有奶”。

这60万元的确花得物超所值。事实上，外界并不了解，持续时间超过一个月的免费赠奶活动，后来是被娃哈哈公司刻意拉长的。20万瓶果奶并不需要耗费多长的生产时间，但是他们意识到，活动本身所产生的市场效应，丝毫不亚于广告，它持续的时间越长，对娃哈哈越有利。

宗庆后觉得在营销上，这才是真正的“善因营销”。

对于娃哈哈的员工来说，同样是“善因加班”。杨秀玲说，从那个时候开始，他们的休息时间越来越少了。“休息很少了，钱还是发得蛮多的。”

这场“善因营销”使娃哈哈的企业形象一下子烙印在消费者心中，再加上那个“甜甜的酸酸的，营养多味道好，天天喝真快乐，妈妈我要喝，娃哈哈果奶”电视广告的轰炸，娃哈哈果奶一下子红起来了，不但很多小孩子喜欢喝，据说好多姑娘也对果奶情有独钟，有的甚至一天喝五六瓶。

因为娃哈哈的知名度和口碑，也因为娃哈哈果奶迅速成为一种生活时尚，订单跟着络绎不绝地四面而来。浙江、上海、江苏、安徽、湖南等地的经销商又像对儿童营养液趋之若鹜一般，汇聚到了杭州，汇聚到了清泰街。浙江省食品工业公司最为疯狂，每个月的订货量达到了一万五千箱。在赠奶活动中花出去的 60 万元，不到一个月的时间，就全部赚回来了。

就像拓展娃哈哈儿童营养液的路数一样，宗庆后他们开始向省外推广娃哈哈果奶。这一次，他们没有选择上海作为桥头堡，因为上海市场已经开发得很成熟，渠道也已经非常完善。这次的桥头堡是南京。

痛感之后

有那么几天，宗庆后感到特别惶恐和迷茫。但是，在紧急召开的职工大会上，他看到了上千双比他更惶恐迷茫的眼睛。为了这些眼睛，他对自己说，必须坚强，必须战斗！

1992年3月，初涉南京市场，娃哈哈果奶就受到了消费者的热捧，成为很多商场最畅销的产品。到了5月份，娃哈哈果奶在南京已经形成日销70万瓶的规模。南京的经销商——农垦蜂业公司、果品公司干果批发部等，因为担心断货，干脆不等杭州这边发货，直接派车到杭州，停在成品车间外面等着提货。

然而，一种敌意，一桩丑闻，一场危机，正在一些人、一些媒体心中发酵。

有这么一道"2010秋公共关系案例分析题"：

前几年，杭州娃哈哈食品公司在南京遇到了麻烦，该公司生产的娃哈哈果奶被南京市卫生防疫站错误判定为不合格产品。《南京日报》等报道了这一错误结论，紧接着《新民晚报》转载了这一消息，致使公司蒙受2000万元的巨大经济损失，并严重损害了企业形象。据查，南京市卫生防疫站依据的是《含乳饮料卫生标准》，娃哈哈果奶与此标准适用的饮料不是同一类型的产品。

问：

(1) 娃哈哈集团公司的公关部怎么办？为什么？

(2) 此案例给你什么启示?

这道考试题目中所说的“前几年”，正是娃哈哈出征南京市场的 1992 年。那一年，因为邓小平的南方谈话，被很多学界和工商界人士称为中国的“市场化元年”。可正是在这个“市场化元年”里，娃哈哈在南京市场却遭到了地方保护主义的戕害。今天回头来看，它的确对娃哈哈及宗庆后个人造成了莫大的经济损失与心理伤害。

突然变成“不合格产品”

自出征金陵城之后，一切都超乎预期地顺遂。然而娃哈哈在金陵城里胜利的顶点到来之后不过一百天，一切就都土崩瓦解了。在这一百天里发生的事情，是娃哈哈果奶日均销量超过 70 万瓶，彻底打破了南京市场的格局，组建了一种全新的市场秩序。

一些神秘莫测的力量一夜之间纠合在一起，突然以反对娃哈哈的面目出现。

1992 年 6 月 5 日，没有任何的先兆，没有知会，也没有警示，南京市卫生防疫站通过《南京日报》和南京电视台突然公开宣布，说娃哈哈果奶饮料因不符合 1989 年国家制定的《含乳饮料卫生标准》中有关的蛋白质和脂肪含量而被认定为“不合格产品”，因此禁止再行销售，违者将被没收产品并处以重罚。

这条消息虽小，但因其爆炸性内容，以及凌厉的措辞，在石头城引发了“地震”。各地报纸纷纷转载这条消息，南京城的消费者高度紧张，一些人还准备筹划诉讼，维护自己的权益。娃哈哈果奶一百来天所缔造的美誉、所开辟的市场前景，瞬间坍塌了。负面影响无法预期，单是南京市场每天的损失就高达 50 万元，如果加上周边地区，简直无法估量。

危机到来的时候，宗庆后正在印度尼西亚考察。

孙建荣等人的电话一个接一个地打来，他们把《南京日报》的文章也传真给了宗庆后。宗庆后看完之后，义愤填膺。任何一个产品，对其的质量检测虽然首先需要考虑采用国家标准来进行，但南京市卫生防疫站所依据的国家标准是三年前制订的《含乳饮料卫生标准》(GB11673—89)，这一标准是针对“以鲜牛乳为主要原料，加入适量辅料而制成的含乳饮料”，并且只适用于“以含乳30%以上，并加入适量可可、咖啡、果汁和蔗糖等物质，经有效消毒制成，具有相应风味的含乳饮料”。但事实上娃哈哈果奶是娃哈哈公司当时为适应市场潮流而专门研发的以奶粉、果汁、蔗糖为主要原料的一款酸性果奶饮料，是一个全新的产品，与《含乳饮料卫生标准》所规制的以鲜牛乳为主要原料、含乳30%以上的产品并不属于同类，根本不属于该标准的适用范围，当然也就不能用原有的国家标准来判定娃哈哈果奶这样的新产品是否合格。

娃哈哈公司派驻南京市场的人在此前也早已与南京防疫站交涉过：由于原有国家标准还没有涵盖这类产品，而在国家标准有缺失的情况下，一般来说，新产品的质量标准允许先由企业自定，再经由企业所在地的标准技术监督部门审定、备案，之后企业就可以遵照执行。娃哈哈果奶当时就是在这种情况下报浙江省卫生、标准等有关部门审定备案，是合法生产并且有标准可依的产品。执法部门应当按照企业依法备案的标准来认定产品是否合格，娃哈哈公司还提供了当时浙江省相关部门的书面意见。

当时南京防疫站把完全不适用的标准强行套用在娃哈哈果奶上，如果不是无知无畏，就是别有用心，而且是在毫无征兆的情况下突然宣布这样的消息。关于南京市防疫站的“个别人”执法不公的传言，宗庆后早有耳闻，却始终没有放在心上。他相信这样一家权威的卫生行政监督部门，一定会对自己的信誉负责，即或“个别人”从中作梗，也掀不起大风大浪来。

而几乎与此同时，广东一家企业的同类果奶产品也曾经在南京防疫站进行抽查，结果虽与娃哈哈果奶一样，也是未达到南京防疫站所指定的那个国家标准要求，但那家企业的果奶产品依然在市场上销售，从来未曾被要求停止过销售。现在，这“个别人”开始刁难起娃哈哈果奶，而且用这种方式，简直要置娃哈哈果奶于死地。

可是如今刀架在脖子上了，人为刀俎，我为鱼肉，唯一一的出路就是赶紧协调、沟通，想办法尽快平息事态，为娃哈哈果奶消除负面影响。

宗庆后命令总经办主任杜建英赶紧奔赴南京，去跟有关部门协调沟通，让孙建荣在南京负责协调媒体关系。6月5日当天，杜建英陪着杭州市上城区的领导到了南京，与南京市防疫站沟通，可是结果却令人极为失望，对方坚持认为：既然国家标准没有规定这种产品，那么你们的产品就无法可依，暂时不能销售。

宗庆后于当天晚上从印度尼西亚飞回到杭州，一路上怒火燃烧。他已经确信这不是一个黑色幽默，而是一场黑幕。生死攸关之际，宗庆后马上找到浙江省标准计量局等相关部门领导，向他们汇报了南京发生的这个事件。

第二天，对此事高度重视的浙江省标准计量局专门致函江苏省标准计量局，直言不讳地指出用老标准来认定娃哈哈果奶有质量问题依据不妥，同时还具文请示国家技术监督局和卫生部。

经此一役，宗庆后再次感受到了相关部门、领导对娃哈哈的帮助、支持和爱护，如果不是他们的鼎力相助，就不会有今日的娃哈哈，更不会有"企业家宗庆后"与"首富宗庆后"。

可是，虽然浙江省标准计量局的请示报到了北京，宗庆后还是不放心，打电话给杜建英，让她直接从南京飞到北京，主动出击，争取获得卫生部与国家技术监督局的支持。

当时娃哈哈在北京的办事处有一个叫卢东的小姑娘，现在是娃哈哈集团的外联办主任。杜建英到了北京之后，和卢东一起，一天一天地跑，一个部门一个部门地找，反复解释，据理力争，想要获得对方的理解和支持。

卢东后来对宗庆后说："我们就是要去说服、感动他们啊。我们被他们称为'小姑娘'，天天跑卫生部的监督司，监督司有位副处长是一个大姐。我们白天跑她办公室，晚上去她家里，一直跟她讲我们的道理，讲我们企业的发展，讲我们的产品是如何好，多么受市场欢迎，南京事件会影响到我们多少的员工……我们好说歹说，终于说动了她。"

整整十天，对身处杭州的宗庆后来说就如同十年。在那段时间里，他终于体会到了什么叫煎熬，什么叫度日如年，什么叫寝食难安。"南京果奶风波"的负面影响正在扩散，全国各地的销售都在下滑，一切难以预想的假设都在酝酿和发酵。

娃哈哈，生死一线。

有那么几天，宗庆后感到特别地惶恐迷茫。但是，在紧急召开的职工大会上，他看到了上千双比他更惶恐迷茫的眼睛。为了这些眼睛，他对自己说，必须坚强，必须战斗！

6月17日，一个好消息传来，国家技术监督局作出书面批复，同意浙江省标准计量局关于认定娃哈哈果奶有质量问题依据不妥的意见，并将批复意见转告了南京方面。

5天后，北京又传来了另一个好消息。卫生部卫生监督司也专门发文，同意娃哈哈果奶可以继续生产销售。

因为这两个好消息，以及接下来不断带回来的好消息，宗庆后开始对上苍充满感激之情。这两个好消息令他大喜过望，也令整个娃哈哈集团大喜过望。他们从中国最权威的两个部门得到了公正的评价，现在，南京欠他们一个说法。

南京方面的确给了一个说法，它在接到了卫生部卫生监督司的下文后，虽然同意了娃哈哈果奶可以在南京销售，但是要求必须改换标签才能上市，否则立即拉回杭州。

听到这个消息之后，宗庆后顿觉忍无可忍，决定亲赴南京，去会会为难娃哈哈的“当事人”。6月26日，宗庆后到了南京，与南京防疫站的人坐到了谈判桌上。此时的他已无任何的退路，自然也不会再有任何的担忧。顶多是娃哈哈从南京市场退出，也绝不能任人宰割！既然对方已决心把人往死里整，自己也没必要再忍让退缩。了不起打官司，打到北京也要把对方告倒！

宗庆后毫不客气地对南京市防疫站的“个别人”说：“我们娃哈哈果奶从生产到销售，每一个环节、每一道工序都是经过严格检测把关的，所有的手续也都是合法齐备的。你们身为执法人员，就这么不负责任地作出处罚，这对我们企业将会造成多大的损失？”

对方说：“我们是按照国家标准来检验查处的，这并没有错。”他们的态度依旧强硬，甚至还罗列了一大堆专业标准数据，来证明他们当初的处罚决定是正确的。

一起参与谈判的孙建荣悲愤地冲他们吼道：“办好一个企业，要经过多少人的艰苦努力啊！而毁坏一个企业，却是易如反掌的事情。如果我们的果奶真的有问题，那遭受处罚我们无话可说。可现在，我们的果奶明明是深受消费者欢迎的优质产品，连国家卫生部和技术监督局都发文支持我们了，你们却一再发难，究竟天理何在？”

孙建荣的悲愤与宗庆后的强硬一样，就如同飘落在水中的雪花，没有任何的声响，也不见任何的回应。南京市防疫站拒绝发表声明为娃哈哈果奶正名，坚持要求娃哈哈果奶更换标签才能上市。谈判不欢而散。

宗庆后当时甚至安排手下草拟了一份“广告词”，题目叫作“娃哈哈果奶痛别南京”，这份“广告”震惊了南京市所有的媒体，在了解了事情的经过后，媒体又都对娃哈哈表示出了同情。

对这些媒体的同情，宗庆后心存感激，但也体谅他们的难处：在南京的地界上，要让他们刊登这种“胳膊肘向外拐”的“广告”，的确有些强人所难。

南京协调会议后，宗庆后带着悲愤、暴怒和郁闷回到了杭州。他找到了时任杭州市市委书记李金明和时任杭州市市长王永明，向他们汇报了娃哈哈在南京遭遇的一切。书记和市长很重视，他们派出了一个“学习考察团”，由主管工业的杭州市副市长徐兆骥带队，专程赴南京协商娃哈哈的事宜。

此时已是7月6日，娃哈哈已经在煎熬中度过了最漫长的一个月，在最酷热的季节里，感受到的却是彻骨的冰冷。

协商的气氛比想象中友好，南京市委、市卫生局领导当场表态，娃哈哈产品可以继续在南京销售，双方还逐字逐句达成协议，由当初对娃哈哈作出处罚的南京市防疫站出面，在《南京日报》上刊登一则通告：“根据卫生部最新的文件精神，杭州市娃哈哈果奶可以继续生产和销售。因此，准予在南京市场销售。”南京市副市长周学柏明确表示同意，南京市委常委、宣传部长虞煜星和南京市卫生局副局长徐国庆分别签字同意。

第二天早上，根据两市的协调意见，宗庆后派孙建荣到南京卫生局去取盖好公章的通告。孙建荣满心欢喜地去了，却沮丧地回来，对方告诉他：“当事人不在。”下午，他再次到了南京市卫生局，依旧空手而归。

无奈之下，宗庆后只好又找到尚未离开南京的杭州市副市长徐兆骥。他当即与参与协商的南京市副市长周学柏联系。7月8日，周学柏副市长专门致电南京市卫生局，责令他们于当天中午前在通告上盖好公章，并要求在次日的《南京日报》上刊出通告。

诡异的情形出现了。虽然南京市副市长严令再三，第二天的《南京日报》上依旧没出现任何的“通告”。这时候孙建荣接到了虞煜星部长的电话，委婉地问他“通告”能否由南京市卫生局而非由南京市防疫站出面刊发。

孙建荣说：“这是我们杭州市政府领导和贵市政府领导共同商定的协议，我一个小小的企业部门负责人，哪有这个权力去决定是否可以更改协议内容啊！”

孙建荣继续等了下去，到了7月12日，最为诡异的事情出现了。一则通告出现在《南京日报》不起眼的位置上，不但出具通告的具名单位由南京市防疫站变成了南京市卫生局，而且原先商定好的通告内容变成了：“根据卫生部最新的文件精神，‘娃哈哈’果奶可以继续生产、销售。因此，同意‘娃哈哈’果奶继续在南京市场销售，并于八月十五日后使用新的标签和说明书。”

看到通告的孙建荣瞠目结舌，他感到自己被欺骗了。宗庆后也感到被欺骗了，杭州市和南京市参与谈判的两位副市长，以及所有陪同的人都被欺骗了。

在南京，娃哈哈被伤害、被侮辱。孙建荣已经苦苦支撑了一个多月，现在他撑不下去了。

这天晚上，他在自责和被侮辱的愤怒中回到房间。他反锁上房门，写下了血字署名的遗书后，把满满一瓶子安眠药吞了下去。他准备以死抗争，以死证明娃哈哈果奶的清白。

他给杨树荫打了一个长长的电话，抱怨南京市场太黑，自己受了天大的委屈。电话还没打完，突然就没了声音。杨树荫心想：坏了！他吓了个半死，赶紧跟宾馆联系，让他们马上破门营救，然后又给南京市委办公室打电话，第三个电话打给了杭州市上城区政府，要他们马上派员到南京。

与孙建荣同行的单启宁发觉了他的异常，因此多留了个心眼儿。在孙建荣陷入昏迷的时候，单启宁多次敲门不见回应，就赶紧叫来宾馆保安把门打开。

当单启宁发现孙建荣自杀的时候，一边把不省人事的孙建荣往医院送，一边哭着给宗庆后打电话。电话这边，宗庆后听到这个消息，震惊当场，想着这个跟他一起打天下的兄弟竟然要拼命，不禁悲从中来，涕泗横流。

绝地反击

宗庆后知道，金陵城是容不下娃哈哈了，除了绝地反击之外，他们没有任何出路。他们必须做好准备，从此放弃南京乃至整个江苏市场。他们愿意这么做，为了娃哈哈的清誉，为了孙建荣的清誉，也为了他自己的清誉。

宗庆后这次打算豁出去了。他亲自起草了一份《我们的声明》：“对贵市卫生局无视两地政府正式协定、擅自刊登通告的行为我们深表遗憾，由此必然产生的所有严重后果全部由贵市承担。”

娃哈哈驻留南京的人员把《我们的声明》送给了南京市委宣传部，还准备把它制作成大字报，让娃哈哈分公司的人去调集50辆大客车，贴上大字报，并打算用黑纱把车子覆盖起来，开到南京城的大街小巷，向南京市民、向全中国宣告，娃哈哈果奶在南京死了，被冤死了。

在员工们的劝阻下，宗庆后的义愤之举最终没有实现。娃哈哈采取了公布信息的方式证明自身，在随即召开的新闻发布会上，宗庆后向所有参会的媒体记者讲述了这个令人悲愤的故事，讲述了孙建荣无奈下的自杀，讲述了他们所遭遇的不公与屈辱，讲述了娃哈哈创业的不易和公司如今所面临的困境。到场的记者们还真的是值得尊敬的“无冕之王”，对此无不义愤填膺，纷纷表示要揭露真相。

先是杭州市和浙江省的媒体率先对娃哈哈果奶在南京的遭遇做了报道，接着《人民日报》、中央电视台和中央人民广播电台也相继披露了“南京果奶风波”的真相。当中最令人震撼的是1992年7月30日刊发在《人民日报》头版的通讯《石头城里的“果奶风波”》。

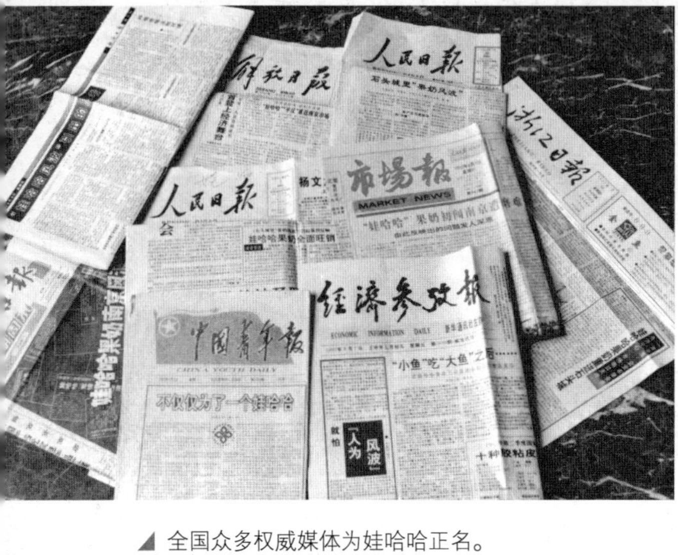

▲ 全国众多权威媒体为娃哈哈正名。

这篇由《人民日报》记者和中央人民广播电台记者合写的通讯，以客观的视角向读者披露了“南京果奶风波”所暴露出来的种种问题，使之前因流言蜚语而困惑不已的消费者终于了解到了事实真相。报道中写道：

“一个防疫站的误判，导致企业上千万损失，难道公开认个错也不行吗?”

“企业走向市场，肯定会有风险，可怕的是人为制造的风险。这场风波再次说明，企业改革呼唤法律的保障，企业改革需要法制的环境。”

“在新事物、新情况层出不穷的年代，法律、规定相对滞后是难免的。问题是我们的执法机关不能只说这也不行、那也不行。应该义不容辞地为新事物鸣锣开道。”

在这篇通讯边上，配发的是观点鲜明的短评《要服务不要设阻》。

在强大的舆论压力下，原本态度强硬的南京市防疫站终于低下了头，娃哈哈果奶最终以胜利者的姿态重新回到了南京。

这场风波带给宗庆后巨大的震撼和反思。让他震撼的是，当娃哈哈遭受危机的时候，所有娃哈哈人不离不弃，甚至愿意以死抗争，他们的忠诚令他感动。在处理危机的时候，一些员工所展示出的控制局面、化解矛盾的能力，也使他大感诧异。

而对于宗庆后自己来说，“南京果奶风波”的前后两个月，就如同死过一次一般，起死回生之后，已无任何恐惧之处；又如昆虫蜕皮一般，蜕皮之后，是全新的生命。所以，后来办企业遇到种种难题的时候，他心想：这算什么呢！

“北青报”事件

“首先要判断自己错还是对，对的话就要坚持，错的话就要认错。”在危机事件中，这是宗庆后的原则。在“北青报”事件上，宗庆后和娃哈哈都问心无愧。

四年后，另一桩烦恼人的事情出现了。1996 年 6 月 5 日，在与 4 年前“南京果奶风波”惊人巧合的同一天，《北京青年报》在头版显著位置刊出关于“娃哈哈果奶中毒事件”的报道，称安徽省三名女童喝下娃哈哈果奶后丧命。

“北京青年报事件”，成为娃哈哈历史上的第二桩危机事件，也给娃哈哈带来了“成长的烦恼”。在无数的烦恼当中，宗庆后和娃哈哈都学会了从只关注市场营销变得更加关注公关，学会了如何转危为机。

被传播的假消息

娃哈哈的外联部主任卢东当时是北京办事处主任，办事处设在方庄。1996 年 6 月 5 日，她一大早打开《北京青年报》，顿时吓了一跳，“娃哈哈果奶毒死三位安徽女童”，这惊人的“消息”又将以怎样的速度流传四方？1996 年正是《北京青年报》如日中天的时候，它的影响力据说堪与《南方周末》相比。

宗庆后在接到卢东电话的时候，才知道发生了这么严重的事。事实上，在此之前，他就已经知道安徽的事件，那本来是一桩突发的投毒事件，跟娃哈哈果奶没有任何关系。

事实上，宗庆后他们之前已经把在安徽的所有产品下架，回收回来进行检验，先后检验了 500 多次，全部产品都是合格的，当地质检部门进行检验结果也是合格的。最终，他们发现不是娃哈哈果奶有问题，而是有人投毒。

虽然检验合格，但安徽那边还是有人打电话来敲诈勒索，也一直有人打电话来施加压力，说是要把公司的人抓进去审问。宗庆后跟对方说："你们把我们的人抓进去，这是蛮干，是毫无道理的。我们可以对产品进行再检验，如果你们还有疑问，可以找第三方检验。"

当地一位记者听到这个消息后，专门打电话给娃哈哈，想敲诈六万块钱，说只要给钱就不报道了，不给钱就拼命报道。娃哈哈也没搭理他，坚决不给钱。他们觉得如果给了钱，就等于承认了娃哈哈果奶有毒，而事实并非如此。同时，娃哈哈方悄悄保留了当时通话的录音。

那安徽记者见娃哈哈"无动于衷"，勒索无果，怀恨在心，就把这消息捅给了影响力很大的《北京青年报》，想给娃哈哈制造点儿麻烦。《北京青年报》的报道，传递出的信息却是三个孩子喝了娃哈哈果奶死亡，这对娃哈哈的影响是致命的。

宗庆后告诉部下："虽然这是敲诈，但这种事很容易连累到企业，所以还是要重视。首先要判断自己错还是对，对的话就要坚持，错的话就要认错。"在这件事上，宗庆后和娃哈哈都问心无愧。

宗庆后让卢东赶紧与《经济日报》总编辑艾丰联系，通过他的引荐，直接向中宣部领导汇报。因为对口支援三峡库区的事，娃哈哈跟中宣部之间建立了比较好的关系，卢东把情况向中宣部的领导专门作了汇报。

就在卢东去国家有关部门汇报情况的时候，宗庆后从杭州赶到了北京。因为事态非常紧急，他们就把这个情况写成一份"关于娃哈哈果奶中毒事件真相的紧急报告"，一式八份，分呈给了中宣部、公安部等部委领导；然后又写信给中央领导，向他们作了汇报。

有领导在汇报材料上做了批示，卢东就带着这个批示找到了新华社，希望新华社能帮忙澄清一下。新华社随后刊发内参文章《〈北青报〉失实报道　娃哈哈无辜受牵连》，将"北京青年报事件"定义为"一张小报毁了一个国有大企业"。

新华社的内参迅速到了所有中央领导的手中，也到了北京市主要领导人的桌上，至此，这件事情就出现了转机。接下来，中宣部要求娃哈哈把所有媒体对此事的报道搜集起来，他们在开通气会的时候就把这些媒体的负责人叫过去，要求他们对这件事进行澄清报道。

与此同时，娃哈哈把“安徽事件”向公安部做了汇报后，由公安部专门派员到安徽进行调查，还到当地的娃哈哈生产部门进行排查。调查结束后，发现娃哈哈果奶没有任何问题，而是当地发生的一桩刑事案件，以敲诈勒索为目的的投毒案。

事实上，娃哈哈对《北京青年报》是有怨气的。这明明就是一个投毒事件，不是一个误食事件，进行报道总该核实吧？作为媒体总要尽到核实真实性的责任吧？可是，它没有。

报道的另外一个作者不是《北京青年报》的记者，而恰恰是前来敲诈的那个记者。既然采用了这个记者的素材和稿件，总该对其行为动机和背景进行了解吧？总该对他所提供的素材和稿件进行核查吧？可是，它依旧没有。

卢东在《北京青年报》并没有得到满意的答复，娃哈哈只获得了道歉，却没获得更多的承诺。他们由此对媒体的“傲慢与偏见”产生了抵触。

在这个过程当中，宗庆后虽然非常着急，但没有丧失理性，更没有慌里慌张，而是异常镇静。经历过四年前的“南京果奶风波”之后，对于这种“无妄之灾”，他已经习以为常，处理起来游刃有余了。他不再是那个创业初期的宗庆后，经过阅历的丰富、视野的开拓，在娃哈哈实现跨越升级的时候，他自己也跨越和升级了。

宗庆后给卢东画出了一个危机处理的路径图，要求她按部就班地往前推进，该走哪步就走哪步，该做什么就做什么，不急躁冒进，也不要畏首畏尾。卢东动用了所有的关系网络，去进行澄清，为娃哈哈做正面的形象恢复。

与“北青报事件”类似的事情后来越来越多，虽然都没达到“北青报事件”的影响力和伤害程度，但娃哈哈所承受的压力也越来越大。

到了后来，娃哈哈人都习以为常了。在这一轮接一轮的纠纷、敲诈和侵害之中，他们体会到了做企业的艰难，也就更加珍惜自己一手缔造的娃哈哈了。

同一战壕里的对手

这里不得不说起何伯权，乐百氏昔日的领导者，如今的一位风险投资人。当《北京青年报》的报道刊发之后，6月6日，广州的报纸纷纷进行了转载。由于乐百氏的总部在广州，人们难免会猜想此事是否与何伯权有关联。

事情发生的时候，何伯权正在国外考察。那时候宗庆后也正在印度尼西亚考察，他拨通了何伯权的电话，意味深长地说："何伯权，希望你不要在这件事情上借题发挥。"何伯权轻声和气地说："不会的，你放心吧，宗老师。"

何伯权是个营销高手，在互联网尚未普及的年代里，他不可能不知道报纸的影响力。如果报纸刊载了这种负面新闻，娃哈哈在这个区域市场就会濒临死亡。在此之前，已经有太多的案例，昔日巨人"三株"就是这么意外倒下的。

对于何伯权，虽然宗庆后相信他的人品，却又不得不防；毕竟商场如战场，兵不厌诈是最基本的道理。他没办法不焦虑。这个行业、这个市场，娃哈哈这家企业，实在太脆弱了。

宗庆后后来听说何伯权专门开电话会议讨论了这事。在会上，他的很多下属都建议借此机会敲打一下娃哈哈和宗庆后，让娃哈哈无立锥之地，而乐百氏顺势而上，建立自己的霸业。

何伯权没有这么做。他说："如果娃哈哈果奶存在质量问题，应该会有很多人受到影响，但现在出现的只是个案，这说明娃哈哈和宗庆后可能是无辜的。我们不能落井下石。退一万步讲，如果我们用这样的方法搞垮了娃哈哈，以后也会有人用这种方法搞垮我们。我们需要一个干干净净的行业，而不是一个充满杀机、事事处处要提防暗杀的行业。"

最终何伯权决定，无论从为人处世的基本准则，还是从乐百氏的现实利益，以及为行业整体的考虑，不仅不能恶意攻击娃哈哈，还要勇于担当必要的道义。

整个乐百氏很快达成一致，认为此时暗算娃哈哈是不道德的。他们不会再给娃哈哈施加额外的压力。

何伯权回国后，一出白云机场，就给下属打电话，要他们立即给各区域经理发传真，传真内容为：

"娃哈哈出现了一起不幸事件，我们不知道真实的原因是什么，但估计是有人在搞破坏。娃哈哈是我们的对手，但是从商业道德和维护行业利益出发，不应该传播这样的消息。要求所有的分公司绝对不能介入这个事件攻击对手，扩散事件的影响。违者严肃处理。”

所有收到传真的区域经理们都按兵没动，老老实实地坐观“北青报事件”的走势。只有一位，乐百氏辽宁锦州的区域经理，据说因为老婆当天在生孩子，忙晕了头，没有看到传真，所以把报纸复印散发了出去，因而被何伯权挥泪斩马谡，就地撤了职。

作为同行，宗庆后曾与何伯权无数次交手，打过好多场惨烈的“仗”，但是在他们之间，没有私怨，甚至连公怨都不存在。在危急时刻，惺惺相惜的对手选择了站在同一战壕中。因为这件事情，因为何伯权的宽厚、远见和拒绝落井下石的气度，宗庆后对这位年轻人愈发地欣赏和尊敬起来。

因为这篇报道，北京青年报社的班子遭到了整肃，这是宗庆后后来才知道的。国务院有关领导在一份批示中对《北京青年报》提出严厉批评，甚至要求停刊整顿和改组班子。

时任北京青年报社社长的崔恩卿后来在一本书中坚持认为，他们的报道没有失实，北京市对《北京青年报》在“娃哈哈事件”中的错误也只是定性为违反新闻纪律，而不是新闻失实。

“我(崔恩卿)承担了这次违纪报道的法人责任，调离社长的岗位，总编记过，常务副总编记大过。现在看来是很可笑的事情。”

对于崔恩卿的自辩，宗庆后不知该做如何解释。媒体的公信力是建立在真实和公平公正的基础之上的，而真实不仅仅是让人从文字上找不到漏洞、抓不到把柄，真实还体现在话语所传递出的倾向性上。

对宗庆后来说，真相只有一个，那就是娃哈哈被冤枉了，被侮辱了，被伤害了，还被敲诈勒索了。在那生死攸关之际，他所能作出的唯一选择，就是让娃哈哈走出泥淖和危机，避免遭到灭顶之灾。四年前的“南京果奶风波”已经证明，媒体只对文字本身负责，而结果却要宗庆后个人和娃哈哈来承受。

他们与《北京青年报》后来的关系，因为这桩特殊的事件，再也没有得到完全的修复，这不能不说是一种遗憾。

至于崔恩卿先生，据说是一位优秀的传媒人，宗庆后从未因此对他产生恶感。他离开《北京青年报》后，又先后领导过《北京娱乐信报》、《华夏时报》，却再也不复《北京青年报》之勇，这也不能不说是另一个遗憾了。

或许对于双方来说，这都是生命中一道无法彻底抹平的伤疤，也是无法去除的“永远的痛”吧。

可是，痛，不正是非常生长的一部分吗？娃哈哈不正是在不断的阵痛中“长大成人”的吗？

WAHAHA ALWAYS STANDS TOWERING

Biography of
Mr. Qinghou Zong

CHAPTER 06

帝国的诞生

在那些年，西进是一个善念的综合，对他人的善意却最终帮助了自身，让娃哈哈成长为一个全国性公司。

联销体的创造性构思，以及艰难破冰的努力，让娃哈哈拥有了自主的话语权，以及对经销商最大程度的一种联系和把握。“联销体”是自我体验与认知的结果，更是一种预判的回馈。

非常可乐从一开始的神话，到最后的实现，都建筑在我对中国市场特别是农村市场的熟悉和精准把握上。

在这些案例中，我的声音显得如此孤独，却也在事实呈现后凸现出更多的预见性。

凡是我认定的东西，不管有多少人反对，我都会坚持，都会顶住。因为我已经预见了前面的风景，看透了未来的关窍在哪里。而这种预见，这种看透，并非偶然，它们建立在对市场的无数次缜密而细致的观察、调查和思考之上。

我奉行的一条准则是：烂熟于心，而后神迹照亮天空。

越来越大的帝国已经逐渐呈现了它的面貌，这种面貌是如此新奇，我却并不惊异，就像已经在心中描绘它无数次一样，就像是一种久别重逢。

——宗庆后

西进

虽然是一位企业家，但宗庆后已经意识到自己肩膀上所担负的责任，不仅仅是创造财富，还要帮助那些需要帮助的人，尽可能地改变他人的命运，哪怕这些“他人”是有限的。

宗庆后的籍贯栏一直写着“杭州”，但奶奶是万县人。万县就是今日的重庆万州，就是那个被三峡水库淹没的地方。清末的时候，宗庆后的曾祖父栖居重庆，在当地做过二品武官。在那里，他的奶奶嫁给了曾当过四品文官的爷爷。宗庆后从来没去过祖父曾栖居过的城市，重庆和万县，仅止于他的想象，直到有一天他随浙江省政府代表团前往涪陵三峡库区对口帮扶。

他对重庆的想象来自很多文字，最让他动情的，是白修德与贾安娜在《中国的惊雷》开篇所描述的那一节：

中国的战时首都重庆，在各种地图上都没有特别标记的。注明是重庆的地方，是一座昏沉沉的山城，栖息在暗黑的崖石上；这崖石在扬子江上的雾中升起来，直指天空，只要扬子江的水一天流入太平洋，这座江上的城就会存留一天……重庆是一个成千成万人分享过的插曲，这些人，由于相信中国的伟大，由于具有守住国土对抗日本的巨大的热情，曾经聚在重庆城边。大人物和小人物，高尚者和贪污者，勇敢的人和胆小的人，都曾在重庆聚会过一小下；

他们现在都回了家。伦敦、巴黎、莫斯科和华盛顿依然是大都市，依然是号令和决策的中心，同样的名字响亮的人依然住在里面，同样的朋友们依然在旧而熟悉的场所会面。可是重庆只是战时之物，是一个风云际会之点，重庆是死了，而它曾经照耀着全中国的伟大的希望和崇高的诺言，也随之而死了。

在1994年，当宗庆后来到重庆涪陵，心头感慨。这里贫穷，如今它要将自己沉入水底，来创造一个新的中国奇迹。对于这里的人民巨大的牺牲，对于这个地方待发展的命运，宗庆后和娃哈哈所能做的，除了感谢，唯有在情感和责任感的驱动下，签署一纸对口支援的协议。

虽然宗庆后只是一位企业家，但他已经意识到自己肩膀上所担负的责任，不仅仅是创造财富，还要帮助那些需要帮助的人，尽可能地改变他人的命运，哪怕这些“他人”是有限的。

有待突破的瓶颈

从南京的迷雾中走出来，娃哈哈便大踏步向前。娃哈哈的前进速度之快，连宗庆后自己都吓了一大跳。

从1991年起，娃哈哈便已跻身中国500家最大工业企业的行列，经济效益稳居全国同行业前三位；一年之后，1992年，娃哈哈的产值和利润都较前一年实现了翻番。

1992年10月底，他们完成了娃哈哈美食城股份有限公司的募股，并且在1993年1月18日正式成立了公司；娃哈哈医药保健公司也在1993年第二季度投产；娃哈哈孝农罐头公司也领取了工商营业执照……

娃哈哈真的不一样了。除了儿童营养液、果奶、绿豆沙，娃哈哈营养八宝粥、娃哈哈银耳燕窝、娃哈哈平安感冒液、娃哈哈儿童健身液都推向了市场。

一夜之间，娃哈哈打通了食品与药品之间的鸿沟，朝着多元化的方向奔跑了。

1993年，宗庆后成为“全国五一劳动奖章”获得者。那一年，他们只用了10个月的时间就超额完成了年初制定的经营指标：产值4.8亿元，利润9600万元。他们在那一年成为利润过亿元的公司，在“中国500家利税总额最大工业企业”中排271位，位居中国食品制造业第一位，真正地成为食品行业的霸主。

从1987年开始创业，到成为行业霸主，他们只用了6年时间。

只有宗庆后自己清楚，娃哈哈有今日，固然有他个人的聪颖与勤勉、历史机遇以及营销模式上的创新，究其根本却全赖数千员工的忠诚与努力。管理企业取得成功的秘诀中，排第一位的并非市场方面的营销技巧，而是如何赢得人心。

超乎想象的奇迹开启了宗庆后的想象力，他开始梦想娃哈哈真正地走出杭州、走出浙江，成为一家全国性、全球化的大公司。在中国大陆，他们已经找不到追赶和超越的目标，从1994年1月1日起，娃哈哈只能把目标瞄准台湾地区的统一集团和美国的可口可乐公司。他们要让娃哈哈成为与它们相匹敌的企业。

在现实经营中，宗庆后也感到了生产规模的制约，迫切地希望突破。他曾反复对下属说：“一定的生产规模是产生效益的前提。在大众消费品领域，行业前三位之后的企业很少有成长的机会了，而要冲进前三位，足够大的制造规模便是第一条保证。没有规模就没有主动权，如果产量对比悬殊，对手一降价，你怎么办？降，没有利润；不降，把市场拱手让给了对手。所以必须抓紧扩大生产规模。”

英雄所见略同。有位商学院教授曾问联想的柳传志究竟是要先做大还是先做强，柳传志犹豫了半天说：“还是先做大吧。”

你在市场上要有话语权，就必须自己先强大起来，强大的第一步就是规模。有了规模，你才能有生存保障，才有可能产生规模效益；没有规模，即使你单体再强，也是弱不禁风的，随便谁给你一巴掌，就把你给扇倒了。

食品饮料行业更是一个特殊行业，受制于地域，因为运量大，辐射半径也越来越长，物流成本在整个成本支出当中的比重节节攀升。曾经有位专家帮宗庆后推算说，饮料产品的合理辐射半径约为500公里，否则产品的竞争力将受到极大的影响。

依照1993年娃哈哈的生产能力，果奶的产量接近10亿瓶，儿童营养液的产量接近10亿支；新上市的“营养八宝粥”月产超过600万罐，“银耳燕窝”月产超过300万罐……这些产品全部加起来，需要几万个火车车皮运送，即使杭州所有的车皮加起来，日夜不停地往外运，也运不完；而且这巨额的运费，娃哈哈也未必能承受得起。

更要命的是，娃哈哈正打算上马饮用水项目，它的产量远非果奶可比，所产生的运输负荷，不但会拖垮整个娃哈哈，甚至可能拖垮整个杭州。

宗庆后只能把目光往别处看。

所到之处，竟然满目都是机会。

22 票对 1 票

1994 年正是国家三峡水利工程正式启动的年份，1992 年获全国人大批准建设的三峡水电站在那一年 12 月 14 日正式动工兴建。建设三峡工程的原始设想出自孙中山先生 1920 年完稿的《实业计划》（后被编为《建国方略》之二《物质建设》）："当以水闸堰其水，使舟得溯流以行，而又可资其水力。"

1924 年 8 月 17 日，孙中山在广州国立高等师范学校演讲《三民主义》之"民生主义"时，再次提及："像扬子江上游夔峡的水力，更是很大。有人考察由宜昌到万县一带的水力，可以发生三千余万匹马力的电力，像这样大的电力，比现在各国所发生的电力都要大得多，不但是可以供给全国火车、电车和各种工厂之用，并且可以用来制造大宗的肥料。"

70 年后，孙中山的梦想终于逐步地变成现实。

伴随着三峡工程动工的，是全国掀起的一波支持西部开发、支援库区移民建设的热潮。

8 月 25 日，浙江省派出了代表团考察对口支援地区四川涪陵，宗庆后是代表团中的企业界代表，他们肩负的使命是考察和落实支援项目。

作为一座江城，涪陵依山而建，沿江错落，地无三尺平，人无三分银；征用一亩地只需 5 万元，平整一亩地却需要 16 万元，可谓是风景的天堂，投资的炼狱。

可是宗庆后却被涪陵深深打动了。率先打动他的是这里的人，他们平静安详；涪陵的气势也打动了他，这座扼守川渝鄂要冲的千年古镇，是三峡工程重点库区，是全国最受瞩目之地，是实现英雄梦最好的疆场。

"我对西部的确有一种说不清的特殊情感，但作为企业家，绝不会因感情用事，一时冲动。"宗庆后说，如果不符合娃哈哈的战略，他可以对涪陵进行捐助；一旦符合娃哈哈的战略，他就会大胆地投资涪陵。

对于娃哈哈来说，若以涪陵作为桥头堡，整个西南市场，迎刃而解；对于娃

1994 年，为支援三峡工程库区建设，娃哈哈与涪陵市政府在四川涪陵签下了对口支援合作协议。

哈哈的全国投资扩张，这将成为标志性的一步。

当地官员得知宗庆后的投资意向后显现出了异乎寻常的热情。他们约宗庆后会谈，希望娃哈哈兼并即将被三峡库区淹没或部分淹没的涪陵市糖果厂、地区罐头食品厂和百花潞酒工业公司三家特困国有企业。他们承诺给予最优惠的政策和一切的便利。

他们的诚意溢于言表，宗庆后所考虑的则是此地与娃哈哈自我发展的契合度：涪陵盛产的榨菜全国闻名；百花潞酒口感不错，关键是如何打开销路；四川是人口大省，市场大、辐射广；国家给予开发三峡库区很多优惠政策……如果能把这些"比较优势"使用好，辅以娃哈哈的技术、品牌和经营管理机制，不独可以实现对当地经济的支援，也会使娃哈哈获益良多。

最重要的是，娃哈哈在西南市场的销售情况较好，销售数据节节上升，可是产品从杭州运到西南要半个多月的时间。漫长的时间和漫长的补给线，造成了供不应求，市场已经处于高度饥渴状态。此时一旦有其他企业见缝插针，娃哈哈辛苦经营的市场将一下子被别人所占据。

8 月 27 日，宗庆后一行抵达涪陵后的第三天晚上，他与部下在宾馆房间内连夜赶制出了对口支援方案。就在他们起草方案的时候，考察团带队的副省长找到宗庆后，问："你考虑好了吗？真的要建厂？"宗庆后说："我考虑好了。涪陵符合我们的发展战略，我不是一时冲动。”

那时候还没有电脑，方案都是写在方格子稿纸上的。第二天，当娃哈哈方把方案拿给涪陵市委书记周浩义看的时候，周书记惊呆了。他问：“你们怎么会那么快，第二天就出来一个可行性报告？”

宗庆后很欣慰，这就是娃哈哈的效率与风格。娃哈哈人经常谈项目，一旦确定下来，他们就要迅速准备文字材料，包括项目前景、合作条件、收益预测、分配比例等等。这些都是连夜做，包括协议都是连夜签，这就是“娃哈哈速度”。

宗庆后很快打电话回杭州，让分管质量、采购、能源、销售等方面工作的中层干部组成一个考察团，赶赴涪陵进行深度调研，就投资涪陵做一份可行性报告。

从杭州过来的那22个人组成的考察团效率也很惊人，他们没过多久就把报告递交给了宗庆后。他们说，经过多方论证之后，结论是涪陵条件不好，反对娃哈哈在涪陵投资建厂。他们反对的理由一大堆，一条一条列得极为充分：

涪陵地处山区，交通不便；气候条件差，不利于生产饮料；原材料质量差，价格还偏高；待兼并的厂家设施陈旧，管理落后……

他们所列举的一切绝非危言耸听，而是他们的亲身经历。

交通是个大问题。他们22个人从杭州坐飞机到重庆，从机场赶到朝天门码头，再坐快艇去涪陵，一路上要6个多钟头，光是快艇就要花掉2个多钟头。其实路程并不遥远，如今高速公路开通了，一个钟头就到了。

快艇“咣咣咣”地把娃哈哈考察团成员带到涪陵，他们要爬不知道多少级的台阶，随身的行李需要找“棒棒”帮忙挑上去，完全是“山城”的感觉。

他们说：“涪陵和我们杭州没法比，非常小也非常艰苦。我们要去的那些企业路很泥泞，条件非常差。要并的那个糖果厂，我们进去一看，这根本不叫生产设备，就是作坊嘛！生产工人就坐在我们杭州人叫的‘条凳’上，设备非常简陋，工作环境也很恶劣……所有的工厂都处在山坡上，糖果厂如今已经被三峡水库淹没了。”

22个人投票，21票反对，1票弃权。他们的每一条理由宗庆后都认同，他们的反对也在他的意料之中。宗庆后相信他们论证的严谨和对娃哈哈的忠诚负责，但是他们只看到了局部和细节，缺乏更高的立意。他们不知道要站在更高的高度上考量未来，需要看到更大的市场空间和机遇，还需要看到一家大公司所必须承担的社会责任。

在面临重大的决择时，宗庆后再次力排众议。

他告诉他们："你们的可行性报告做得很好，提出了很多问题，都是娃哈哈未来在涪陵投资建厂所要考虑到的；但是你们的反对意见是无效的，涪陵，我是一定要来的。"

杜建英后来回忆说："我们跨出浙江去发展，投资西部，在涪陵建起我们杭州总部以外的第一个生产基地，这是一个大里程碑，从此开始了我们在全国建立分部和生产基地的布局。'销地产'的发展对我们快速适应市场需求是至关重要的。正像当初兼并罐头厂，宗总力排众议。"

10 月 19 日，在宗庆后一行考察涪陵不到两个月后，娃哈哈与涪陵地方政府签订了成立娃哈哈集团公司涪陵有限公司的协议。协议核心内容为：涪陵当地政府以"移民经费与移民任务总承包"的方式向新成立的公司注资 4000 万元，娃哈哈以设备和流动资金入股，向新公司投入 4000 万元，双方各持有 50%股份。

宗庆后对他们说："我不是随随便便地投资。作为投资人，我慎之又慎，防止自己吃亏。但是，我坚持的一条原则是：别让西部吃亏。在涪陵投资建厂这件事上，娃哈哈内部有个'双不'规定：不把西部作为试验田，不把经营风险转嫁给西部。"

根据那份"不平等"协议，娃哈哈总共投资一个多亿，加上当地政府配套的 4000 万元移民经费，对涪陵市糖果厂、百花潞酒厂和涪陵地区罐头食品厂进行投资改造、建设和经营，开发果奶、罐头、矿泉水和保健酒 4 个项目，安置 1200 名移民，并统一安排这三家企业包括离退休职工在内的 1300 多名员工。

涪陵也的确表现出了他们的诚意，他们承诺娃哈哈可以不承担三家被兼并企业原有的一切债务，并且通过行政划拨的方式，将原属于涪陵市粮食局、位于荔枝高山湾的一个矿泉水源给了新公司，用于建一个矿泉水厂。他们还提出，娃哈哈涪陵有限公司成立 4 年内，双方不分红，一切利润都用于扩大再生产。

宗庆后感佩于涪陵的诚意，于是提出除妥善安置协议规定的移民外，还愿立下"军令状"，保证 4 年内实现 7560 万元的净利润，净资产达到 1.56 亿元，否则，不足部分娃哈哈集团公司补偿 70%。除了自设苛刻要求之外，宗庆后也提出了激励要求：如果超额完成利润指标，超额部分的70%奖励给娃哈哈集团公司。

这是一个几乎不需要商榷的建议，因为涪陵方面求之不得。于是双方爽快地在最终的协议文本上签了字。在合同上写下“宗庆后”三个字的时候，他仿佛看到了娃哈哈的未来：西南，只是一个练习；经由长江顺流而下，他们将“占领”整个中国。

也正是在这个月，江泽民考察四川时，听说娃哈哈要在涪陵落户，连声称赞：“好！好！”

11月初，娃哈哈派出的第一批技术和管理人员就到了涪陵，他们开始动手安装两条日产40万瓶果奶的生产线。宗庆后则匆匆飞赴美国，去花上千万美元为涪陵公司订购一套生产纯净水的设备。

12月28日，宗庆后带了十几个部下回到涪陵，准备大干一场。那是他们第一次在浙江省外建厂，抽调的全是杭州工厂的骨干。此前娃哈哈内部也有不少反对声音，不少人明确表示宁可辞职也不去西部，以至于一开始连工作组都组建不起来。但宗庆后考虑这是国家需要，反反复复地做思想工作，所以最后大家还是义无反顾地去了。

“销地产”发端

12月28日是娃哈哈集团公司涪陵有限责任公司成立的日子。公司董事会全权委托娃哈哈集团承包经营15年，宗庆后则当选为合资公司董事长。

宗庆后在成立大会上忠告涪陵员工，企业的命运与全体员工的命运紧密相连，只有企业做好了，员工们的收入才能得到保障和提升。“娃哈哈不是救世主，娃哈哈来了，亦不可能一夜工夫什么都有了。要发财，靠奋斗，要树立不靠上帝靠自己的拼搏精神，齐心协力搞好自己的企业。”

事实上，通过前期派驻人员的反馈，以及宗庆后亲眼所见，他已经知道自己即将面临一种什么样的处境。原先出现在“可行性报告”中的所有麻烦都出现了：

在涪陵，宗庆后他们面对的是三个烂摊子，三家濒临倒闭的老厂，三支人心涣散的队伍，三个破破烂烂废墟一般的厂区……

气候和生活也变成了他们的敌人。王怡敏在涪陵待了一个半月，得了一身的皮肤病。她后来有一次回忆说："涪陵当时的条件非常差，最好的酒店是中山大酒店，是市政府的旅馆。我们去兼并，我带队在那里住了一个半月，皮肤病都染回来了，因为非常潮湿。被褥总让人感觉没洗干净，有一股子霉味儿，睡进去都觉得湿漉漉的。"

1994 年 12 月 28 日，杭州娃哈哈集团公司涪陵有限责任公司成立，娃哈哈"销地产"发端。

又赶上他们待在涪陵的那段时间正是十二月份，成天下着阴冷的雨，地上泥泞不堪，天天都得穿雨鞋。"早上七点钟天还是黑乎乎的，起床后你就能感到刺骨的湿冷直往你膝盖里钻，往骨头缝儿里钻。那个时候真的是非常艰苦。"

最令人烦恼的依旧是人。那些已经习惯了在国营企业中混日子的老员工根本无法适应娃哈哈的工作节奏和管理模式，工厂被兼并所造成的失落以及新规所带来的严格约束使他们产生了强烈的抵触。他们不停地起哄、闹事，有时候甚至会寻个借口搞罢工。

王怡敏是涪陵公司的第一任办公室主任，她身上有着娃哈哈女将所特有的硬朗作风和旺盛精力。她用自己大刀阔斧、雷厉风行的行动赢得了信任，很快就征服了那些起哄的、闹事的、罢工的老员工。他们的潜力被激发了出来，热情被调动了起来，对未来的希望被升腾了起来。娃哈哈涪陵有限公司很快走出了混乱与无序，真正成为了"娃哈哈"的一部分。

1995 年，娃哈哈涪陵有限公司建成投产第一年就创产值 5678 万元，利税 813 万元，其中利润 403 万元，当年就跻身重庆市工业企业"五十强"，还解决了一千多名移民的就业问题。

在接下来的几年中，涪陵公司每年都保持着翻番式的增长，很快就跻身重庆市工业企业“十五强”，江泽民、李鹏、吴邦国、温家宝、邹家华等中央领导都先后前去考察，称赞娃哈哈“为库区对口支援树立了典范”。

宗庆后他们无愧于这个“典范”，他们没有把对口支援当作简单的政治任务，也没有把对口支援当作“走过场”。宗庆后他们这一代人，有着强烈的政治敏感，希望国家朝着好的方向发展。发展的过程当中，个人和企业做一点儿牺牲，只要能帮助到国家，他们都感觉是有价值的。

娃哈哈的涪陵项目在当初的确作出了牺牲，但它最终变成了经济效益、社会效益、政治效益“三丰收”的项目，使娃哈哈在利益和美誉度上都得到了极大的提升。

事实上在对口支援之初，宗庆后完全可以提出只出品牌、技术和设备，不出现金的方式来合资建厂，“空手套白狼”。也确实有不少人规劝他说：“其实按照国家政策，兼并亏损企业，照理应该政府贴钱。你去兼并当地的亏损企业，当地政府白送你都愿意啊，你干吗还要自己往上贴钱?”宗庆后不知道该怎样回答。他只知道，天下没有免费的午餐，他不会也不愿白拿别人的东西，如果拿了就一定要回报。

虽然不知道这是否是人们所说的“儒家思想”、“忠恕之道”，但宗庆后确信，人一旦心存善念、力践善行，就不会吃亏，一定会有回报。现实中的回报，是在涪陵的投资成功；精神上的回报，则是内心的安宁和满腔的成就与幸福。

投资西部之后，慢慢地房地产市场起来了，同样有人好心劝他：“你们可以在扩建生产基地的时候跟政府多要一些地啊。”宗庆后从来没这么想，更没有这样做，虽然争取此类旁人艳羡不已的利益，对他来说并非难事。

“一切财富的积累，都要靠自己的智慧和努力，只有这样的财富才是牢靠的、清白的。财富本身是没有意义的，只有帮助到了他人，财富才具有了意义。”宗庆后说。娃哈哈在涪陵有投入，帮助了当地发展，帮助了移民就业，他做的事情才变成一件有价值的事情。通过“圈地”的形式去攫取不义之财，这样的事他干不出来；如果干了，他将会从此睡不安宁。

宗庆后不知道这样的做法不知不觉中赢得了很多人内心的尊重。在办娃哈哈的过程中，他曾无数次被游说去搞房地产项目，然而“我自岿然不动”——他喜欢脚踏实地挣来的财富，不喜欢迎合潜规则，也不喜欢投机取巧的所得。

多年来的发展证明，娃哈哈并未损失什么，得到的东西远远超过了作出的牺牲。对于娃哈哈人来说，进军西部也给他们提供了一种宝贵的经验——“销地产”模式，即在产品的销售区域组织生产，然后在当地销售。利用“销地产”可以降低生产成本，减少销售环节。

“销地产”的开始，让宗庆后最终缔造了一个饮料的帝国。

涪陵公司的成功使娃哈哈成为一个模板，很多地方政府开始主动联系娃哈哈，千方百计找到宗庆后，寻求合作。

宗庆后记得，1997 年 5 月 15 日，时任湖北省委书记的贾志杰在一次政务宴请上得知他有意在湖北投资办厂，促成了宜昌市与娃哈哈的一次“联姻”。6 月 30 日，宜昌市委副书记李泉一行赶赴杭州，愉快的会谈后，宗庆后告诉对方，他们当年就会喝到宜昌生产的娃哈哈产品。

9 月 10 日，娃哈哈宜昌分公司全面动工。

12 月 28 日，娃哈哈宜昌分公司生产的第一瓶娃哈哈果奶下线。

1998 年，宜昌公司的销售额达到了 1.3 亿元，创利税 4237 万元。

说起到红安设厂，有另一个让宗庆后唏嘘感慨的故事。有一次他在那里进行市场调研，当地一位农民对他说：“买一瓶娃哈哈纯净水，抵得上我们两天的饭钱。”当时宗庆后就下定决心，为了让他们不必再为饭钱发愁、不必再为买娃哈哈纯净水的钱发愁，他也要在这里建一座工厂。

从此之后，“王浚楼船下益州”，顺流而下，娃哈哈开始了更浩荡的征途。从涪陵到广元，从宜昌到红安，从长沙到杭州，凡是长江水流过的地方，逐渐都布下了娃哈哈的基地。

当“金陵王气黯然收”、“一片降幡出石头”之后，宗庆后他们又开始了新的“南征北战”，河南新乡、河北高碑店、甘肃天水、辽宁沈阳、吉林靖宇、江西南昌、安徽巢湖、广西桂林、广东深圳……一个个生产基地，一条条生产线，开始密布在整个中国。以 500 公里为辐射半径，娃哈哈的生产基地连成一片网格，牢牢地网住了整个中国市场。

在杭州，新的生产基地也在建设当中。从 1993 年确立了新目标开始，娃哈哈就准备在新长征的路上放开脚步奔跑了。

那一年5月28日，宗庆后陪着杭州市委、市政府的领导人，以及各界宾朋齐聚杭州经济技术开发区，庆祝娃哈哈新生产基地——下沙基地破土动工。那一天的下沙彩旗飘扬、礼炮轰鸣，宗庆后与到场的领导一起挥锹，为新生产基地奠基。

下沙288亩的土地，成为娃哈哈的新起点。有了这块地，宗庆后就有了更足的底气。他告诉那天在场的所有人：

“虽说娃哈哈创业仅6年，就拥有自有资产近2亿元，得到了外界的一致赞叹，但我们的目标并不仅仅如此，现在也不是放松止步的时候，我们要开始第二次创业，再造一个娃哈哈。”

“在今后的6年中，企业力争上规模、上等级、上水平，继续超常规发展，向跨国集团进军。”

下沙基地代表了宗庆后的心血和希望，他计划按照世界最先进的技术、规划来打造它。娃哈哈前6年的爆炸式成长，是因为获得了一个好时机，找准了市场的空白点。如今的娃哈哈已经成为行业龙头，也成为众矢之的，更成为那些跨国巨头的“眼中钉、肉中刺”，唯有扩大生产，做大规模，以守代攻，才是唯一活路。

娃哈哈拥有超越同行的市场领悟力，但在技术、经验和管理上，却是土法上马，野路子起家。今天的娃哈哈需要从游击队变成正规军，需要告别流寇习气，变成一支真正的军队。

这是宗庆后对娃哈哈的期望，也是他对下沙基地的规划。清泰街和秋涛路代表的是娃哈哈的既往，下沙则代表娃哈哈的未来。宗庆后必须为下沙基地设定世界一流大企业的建设标准，为它引进国际最先进的生产线。

1995年，下沙基地竣工投产。

娃哈哈完成了跨越和升级。

从1987年开始，用了4年时间，娃哈哈完成了自己的“野蛮生长”。

从1991年开始，用了4年时间，娃哈哈完成了自己的“非常生长”。

在头一年的10月8日，在“娃哈哈创业七周年暨杭州娃哈哈集团公司成立三周年庆祝大会”上，宗庆后就已经确定了他们的未来：

“由于企业一直保持了强劲的发展势头以及知名度的不断提高，引起了许多外国财团的兴趣。今年以来，我们先后与美国、澳大利亚等国家和台湾、香港地区的客户合资兴办了多项合作项目。特别是美国帝杰证券公司、金氏兄弟投资公司与我们签订了投资3000～5000万美元的投资意向书。我们将成为能与美国可口可乐公司、台湾统一公司相匹敌的世界著名企业。”

“7年前，娃哈哈诞生的时候，它很平凡，只是一个普普通通的校办企业，但同时它又很独特，它独特在‘励精图治，艰苦奋斗，勇于开拓，自强不息’的企业精神，独特在其生产‘真正具有使用价值的产品’的经营思路，独特在‘致力于人类健康、精益求精’的企业宗旨。唯其平凡，才易于发展，唯其独特，才有前途，才有生命力，才不会被众多的食品企业所湮没，才会有从0到10亿、从‘儿歌’到‘国际歌’的一个个扎实的脚印。”

联销体的阵痛

一个个生产基地就如同一座座小城，他需要建成一条条“甬道”将它们连接起来，实现“修为墙垣，甬道相连”。在娃哈哈帝国里，他的甬道就是“联销体”。

一个个生产基地就如同一座座小城，宗庆后需要建成一条条“甬道”将它们连接起来，实现“修为墙垣，甬道相连”。在他的帝国里，他的甬道就是“联销体”。

在一个完整的商业生态中，固然存在着弱肉强食的进化论现实，却也必定存在着互惠互利的案例。宗庆后相信后者不是孤案。无论生物界还是商业界，没有谁可以被孤立在一个群体之外。

互惠互利作为一种理想状态，其核心的诉求就是参与者的利益分配。世界上的任何事都会涉及利益分配，很多大企业瞬间分崩离析，往往是由于利益分配的不均或不公造成的。

这时候就需要一位有远见卓识的领导者站出来，以自我牺牲的勇气，来均衡利益格局，使生态中的每一位参与者都能得到自己期望得到的分利。这位领导者所做的，不仅仅是自我牺牲，而是因势利导，开创了更大的局面，影响和掌握了更大的商业生态。

对于领导者来说，这是一场赌博。事实上，对于参与利益分配的每一个人来说，这都算是一场赌博。

企业家都是赌徒，至少身上具有赌徒的特质。最鲜明的一个例证是联邦快递公司的创始人弗雷德·史密斯，他挺身而出，与坚如磐石的美国邮政总局较量；他用赌博赢来的钱发放一次迫在眉睫的工资……但是史密斯说："在某种程度上把'企业家'与赌徒等同起来，我认为是不幸的。我根本不这样看。行动常常并不是最危险的道路，最危险的道路是不采取行动。"

一位叫卢泰宏的营销学专家，在一次聚会上讲了个故事："2003 年 8 月 18 日，我到新疆出差，去的这个地方地理位置非常偏远，在新疆的西北，离伊犁还有三十几公里，我们停车下来想找点吃的，最后找到一家夫妻饮食店，我们发现窗台上摆着十几个瓶子，以娃哈哈居多。这已经说明了娃哈哈的竞争力和它做通路的力量。"

今天的娃哈哈，已经渗透到了中国的每个角落。宗庆后曾经说过："在西藏那曲，地上除了牛粪就是娃哈哈的瓶子。"虽然宗庆后很讨厌那些乱丢垃圾的人，但是每次看电视，看到那些"驴友"在偏远的角落里扔下的"娃哈哈"的瓶子，他还是感到挺激动的。

还有一个真实的故事，主角是宗庆后和网易的丁磊，他们都是浙江人。丁磊以前一直不大认同宗庆后，他认为关于娃哈哈，尤其是关于非常可乐的市场业绩都是在瞎吹牛。后来有一次他带女朋友去新疆旅游，女朋友突然想要喝可口可乐，可是跑来跑去就是买不到可口可乐，店铺里只有非常可乐，从那时起他才感觉娃哈哈确实厉害。后来丁磊再次遇到了宗庆后，就开始向他讨教"如何把娃哈哈卖到全国都是"。

宗庆后告诉他，靠"联销体"。

被经销商"劫持"了

娃哈哈的网络，面积之大、密度之高、力量之强、韧性之足、渗透力之锐，这么多年来一直是宗庆后所引以为傲的。

所以每年的经销商大会，都成了娃哈哈最热闹、最具烟火气的聚会。上千号人关在一间大会议室里，通常是宗庆后先讲，讲局势，讲现实，讲未来，讲分配，然后大家再开始讨论。有位经销商曾形容说："听宗总讲一次话，就是花 5000 块钱也值。"宗庆后不知道他的褒奖是否出自真心，但这样的论断似乎时有耳闻。

整个大会议室里烟雾缭绕，人们时而平静，时而激动，时而心如止水，时而近乎癫狂。有的人抽烟的时候一语不发，讨论的时候声嘶力竭。

还有一次，一位经销商大喊了句口号："宗总万岁！"却没有人响应。宗庆后跟他说："你这不是捧我，是坑我，我宗庆后就是个商人，你喊我万岁，就是把我往火坑里推。"

后来，这位经销商就再也没喊过这样的口号。再后来，河南双汇发生了"瘦肉精事件"，万隆召开万人大会，有人在会场上歇斯底里地大喊："万总万岁！"人们发现，竟然就是曾经做过娃哈哈经销商的那位。

会议通常会持续两三天，这已经成为每年的惯例。宗庆后每个"分会"、每个"分组"都去，他跟他们握手、寒暄、交流，基本每个经销商兼顾到。几天下来，他的嗓子就哑了。交流完了，就是签"军令状"，兑现奖品。有人欢喜有人愁，有人开着奖来的车回去了，有人带着一身的压力和满心的沮丧回去了，还有的人，要继续找宗总谈谈，说是有很多细节"感觉不公平"……

每年到了会议结束的时刻，会议室所有的门洞开，人们一涌而出，看起来像是《西游记》中的仙魔。正是这些"仙魔"，他们走出烟雾，走出清泰街，走出杭州，把娃哈哈带到中国的每个角落，带到整个世界。

宗庆后时常在想，如果娃哈哈真是一支部队的话，他是毫无疑问的司令官，工人们是士兵，干部们是各级指挥员，经销商们呢？盟友？游击队？都不是。他们是娃哈哈的人，他们是侦察连，是特务营，是特攻队，是特种部队，是《亮剑》中的和尚与段鹏。

把他们变成"和尚与段鹏"是一个艰难的过程，是一场痛苦的煎熬，也是一种美妙的收获。

在 1994 年，宗庆后决心进行另一场赌博。这一场赌博与 1987 年的创业不同，那一次的"孤注一掷"只是选择了方向，而这一次却是选择了存亡。

一切都源自 1991 年的那次尝试。那一年，宗庆后安排业务经理胡文雄孤身一人到哈尔滨去开拓市场。胡文雄向他建议，可以尝试“经销商有固定的区域，逐级批发有固定的差价”。宗庆后跟他说，尽管放手去做，只要能把业务搞起来，只要不违法犯罪，什么方法都可以尝试。

胡文雄在哈尔滨找到了一个经销商。他向此人承诺，如果对方三个月内无法顺利打开市场，公司将会无条件退货并补偿损失。经销商一听，觉得很划算，就全力去跑销售。

三个月下来，胡文雄和那个经销商都惊呆了：娃哈哈在哈尔滨市场卖疯了。他们开始向总部整批整批地要货。哈尔滨市场的火爆带动了整个东北，很多客户找上门来，要求代理娃哈哈产品。那位尝到甜头的经销商也介绍来一些他的朋友。

这时候，宗庆后就决心做娃哈哈自己的销售网络，建立自己的队伍。

到了 1994 年，娃哈哈已经变成了中国最大的食品饮料公司，此前隐匿于表象之下的痼疾逐渐显露出来。

刚开始创业的时候，娃哈哈主要通过糖烟酒、副食品、医药三大国有商业主渠道流通，随着农贸市场的崛起，拥有灵活多变的机制优势的“大户”开始成为娃哈哈经销商的主导力量。

借由这些翻云覆雨的“大户”，娃哈哈迅速将产品覆盖到中国的各个角落。他们推动了娃哈哈的成长，并且因此获益匪浅。联合使双方都获得了野蛮生长的空间，无论娃哈哈还是大户们。

此前娃哈哈的主打产品是儿童口服液，宗庆后他们采用的销售模式比照的是医药行业的“赊销”行规，先发货，后付款。事实上，那时候中国的大部分商业形态都是如此，无论多低的折扣，也没有人愿意先付款，后拿货。

这种现状形成的原因，一方面是市场上资金的充裕性和流动性都不足，另一方面则是“三角债”、“赖账”等恶疾的存在，它们使人们之间的互信变得淡漠以致丧失，最终产销两端相互提防。

娃哈哈的货发过去了，相当于先为经销商垫付了货款，等经销商销售一段时间后再去收账。那时候娃哈哈经常会遇到拖欠货款的，有的只拖三两天，也有的会拖上两三个月。因为担心市场销售，娃哈哈方又不敢催得太紧，跟他们翻脸；下次要货的时候，还得发给他们。对于少数经销商，他们事实上已经失控了。

举例来说，如果一个经销商已经赊账达一百多万元了，他要货的时候你到底还给不给他发？发的话经销商可能越欠越多，不发的话那一百多万元可能就收不回来了。因为拖欠货款状况的普遍存在，娃哈哈事实上已经被经销商给“劫持”了。

这些“大户”们大多不注重制度、秩序，也不遵守娃哈哈的游戏规则，经常还“店大欺客”、拖欠货款，最严重的时候，娃哈哈被拖欠的货款总额超过了1亿元。巨款压在渠道里的直接后果是，娃哈哈针对未来的很多战略规划因为资金的问题而无法得以实施。

这些“大户”们的内部也混乱不堪，他们有的经销多个行业，有的经销一个行业的多个品牌，有的还无视行业规矩，四处“串货”，肆意定价，行情好的时候拼命抬价，行情不好的时候就随意降价，对娃哈哈的市场形象带来很多负面影响。

娃哈哈自己的业务员也处在夹缝中进退维谷，公司和经销商都在给他们施加压力。如果遇到一个不负责任的业务员，他可以自作主张，给关系好的经销商多发点儿货，给关系差的经销商压一点儿货，也不去关心货款能否及时到账。

那时候娃哈哈果奶的销售额已经好几个亿了，盘子越做越大，资金回笼的压力也越来越大；公司每个月需要回笼的资金超过3000万元，只有这些资金回笼了，生产才能得到保障。

当时娃哈哈市场部、财务部和办公室的负责人天天为销售回款的事焦头烂额。他们每天都在统计：今天回来了多少钱？明天会回来多少钱？哪个业务员的回款情况比较好？

他们就在宗庆后楼下办公，每天都要向他报告资金的回笼情况。所以对于每天生产、回款和发货的数字，宗庆后都了然于胸。宗庆后对他们说：必须回款之后才能发货，拖欠货款的比例不能太高，万一控制不好的话，就变成坏账了。

那时候娃哈哈的规模不到今天的1%，每天的销售回款规模，多的时候有两三百万元，少的时候只有几万块钱。回款情况不理想的时候，宗庆后就会直接打电话到省区经理那儿，问他们：“资金为什么回不来？到底怎么回事？”

那时候省区经理最怕接到宗庆后的电话，因为他在电话中基本上没什么好口气，都是拿着报表在批评他们：你的报表上已经欠了一百多万了！你的报表上做了两百多万了，不错，怎么欠款有一百多万？你的报表上一共只做了一百多万，怎么全是欠款？

公司本来每年都有考核指标，可是到年底的时候，很多指标只能空着，因为回款没到，数据无法统计。那时候真是一片混乱，有时候他们连“应收账款”都无法清晰地统计出来。

1993 年底的时候，宗庆后觉得这样下去实在不行了，已经不再是混乱那么简单，简直关乎生死了。

这个痼疾已经影响到了娃哈哈的发展。随着生产规模的扩大、扩张速度的加剧，娃哈哈急需大量的资金去开疆拓土。可是每次看财务账目，宗庆后就头疼不已：不是经销商拖着没付款，就是有人又赖账了。催款、要账，成为最让人苦恼的事情。

他想起创业之初，大年三十跑到外地要账的往事，想起了种种忍辱负重，就觉得必须彻底改变这种“低三下四”、“低声下气”、受制于人的局面。“这么好的产品，交给谁卖都会赚钱，你赚了钱，却不顾及企业的发展，这样的经销商我宁可不要！”

面对经销商的时候，娃哈哈必须“硬气”起来，否则他们将会被经销商拖垮，被断裂的现金流拖垮。宗庆后对当时的销售公司总经理丁培玲说：“我们这样下去不行，必须做出一个东西，做到‘款到发货’。”但是哪怕是他的销售公司经理也觉得这样的一个“东西”匪夷所思，觉得根本是行不通的，投了反对票。

丁培玲说：“这个钱不回来的话，你不发货啊？你不发货生意没了，市场也没有了，工人都坐在那边，工人要等着你的……”

宗庆后对她下了命令：“必须得这么做，不款到发货，我们就会死。一开始肯定会遇到问题，只要坚持下去，后面会慢慢好起来的。”

“凡是我认定的东西，不管有多少人反对，我都会坚持，都会顶住。因为我已经预见了前面的风景，看透了未来的关窍在哪里。而这种预见，这种看透，并非偶然，它们建立在我对市场的无数次缜密而细致的观察、调查和思考之上。”回忆起往事，宗庆后依然豪情满怀。

他奉行的一条准则是：烂熟于心，而后神迹照亮天空。

1994 年初，在娃哈哈的全国经销商大会上，在满会议室的烟雾氤氲当中，宗庆后向经销商们提出了一个渠道变革的利益分配方案：

娃哈哈新渠道法则规定，特约一级经销商拿货必须给娃哈哈提前打款，作为“保证金”，保证金由娃哈哈支付利息；在经营过程中，每月进货前经销商必须结清货款，娃哈哈才予发货；销售结束后，娃哈哈返还“保证金”，并给经销商返利。

每年年底，一级经销商必须将这一年销售额度的10%左右作为保证金一次性打到娃哈哈账户上，娃哈哈为此支付高于或相当于银行存款的利息；具体测算方式为年任务额除以10再乘以1.17，如果经销商一年销售任务为1亿元，那么他的保证金为1170万元。

娃哈哈制定严格的价差体系，各省区分公司所对应的经销商，统一划分为一级批发、二级批发、三级批发，每一级都必须严格执行对应的销售价格，实现“大家都有钱赚”。销售区域内必须严格“画地为牢”，严禁向区域外市场销售娃哈哈产品，否则将受到取消经销权、没收保证金等严厉惩处。所有经销商都捆绑销售指标，完不成销售任务的进行动态淘汰。

宗庆后向他们解释说，在这个体系中，娃哈哈的一级批发商承担的是“物流商”的角色，负责仓储、资金和向终端供货，同时管理每个地区的二级批发商。宗庆后向他们保证，娃哈哈在一个区域内只发展一家一级批发商，娃哈哈销售公司派驻各地的销售团队还会派人帮助经销商管理好铺货、理货以及广告促销，并且承担起对“串货”现象的监督职责；如果经销商需要，娃哈哈的人甚至可以承担除了资金、仓储和搬运之外的一切营销工作。

宗庆后相信经销商会喜欢这样的方案，因为娃哈哈是一家大公司，品牌影响力强，广告造势足；系列产品多，综合经营空间大，能够摊薄经营成本；外派人员的协助，可以使经销商心无旁骛地做市场销售，而不用担心销售政策打折扣和“串货”的影响。

然而听到他的“分配方案”，底下抽烟的所有经销商都傻眼了。他们先是瞪大了眼睛，什么也说不出来，会场安静如一潭死水；接下来他们突然爆发了，吼叫的、抗议的，一切想象力所能呈现的姿态和状态都出现了。

他们觉得宗庆后提供的方案对他们是不公平的，是在他们脖子上套上了枷锁，从此之后他们只能任由他牵着走了。

一个人站起来高声质问：“凭什么?”

很多人跟着一起高声质问："凭什么？"

宗庆后从来不怕声音大，在兼并杭州罐头厂的时候，他已经见识过了什么叫"声音大"。声音大不是自信的表现，而是懦弱的证明。

"就凭三条。第一，娃哈哈的儿童口服液和果奶好销，大家有钱赚；第二，保证金是有利息的，比存银行划算；第三，生意要长久，就需要信用。大家都在一条船上，不能光顾自己不顾公司，双方都得体现出合作的诚意来。"

在公布这个方案之前，宗庆后曾征求过很多人的意见，也在公司内部进行过多次讨论，遭到了公开的反对。他们担心经销商会哗然乃至哗变，他们还担心娃哈哈的渠道和销售受到影响，业绩会大幅下滑，市场会被竞争对手乘虚而入，最终被迫无奈撤退。

很多业务员跑到他这里吵嚷："宗总，你这办法行不通的，肯定不行！"很多中层干部也直接表态反对。有一个人态度强硬地说："我坚决反对这个方案，难道货款不回来，你就不发货啊？你不发货，那你市场就没了，你的工人就坐在那里没活儿干，最后还得求着人家说：'你一定要帮我做下去！'"

宗庆后的倔脾气又上来了："这事必须这么做！这么做，我们或许会艰苦上几个月；不这么做，我们就死路一条！我们的规模越来越大，不可能放这么多资金在渠道当中；这么拖下去，我们早晚被拖垮。这个行业的风气以后肯定要改变，必须改变，他们不改，我们逼着他们改。现在我们不去改，以后就没办法改了，恐怕连改的机会都没有了，垮了。"

他征求经销商意见的时候，也遭到了普遍的反对。他们说："宗老板，你这个不行，没有你这么干的！你这么干的话，我们就不做你的货了。现在是年底了，马上要开订购会了，我干脆销别人的东西好了。"

宗庆后说："你不做我的货，我也得这么干！我也是没办法啊。你先别着急，听我把道理给你讲讲。"

他告诉他们，保证金是付利息的，不会让他们吃亏。"你把钱打过来了，日常资金可以去银行贷款嘛。你银行贷款一分息，我给你的保证金一分五、两分，这样你不还是赚了吗？"

经销商才不管这么多，他们才不跟你讲道理呢。

宗庆后没办法，就只好跟他们说："你们得让我把生产搞下去。表面上看，你的钱先到了我这里，我就不用担心你到时候不还钱给我了，风险都到你那儿去了；实际上呢，我用这些钱去搞好生产，去做市场促销，把产品做俏了，你不就可以赚更多钱了吗？如果我这边不这么弄，早晚要死翘翘，你那边也就没钱赚了。”

道理宗庆后是对他们说清楚了，可是他们谁也不愿意这么干。他是顾不了那么多了，他们支持也好，反对也罢，宗庆后是一门心思要搞这个模式了。

他坚信的一点儿是：娃哈哈不能被经销商拖死。吸引经销商主要靠两条，一是有钱赚，二是产品好销。只要娃哈哈把产品做好了，市场推广做起来，经销商迟早会接受这种模式的。娃哈哈做生产，经销商搞销售，目标都是赚钱，赚钱才是硬道理。有钱赚了，什么都好说；没钱赚的时候，谁也不会跟你讲道理。

“联销体”反败为胜

于是在 1994 年年初，宗庆后豁了出去，把这种全新的销售模式抛给了那些经销商们。他给这种模式起了个名字，叫作“联销体”，意思是娃哈哈和经销商联成一体，共同发展，共同赚钱。

在一片反对声中，“联销体”推行了下去。这些“诸侯”、“藩镇”们虽然理智战胜了情感，被迫接受了宗庆后定下的新规矩，但心中的别扭却一直无法消除，隔阂整整持续了一年。

理想化的结果没有出现，一切正如他们所预想的那样，市场销售受到了冲击。一开始的时候，一些实力较小的经销商跑掉了，有一些直到今天还没结清他们的货款，这笔钱于是就变成了“坏账”；还有一些经销商在闹情绪，出工不出力，走一步看一步，准备“拿”他们一把。

宗庆后还是坚持自己的态度：“你不做我的货可以，我一定要做‘联销体’。不按照我们的模式做，你结清我们前面的货款就可以了，我们终止合作，你的经销权就没有了。”

很多人在评价娃哈哈“联销体”的时候，都褒奖宗庆后“有魄力”。事实上，这根本谈不上什么魄力，而是被逼无奈的选择，是毫无选择的选择。

人只有在陷入绝境的时候才会寻找生路，也只有在陷入绝境的时候才会坚持走出一条生路。宗庆后不是有魄力，也不是多么强硬，而是知道，他只有这一条活路可走而已。

经销商大会上的订货数据并不理想，往年都是翻番增长，1994 年的增幅只有六成多。事实上，整个 1994 年的销售情况都不如预期的好。

宗庆后他们采用“双轨制”，一边回笼老经销商拖欠的货款，一边跟参与“联销体”的经销商进行着新的合作。宗庆后相信，只要他把市场弄漂亮了，产品搞紧俏了，经销商能赚到钱，一切都会过去。“你非拿我的货，你非要把钱拿过来才能拿我的货。”

所幸的是，这种困境只持续了几个月。最初的一个月，他们的销售压力非常大；后来他们慢慢地回笼资金，一边往前走一边向经销商推广“联销体”。慢慢地，经销商开始接受他们的理念，一切又回到正轨了。

等到娃哈哈熬过了 1994 年，开始推新产品了,“联销体”一下子就火爆了起来。

1995 年，他们推出的新产品是“娃哈哈纯净水”，由于营销做得好，市场上都卖疯了，很多人又像以前经销儿童口服液时那样，拎着满蛇皮袋的现金找到宗庆后说：“宗老板，你给批个条子吧。”宗庆后就跟他们说：“你加入我们的‘联销体’，我还给你付利息。我们把市场做好了，你有钱赚，货也有保障。”

娃哈哈纯净水在东北那边卖得最疯狂。他们批给那边的经销商是 40 元钱一箱，经销商回去卖到 55.6 元，一箱要赚十多块钱，利润高得吓人，回笼的全是现金。有了他们做榜样，“联销体”推广的速度就更快了。

“联销体”的模式在当时属于行业的独创，此前没有人做过，除了娃哈哈之外，也没有谁能够完全做到“保证金”加“款到发货”。后来也有不少公司学习娃哈哈的这种模式，慢慢地就变成一种行业规则了。

也正是这些公司，最初听说娃哈哈搞“联销体”，都在说：“你娃哈哈疯了，怎么搞了这么个东西出来？你收了这个钱，就彻底死翘翘了。谁敢跟你玩啊，搞到最后，大家都吃不消的。”如今他们都意识到了，如果不是娃哈哈坚持搞“联销体”，恐怕他们早已死翘翘了。

宗庆后他们差不多用了一年的时间完成了“联销体”推广，完成了销售网络的革新。虽然还是有不少经销商心里疙疙瘩瘩的，抱怨说“你宗老板这么做，害得我们压力好大”，心里面也充满了不情愿，但是市场的火爆扭转了他们的念头。

流失的经销商日后也有回来的，大部分经销商留了下来，他们都是多年来一直跟着娃哈哈走的人，他们相信娃哈哈，也相信宗庆后；更重要的是，他们相信市场，相信利益。他们知道，娃哈哈的产品销路好，有钱赚。“大家都觉得，跟着你能赚钱，”一位经销商对宗庆后说，“这就行了。”

经由“联销体”的创造，他们虽然过了几个月苦日子，但他们这种独一无二的创造，这种“置之死地而后生”的举措，使娃哈哈在行业内创造了规则、制定了规矩，最终变成了娃哈哈战无不胜的“杀手锏”。

在联销体模式当中，一级经销商带来了高效的中转和分销，而二级、三级经销商则直接带来了市场。娃哈哈的销售人员都知道：“‘二批’是最厉害的，因为‘二批’直接关系到产品是否能铺向市场。“二批”和“三批”是占领市场的最主要力量，因为他们决定了什么产品能跟消费者见面，以及以何种方式见面。得罪了“二批”和“三批”，那就是自绝生路。他们要是断谁家的货，在他的片区里，连个瓶盖儿都不会剩下，更谈不上销售了。

可口可乐一直没有攻下东北市场，是因为当年可口可乐进攻辽宁市场的时候，采取的是“摆摊赠货”策略，只要这个商店把可口可乐的产品摆上一个月，这批产品就归此商店了，他一分钱都不要。这种便宜事儿自然让很多商家都进了货。娃哈哈的“二批”发现以后，直接把这些商家的娃哈哈产品断货了。由于娃哈哈的产品利润高而且稳定，这些商家权衡之下，还是选择了娃哈哈。

宗庆后喜欢从市场上获得第一手的信息，这就决定了他对经销商的控制必须是直接的。他必须完全控制一级经销商，并且能够掌控“二批”和“三批”的动向与反应，以便对整个经销体系做出调整。这些调整，或许是市场策略的转折，也或许是对某些倦怠者的敲打，甚至直接撤换。对于经销商来说，联销体简直就是一种快乐的疼痛。

管理经销商，光有疼痛是不够的，中国人从商，始终都将“情”字摆在首位，由情培养起来的凝聚力，绝非利益所能取代。宗庆后后来与达能翻脸，达能打算釜底抽薪，收买他的经销商，结果却没有一家经销商倒戈。这就是情感的力量。

宗庆后管理他的经销商，就像管理自己的下属一样，很多经销商原来都很小，现在都发展得很大，随着事业的壮大，大家之间的感情也越来越深厚，又经由利益纽带的捆绑，终于变成了你中有我，我中有你。

2007 年 11 月，娃哈哈销售工作会议上，出色的经销商获得娃哈哈奖励的宝马、奔驰，一时在江湖传为美谈。

他们是讲情义的，所以他们感觉跟着宗庆后比较安全。他们跟着宗庆后干之后，没有风险又有钱赚，他还每年给他们开会灌输新的理念，跟他们说的目标后来也都实现了，他们就越来越信服，这个网络自然而然就建立起来了。

差不多二十年的时间，为了编织这张网，宗庆后每年都会花大量的时间走访全国市场，拜访各地的一级经销商，并经常独自走访二级批发商。这张网，事实上是他这只“蜘蛛”一步一步用脚走出来的、用心织出来的。

有人说，他一直在超前市场半步。从结果上看，“联销体”的确超前了市场半步，但是对于当时的他来说，对于娃哈哈来说，这种超前半步只是不得不做的选择。

所谓超前，无非创新。宗庆后有一次说起他们在营销上的创新时说：“最早我们依靠国家的商业网络，现在回想起来我非常留恋。后来批发市场一兴起，由于它成本低，我们马上转到批发市场。后来批发市场比较乱，把价格搞得乱七八糟，我们就建立了自己的销售网络。开始我们是控制一级经销商，现在我们逐步延伸，控制二批商，通过二批商来控制终端。”

事实上他们不是超前了市场，而是被市场推着往前使劲迈了一大步。哆哆嗦嗦地迈出了这一步，他们就活了下来；倘若犹犹豫豫地不肯迈出这一步，人们或许不会看到一个今日的“娃哈哈”，更不可能见到一个今日被称作“中国首富”的宗庆后了。

今天宗庆后已无意再探讨“联销体”模式的独创性及其推行时的曲折艰难，

他只是想说，因为“联销体”的出现，娃哈哈最大限度地减少了资金风险，使他们无需再承受讨债的压力与机会成本；经销商们虽然承受了资金压力，但获得了利润保证，同时因其与娃哈哈的利益关联而或主动或被动地调动起了积极性。

这种全新的契约关系，改变了娃哈哈，也改变了经销商。从此之后，娃哈哈从单打独斗，变成了与“盟军”、“特种部队”一起，与竞争对手战斗。

“联销体”模式出现后，娃哈哈原本超过一万人的营销队伍慢慢地精简到两三千人，人力成本的压力也下降了。有人评价说：“娃哈哈雇用了一批小老板而不是职业经理人，这些小老板都有自我经营的精神，有自我发展的动力，能够进行自我管理，减少了娃哈哈的交易成本。”这个评价非常到位。

“联销体”的成功事实上得益于几个因素：第一是娃哈哈必须保证向经销商提供的是畅销产品；第二是娃哈哈必须给经销商足够的利润空间；第三是娃哈哈必须拥有强大的市场维护能力，不把市场管理和推广的成本转嫁到经销商头上。

所以后来有一天，当宗庆后决定开发非常可乐的时候，十个人里有九个劝他收手，他对他们说：“我有联销体，怕可口可乐什么！”

宗庆后后来也多次说起过“联销体”：

“娃哈哈遍布全国城乡、所向无敌的强势销售网络，是娃哈哈独有的强势所在，它的核心是为消费者提供便利，这是娃哈哈品牌竞争制胜的关键所在。”

宗庆后不厌其烦地和经销商、区域经理交谈，从中发现市场的细微变化。

“把价值 60 亿元的饮料卖到全中国，需要多少营销人员？我的答案是 2000 人。比起三株 15 万营销大军来，这 2000 人不多；比起号称‘黄埔军校’的可口可乐来，这 2000 人学历不高，但是这支精干的队伍却能够屡建奇功。”

“娃哈哈建设通路讲究

的还是节奏和细密度，很快很细，不太凶猛，但劲全使在一个地方。联销体最大的好处是，经销商和我们共同承担市场风险，所以我们的整个市场运作是在低风险、高合作的态势下进行的。”

“娃哈哈的通路变革经历了三个发展阶段：第一个阶段就是我们说的初步建立起联销的网络体系，在二、三级市场建立了娃哈哈的通路优势；第二个阶段是娃哈哈发动‘蜘蛛战役’，把县级批发商也笼络在娃哈哈门下；第三个阶段就是决胜终端和反攻一线市场。”

“‘长期为经销商提供一个合理的利润’这个问题，我们一直都在做，并且会永远地坚持下去，保证经销商有钱赚，他们才会销售我们的商品，营销网络才能搭建起来。厂家和经销商的关系就是鱼和水的关系，相互依存。”

“‘联销体’模式合理分配了厂商之间的利益，使厂商之间达到了目标与利益的一致，把渠道上各个层次的客户及客户占有的资金、市场、仓储，甚至配送体系等各项资源有机整合进娃哈哈的联合销售共同体内，使我公司由一家企业与人竞争变成几千家企业形成合力与人竞争，大大加强了公司的市场竞争力，确保了我公司产品销售渠道的通畅。同时，通过帮助经销商发展二级联销体的方法，将娃哈哈的市场网络一直延伸到农村，使公司产品通过网络像自来水一样迅速渗透到全国各个角落，加快进入市场的进度。”

有一家海外媒体褒奖说，“这位中国经营大师”的神奇之处，在于他是一位真正的市场网络“编织大师”，他把许多外来的跨国公司很不容易看懂的东方市场——尤其是农村和城镇市场——玩得出神入化。

这个褒奖，宗庆后笑纳一半，另一半他认为过奖了。

他早已知晓，市场作为一个神秘的主题，拥有无限的自然魅力，但却非常残酷。同样的说法也可以用在企业经营、人生历程的其他方面。对于他来说，仰望星空是一件奢侈的事情，因为时间对他来说是最宝贵的东西。

宗庆后的一生中错失了很多时间，自然也错失了很多宝贵的经历。在整个深邃的人生当中，他没有导师，唯有自我的体验与认知。

“联销体”是自我体验与认知的结果。它的确是一场赌博的产物，更是一种预判的回馈。这种预判，称得上领先市场半步，或者领先市场半目，因为无论赛跑还是下围棋，领先半步或领先半目，都是决定胜负的关键。

“联销体”的关键性在起初的时候还没展示出来，它只是为他们提供了现金上的保障，使他们无须担忧资金的风险、呆坏账的出现，等到他们启动“非常可乐”，计划与最大的大佬“可口可乐”掰掰手腕的时候，他们终于明白，在1994年初春，他们下出了一着多么关键的“胜负手”。它未必能够使他们立马成为一家伟大的公司，却能够帮助他们在朝向伟大的路上健康、快速地飞奔。

1995年4月26日，宗庆后被评为全国劳模，全体员工在秋涛基地厂门口欢送宗总，他激动地流下了眼泪。

事实果真如此。

2002年，杭州市政府树立工业兴市的“三面红旗”，鲁冠球、冯根生和宗庆后成了三个典型，要奖励他们每人300万元。开会宣布他们获奖300万元时，他们三个都没什么感觉。但当宗庆后回到厂里，员工们夹道欢迎，锣鼓喧天，开口要对他们讲点什么的时候，宗庆后哭了。他曾很多次硬撑着不让眼泪流下来，可是它们却情不自禁地往外跑。

在此之前十年，他也有过一次哭得稀里哗啦的经历。那时候娃哈哈刚刚发展起来，做得有模有样了，杭州市上城区政府奖励给他10万元。

杭州市给宗庆后的奖励，代表了社会对他的价值认可，这固然使他激动，却远不及员工们带给他的情绪感染强烈。宗庆后这一路走来，若是没有这些员工，他是没办法把娃哈哈做强做大的，他们才是娃哈哈的根本。

宗庆后喜欢竞争，好胜心和控制欲都非常强。他吃软不吃硬，面对挑衅的时候只会更硬，面对弱者却会生出保护之心。他喜怒形于色，只是不会感性地表达。他是一个内心柔软的人，时常会流泪。他一直把感情放在心里，“好话不会讲，软话不会说”。

宗庆后领奖的时候最容易激动，这或许与他长期的不被认同有关。他小的时候家庭条件不好，经济上穷苦，政治上跟“黑五类”差不多，各种情感一直处于压抑状态。他需要社会认同、价值认同、精神认同。所以，当宗庆后得到褒奖的时候，他就会非常激动。那种长久被压抑后的突然被认同，那种剧烈的情感震荡，那种内心柔软处被击打和触摸后的感觉，真的很美。

非常可乐

找准了商业链条上的衔接点，虽然最终不可避免地将与“两乐”发生冲突，但因完善链条的不可或缺性，他相信“非常可乐”一定会开拓出一片属于自己的生存空间。

商业传说中是这样描述的：当加利福尼亚掀起淘金热的时候，一位名叫亚默尔的美国青年带着发财梦跟随淘金人流来到加州。他没有马上加入挥汗如雨的淘金大军，而是四处巡察。他发现矿山气候燥热，水源奇缺，淘金者口渴难忍，常有人抱怨说：“真是的，要是有人给我一杯水喝，我宁愿给他一个金币。”

亚默尔发现了真正属于自己的商业机会，他不再去找寻金矿而转去找寻水源。找到水源后，他把水用纱网进行过滤，背到矿山上卖给那些淘金者喝。很多淘金者梦碎加利福尼亚，而亚默尔却圆了自己的“淘金梦”。

很多人以亚默尔的故事来励志，赞颂他善于观察、进行了正确决策、规避了投资风险。他们没有发现，亚默尔进入了商业链条却没有打破商业链条固有的生态均衡，才是他真正的成功之道。他没有加入淘金人流使链条中的竞争加剧，而是找到了商业链条中的空白，以自己的衔接使商业链条更加坚固和平衡。

对于商业机会中的后来者而言，成功之道在于发现商业链条中的衔接点。每一次庞大的商业机遇来临的时候，人们总是苍蝇般争先恐后、一拥而上，唯恐自己成为被“钱景”遗忘和遗弃的不幸者。然而无论是在钢铁年代还是在互联网年代，大部分“苍蝇”最终还是变成了不幸的弃儿，成为被“钱景”淘汰的主角。他们没有成为商业奇迹的创造者，他们存在的价值，只是无限地衬托和放大了缔造奇迹者的光辉形象。

如何寻找商业链条中的衔接点始终是商业传奇中动人心魄的一环，它一面显现出商业领袖们的出众智慧，一面又告诉人们什么是真正的企业家精神。这种探求和寻找并非什么新鲜事物，它从一开始就根植于经济生活的中心。

我们今天所目睹的商业神话，无论是可口可乐、微软、Google，还是英特尔、雅虎或新浪，它们的成就各自不同，但在保持商业链条均衡的状态中找到自己的衔接点却是共同的成功之道。

中国人自己的可乐

说起可口可乐，就不得不说起娃哈哈的“非常可乐”。非常可乐正是一个寻找商业链条上的衔接点的完美案例，它的出现不但证明可口可乐是可以战胜的，而且还证明娃哈哈比可口可乐更适应中国的土壤，无论可口可乐有多么强大。

2004 年，第一批非常可乐登陆美国本土市场。在可口可乐的家门口，非常可乐启动了一场“非常行动”。这是来自中国的可乐品牌，当它出现在美国的时候，可口可乐的象征地位被撼动了。

身处中国的人们并未感受到这种震撼，可是美国人却被吓了一跳。“中国的崛起”正在成为现实，中国也正在成为全球化的主导力量，非常可乐进入美国市场，意味着对“美国力量”的一种反制。

一些美国学者开始从社会学和文化人类学的角度关注非常可乐，哈佛大学商学院也决定将非常可乐写进 MBA 案例当中。非常可乐这一次“非常行动”是可乐历史上对美国可乐最大的一次挑战。全世界的目光都对准了娃哈哈。

宗庆后和部下们是在 1997 年开始筹备非常可乐的，这似乎是一个疯狂的念头。在此之前，可口可乐与百事可乐已经垄断了整个中国的“可乐”市场。

也有一些公司试图挑战“两乐”的霸权，上海出了“幸福可乐”，重庆出了“天府可乐”，山东出了“崂山可乐”，河南出了“少林可乐”，北京出了“昌平可乐”，杭州本地也出了“中国可乐”，再加上广东的“汾煌可乐”与“健力宝”，本土可乐总共出现了“八大金刚”和十几个碳酸饮料品牌。

可是在“两乐”的围剿之下，它们不是被“两乐”强纳入怀，就是自动投怀送抱，变成了两乐的“妾侍”，尤其是“天府可乐”，虽然一度被摆上人民大会堂的国宴，却也免不了在1994年被百事可乐收编改造。“两乐水淹七军”，成为业内的大事件。

至于那些不甘为小、准备与“两乐”大干一场的，“两乐”就依托其雄厚的资本实力与强大的品牌、渠道优势，硬生生地将其逼上死路，让它死无葬身之地，只博了个同情，却落了个“填沟壑”的命运。

1997年的娃哈哈，摊子铺得越来越大，已经拥有了一个长长的产品线，儿童钙奶、纯净水……可是竞争对手的跟进速度也越来越快，在“前有狼，后有虎，中间一群小老鼠”的包围之下，娃哈哈迫切需要突出重围，强化自己凛然不可侵犯的霸主地位。

那是宗庆后最焦虑的时段之一。他并不为娃哈哈的市场地位焦虑，也不为娃哈哈的盈利能力焦虑。他所焦虑的是娃哈哈的成长速度，以及娃哈哈的未来。

在混乱芜杂的市场局面当中，娃哈哈必须找到更多的主打产品来分担市场风险，同时为未来布局，以攻代守，把市场格局再次搅乱，把市场主动权牢牢抓在自己手中。

当宗庆后准备上马碳酸饮料项目的时候，在公司内部为新产品进行了征名。他的本意是称其为“娃哈哈可乐”，因为这样有助于塑造娃哈哈的品牌，使人们一眼便知其拥有“娃哈哈”血统，不料遭到了大家的一致反对。大家反对的理由非常一致，在碳酸饮料领域，“娃哈哈”品牌并不具有特别的附加值，无法提供与“可口可乐”、“百事可乐”相同的品牌认知度，甚至有可能减分。

他又选了“强大可乐”，口号都想好了：“强大的中国，强大可乐！”却又一次遭到了集体的反对。

这一次他没再坚持，而是在“真可乐、天天可乐、劲美可乐、可喜可乐、万事可乐、非常可乐”等名字中，选了“非常可乐”作为新产品的“大号”。

非常，就是与众不同，他喜欢这种与众不同的感觉，也喜欢这种独辟蹊径的思路。

宗庆后之所以要做“非常可乐”，缘自一场闲聊。有一次他去考察市场，一位经销商聊天时说：“为什么我们中国没有自己的可乐？国际大品牌太牛了，条件也苛刻，没有什么商量的余地。什么时候，中国也推出自己的可乐，可以好好出口气。”他听到这话，顿时动了心；又因“联销体”的成功，渠道优势凸显，更使他相信，一旦推出自己的可乐，即或不能所向披靡，也完全可以在夹缝中求得一线生机。

宗庆后和部下们试着用仪器来解析可乐的成分组成，发现其成分并非如外界所想象的那般复杂和神秘，当即拍板，决定放手一搏。

当他考察可乐市场的时候，他发现了一个秘密：无论国内还是国外，碳酸饮料的市场大多被“两乐”垄断。表面上它们是死敌，时常争得面红耳赤，打得头破血流，可是一旦出现新的力量，它们就会默契地结为盟友，将新生力量置于死地。“八大金刚”的反击，在“两乐”的左右夹击下土崩瓦解，也证明了这个事实。为了垄断整个中国市场，“两乐”宁肯短期不赚钱，也要取得市场份额。

当宗庆后开始启动“非常可乐”之后，他就相信，“非常可乐”将如儿童口服液和果奶一般，会是娃哈哈的一个“壮劳力”，对于娃哈哈未来的发展，具有战略影响。所以，从配方、设计、广告宣传，他都一一参与，参加的会议不计其数。

为了保证“非常可乐”的成功，宗庆后还投入巨资，从德国、意大利、日本引进了世界上最先进的制瓶和灌装生产线，再根据消费者的口味，改进了配方上千次。

他深知“两乐”的厉害，它们是可乐市场上的美国和苏联，是正规军，但是在它们的密集炮火所能覆盖的范围之外，还有一片碳酸饮料的空白市场，那是一片无主之地，谁占领了那里，谁就成为那里的主人。那片无主之地叫作“农村”。

没那么多的道理，也没那么深的理论素养，直觉告诉他，跨国公司做决策，依赖的都是数据模型和市场调研。数据模型是虚的，市场才是活的；调研可以敷衍，数据也会撒谎。只有像他这样每天在中国的各个角落进行市场体验和观察的人，才知道中国的农村和农民需要什么。

他没打算去与“两乐”正面冲突，只是找到了一个商业链条上的衔接点，虽然最终不可避免地将与“两乐”发生冲突，但因完善链条的不可或缺性，他相信“非常可乐”一定会开拓出一片属于自己的生存空间。

他给“非常可乐”设计了一个口号，“中国人自己的可乐”。他知道，在农村，可口可乐与百事可乐的影响可以忽略不计。人们更愿意相信娃哈哈，因为娃哈哈这么多年来一直陪伴在他们身边。更重要的是，人们愿意相信中国，相信“中国人自己的可乐”。

从 1994 年开始，中国企业就有了对付跨国公司的利器——价格战。在彩电市场，长虹、TCL、海信等品牌领导的价格战，把进口彩电打得一败涂地；在电脑市场，联想、方正等中国公司用价格战，把 IBM 硬生生地从“第一”的宝座上拉了下来。这一次轮到了娃哈哈。

跨国公司虽然喜欢中国市场，但是它们有“傲慢与偏见”的陋习，以及对利润的贪婪。“两乐”的价格一直居高不下，经销商的利润空间却愈发逼仄。

与此同时，娃哈哈的联销体刚经过市场的检验，已趋向成熟；他们已经在经销商中培育出了自己的“子弟兵”，这些经销商不仅通过娃哈哈获得了巨额财富，也因之看到了未来的希望。毫不夸张地说，只要宗庆后在那间大会议室里，把烟一点，跟他们使劲地抽上一上午，他们就会把火点向整个中国市场。

非常开场

北京时间 1998 年 6 月 10 日 22 时 40 分，法国世界杯足球赛首场巴西对苏格兰的比赛开始前，一个个跨国品牌的广告接连出场，它们大多是法国世界杯的 TOP 赞助商。突然之间，“非常可乐”出现了。亿万中国球迷看到：“非常可乐，中国人自己的可乐”、“非常可乐，非常选择”与“你乐我乐大家乐，有喜事当然非常可乐”。

一夜之间，“非常可乐”轰动中国，而娃哈哈的“联销体”则趁着这股浪潮，将非常可乐铺到了中国的各个角落。

整个法国世界杯期间，非常可乐的广告都弥漫在全国各地的电视画面上。一阵铿锵有力的锣鼓声中，非常可乐跃然而上，红与黑，浓烈色彩对比，传统艺术中的剪纸艺术，震撼的“中国人自己的可乐——非常可乐”，带给人们强烈的感官冲击。

在终端市场上，娃哈哈也采取了“技术措施”，并且做好了随时打响“价格战”的准备。500ml 装的非常可乐零售价格比洋可乐最少便宜 5 毛钱，真要搞价格竞争，非常可乐还是有优势的。

当时宗庆后还有一个保守的想法：即使在可乐产品上竞争不过洋品牌，还可以通过系列产品挤占可乐饮料的市场，最终达到整个“娃哈哈”扩大市场份额的目的。宗庆后曾在公司的会议上说：“果真那样，就当我们为中国老百姓做件好事，大家喝点便宜可乐好了。”

尽管非常可乐不可避免地调动了民族情绪，但宗庆后本质上不是一个民族主义者。早在 1992 年，宗庆后就在人民大会堂做出了“四无”的宣言：“资金无国界、产品无国界、人才无国界和技术无国界。”

他承认自己是一位“温和鹰派”企业家，在非常可乐上，他只想证明一件事情，那就是中国人也能生产可乐，而不是把洋可乐赶出中国。

宗庆后豪情满怀地对媒体说：“非常可乐与可口可乐竞争本身就是一个非常的举动，而且是个非常冒险的事情，而我们预测可能会非常的成功。‘非常’英文的谐音是未来，我们也希望非常可乐能成为中国未来的可乐。”

“我们在做可乐时的一个想法就是想要争口气，造出中国人自己的可乐。我们也进行了充分的市场调查，冷静分析了我们与可口可乐的优势、劣势。应该说我们的整体实力不如人家，但局部实力是优于对方的。可口可乐在中国的 26 家厂是由它在亚洲的两家代理商投资的，它并不是一个统一整体，另外，它们的价格也比较乱。”

事实上，非常可乐原定的上市时间是 1998 年 3 月，后来才推迟到了 6 月底的世界杯开幕。除了希望借势世界杯外，还有一个原因是宗庆后去了趟美国。

那一次他悄悄地去了美国，随身只带了两瓶可乐，一瓶是他们的非常可乐，另一瓶是中国产的可口可乐，下了飞机，他又买了一瓶美国本土生产的可口可乐。他把三瓶可乐的标签都撕掉了，然后找到一些美国专家，请他们进行品尝。

结果令宗庆后极为兴奋——专家们分辨不出其中的不同。

宗庆后当时唯一的想法是：“我们要以非常可乐向世人证明，外国人能做的，中国人也一定能做到，而且我们有理由、有信心做得更好。我们可以在生产技术和产品质量方面不逊于对手，同时我们有丰富的本土操作经验和健全的市场营销网络。我们是中国人，我们充分熟悉这里的文化，我们相信积淀深厚的中国大地可以为中国企业提供广阔的发展空间。”

当时推迟上市还有一个重要的原因，那就是“非常可乐”之名的最终确定。在此之前，他们一直选用的是不够大气的“劲美可乐”，就在上市前不久才确定为“非常可乐”，上口而且大气，大家一致叫好。宗庆后果断地撤下“劲美可乐”，也将花了好几百万印制的“劲美可乐”包装送进了回收站。

在整个法国世界杯期间，宗庆后派了29个人到世界杯现场去。这29个人带着一条巨大的横幅，上面写着:“中国娃哈哈支持你。”每当中央电视台进行比赛直播的时候，这条横幅就准时地出现在球迷的视线当中。在可口可乐完全控制的体育战场上，他们没有能力进行一场攻城战，但他们用游击战袭扰了它。

非常可乐的广告疯狂地播出了好几天，直到世界杯比赛进入第三轮的时候，可口可乐的电视广告才出现在中央电视台。

虽然他们避免与可口可乐正面冲突，虽然他们把目标确定为农村市场，但是因为非常可乐的出现，碳酸饮料行业还是寄望于娃哈哈能够正面御敌，在“狼来了”的呼号中带给人们希望。

宗庆后的确不想与“两乐”正面对决。他在公司内部说过:“避实就虚，星星之火可以燎原，这些毛泽东思想都可以借鉴。在人家强势的市场，你跟人家硬碰肯定要失败的；在人家薄弱的地方竞争，成功的机会会大一点。”

他希望他们可以在全球化的背景下，利用本土市场的广阔性和成长性，在与跨国公司的竞争中，建立自己的比较优势，找到属于自己的生存空间。

因为当年的“两乐水淹七军”，大部分人都不看好非常可乐，即使娃哈哈内部，虽然大家充满热情与希望，但内心中弥漫的依旧是悲观，更遑论那些美国人了。

在美国，哈佛大学的一位营销教授对宗庆后说:“你知道吗？在美国，有三件事被认为是只有靠上帝帮忙才能实现的，一是彩票中头奖，二是当选美国总统，三是战胜可口可乐。”

国内的很多报纸，也纷纷对宗庆后和娃哈哈极尽嘲讽之能事，不是说“非常可乐，非常可笑”，就是说“非常可乐，非死不可”。他们以为非常可乐是宗庆后基于民族主义情感的冲动，准备看娃哈哈一败涂地后成为一个笑柄。

倒是清华大学的一位教授为非常可乐假设了三种未来：如能在中国可乐市场三分天下有其一，那是极大的成功；市场占有率超过可口可乐，那是巨大的成功；如能打出品牌，与可口可乐持久作战达10～15年，那也是成功。

这位教授后来考察了娃哈哈，感慨地说：非常可乐成功的开局，是靠了独特的娃哈哈精神——坚韧不拔，永不言败！

后来，一位香港记者采访宗庆后，说起了这三种未来。他笑着对这位访问者说："我想不会像第一代可乐那样沦落到全军覆没的地步，非常可乐的命运最差是第三种。我感觉好像从目前的情况看还不会到第三种，最起码能够平分秋色，占一定的市场份额。这一步是绝对能做到的。"

接下来发生的一切证明了他的判断。非常可乐用了4年时间与"两乐"抗争，终于换得了"三分天下居其一"的局面，在局部市场上的占有率甚至超过了可口可乐。

宗庆后说："在这场非常可乐与可口可乐的土洋大战中，论规模、讲实力，娃哈哈与可口可乐是有差距，但是，不参与高起点的竞争，娃哈哈就不可能发展。娃哈哈本身就是通过与对手的竞争不断发展壮大的。没有竞争，就没有娃哈哈的今天。与可口可乐和百事可乐展开面对面的竞争，这就是我常说的'与高手下棋'。"

多年后，宗庆后从电视上认识了一个叫"李云龙"的八路军独立团团长，从他那儿，宗庆后学会了一个新词儿，"亮剑"。

事实上，在1998年，非常可乐上市不久，市场就出现了两种截然不同的反应：在农村市场，"非常可乐"因为价格与口感的优势，一骑绝尘，赢得了认同和感召；在大城市，"非常可乐"遭遇空前冷遇，根本无法挑战可口可乐的文化符号地位。

然而，毛泽东说过："农村是一个广阔的天地，在那里是可以大有作为的。"更广阔的空间还是在农村市场。凭借农村市场的优势，非常可乐业绩非常惊人，直接对"两乐"构成了压力。

2003年，非常可乐全年的销量超过60万吨，同年百事可乐在中国销量不过100万吨。娃哈哈又延伸出"非常甜橙"、"非常柠檬"等产品，挑战"两乐"旗下的"芬达"、"雪碧"、"七喜"和"美年达"。

2006年1月，可口可乐宣布推出其第一款咖啡可乐产品，可惜那不是在中国，而是在法国。宗庆后赶紧密令娃哈哈跟进，打了一个时间差，率先推出了"非常咖啡可乐"，让可口可乐措手不及，自食苦果。

娃哈哈与“两乐”在中国市场上的争斗，将横亘绵延到接下来的每一天；它们之间的战场，或许会延伸到全球。宗庆后也许看不到娃哈哈战胜可口可乐的那天，但在有生之年，他期待听到反攻的号角。

“娃哈哈主义”在路上

非常可乐是一个奇迹，也仅只是一种尝试。事实上，娃哈哈人对非常可乐只进行了一丁点儿创新，那就是他们发现，农村市场消费者更喜欢甜味儿，就适当改良了非常可乐的配方，使其口感略微偏甜。消费者品尝到的是甜味儿，世界上最美的味道。

关于“非常可乐”，宗庆后还想引述《非常营销》“前言”中的一小段文字：

满天星斗，一轮弯月。已经是午夜了，我们谈兴犹浓，于是一呼而起，驾车出了宾馆。

这里是浙江省与江西省交界的上饶市，一个正从沉寂走向繁华的老城。尽管子时已过，万籁俱寂，然而，市中心喷泉广场的边上还一排溜地摆着几个热气腾腾的小吃摊，那些在PUB里玩得尽兴的青年们把这里当成了一日游戏的终点。我们找个座位坐下，随意点了一些米线和卤肉。老板娘很是热情，问我们还需要什么饮料。

“来一个大瓶可乐吧。”有人提议说。

“好嘞。”爽快的老板娘转身把一个大瓶搁在了桌上。

“老板娘，我们要可口可乐。”有人说话了。

“可口可乐？我们没有……”

“那就百事吧。”

“百事？也没有。”老板娘一边抹着桌子一边说，“我们这里只喝非常可乐。”

在所有的饮料巨头中，宗庆后对可口可乐的关注最深。在今天，即使娃哈哈已经成为全球饮料业的巨头之一，即使他已经成为“中国首富”，他所执掌的娃哈哈依旧无法与可口可乐匹敌。

究其根本，乃是可口可乐不是一种饮料，它是一种意识形态、生活方式和国家符号。从这点上来说，娃哈哈还有漫长的道路要走；可口可乐为娃哈哈提供了方向，也提供了追赶的参照物和超越的标志物。

我们每喝掉一罐可口可乐，就对全球化有所贡献——不仅仅是金钱和就业机会，还有被“可口可乐主义”俘获的快感。德鲁克把“组织要有前途，系统要有效率，员工要有成就”三句话作为判断一家企业优秀的标准，而可口可乐则实证了一家企业伟大的标准——产品要有主义。

娃哈哈要想成为伟大的公司，就必须将“娃哈哈”变成一个符号，至少能够代表“中国的精髓”，建立起一种“娃哈哈主义”，成为一种全新的生活方式与意识形态。

娃哈哈已经进行了一些突破，“非常可乐”和“营养快线”所形成的生活形态正在改变人们的生活方式，但这远远不够，它离“娃哈哈主义”还差得太远，至今依旧只看到“可口可乐主义”一个模糊的身影。

横亘在“娃哈哈”与“可口可乐”之间的，不仅仅是制度的差异，还包括传承的长短。娃哈哈迄今不过 25 年的历史，而“可口可乐”作为一个富豪，已经走过了差不多 150 年。

但是娃哈哈拥有可口可乐所不再拥有的旺盛活力与生命力，娃哈哈还拥有一个企业的尊严与荣誉。“让人们无法逃避娃哈哈”，他们已经实现；“让人们无法逃避娃哈哈主义”，他们正在路上。

上市的曲与折

上市的道路不适合娃哈哈美食城，也不适合他。在市场自由的路径体系当中，一切的假设和提前预想都是无意义的。

短短几年时间里，娃哈哈从一无所有变成了一家快速成长的企业；宗庆后也成长为一位意气风发的企业家。未来所展示出来的辽阔性，似乎超出了所有人的想象。

此前他所考虑的一直是如何做大娃哈哈，实现自己的人生价值，完成个人发展上的跨越，成为一名有知名度、有影响力和良好口碑的企业家。他在一步步向这目标接近。

被套“美食城”

在兼并了杭州罐头厂之后，娃哈哈就呈现出了跨越式发展的态势。考虑到娃哈哈的快速发展，也寄望于宗庆后能够将娃哈哈做成杭州的标志性企业，杭州市政府和上级主管部门一直希望再给娃哈哈加一把力，让娃哈哈能够快马加鞭，但却苦无良机。

1992 年春天，机会出现了，邓小平的南方之行，及随后通过官方媒体发表的“南巡讲话”给当时正在“左”“右”之间摇摆不定的中国社会吃了一颗定心丸。“股份公司”、“上市公司”这些一度被视为洪水猛兽的事物重新回到人们的视野之中，而一向敢于喝“头口水”的浙江省和杭州市的政府领导这一次又积极行动起来，他们非常希望省里、市里搞几个股份制企业上市的试点，并且把目光投向了娃哈哈。

宗庆后对这些资本运作的套路并不了解，也不太热衷，他对股票这种虚拟资产究竟能否为社会创造财富抱有怀疑的态度，当时他只是一门心思想着怎样扩大生产，满足嗷嗷待哺的市场。但在当时浙江省体改委主任等诸多地方领导的再三解释和鼓励下，宗庆后认为通过上市吸收一部分社会资金、充实企业实力来扩大再生产，也是一个不错的办法，很快娃哈哈、宗庆后就围绕上市这一目标迅速动员起来了。

当时确定的上市思路是：以娃哈哈集团这一母公司作为上市股份公司的发起人，联合其他社会力量，并且根据当时股份公司的政策规定，吸纳一部分企业内部职工的股份，共同集资投入，成立一家产权明晰、独立于娃哈哈集团之外的股份公司，在符合条件的情况下获得上市。

按照这一思路，宗庆后就代表娃哈哈集团与杭州市工商信托投资公司及桐庐王家蜂业经营部(原浙江金义集团的前身)一起，开始筹建杭州娃哈哈美食城股份有限公司。

好消息很快就传回来了，浙江省体改委股份制试点工作协调小组和中国人民银行浙江省分行批准成立娃哈哈美食城股份有限公司，同意其进行股份制试点，并确定公司为一家“定向募集记名式普通股”的股份制企业。

美食城拟订注册资本金 2 亿元，每股面值 10 元，计 2000 万股。其中，娃哈哈集团以自有公积金和其他资金出资 4000 万元，认购 400 万股，持股 20%；杭州市工商信托投资公司现金持股 19%，桐庐王家蜂业经营部现金持股 0.5%。其余股份向内部职工及社会公开溢价发行，每股溢价为 28 元，拟募资 4.18 亿。

按照宗庆后原来的设想，一旦娃哈哈美食城上市成功，娃哈哈的干部、员工通过内部职工股可以在不远的将来获得一笔可观的收益，成为当时意义上的“富翁”。

9 月 7 日，杭州市股份制改革办公室正式批文，确定娃哈哈美食城的注册资金为 1.827 亿元，其中法人股 1.61 亿元，内部职工个人股 2170 万元。按照这一批文，在最初设定的方案中，除了三家发起人公司占39.5%的股权之外，其余的股权均向社会法人单位和职工内部募集，而职工内部股只占到11.9%。然而在那个狂热的年代,“股票”已经成为社会上一夜暴富的代名词,“娃哈哈股票”更是成为当地街头巷尾的热议焦点。

很快，除了几家发起人单位的职工之外，来自教育系统和关系单位的个人买股要求蜂拥而至，几乎都难以让宗庆后拒绝。而另一方面，他那时并不了解这样的做法对今后娃哈哈美食城上市的影响，因为这种超范围发行职工内部股的做法在当时的股份制试点企业中比较普遍，几乎都在这么做，娃哈哈多一点应该问题也不大，宗庆后当初的想法比较简单，也没有去多想。于是局面开始朝着失控的方向发展，甚至据说有的人通过七弯八拐的社会关系找到宗庆后，提出希望买娃哈哈的原始股，宗庆后抹不开面子的，也给批了条子。最终，当尘埃落地之时,“内部职工股”的比例已经飙升至31.47%。而当时的宗庆后乃至地方政府的领导们，并未意识到这会给日后的上市带来怎样的后果。

与此同时，美食城大厦的建设工作也在紧锣密鼓地推进。

1992年5月27日，杭州市计划委员会在给杭州市上城区计委的批复中，将庆春路改造建设工程第15号地块建设综合大厦列入前期准备计划，同意在这地块组建娃哈哈美食城综合大厦，所需资金由娃哈哈美食城公司筹集解决。

然而，由于宗庆后和娃哈哈从未操作过这种大型商业综合体的建设，项目的进展并不顺利，土地划拨手续直到1994年初才办妥，而工地原址为一所小学，必须等新校完工才能拆除，再加上工地地处老城区，面临着大量的管线破裂、地下水渗漏等工程问题，这些问题都导致工程不得不一拖再拖。原计划仅用两年时间完成的美食城大厦工程，整整拖了6年，直到1998年才彻底竣工。娃哈哈美食城陆续投入的巨额资金被深套在这座“美食城大厦”中，宗庆后和娃哈哈曾经设想的一切，包括1995年实现13亿元销售收入和1.4亿元利润的宏伟目标，特别是娃哈哈美食城的上市计划，也面临着搁浅的风险。

上市失败

1995年，由娃哈哈集团和娃哈哈美食城共同投资的娃哈哈下沙基地终于建成投产，“美食城”也开始获得了投资收益。在这种局面的鼓舞下，同时为了兑现向娃哈哈美食城广大股东们的上市承诺，宗庆后又开始再次谋划娃哈哈美食城的上市计划，寻找娃哈哈美食城的“上市指标”。

那时候上市指标非常难得，上市对于一家企业，或是一座城市来说，不仅是一次蜕变的机会，更是一种政治荣誉。

幸运的是，由于娃哈哈的前身是“校办工厂”，属于国内教育系统的先进典型，再加上娃哈哈集团多年来一直持续奉献于教育事业，在国内教育界有着不错的口碑，因此当年国家教委划给他们一个上市指标，并在 1995 年 5 月 17 日正式下达了娃哈哈美食城的上市额度为 3350 万元的批文，并要求浙江省有关部门相应配股。

随后的进展速度之快又超乎宗庆后的想象。浙江省有关方面接到国家教委的下文之后，又为娃哈哈美食城配发了 500 万的上市额度，这样娃哈哈美食城总共拿到了 3850 万元额度。美食城上市的前景似乎一片光明。

然而命运在这里和宗庆后、和娃哈哈开了一个玩笑。狂飙猛进式的发展既为娃哈哈铺平了上市的道路，也埋下了之后的隐患。当初为了尽快实现美食城的业绩，宗庆后选择让娃哈哈美食城以土地使用和现金出资的方式，参与了 1996 年娃哈哈与法国著名食品企业达能集团、国际投行百富勤公司的合资项目。娃哈哈美食城刚刚成立的位于下沙基地的几家合资企业一并打包进入了新的五家合资公司。在每一家公司中，达能集团和百富勤共同成立的新加坡金加投资有限公司占到了 51%的股权，娃哈哈集团与美食城合计持有剩下的 49%，而娃哈哈美食城在这些合资企业中的持股比例仅仅为 10%。

回头看来，这只能归因于当时娃哈哈在资本市场的稚嫩，无论是宗庆后和娃哈哈的管理层，还是当时的省、市地方政府，对这些现代金融知识都是一知半解。而美食城在合资公司中的小股东身份虽然给美食城之后的业绩带了增长的动力，但由于无法合并其财务报表，从而埋下了后来美食城自身“主营业务不突出”这一上市途中的重大障碍。而当时的宗庆后只是一门心思为美食城上市业绩铺平道路，对此全然不觉。

1997 年 4 月 28 日，由于上市额度限制的原因，按照证监会的要求，娃哈哈美食城按 2:1 的比例进行了缩股，注册资金由 1.83 亿缩减为 9179.2 万元。美食城股权结构变为：娃哈哈集团 21.79%，工商信托 20.69%，金义集团 0.54%，社会法人股 25.5%，内部职工股 31.47%，进一步确认和清晰了股权结构。

同年 8 月，美食城与几家券商签订了发行股票的承销协议与上市过程中的服务协议，正式开始向上市目标发起最后的冲刺。然而在券商介入查阅公司资料之后，就发现公司在股权结构、主营业务等方面确实存在比较大的硬伤，以至于他们自己对能否使美食城成功上市也并无把握。

果然，当 1997 年 9 月娃哈哈美食城的上市材料最终上报到证监会之后，证监会发行部很快于 10 月向国家教委反馈了意见，意见书中提出了七大类 53 个问题要求美食城予以补充、修改和说明。宗庆后立即意识到了问题的严重性，当月就对公司股本演变情况作了反馈说明，承认公司设立时“筹备小组有关经办人员由于缺乏对国家股份制政策的了解，擅自扩大了内部职工股的认购范围和省股协小组批准的额度比例”，而主要原因是“公司缺乏专业人才，政策掌握不严”。

同年 12 月，美食城又对证监会发行部就主营业务不突出等问题作了解释和承诺。

然而，先天的缺陷有时就是致命的，尽管美食城作了最大的努力，期间也把大桶水生产、为娃哈哈集团加工生产饮料瓶盖等利润率较高的项目注入美食城，试图解决主业不突出的问题，但为时已晚。1998 年 3 月，正当娃哈哈准备启动“非常可乐”的时候，证监会给了宗庆后一个明确的回复，也给了他当头的一棒。证监会正式否决了娃哈哈美食城的上市申请，清晰的调查结论都说明了娃哈哈美食城的上市材料违反相关证券法规条例，娃哈哈美食城遭到了惩戒，处以 3 年内不准再次申请的惩罚，三家中介机构也遭相应警告及被处罚款。

这样的结局，对于娃哈哈来说，对于宗庆后个人来说，都是无法承受的。那一个漆黑的夜晚，沉闷而哀婉。他坐在办公室里，一动不动，不停地抽着烟，一支接一支，直到手中的烟盒空了，烟缸里布满了烟头。

这一次失败，对宗庆后的打击很大。因为筹建美食城，凝聚了宗庆后太多的心血，也承载了他太多的希望。可最终的结局却是：此路不通。这不能不让人痛惜和深思。

事实上，那天晚上宗庆后什么也不敢想，不愿想。上市的道路不适合娃哈哈美食城，也不适合他。在市场自由的路径体系当中，一切的假设和提前预想都是无意义的，人为的力量越来越小，一切的活动都将在游戏规则之内进行。宗庆后承认失败，并且，他接受它。

从未间断的股份分红

美食城在上市的道路上折戟沉沙，宗庆后还要面对另外一个问题，那就是如何向数以万计的股东们交待，特别是那些超范围认购的、社会上的自然人股东。

实事求是地讲，在这个问题的处理上，宗庆后和娃哈哈还是很厚道的。早在1992年，美食城尚在股票募集阶段，9月24日的《杭州日报》上就刊登了一则新闻，宗庆后在前一天的新闻发布会上宣布，美食城原定设立三年后开始分红，但由于母公司效益好，美食城投资的项目前景也十分乐观，因此决定提前至1993年开始分红。事实上，美食城也确实做到了，从1993年开始，美食城连续三年按照股息30%左右的比例进行分红，实际上到1995年股东们的大部分投资成本已经收回了。这样高比例的分红，在当时的上市公司当中也是极为少见的。而分红的资金来源，除了美食城少量的利息和投资收益以外，更多的还是来源于大股东娃哈哈集团的赠予资金，也就是说娃哈哈集团作为大股东自己掏钱向其他股东进行了分红。

当时许多社会股东对此却并不十分了解，他们对宗庆后和娃哈哈集团给予社会股东的回馈似乎也不领情，特别是到了1998年美食城上市受挫的消息传开之后，社会上一些持有娃哈哈美食城股份的个人股东们开始焦躁不安，他们看不到前景，也对娃哈哈美食城与娃哈哈集团之间清晰的产权关系不甚了解。他们以为自己所持有的股票，无论叫作娃哈哈美食城，还是叫作别的名字，都是娃哈哈集团的。在那个时候，宗庆后除了要收拾上市失败的残局，更要面对社会舆论的各种压力，时不时的还有社会上的小股民上门来要说法。而美食城所投资的各个项目均刚刚起步、或还在建设中，还需要大把大把地用钱。宗庆后思考良久，毅然决定，虽然上市不成功，但美食城也不能对不起那么多的小股东，于是，在1998年股东大会上，美食城宣布，将一次性发放1996～1998年三年的分红，虽然金额只有0.4元/股，但公司的诚意却可见一斑。

虽然上市失败了，但美食城在大股东娃哈哈集团的扶持下，得到了部分优质资产的注入，而它所投资的与娃哈哈、达能合资的饮料企业也开始突飞猛进地发展起来。从 1999 年开始，美食城经营逐步走上正轨，效益还是相当不错的。此后美食城每年都坚持向股东发放分红，平均分红比例大约在每年 0.5 元 / 股，而最高的 2009 年则达到了 1.023 元 / 股。平心而论，美食城股东们得到的回报并不差，只是在那个狂热的年代，许多情况相似的企业由于侥幸或其他什么原因，顺利地挤进了上市公司的行列，而娃哈哈却被残酷地挡在门外，众多梦碎的小股东心中的愤懑与不满也是可以理解的。

美食城项目尽管看起来是娃哈哈进行股份制改造的努力，也着眼于娃哈哈的长远发展，但从形态上来说，构成了娃哈哈的第一次多元化尝试，并且是一次非相关的多元化，涉及到了餐饮和商业地产诸多领域。

这个失败的案例迄今依旧在时刻警醒宗庆后，使他确信保持专注、保持清白，对于一位企业家来说比什么都重要。

宗庆后他们这一代企业家，最后能够坚持下来的，都是像柳传志说的那样，“没在改革中犯错误”。柳传志为联想制定战略有三个指导思想——坚决不受“做成一个产品一举成功”的诱惑；发挥优势，做外国大公司所不能或不愿做的事；做一般小公司或短期行为的公司做不了的事。

柳传志曾经说：“联想在 1993、1994 年受过房地产、炒股等的诱惑，我们立刻就研究：到底我们企业该不该做这些事情？我们的优势在什么地方？研究清楚以后，我们就定下来了，联想只在信息领域内多元化经营。所以我们就没炒过股，炒别的公司的股票，从来没做过，也没有经营过房地产，因此在房地产大潮过去以后，很多高科技公司，都受到了这方面损失，我们没有。”

抵制诱惑、保持专注，是一种商业美德，更是一种商业能力。娃哈哈也曾面临过各种各样的诱惑，也曾有过各种各样的挫败。宗庆后他们说不上是先知先觉，但也从失败中一步步走了出来。

诱惑曾使他们深陷泥淖，备感挫败，却最终让他们看清了方向。娃哈哈就是要成为全球顶尖的食品饮料集团。这也正是为什么娃哈哈后来拥有了雄厚的现金，却始终不肯涉足房地产的最主要原因。

在不断的进取当中，在修正错误中，在成功与挫败的交织当中，娃哈哈渐渐地变成了一个帝国，而宗庆后则成为了那个传说中的“国王”。

WAHAHA ALWAYS STANDS TOWERING

Biography of Mr. Qinghou Zong

CHAPTER 07

那美好的仗

对于娃哈哈来说，每一天都是长征。产品线的长征，跨越了整个食品饮料链以及餐饮和童装；营销体系的长征，跨越了联销体的完善和有序的利益分配；与竞争对手的长征，则通过快速的发展，拖垮了一个又一个竞争对手，赢得了一个又一个值得尊敬的朋友。

对于任何企业家来说，竞争都是一场你死我活的争斗，同时又是一个学习的机会。事实上，越是竞争对手越值得我们学习，因为我们所拥有的是同一类企业，对手的成功模式能够使我们追赶的步伐加快，犯错误的概率降低。

一个真正的竞争对手，是一位真正的老师，也是一个真正的目标。尊敬你的竞争对手，向他们学习并且保持超越他们的雄心。当有一天你不再将他们作为竞争对手的时候，你已经完成了对竞争对手和自我的双重超越——如果你不是一败涂地了的话。

将近三十年的征程，娃哈哈从未从竞争中一败涂地，恰恰相反，因为竞争，我们赢了对手，也赢得了对手的尊敬和友谊。

——宗庆后

长征

除非犯下致命的错误，否则，娃哈哈和乐百氏都不可能一拳将对手击倒，最后的赢家很可能是靠“点数”胜出。

宗庆后第一个尊敬的“敌人”是何伯权，事实上，他也是所有对手里唯一令宗庆后发自肺腑产生敬意的人。他虽比宗庆后年轻很多，但是在他身上，宗庆后看到的不是一位年轻人的躁狂，而是稳重、宽厚和远见。他虽然称呼他为“宗老师”，但存在于他们之间的却是一种朋友的情谊——李云龙与楚云飞般的情谊。

追击与狙击

何伯权小宗庆后 16 岁。1989 年，就在宗庆后创业两年后，当时担任广东省中山市小榄镇团委副书记、镇办制药厂副厂长的何伯权召集了杨杰强、王广、李宝磊、彭艳芬 4 人开始了创业之路。小榄镇政府给了他们 95 万元，要他们创办一个新企业，至于搞什么、怎么搞，都由何伯权说了算。

何伯权他们 5 人是同学，被称为“四龙一凤”。在一间 13 平方米的办公室里，他们开始了自己的冒险。他们 5 人后来荣辱与共，同进共退，成为友情与事业合作的双重典范。

那时候中国市场上已经出现了一种叫“乳酸奶”的饮料，将这个新概念带入中国的是法国达能公司。这也算是一种孽缘，正是这家公司，将娃哈哈和乐百氏都搞得遍体鳞伤，使宗庆后和何伯权都心力交瘁。

何伯权在香港发现一种配制型的乳酸奶(果奶)，它的原料是奶粉、白糖、柠檬酸、山梨酸钾和香精，生产工艺很简单，对设备的要求不高，而且零售价不超过一块钱。最重要的是，它无须冷藏。当时内地儿童饮料市场几乎是空白，何伯权的直觉判定，这是一片值得开发的矿藏。事实证明，他的判断是准确的。

何伯权去广州找到一个叫方实的人，此人刚离开太阳神创办了一个叫“乐百氏”的饮料品牌。何伯权用股权置换的方式，拥有了“乐百氏”的品牌使用权。

何伯权与一些研究所专家合作，开发出了新一代保健饮品“乐百氏”乳酸奶。他们先是在珠江三角洲卖他们的产品，每到一地，他们就买来大红纸写成横幅标语——“热烈祝贺乐百氏奶投放市场!”他们穿街走巷地招摇和张贴，一天能布几十个点，一个晚上就可以占领一座城市。何伯权给他们的这种营销模式起了个很大气的名字，“红色风暴闪电战”。

何伯权很快就打出了一片新天地，他那既有水果味儿又有牛奶“营养价值”的乐百氏奶，很快成为畅销产品。到 1992 年，销售额已经达到了 8000 万元，不但小有名气，在市场上也已成为娃哈哈不可小觑的对手了。

1992 年，娃哈哈刚刚开始推自己的果奶产品。宗庆后不得不承认，何伯权拥有比他更强的创新能力，但自己的优势更加明显。宗庆后那时是“市场跟进者”，可以在乐百氏奶的基础之上进行创新与升级；他还拥有完整的营销体系和市场基础，儿童营养液此前的攻城略地已经为他培育了市场。当何伯权辛辛苦苦开辟天地的时候，宗庆后所要做的只是推出新产品，把它们送到他们的销售终端去。

在当时的果奶市场上，“乐百氏”是第一品牌。娃哈哈加入了战局，使“乐百氏”的局面颇为被动。“乐百氏”乳酸奶只有两种口味，宗庆后却做出了“菠萝、荔枝、哈密瓜、草莓、苹果、葡萄”六种口味；乐百氏奶每瓶一块钱，每六瓶塑封一排要 6 元，宗庆后却把娃哈哈果奶定为九毛钱，每五瓶塑封一排只要 4.5 元。他保持每瓶奶都比乐百氏便宜一毛钱，再加上他们在杭州“元旦送果奶”活动所造成的影响，娃哈哈果奶一下子畅销起来。

何伯权也采用过一些反制措施，也进行过降价，但是只要他一降价宗庆后就跟着降价，还喊出了“加量不加价”的口号，始终维持着市场上价格比乐百氏奶便宜10%左右的局面。

其实何伯权也有自己的考虑，当时他算的账是：每卖一排乐百氏，可以比娃哈哈多卖20%的量；每排果奶的热塑膜包装比娃哈哈多一点点，但每瓶包装成本便宜几厘钱；以10排果奶装箱计，摊到每一瓶的包装成本又比娃哈哈省钱些。

但是何伯权毕竟在商场上打拼的时间短，没有做过小生意，对价格不像宗庆后这些“穷出身”那么敏感。果奶这种产品，往往是小孩儿哭着闹着赖着大人去买，这时候4.5元与6元的心理空间和选择差距就很大了。何伯权说这一点他后来才醒悟过来，因此对宗庆后“用价格调整市场的艺术十分佩服”。

宗庆后一直在说，他是做小买卖出身，是“穷出身”。他对价格非常敏感，对成本也极为敏感。当年生产果奶，何伯权用的是新西兰进口奶粉，娃哈哈用的是国产奶粉，成本比乐百氏略低。

最关键的是，娃哈哈对销售链条的影响远远超过了乐百氏。乐百氏给经销商的返利，最多达到1%，而娃哈哈通常是2.5%，有时候还达到3%。因为娃哈哈的成本低，所以就有了返利的空间；因为有了返利空间，经销商们就更愿意销售娃哈哈果奶。在这种良性互动下，娃哈哈果奶迅速壮大，市场份额上升到全国第二，综合实力更是远超乐百氏。宗庆后已经有足够的资本和底气与何伯权进行一场大战了。

就在宗庆后铆足了劲儿准备与乐百氏决战的时候，何伯权犯了一个大错误。他在1994年推出了一种叫“生命核能”的产品。“生命核能”曾经大红大紫，但只过了一年就无疾而终，使乐百氏错失了巩固市场的良机。

1993年12月的一天晚上，何伯权偶尔得知马家军在每天饮用由马俊仁炮制的一种“神秘汤”提高体能，这批女孩子屡破国际女子长跑纪录。第二年1月，何伯权花了1000万元的巨资购买了马俊仁的这种号称“能够让人迅速提高血色素、增强体能的祖传秘方”，还故作神秘地以两亿元为这一“神秘配方”投保。

何伯权的故作神秘以及巨额的支票引起了市场上的轰动，也引发了人们对于

"生命核能"的关注。何伯权又四处进行广告和新闻轰炸，每到一个地方，宣传都做得铺天盖地，据说他仅跑了 6 个省份，就带回了 1800 万元的回款。他自豪地对下属说："你们谁能帮我想出一条'生命核能'不旺销的理由？"

"生命核能"的确轰动和旺销了一阵子，但也仅仅是一阵子，最旺销的年份，销售额也没超过一个亿。1995 年，中央电视台《东方时空》突然曝光"中华鳖精"中鳖元素的含量低到了可以忽略不计，作为形象代言人的马俊仁，其商业形象及信用遭到重创。因为与马俊仁的强大关联，"生命核能"也遭到了灭顶之灾，最终无疾而终，从市场中消失了。

何伯权说："生命核能最终没有达到我们预期的市场效果，最大的原因就是因为和名人联系太密切。"宗庆后无法认同他的说法。他们后来上马水项目的时候，也先后与景岗山、王力宏、李玟等明星合作过。他们之间的联系非常密切，却始终没出现"生命核能"的悲剧。

事实上，一款产品的成败，最主要的还是它的市场定位：定位准确，只要坚持下去，就能成功；定位不准确，即使坚持下去，也是死路一条。"生命核能"就是定位不准确的产品，与马俊仁有关系，但罪魁却不是马俊仁。

乐百氏果奶一直横亘在娃哈哈果奶面前，它全国市场占有率第一的桂冠一直戴到了 1998 年。在这 6 年多里，娃哈哈一直在追击乐百氏，乐百氏一直在狙击娃哈哈。宗庆后印象最深的是，1995 年，何伯权针对 33.2% 少年儿童钙质摄入不足的问题，率先推出了以"为儿童补钙"为口号的乐百氏钙奶，成功地获得了中国营养学会的推荐，也赢得了市场。

乐百氏的突然变招使娃哈哈一度陷入被动，让此前一直处于防守态势的乐百氏奶重新回到了攻击状态。宗庆后听到这个消息后，就密令娃哈哈的研发部门抓紧时间跟进，在 1996 年果断推出了娃哈哈 AD 钙奶，把其理念定义为"维护健康和营养均衡，更有利于钙质的吸收"。为了让市场感觉娃哈哈更胜乐百氏一筹，他们找到了"国际营养学院"作为推荐机构。

娃哈哈 AD 钙奶主要的口号是促进小孩子脑部和视力发育，所以目标人群是儿童。为了满足儿童需求，娃哈哈除了在口感上做了针对性设计，还加了其他一些功能进去。那时候，宗庆后和手下们每天都在办公室、实验室和车间里探讨。

那时候娃哈哈也进行了针对性的促销，尤其是对儿童进行了“卡片促销”。在每一只娃哈哈 AD 钙奶的箱子里，他们都放上了玩具或是卡片，通过收集卡片来兑换奖品，孩子们的热情一下子被调动起来了。

对经销商，娃哈哈则采用了让利的模式，这是典型的“联销体式”双赢。经销商的销售业绩越好，娃哈哈对他们的奖励就越多。

那是一段慷慨激昂的商战风云。娃哈哈每年都会在年底或是正月初开新春推广会，会一开完，几天时间里，娃哈哈的产品就会堆满经销商的仓库。在每年的大规模促销中，为了适应瞬息万变的市场，娃哈哈都要提前布局，提前介入。事实上，先机只是那么短短的几天，当你提前进入了阵地，当你提前让经销商囤好了货，以保证金的形式占用了他的流动资金，他就没有闲钱也没有仓库去囤竞争对手的货了。娃哈哈的“联销体”优势在竞争中发挥到了极致，这是乐百氏所无法比拟的。

两年后，1998 年，乐百氏又推出了“健康快车”乳酸奶，在概念创造方面“几乎达到登峰造极的地步”：AD 钙奶加双歧因子（国家“八五”重点科研攻关成果），首个获得国家卫生部签发保健食品批准证书的乳酸奶。

那一次，娃哈哈的回应是推出 200 毫升大容量的 AD 钙奶，“加量不加价”，用价格来调节市场，以容量来吸引消费者。第二年，乐百氏也推出了自己的大容量钙奶，还顺势开发出了“旋风钙奶”、“粒粒果钙奶”。作为回应，娃哈哈则追加了营养成分，推出了新一代的娃哈哈铁锌钙奶。

在娃哈哈与乐百氏的攻防转换之间，6 年时间，他们把市场放大了 20 多倍，几乎成为市场上的“寡头”，成为中国果奶产业的“可口可乐”与“百事可乐”。大多数竞争对手都已出局，剩下的就是他们之间的竞争、谈判与和解。

英雄惜英雄

宗庆后与何伯权之间，除了两家企业从未停歇的攻防外，还有他们的惺惺相惜。

1995 年 10 月，全国糖酒订货会举行的时候，宗庆后和何伯权在长沙邂逅。那时候乐百氏奶的规模比娃哈哈大，娃哈哈一直跟在乐百氏后面，以“后发优势”来跟进。双方在促销中也“时常打架”，闹得不可开交。

何伯权听说宗庆后也到了长沙，就通过娃哈哈的区域经理向他发出约请，希望在酒店一叙，共商大局。宗庆后也想会会这位有想法的年轻人。

何伯权在酒店租了个会议室，带了 4 个人跟宗庆后他们会谈。宗庆后方面一共 3 个人，除了宗庆后之外，还有丁培玲和湖南分公司的经理。那一天没有所谓的“巅峰对决”，只有亲密而无障碍的交流。会议室里，大家不停地闲聊着，聊对市场的看法，也聊对产品的想法，还聊营销的手段，气氛融洽得仿似一家人。

何伯权是一位年轻、儒雅、安静的小伙子，一下子赢得了宗庆后的好感。他性格不张扬，做事说话都很得体，表现得非常谦逊。他称宗庆后为“宗老师”，说他非常钦佩宗庆后的产业报国情怀、市场营销理念以及敏捷果敢的行事风格。宗庆后则直率地对他说：“你用这么短时间做成一间大公司，不容易，的确让我非常敬佩。”

何伯权说起了乳饮料市场，说到市场上就乐百氏和娃哈哈两家，大家也都刚刚上马水项目，为了进行良性竞争，还是沟通一下对市场的看法。

对于市场本身，他们虽然没有聊得非常深刻，却也达成一致：乐百氏和娃哈哈一定要竞争，这样才可以共同发展；如果竞争没了，也就发展不了了。但是市场上斗归斗，大家要在公平状态下斗。

“我要超越你也好，你要超越我也好，只要大家公平竞争就好。”宗庆后对何伯权说，“我们去把消费者鼓动好，你有什么绝招，我有什么绝招，都使出来。”

实际上，宗庆后很欣赏何伯权的策划天赋，充满灵性与龙虎之气。而何伯权也是如此，1998 年何伯权接受媒体的采访，问他最欣赏的人是谁，他说：“娃哈哈的宗庆后。”

他们在友好和彼此欣赏中结束了会面。何伯权邀请宗庆后到小榄镇去看一看，宗庆后欣然答应。订货会结束后，宗庆后飞到广州，又从广州坐了两个半钟头汽车到了小榄镇，去何伯权那儿参观。乐百氏内部紧张而有序的生产状况，让宗庆后很是欣赏。回到杭州后，宗庆后对总经办的人说：“娃哈哈要组织中层干部去乐百氏考察学习。”

宗庆后也向何伯权发出邀请，希望他到娃哈哈看一看，也让自己有一个尽“地主之谊”的机会，何伯权答应了，但直到两年之后才回访了娃哈哈下沙基地。当时娃哈哈的很多员工都非常喜欢这位说一口古怪方言、谈笑风生的广东老板。

在那天的饭桌上，宗庆后与何伯权没怎么谈公司业务。宗庆后滴酒不沾，但烟却抽得非常凶。何伯权总不忘提醒他："你是老大哥，要保重身体，烟还是少抽为好。"

在长沙见面之后，娃哈哈与乐百氏之间似乎形成了一种市场上的"攻守同盟"，进则同进，退则共退，涨价和降价都会一起来。可是这种"攻守同盟"，毕竟与各自的市场预期及策略不符，所以没过多久便夭折了，大家又回到了各干各的老路上。

对此，宗庆后也有自己的考虑，个人的欣赏与企业的发展不能混淆，娃哈哈正处于追赶期，不能因为一个没有市场约束力的"君子协定"而放弃娃哈哈的成长空间。

宗庆后与何伯权之间的"战争"，娃哈哈与乐百氏之间的"战争"，在 1996 年达到了白热化。那一年，娃哈哈进入了自己的第 9 个年头，那是娃哈哈的"初九"，《易经》中"乾卦"的说法是："初九，潜龙勿用。"宗庆后的理解是，娃哈哈要继续低调潜行，养精蓄锐，蓄势待发。

"水"战

那时候，每年 3 月份的全国糖酒商品交易会（俗称"糖酒会"），娃哈哈必会参加。那是各方企业风云聚会之地，也是他们"搭脉"市场、激发灵感之地。

宗庆后会让手下将糖酒会上所有的精品和样品网罗回来，然后他会仔细研究这些产品，看哪些产品具有市场潜力，值得他们跟进。在初期发展阶段，他们的创新主要是跟进创新，借他人的概念，再研发和创新发展，并保持领先半步。他认为："如果不领先，则无法掌握先机，贻误战机；如果领先太多，则一时间无法为市场所接受，容易夭折。"这就是宗庆后的"领先理念"。

在那一年，宗庆后决定进军饮用水领域。在此之前，国内的矿泉水市场已经初具规模，消费空间已经被一些区域性矿泉水企业激活，娃哈哈在涪陵的生产基地也在小规模地生产着矿泉水，效益还不错。

更深层次的背景是，1995 年国内饮用水污染问题日益受到重视，而宗庆后在国外考察时突然发现有一种利用反渗透技术为航天员开发的"纯净水"，比国内生产的蒸馏水成本低、口感好，这使他动了从美国引进反渗透技术与设备、开发瓶装纯净水的心。“太空水”、“纯净水”，这该是一个多么富有想象力的市场啊。

饮用水的巨大市场空间使宗庆后“蠢蠢欲动”，为了避免受水源的限制，他决定推出“纯净水”。娃哈哈那时候是食品饮料行业的龙头，他们推出纯净水，意味着饮用水市场已经成熟，像果奶市场一样，在接下来，市场将会数十倍地放大。

当时宗庆后还有另外一层考虑：娃哈哈的生产基地中有纯净水生产线，主要是给八宝粥和果奶提供净水。如果做纯净水，娃哈哈所有的生产线都会被利用起来。

就像每次进行产品变革一样，这一次宗庆后的提议又遭到了非议和反对。推行新的观念和产品，必然会遇见一些反制的力量。就是当时刚开始与娃哈哈合作的达能，他们对宗庆后投建纯净水生产线的提议，也曾经表示怀疑。

还有一些人认为，大家习惯了带个水杯喝水，习惯了暖水瓶，没有谁会花冤枉钱来买凉水。还有一些人倒是支持做矿泉水和纯净水，但他们认为娃哈哈具有儿童品牌的优势，高调进军成人产品的水市场却不具优势，反而可能会使娃哈哈的品牌优势弱化。他们建议宗庆后采用多品牌战略，不用“娃哈哈”作为纯净水品牌。

但是宗庆后特别坚持使用“娃哈哈”作为纯净水品牌这一点。他对员工们说，纯净水要沿用娃哈哈品牌不断往外延伸，这步走稳了以后，将奠定他们做成人产品的基础。水产品的历练确实令娃哈哈之后的成人产品——非常可乐一击而中，这是后话了。

这一次宗庆后又赢了。他也并不是没考虑过多品牌战略，但是推广一个新品牌会额外增加数亿成本，这对于 1996 年的娃哈哈来说，是难以承受的，尤其当时他们的美食城项目正处于进退两难的境地。

这一次娃哈哈走在了乐百氏的前头。过了大半年，看到娃哈哈在纯净水领域的异军突起，何伯权才醒悟过来，便高调宣布推出纯净水。在娃哈哈与乐百氏之间，战线突然被拉长了，战场也突然被放大了。

娃哈哈引进的是国外的“太空水”概念，采用了二级反渗透技术和臭氧杀菌工艺，生产出的纯净水安全而卫生，可以称得上是一场中国的“饮水革命”。

价格依旧是宗庆后手中的利器。在他的坚持下，娃哈哈纯净水的出厂价降为每瓶 1.35 元，这样在零售终端，每瓶水的售价就不会超过 2 元。他相信，价格优势将帮助娃哈哈纯净水横扫整个市场。

事实上在娃哈哈纯净水出厂的前几个月，虽然凭借销售网络将新产品迅速铺遍了全国各地，但是并没有获得市场的热捧。因为最初的时候，纯净水瓶子不是娃哈哈自家生产的，需要定购，每个瓶子的成本就要 1 元多，因此宗庆后给娃哈哈水定的出厂价格区间在每瓶 1.7 元到 1.8 元，卖到消费者手里时价格达到了 2.5 元到 3 元。在当时的市场条件下，这样的价格无法为消费者广泛接受。

上世纪九十年代，市场上流行的都是 5 毛钱一瓶的橘子汁，用橘子精泡泡的那种。娃哈哈的销售人员在推广纯净水的时候遇到了很多问题，士气低迷。销售商们说两三元的纯净水，一点味道都没有，他们都不愿意接受。

但宗庆后的信心非常坚定。“对任何事情，只要宗总认定可以做的，他就认为这个肯定走得下去的。他就不断地给你鼓气，而且让你有种感觉，怎么说呢？就是那种永远是信心满满的感觉，哪怕是你心里已经直打鼓。”丁培玲回忆说。

此时，纯净水瓶子的生产设备到位，瓶子成本下降，宗庆后迅速调整了纯净水出厂价格，在 1996 年春天降低了出厂价，同时也压低了零售价，最终用价格调节了市场，也调节了消费者的心理。

宗庆后是铁了心要将“水”作为娃哈哈的主打产品。为了快速推广纯净水，娃哈哈找到了歌手景岗山担任形象代言人，并且确定用景岗山的一首歌——《我的眼里只有你》作为主打的广告歌，从此开了明星代言产品的先河。宗庆后在中央电视台投放了巨额的广告。青春、激情、热烈，变成了娃哈哈纯净水的品牌基调，一直到现在都没有改变。

为了发挥歌星效应，他们还安排了景岗山在全国巡回与歌迷见面，在他的载歌载舞中，在娃哈哈市场队伍快速高效的行动中，娃哈哈纯净水迅速征服了市场。因为娃哈哈纯净水当时用红色包装，媒体和业界都称他们刮起了“红色旋风”。

那时候品牌推广的成本也低，不像今天这么艰难。娃哈哈带着景岗山搞搞歌迷见面会，然后在各大超市、卖场进行免费赠送、品尝之类的活动，再配合广告和宣传，几轮下来，市场就被彻底征服了。娃哈哈销售公司前总经理丁培玲记得有一次他们带着景岗山到哈尔滨去做推广，人还没到，满大街已经全是娃哈哈的纯净水广告了。

还有一次，杭州召开每年例行的名优产品推广会，娃哈哈决定借机攻下郑州市场。于是他们就跟铁道部和郑州铁路局沟通好了，从杭州发出一列50多节车厢的“娃哈哈专列”，上面全是娃哈哈的产品，足足有三千吨。火车隆隆地驶向郑州的途中，每个路人都会惊讶地张望。当火车缓缓地停靠郑州火车站的时候，蜂拥而至的媒体，拥挤的接站货车，它们所构成的画面，形成了最大的视觉冲击和心理撞击，最终也加强了娃哈哈的品牌力量。这就是娃哈哈“运非常之力，造非常之势，创非常之业”的典型案例，实现了处处可见、人人皆知的战例效果。

没用几个月时间，在价格、广告和联销体共同优势的作用下，娃哈哈纯净水铺满了中国的各个角落——城市的大街小巷、农村的田间地头。在纯净水推出的当年，他们就获得了全国市场占有率第一的成绩；一年后，娃哈哈在22个省市建立了子公司、分公司，崛起为中国规模最大、实力最强的饮料企业。

在1996年，娃哈哈纯净水虽然做到了瓶装水市场份额第一，但广告投入就接近5000万元，几乎是全部的利润，所以第一年根本没赚钱。但国家统计局公布的“全国销量第一”，使他们的经销商有了信心，消费者有了信任。

何伯权看到了娃哈哈纯净水的成功，也开始试水纯净水。乐百氏纯净水在1997年7月正式推出，当年即获超过两亿的销售额。他们快速地跟进和崛起，与娃哈哈一起往前走。

有一种说法是：“在2000年以前，乐百氏与娃哈哈在中国饮用水市场上两分天下，娃哈哈与乐百氏瓶装水在超市、商场、小卖部的货架上总会同时出现，而且当时几乎仅有这两种瓶装水。”

何伯权的营销方式跟宗庆后不同，他为乐百氏纯净水打造的概念是“27层净化”。他斥资200多万元制作了广告片：“在万籁俱寂中，一滴水铮然而下，穿越一层又一层的过滤，最终‘净化’为至纯至净的乐百氏纯净水。”

1998年，何伯权发现“明星路线”非常管用，直接请了香港的“天王巨星”黎明做形象代言人，开始在全国各地疯狂扩张；娃哈哈则邀请了台湾的阳光男孩王力宏，继续自己青春、激情、热烈的风格。

宗庆后对他的部属们说：“除非犯下致命的错误，否则，娃哈哈和乐百氏都不可能一拳将对手击倒，最后的赢家很可能是靠‘点数’胜出。这将是一场消耗战、拉锯战。看谁的气长，抗击能力强，韧性足。”

事实证明，他的判断是准确的。娃哈哈与乐百氏的这一场“水战”打了多年，苦苦的胶着，共同的诉求，以及相互之间的追赶，也伴随了他和何伯权的经营人生。

对于与乐百氏的竞争，宗庆后一直的态度和策略都是：“你打你的，我打我的。集中优势兵力，各个歼灭敌人。”娃哈哈与乐百氏相比，拥有很多战略优势，包括生产基地的建设、联销体的成型，以及达能带来的资本优势。

胡文雄当时是娃哈哈东北区总经理，他曾经评价说：“当遭遇乐百氏挑战的时候，娃哈哈很少直面应战，往往是沉住气，避其锋芒，转而进行其他产品的促销。等到对手精气消耗殆尽，才突然实施价格战，一战而让对手崩盘。而乐百氏高层在竞争中，心态似乎没有摆正，老是比一时之长短，争一地之高低，产品开发完全同类化，什么时候该打，什么时候不该打，没有一个章法。”

何伯权毕竟年轻，在很多时候不像宗庆后这么沉稳，而略显急躁。市场竞争最怕犯错误，急躁就容易使他们陷入盲目和错误的泥淖。

对手的淡出

1997年之后，乐百氏的快速增长突然停滞，所以何伯权在1998年花1200万元请了麦肯锡对乐百氏进行诊断和咨询。何伯权希望借助洋人的视野解决他的问题。

麦肯锡派了6位洋专家驻扎在何伯权办公室的对面，他们用了6个月时间做出了一份近300页的报告，叫作《造就一个中国非碳酸饮料市场的领先者》。何伯权用“超值”来评价这次战略咨询，但却在“领先者”的道路上越走越窄。

那时候何伯权也考虑过做可乐，名字都想好了，叫“今日可乐”。或许正是麦肯锡的这份报告，“非碳酸”的建议，以及可口可乐与百事可乐的霸主地位，让他认定了做可乐不可行。后来“非常可乐”的成功一定让他极为羡慕，但那时候的何伯权，已经跟不上“宗老师”的脚步了。

何伯权的另一个错误是始终没有重视农村市场。宗庆后一直认为，中国市场的“肉”在农村和城镇，而“骨头”在大城市。何伯权没有意识到这一点儿，等他回过神来，机会如白驹过隙，已经彻底失去了。

2000 年 3 月，乐百氏与达能合资，何伯权他们“四龙一凤”只得到了 3%的股份，中山市小榄镇得到 5%，92%的股权被达能控制。娃哈哈和乐百氏就这样变成了“兄弟”。

合资一年后，因为盈利达不到达能要求，2001 年 11 月 30 日，何伯权输掉了对赌，“四龙一凤”集体辞职，含泪出局，离开了自己辛苦经营了十几年的公司。

何伯权在一份新闻通稿中说，作为经营者，他们与控股方达能对公司今后的发展战略的认识发生了严重的分歧，而公司业绩增长亦没有达到预期的目标，为尊重大股东的决定，同时也与董事会权衡了利弊，才做出了集体辞职的选择。

何伯权说：“对于目前的结果，合资当初真的没想到。”他从此退出饮料行业，成为一名投资人。宗庆后和他之间交锋的历史自此终结，但友情却始终未曾消弭。乐百氏与达能之间短暂的恋情、悲剧的收场，也促使宗庆后对这家法国公司进行重新考量，后来在娃哈哈与达能产生龃龉的时候，有了足够的心理准备。

何伯权为人谦恭平和，素来为宗庆后敬重。宗庆后说：“何伯权淡出绝不是我所希望看到的结局，一旦没有对手，企业就会失去动力。而且，我也失去了一位朋友。”

宗庆后又想起显克维支的小说《你往何处去》，想起使徒保罗的话：“那美好的仗我已经打过了，该跑的路我已经跑尽了，所信的道我已经守住了。”

宗庆后把这话送给何伯权。那美好的仗，他们已经打过了。没有输赢。在他们之间，没有遗憾。

他们

从景岗山到王力宏，明星成就了娃哈哈，娃哈哈也成就了明星。在这种双赢中，宗庆后开创了明星代言在中国的鼎盛时代，也成就了娃哈哈的大众传奇。

纯净水和矿泉水代表了娃哈哈的方向，因有与何伯权那场美好的“水仗”，宗庆后认识了很多年轻人，从景岗山到王力宏，从李玟到庾澄庆……宗庆后曾与他们进行过深入的沟通，也亲自参与过他们为娃哈哈代言的营销活动。

这些明星见证了娃哈哈的成长，也从娃哈哈的长征之路中获益。他们很多人，就像是宗庆后的“孩子”一样；从他们身上，宗庆后看到了娃哈哈的活力，也看到了未来。

开启明星代言先河

1996年，娃哈哈纯净水刚诞生的时候，娃哈哈选择了与景岗山合作。选择景岗山是一种偶然。当时景岗山已经是颇有知名度的歌星，为了强化他的影响力，景岗山的经纪公司准备对他进行重新包装，力推他的《我的眼里只有你》这张新专辑。巧的是，景岗山有个邻居，是代理娃哈哈在中央电视台广告的公司的老总，他把景岗山介绍给了娃哈哈。

◢ 1997 年 4 月，景岗山在郑州签名售水送歌带。

起初的时候，他们的想法很简单，想把《我的眼里只有你》磁带优惠点儿卖给娃哈哈做促销用，负责这事的娃哈哈市场部部长杨秀玲就跟他们说："你光给我一个带子我没用啊，我又不是卖磁带的。要不这样，我们买这带子去做活动，景岗山给我们做广告代言？"当时中国的本土饮料品牌很少有人找明星代言，这一次娃哈哈又算是"吃螃蟹"了。当杨秀玲把这个代言方案上报给宗庆后时，一贯沉稳内敛的"宗头"格外爽快地同意了这个充满青春、激情和新意的方案。

"考虑到纯净水面对的巨大市场是一个个具体的人，他们特别是年轻的消费者需要一点新鲜的冲击，一点感性的突破。"虽然宗庆后的思维很理性，但同时也很具有开放度，观念一转折，便形成一种全新的感觉，建立一种新的市场意识。

由此，娃哈哈开了明星代言之先河，从此改变了中国饮料界乃至中国企业界的营销业态。

对娃哈哈的邀约，景岗山毫不犹豫地同意了。他与娃哈哈签了一个广告代言合同，相比现在动辄几百万元的代言费，那时的代言金额可谓毛毛雨了。他们签署的不是一个单纯的广告合作协议，而是一种整体的合作计划，一个整合的营销方案。景岗山得跟着娃哈哈的市场推广人员一起，到各个城市去做推广，并现场签名赠送磁带。景岗山没有任何怨言地答应了。这个歌手，身上有一股劲儿，让人比较感动。

当时负责巡回活动的人也是杨秀玲，她带队陪着景岗山走了 20 多个城市进行巡回推广。这种方式在 1996 年的中国造成了轰动。

当时的策略是：每瓶水卖两块钱，你买我们 5 瓶水，花了 10 块钱，我们送你一盘景岗山新出的磁带，景岗山还现场给你签名。这样，娃哈哈的纯净水推广出去了，景岗山的《我的眼里只有你》也登上了中国新歌排行榜的前列。

娃哈哈在 20 多个城市搞过很多这样的活动，有时候在广场上，有时候在体育馆里。大家听说有大明星来了，还是出现在中央电视台上的，就会蜂拥而来，每次都有几千人到场。景岗山签名签到手软，所以，娃哈哈送的磁带通常控制在两千盒。

杨秀玲记得，在北京的那场巡回推广选在了朝阳门附近的蓝岛购物中心，那是北京最繁华的地方之一，不但有人流的保障，还能体现出娃哈哈的形象和士气来。他们敲锣打鼓，造成了很大的轰动。

20 多个城市，杨秀玲带队一个个地走了下来，大家都累坏了，但是娃哈哈和景岗山都获益匪浅。“大家一起合作，成为了朋友。”杨秀玲说，“现在大家说起景岗山，最有代表性的就是这首《我的眼里只有你》。”

他们走遍了娃哈哈设立分公司的各个城市，通常是集团公关部的人提前半个月到分公司去协调活动安排。分公司的人负责联系场地，等到场地确定了，安保问题解决了，公关部会再派员到分公司那边，与当地媒体协调稿件宣传和广告投放事宜。

“现在想想，那时候媒体宣传好简单，一个地方就两三张有影响力的报纸，大家本身也有广告合作，叫到一起，聚一下，聊一聊，研究一下活动，讨论一下从哪里切入，闪光点是什么，怎样切入进去，然后再结合点公益性的活动或是关注下热点事件，景岗山和娃哈哈一起赞助。就这样子，还蛮管用的。”杨秀玲说。

从 1996 年开始，景岗山的巡回活动整整持续了两年。从娃哈哈纯净水在中央电视台的广告播出开始，他稳固了“一线男歌手”的地位；也是从中央电视台的广告播出开始，娃哈哈纯净水奠定了“全国第一”的地位。

明星见面会的活动，再结合娃哈哈的广告策略，一下子就把娃哈哈纯净水的知名度打了出去。那时候纯净水的利润率还比较高，他们有足够的利润支撑广告和宣传投入。很多时候，经销商都拿不到货。有一次，娃哈哈的一批货刚到沈阳火车站，突然来了很多二级批发商，开着车，直接把娃哈哈的纯净水给抢走了。

宗庆后后来也请景岗山吃过几次饭，对他的辛苦和为娃哈哈所做的贡献表示了感谢。在与景岗山的合作上，双方的确是各自都得到了自己想要的东西，都以最小的成本得到了最大、最优的结果。

“乖宝宝”王力宏

在景岗山之后，娃哈哈又短暂地与毛宁合作过，推出的广告歌叫《心中只有你》。后来他们开始了与台湾歌手王力宏的合作，这一合作就是十几年，一直到现在。

王力宏是娃哈哈合作过的明星当中给宗庆后印象和好感最深的一个。

娃哈哈与王力宏的合作，也是一种偶然。1998 年，宗庆后与杜建英、杨秀玲去国家工商总局公干。在宗庆后去与工商总局领导会面的时候，两位女将就坐在车上，边听北京音乐台的节目边等待。在一个音乐节目里，正在播王力宏的《公转自转》，播完了后，就有听众打进电话，说:“我很喜欢王力宏啊，王力宏长得太帅太帅了!”杨秀玲和杜建英就在那儿议论：“有这么帅吗？太帅太帅了，到底帅成个什么样啊?”等宗庆后回到车上，号称“外貌协会成员”的她们跟他聊起这个“太帅太帅了”的王力宏。

娃哈哈所有人都不了解王力宏，但是有人了解他。宗庆后的一位朋友去过美国，他对宗庆后说，他在美国的一家中文报纸上看到过王力宏的报道，是个台湾歌手，很有名。宗庆后就让他把“王力宏”三个字写下来，然后让杨秀玲想办法与王力宏联络上。

杨秀玲不知道王力宏是哪家公司的签约歌手，但她有办法。当时跟娃哈哈合作的毛宁是北京索尼的歌手，杨秀玲就问毛宁的经纪人:“你知不知道王力宏在台湾签的哪家公司?”对方回答:“就是我们公司啊!”杨秀玲大喜过望，不停地感叹“缘分”。

通过北京索尼层层往上呈报，杨秀玲联系上了王力宏，最终与王力宏签订了代言合同。代言费依旧很低，“第一签就是意思意思，相当于包了一个红包。”这么多年来，王力宏从来没主动要求过涨价，娃哈哈后来给他涨了一些，但在整个行业里，依旧属于非常低的。

当杨秀玲把方案送到宗庆后手中的时候，他想都没想就签批了。他相信她的判断，更相信娃哈哈纯净水需要延续一贯的风格，王力宏会成为合适的代言人选。

在娃哈哈所合作过的艺人当中，王力宏是品质与素养最高的一个。他需要赚钱，但他从来不完全以钱为目的，所以他与娃哈哈的合作才会那么持久。

王力宏是一个非常懂得和遵守传统礼仪的孩子，他的品质和家教都很好。他的父亲是一位医生，曾来过杭州，非常有理想的一个人。他在美国行医，别的医生都想如何赚更多的钱，而他的想法却是办一间医院，让更多的贫民看上病。这种家庭培养的孩子，一定是个有家教、懂事的好孩子。

王力宏第一次到杭州的时候，帅得把宗庆后他们吓了一大跳。多年后杨秀玲说起来，还很激动："真的帅，他那时候寸头，差不多就 20 岁，很阳光，那种大男孩形象。背个双肩包，走路一蹦一跳的。他走路都不是寻常的，我们一步一步走，他是蹦蹦跳跳的。"

与王力宏签约之后，杨秀玲开始带着他四处做签售和推广，采用的依旧是与景岗山合作时的模式。王力宏的受关注度很高，比景岗山和毛宁都高很多。他签售的大都是 CD，也签过其他的东西。他每次也最多签两千张 CD，人再多他也签不了，两千张下来，他的胳膊已经不听使唤了。

娃哈哈选择的媒体大多是他们的广告合作媒体，当娃哈哈进行活动推广的时候，他们都会免费支持；而且王力宏的影响力实在太大了，很多媒体都会自动地进行报道，媒体看重的是热点、明星和新闻价值。

每一场活动的投入其实并不大。一般情况下，娃哈哈所付出的是三五千块钱的场地费和一些差旅费。除了差旅费外，一场活动下来，2 万元基本上就打发了。搞个活动，大约就是一两万瓶纯净水的钱。

在台湾的演艺界有"四妈"之说，力宏的妈妈就是"四妈"之一，要跟力宏合作，就得过他妈妈这一关。力宏妈妈其实是个很正直、善良的人，只是因为她长期在美国居住，对大陆不了解，沟通起来有些困难。

刚开始合作的时候，因为娃哈哈的代言费比较低，她就在合作的过程中设置了一些障碍，娃哈哈每往前推进一步都很艰难。后来实在没办法了，杨秀玲就把力宏妈妈约在北京的昆仑饭店喝茶，给他妈妈讲道理，说："力宏既然选择了这条路，既然走进了大陆市场，你不能把他控制了，你只能放手。你必须要相信我。"因为前面已经有了与景岗山合作的经验，杨秀玲也把这些经验告诉了他妈妈。

跟杨秀玲谈了很长时间后，力宏妈妈回去跟儿子说："你在大陆，就听娃哈哈杨部长的。"所以王力宏直到现在，还是对娃哈哈、对杨秀玲充满了信任。他尊重娃哈哈这家企业，也尊重娃哈哈人。每逢节日，无论身在何处，他都会给宗庆后他们发来短信或打来电话表示祝福。这就是他的教养和素养。

以前娃哈哈在杭州搞过露天的活动，有一年把形式换成了大型歌舞会，跟电视台合作，把整个节目录制下来在电视上播放，这在当时也是轰动一时。

娃哈哈是王力宏进入大陆市场的第一站。王力宏后来还写过一本书，讲他的整个成长经历，其中有一段就是写他刚进入大陆，跟着娃哈哈公司走南闯北，去过很多城市，坐过飞机，坐过轮船，坐过火车，坐过汽车，甚至还坐过马车。事实上，坐马车这段经历，是娃哈哈特意为他安排的，并不是条件艰苦，除了马车没别的交通工具。

娃哈哈也成为王力宏最信任的"家人"，每次他有新专辑推出的时候，娃哈哈就会为他做活动。有时候在他新专辑里还会有一些为娃哈哈量身定制的广告歌，譬如那首《爱的就是你》、《爱你等于爱自己》就是娃哈哈专门定制，王力宏自己作词作曲的。

跟王力宏的交往使宗庆后感到很愉悦。对于这个孩子，他见了第一面后就非常喜欢。现在想来，除了"缘分"，真找不出其他的词来形容。

有一年宗庆后到台湾出差，王力宏请他到庾澄庆开的改良台菜餐厅 AOBA 吃饭。巧的是，庾澄庆也做过娃哈哈的代言人，代言的是"非常可乐"。吃饭的过程中，宗庆后就跟他闲聊。

他问王力宏对当下一些时政问题的看法，王力宏一脸无辜的样子，台湾艺人对政治的敏感度非常低。但王力宏很乖巧，就问："宗总你的看法如何？"

宗庆后跟他一通神侃，几乎把王力宏侃晕了。

那一次到台湾是去考察工厂。宗庆后依旧是从这家工厂跑到那家工厂，从这间厂房跑到那间厂房。唯一的游玩项目是去"台北故宫博物院"，在那里逗留了一个钟头，看了看那些传说中的"国宝"。

宗庆后以前也跟王力宏吃过很多次饭，跟他的妈妈也吃过饭，吃饭的过程中都是聊些时事什么的。王力宏有时候也会问他一些生意上的问题，宗庆后把他当作自己的孩子，能回答的都会认真回答，能解释的都会耐心解释。

关于王力宏代言后的巡回方案，宗庆后也参与到其中，帮助杨秀玲他们设计如何定位，怎么宣传，叫什么口号。他会在黑板上写下自己的思路，然后画出一张计划表格来。

有时候宗庆后也会参与他们的“头脑风暴”，跟他们一起探讨广告语之类的事。现在娃哈哈所有的广告语依旧需要宗庆后的审核，只有他审过了、签字了，他们才能拿出去制作。等到王力宏签售的时候，他偶尔会到现场看一下，最直接的感受就是:“哦，人真多啊!”

王力宏身上还有一种让宗庆后非常欣赏的特质，那就是能吃苦。宗庆后自己年轻时吃过大苦，所以就特别喜欢能吃苦的人。王力宏每次与娃哈哈合作签售活动的时候，都非常辛苦，但是他展现出来的，却始终是快乐，与娃哈哈配合得非常好。

选择景岗山和王力宏代言纯净水，使宗庆后在娃哈哈赢得了全新的认可。以前大家认为他是一个思想保守的人，现在觉得他观念很开放，不是那种死脑筋的老板。

王力宏代言娃哈哈，对于纯净水销售的带动是显而易见的，对于他自己来说，同样产生了巨大的影响。他那阳光男孩儿的形象，经由中央电视台的传播，深入了人心。他在广告市场上的影响，从他后来所代言的许多知名品牌中也体现了出来。

◢ 2004 年 8 月 21 日，“2004 娃哈哈——激活王力宏北京演唱会”上，王力宏被歌迷围绕。

杨秀玲说过："我们这个水，如果当时不叫王力宏代言的话，品牌延续上可能就有问题。他好像给了你一个个性，一个定位。如果没有更好的突破，你就把这个个性改掉了，反而变成了没个性，没有定位了，所以我们会坚持下去。很多企业没有坚持，像乐百氏水，当时在市场上跟我们不相上下。我们请了王力宏，乐百氏马上请了黎明，但一年之后就没再续签了。"

在娃哈哈的历史上，还有很多人参与到代言当中。他们有的短暂出现，有的持续合作。当然，也并不是每个明星都非常合作，但对于他们为娃哈哈所做的一切，无论出于何种初衷，宗庆后都是发自肺腑地表示感谢。

他们使娃哈哈成为一张广为传播的名片，而娃哈哈使他们成为一张张为更多人所熟知的面孔。

低调的央视"标王"

事实上，景岗山、王力宏这些明星"面孔"为人所熟知，最主要的是他们出现在了中央电视台上。何伯权说的没错："娃哈哈比乐百氏更早几年选择了中央电视台做广告……我们虽然投入了几亿元的广告费，却没有认识到中央电视台广告的威力和农村市场的广阔，当我们发现其中的玄机时，已经为时过晚。"

娃哈哈选择中央电视台，是因为它的覆盖遍及整个中国，只要有无线电波的地方，人们就可以听到那熟悉的《新闻联播》的声音。人们相信中央电视台，尤其是中小城市和广大农村的消费者，他们信任在中央电视台上做广告的企业，觉得那一定是实力超群、质量领先的企业。合作伙伴也信任这样的企业，因为这同样是公司实力的展示。正因如此，央视历年的"标王之争"都会产生巨大的轰动。

那时，娃哈哈的广告支出，70%给了电视台，剩下的30%才给户外、平面及促销活动；给电视台的70%当中，大部分又给了中央电视台，其份额超过了五成。

但是娃哈哈不随便参与"标王之争"，从1995年开始，央视的"标王"大多以悲剧收场，1995年的孔府宴酒，1996年和1997年的秦池酒，1998年的爱多VCD，1999年和2000年的步步高，如今都变成了一种苍凉的回忆。

娃哈哈不参与"苍凉的回忆"，他们不但要"面子"，更要"里子"，真实的销售额和利润才是他们的目标。所以早期，他们只是进行广告投放，而不是选择成为“标王”。

后来，中央电视台开始将全年划分为 6 个单元，每两个月为一个单位，进行切片化广告经营，这一方面提升了广告商的兴趣，使参与者更多，另一方面也使央视获得了更大的议价空间。2001 年和 2002 年，娃哈哈分别以 2211 万元与 2015 万元成为央视“A 特”标版（《天气预报》后 15 秒标版）单元最高价，成为了这两个年度事实上的“标王”。

“标王”的确有一种使企业知名度、影响力乃至美誉度迅速膨胀的力量，但是“标王”也是一种巨大的挤压和挑战。娃哈哈虽然成为了“标王”，但他们选择的不是单位成本最高的《新闻联播》后的 5 秒标版，而是选择了《天气预报》后的 15 秒标版。他们喜欢那个位置，性价比最高，它更适合娃哈哈的品牌诠释，传播效果更好，并且使娃哈哈避免了与其他广告主的“血拼”。

事实上，自从娃哈哈参与中央电视台的竞标以来，他们就从未缺席过它的黄金时段，《天气预报》后的 15 秒“A 特”，娃哈哈接连拿了 8 年。低调和实用的“标王”代表了娃哈哈的默默前行。对于他们来说，出不出风头并不重要，重要的是持久有力，能坚持到最后，这样的赢家才是真正的赢家。

宗庆后多次参加中央电视台的春节联欢晚会，也并不以出风头为目的，而是去推广娃哈哈品牌，使其“随风潜入夜，润物细无声”地征服观众。

从明星代言到央视“标王”，宗庆后在营销上的创造性思维和大手笔，让“娃哈哈”的品牌效应和美誉度放大和凸显。出奇制胜和大众传播，依然是他的大杀器。

对于中国，这是宗庆后和宗庆后们最独特的价值。

WAHAHA ALWAYS STANDS TOWERING

Biography of Mr. Qinghou Zong

CHAPTER 08

看上去很美

这是一段不堪回首的异国“婚姻”。

一切“婚姻”的前提都是爱情，但爱情只是必要条件，而非充分条件。当爱情遭遇利益，遭遇柴米油盐，遭遇文化的碰撞，遭遇背叛，遭遇人生中一切不可言说的误解、撞击和莫名其妙之后，“婚姻”有时候就会变成“昏姻”。

与达能的“婚姻”就是这么一步步走向“昏姻”的。

与国际资本的联姻，是一场博弈，要用智慧去分辨对方的善恶，用法律争取自己的合法权益，用勇气去捍卫自己的尊严。

——宗庆后

看上去很美

这场一开始就充满了“埋伏”的合作为娃哈哈的未来布下了迷雾，直接造就了十年后一场更大的危机。达能，变成了一个看起来很美的名字。

2009年9月30日中午，在北京希尔顿酒店，娃哈哈和达能举行了和解协议的签约仪式，商务部欧洲司孙永福司长、林文军处长以及法国驻华大使和经济参赞出席了签约仪式，双方发表声明：

作为和解方案的一部分，达能和娃哈哈将终止其现有的合资关系。达能已同意将其在各家达能——娃哈哈合资公司中的51%的股权出售给中方合资伙伴。和解协议执行完毕后，双方将终止与双方之间纠纷有关的所有法律程序。

9月30日的联合声明，意味着达能彻底告别了娃哈哈，一场旷日持久的战争终于以娃哈哈的胜利而告终。第二天，是新中国成立60周年的纪念日，在商务部欧洲司司长与法国驻华大使的共同见证下，达能与娃哈哈签署了和解协议，他们以净资产价格买下了达能在合资企业51%的股权，加上诉讼期间三年达能在合资公司名下的红利，娃哈哈一共向达能支付了大约3亿欧元。曾经试图抢购娃哈哈的达能，最终未能如愿。

与达能的“尊严之战”也使宗庆后意识到：与国际资本的联姻，是一场博弈，要用智慧去分辨对方的善恶，用法律去争取自己的合法利益，用勇气捍卫自己的尊严。

拉锯式谈判

达能曾经是一个美丽的梦，至少看上去很美。这个梦在1996年的时候显现出了最美的光景。1995年底，正是娃哈哈发展的紧要关头，在果奶市场上与乐百氏的鏖战又正陷入胶着状态，美食城项目受阻。宗庆后知道娃哈哈需要加快扩张，否则机遇就会如指间沙一般滑走。

为了加快娃哈哈集团的业务发展，引进国际先进的管理经验和生产工艺，加上当地政府的不断推动，宗庆后开始期待一个世界食品饮料强势企业作为战略投资者介入娃哈哈，通过优势互补，利用娃哈哈集团的市场优势，与战略合作者提供的技术与管理上的优势相结合来加快发展速度。

事实上，在达能出现之前，娃哈哈已经搞过好几个合资项目了。1992年，他们在政府的牵线搭桥下引进了韩国孝农株式会社，合资成立了杭州娃哈哈孝农罐头食品有限公司。虽然双方各持股50%，但韩国人当了董事长，宗庆后只当了副董事长。宗庆后喜欢“名正言顺”地做事，但韩国管理者始终“无为而治”。这家公司最终无所作为，在娃哈哈体系中可以忽略不计。

也正是在1996年前后，中国及各地地方政府加大力度，积极鼓励中国企业引进外资。就在宗庆后考虑引进国际资本时，国际资本先盯上了他们。当时，“娃哈哈”已经是中国饮料行业的知名品牌，娃哈哈集团的业务也发展得很好，因此受到了很多海外投资者的青睐。

梁伯韬当时是百富勤的董事总经理，也是这家1988年成立的投资银行的创始人之一。他在香港投资界非常有名，号称“红筹之父”。梁伯韬将宗庆后介绍给达能。达能负责谈判的人是达能中国区总裁秦鹏，他告诉宗庆后，来自法国的达能是世界上第六大食品饮料企业，具有先进的技术与管理。这样的描述毫无疑问吸引了宗庆后，使他相信达能或许正是娃哈哈集团寻找的战略合作伙伴。

娃哈哈总经办很快就搜集了一大摞达能的材料。仔细看完这些材料之后，宗庆后才知道法国达能是多么厉害的公司：年销售额超过 1000 亿人民币，是世界第六大食品集团和最大乳业公司，也是世界五百强企业。

达能在中国非常低调，它们在拓展的时候从不拿自身的品牌来强压本土品牌，除了投资和服务外，很少参与企业的内部管理。这恰恰是宗庆后所喜欢的。

但是达能的历史却使宗庆后颇为警惕。达能的历史证明，这是一家资本主导型企业，它壮大的历史，正是它并购与抛售的历史。它通过在全球各地收购优秀品牌，实行本土化、多品牌战略，一旦出现效益不符合预期的情况，它也会果断地把它们当作“包袱”甩掉。

对于达能，宗庆后给它打了一个不低的分数，80 分。但是对于达能扩张的历史，他始终心存忌惮，他担心这种不停并购与不停抛售的“达能模式”未来可能影响娃哈哈的战略发展。

娃哈哈需要扩张企业版图和引入国际经验，拉开和国内同行的距离，但又要提防被跨国巨头“吃掉”，就在这个进退两难的问题上，宗庆后折腾了不少日子。

再三考虑之后，宗庆后决定展开与百富勤及达能的合资谈判。他打电话给梁伯韬说，基于他对达能的基本了解和判断，他们可以坐下来谈谈了。宗庆后同时暗示他，他们别指望吞并娃哈哈，所有“吃掉”娃哈哈的念头最好想都别想。

与达能和百富勤的谈判进行了多次，主要的谈判地点是香港。达能方面的主要谈判代表是秦鹏和杜海德，百富勤方面是梁伯韬、霍建华、周政宁。当时达能方面聘请了律师参加谈判。娃哈哈集团方面除了宗庆后本人之外，参与谈判的还有杜建英女士，他们没有聘请律师。

1996 年的元旦刚过，经由梁伯韬牵线，宗庆后与杜建英一起赶到香港，开始了与达能的秦鹏、百富勤的梁伯韬之间艰难的谈判。宗庆后回想起来，与秦鹏、梁伯韬他们的谈判算不上愉快，更像是一次次交锋、一场场拉锯。

秦鹏是一位华裔法国人。他还算是一位了解中国国情和文化的职业经理人。与这样的对手谈判，只能增加交手的难度。

当时外资进入中国，在与中国企业组建合资公司时，合资公司的经营管理权通常由外方掌握，合资后一般都将中方企业原有的商标放在一边不用，加上外方不熟悉中国市场，中国消费者又不知悉国外的品牌，导致很多中外合资企业经营得并不好，结果造成大量裁员，使员工丧失生计。因此，宗庆后对娃哈哈与达能成立合资公司后谁控股、由谁进行管理这个问题十分关注。

秦鹏一开始就提出了达能控股的要求，被宗庆后当场回绝了。他告诉秦鹏和梁伯韬，无论娃哈哈集团还是娃哈哈美食城，第一大股东都必须是“娃哈哈”。他们都很清楚，谁是第一大股东，谁就拥有了派出董事长的权限。娃哈哈是宗庆后和跟他一起创业的员工们的公司，他不能容忍它成为别人的“孩子”。

反复纠缠、讨论、谈判、交手之后，秦鹏与梁伯韬及他们各自的谈判代表商议之后，最终提出了一个微妙的合资方案：达能与香港百富勤合计持股 51%，娃哈哈集团持股 39%，娃哈哈美食城公司持股10%，合资公司董事长由宗庆后担任。

宗庆后接受了他们的条件。他认为虽然达能和百富勤持有合资公司 51%的股份，但毕竟是分属两个不同的股东，并且达能和百富勤是分别派代表各自来谈判的，有时候两家的意见也不一致；而中方股东娃哈哈集团与美食城股份总共持有了 49%的股权，还拥有董事长的席位，一切应在掌控之中。但宗庆后没有想到的是，直到最后签约的那一刻他才被告知，“达能、百富勤合计持有 51%的股份”是以达能与百富勤在新加坡设立一家名为金加投资有限公司并以其为主体持有娃哈哈合资公司 51%股权的方式来实现的。箭已上弦，加上当时国内企业对于国际资本运作的懵懂，宗庆后只得接受了这样的安排。

但多年后当宗庆后回首往事，看到了自己的青涩和稚嫩，虽然作为面对国际资本的新手，这是一种难以避免的必然，但他仍然为此自责。百富勤本身是一家投资公司，股权的买入卖出对它来说家常便饭。所以，金加公司的构成及它与娃哈哈的合资方式，让合资公司的未来存在变数。

对于达能以及百富勤来说，他们似乎也感到稳操胜券。秦鹏他们虽然同意由宗庆后出任董事长，但是达能通过对金加公司 70%股权的实际控制以及金加对娃哈哈合资公司 51%的控股，秦鹏认为达能事实上控股了娃哈哈，要求宗庆后把财务控制权交给他们。

宗庆后告诉秦鹏，这是不可能的事，这是对娃哈哈及他个人的侮辱。秦鹏依旧坚持，他觉得自己既然控股，就得拥有控股方的权利，而不是空有一个控股的架子。

宗庆后冲杜建英挥挥手说：“走，不谈了！”然后便摔门而出，扬长而去，把留在那里的秦鹏和梁伯韬惊得瞠目结舌。宗庆后他们直接去了启德机场，买上机票，飞回了杭州。

一场“冷战”，比的是耐心。宗庆后是个沉得住气的人。果不其然，没几天后，梁伯韬的电话又来了，好说歹说地劝，要他们再飞一次香港，大家继续往下谈：只要目标一致，权责清晰，什么都好说。

宗庆后知道梁伯韬的背后是秦鹏的意愿。他清楚娃哈哈的价值，秦鹏他们也了解娃哈哈的市场地位和前景，他们一定不会舍得放手。于是，宗庆后他们又飞到了香港，又继续坐下来交锋。那一天是 2 月 2 日。这一次，秦鹏不再坚持要看会计报表了，但他又提出了三个限制条件：第一，明确宗庆后是被达能聘用的；第二，合资公司连续三年利润不达标，达能有权改换董事长；第三，达能需要介入合资公司管理层。

宗庆后当场应承了他们的前两个条件，至于第三个，宗庆后说：“门儿都没有！”这是他的原则和底线，容不得任何触碰。如果做不好，他们可以换掉他；可是他们不能换掉他的人，更不能“掺沙子”，否则他又怎么能做好呢？

宗庆后对秦鹏他们讲：“不管你们怎么认为，我反正就是一个‘四项基本原则’：第一，合资后保持‘娃哈哈’的品牌不变；第二，合资企业的经营管理全权委托娃哈哈，由娃哈哈方面的人担任董事长和总经理；第三，合资前企业中的员工一个都不能辞退；第四，娃哈哈原有的退休员工待遇不变，现有员工的收入只能递增不能减少。答应了我的‘四项基本原则’，咱们就继续谈，不答应，我们马上走人，回杭州，以后也不要再谈了。”

“四项基本原则”表现了宗庆后对员工的爱护和一种气节。员工对于宗庆后来说，就如同家人。无论如何，他都不能置为娃哈哈奋斗拼搏的员工们的生存于不顾，这让原本就对他鼎力爱戴的员工们的“拥戴值”直线上升。

对方见识过宗庆后的强硬，这一次他们又面面相觑了。他们私底下讨论了很长时间，也与宗庆后不停地讨价还价，纠缠了许久，最终还是接受了他的“四项基本原则”。

今天看来，宗庆后当日所提出的四个先决条件颇有“先见之明”。宗庆后后来才知道，达能 1983 年在广州投资的一家乳品厂始终在亏损；2001 年达能接管了乐百氏之后，乐百氏也走向亏损之路；达能在广东投资的江门饼干厂最终也成为一家亏损企业。亏损的结果是这些公司的大规模裁员。就连达能自认为经营得不错的淘大食品，也早已经被达能卖掉了。

在与达能、百富勤合资之前，娃哈哈集团和美食城股份名下已经存在与香港、台湾和韩国公司合资成立的及与其他中国公司投资成立的子公司共10家。出于商业方面的考虑，秦鹏及达能方面最终决定收购娃哈哈下属10家子公司中的4家优质公司的股份。后来秦鹏又提出，达能希望与娃哈哈另外成立一家全新的合资公司，这就是后来的杭州娃哈哈保健食品有限公司。经过谈判，双方计划就5家公司进行合资，这5家公司都位于杭州。

宗庆后后来才明白，达能和百富勤之所以同意在杭州成立5家合资公司，主要是为了规避投资金额的限制。由于当时达能、百富勤、娃哈哈集团和娃哈哈实业四家公司同意投资的总资金额为9500万美元，远远超过了浙江省政府可以批准的外商投资限额3000万美元，因此需要中国国家政府部门的批准，若这样操作，流程繁琐，又存在巨大变数。所以，精于此道的梁伯韬和秦鹏商量出了对策：如果把9500万美元分散投资到若干个合资公司里，就不需要耗费时间去向中国国家政府部门报批。

1996年2月9日，宗庆后代表娃哈哈集团和娃哈哈实业（即美食城股份）在香港签署了成立5家合资公司的合资合同，其中除了杭州娃哈哈保健食品有限公司外，其他4家都是通过转让原公司的外方股份而成立。宗庆后在谈判中还向他们提供了北京名牌资产评估有限公司对娃哈哈的评估报告，认定娃哈哈品牌价值为21.79亿元，但这一条，无论秦鹏还是梁伯韬，都极为坚定地拒绝了。作为“回报”，他们接受了宗庆后的另一个条件：“在每一家合资公司当中，金加公司所占的股份都是51%，董事会的构成也是金加三席，娃哈哈两席，但是一旦表决出现三比二的局面，三人当中必须有一人来自娃哈哈，否则决议无效。”

经过了一百多天的艰难谈判之后，2月9日，宗庆后他们终于在香港的法国驻华领事馆签署了合约。其实他们的合约谈得非常艰苦，而且谈得非常详细，权利、义务、责任，包括宗庆后的权限，一一讨论、规定。被选中的5家公司都要分别签署中英文协议，每本都有两寸厚，而且每家企业都要各签5份，摞起来很高一叠。一直到晚上10点，宗庆后还在打电话咨询和修改。接下来开始签约，他要在每一页上简签一个“宗”字，每份文件最后要完整地签名，这样一直签到天亮。

1996 年 3 月 28 日，由杭州娃哈哈集团公司、娃哈哈美食城股份有限公司、法国达能集团、香港百富勤投资集团共同投资组建的五家合资公司在浙江省人民大会堂隆重举行了开业典礼。

“新婚”

达能和百富勤作出了让步，娃哈哈也作出了很大的牺牲。1996 年 3 月 28 日，娃哈哈与达能及香港百富勤的合资仪式在浙江省人民大会堂举行。

根据合资协议，娃哈哈集团下属的杭州娃哈哈食品有限公司、杭州娃哈哈百立食品有限公司、杭州娃哈哈饮料有限公司、杭州娃哈哈冷冻食品有限公司、杭州娃哈哈保健食品有限公司与金加公司合资，金加公司一次性向这 5 家公司注入 4500 万美元（最终实际投入的是 4300 多万美元），拥有五家公司各 51%的股权；娃哈哈集团和美食城股份公司则占有 39%和 10%的股份。

杜海德、秦鹏、梁伯韬、宗庆后和杜建英组成了董事会，宗庆后成为了首任董事长和总经理，梁伯韬则为合资公司副董事长。

达能亚太区总裁杜海德举杯祝贺娃哈哈合资公司诞生，他在祝酒词中形容娃哈哈为“健康、快乐的孩子”，预祝娃哈哈合资公司这个综合了中国和欧洲优秀血统的孩子能够在“勤劳能干的宗庆后先生”照料下健康成长。

宗庆后也在致辞中表示了对合作的无限期望，希望娃哈哈可以在达能的资本、技术和管理经验的支持下，成为“参天大树”。

对于宗庆后来说，这的确是成为一棵“参天大树”的必经之路，否则他也不会作出如此巨大的牺牲。在与达能成立5家合资公司之前，娃哈哈在中国的名气已经很大，娃哈哈商标也是知名商标。娃哈哈集团在各地已经建立起拥有1200多家经销商的全国性销售网络。娃哈哈在1995年所创造的利润就已超过1.1亿元，如果按照15倍的市盈率计算，51%的股权对应的价值应该至少为8.42亿元。

除了宗庆后对未来的期许外，事实上他对于资本运作也的确缺乏经验。当时娃哈哈投入合资公司的资产价值是按照评估调整价值并优惠了2700万元定价，所以达能和百富勤仅出资35833.82万元人民币（4306.95万美元），就占了合资公司51%的股权。除此之外，在合资时，经销网络作价后却并没有计入娃哈哈的投资，合资公司后来也一直是免费使用娃哈哈集团原来建立的全国性的经销网络，如今回头来看，合资当初，达能就已利用“信息不对称”捡了一个大便宜。

5家合资公司在3月28日那一天开业，共同生产以“娃哈哈”为商标的纯净水、八宝粥等产品。《浙江日报》上出现了整版的庆祝广告，标题是“携手共创新时代”。的确是一个“新时代”，娃哈哈的合资公司不仅获得了4300万美元，还从那天起享受到了很多合资企业规定的优惠政策，比如盈利之后33%的企业所得税免两年，第三年到第五年减半缴纳的“两免三减半”。

娃哈哈合资后，引进了大批国际上最先进的全自动生产流水线，娃哈哈纯净水自此迎风而舞，成为水市场上的霸主。

无论未来发生了什么，与达能、百富勤的这次合资，都使娃哈哈完成了一次跨越，从一个当下的世界跨越到了“未来水世界”当中，从杭州跨越到了世界舞台。从这点上来说，即使日后为此付出惨烈的代价，也没什么可后悔，宗庆后事实上也大可不必自责。

合资前的3年中，娃哈哈的销售额每年增长一亿元左右，利润增长一千万元左右，合资之后，1996年和1997年都实现了销售收入与利润的翻番。快速的成长，使娃哈哈将乐百氏远远抛在了后面，也为未来的产权改革提供了想象空间。

合资也改变了娃哈哈集团的形态。杭州娃哈哈集团公司作为娃哈哈集团的母公司早期直接从事食品饮料的生产，1996年在与达能谈判成立合资公司后，它就开始成为一家投资性控股公司，本身脱离了具体的生产活动。

然而今天回头来看，一切“婚变”的隐患在当日便早已埋伏。

这最大的“埋伏”，是作为外方投资主体的新加坡金加公司。1996年的时候，金加是 5 家娃哈哈合资公司的外方股东。百富勤与达能两家通过新加坡金加公司合起来虽然占了 51%的控股权，但他们在谈判时意见并不一致，而且在合资合同上他们的代表也是分别签名的。宗庆后认为，百富勤和达能是两家公司，没有一家掌握控股的股份。娃哈哈集团及其控股的娃哈哈实业虽然只占 49%股权，但作为单一最大股东，却拥有了相对控股权。

然而这一“埋伏”日后变成了一个宗庆后不曾料想到的巨变。1998 年前后，在亚洲金融风暴中，达能收购了百富勤持有的新加坡金加公司的全部股权，最终达能通过新加坡金加摇身一变，直接变成了持有娃哈哈合资公司 51%股权的控股股东，并最终导致了后来的一系列惨烈巨变，酿就了娃哈哈历史上前所未有的大变局。

醉翁之意

娃哈哈与达能的“跨国婚姻”在隐患中开始，在达能方的“拖”字诀中貌合神离，在宗庆后的“曲线救国”中渐行渐远。

美梦似乎没有醒来的时候。与达能和百富勤的“新婚”一直在幸福当中，尽管最终人们发觉这是一种假象。但在杭州，宗庆后却遇到了幸福的真相。

改制

在上世纪八九十年代，人们不得不面对这样的尴尬局面，一方面民营资本空前活跃，在一切可能的缝隙里生气勃勃地野蛮成长，而另一方面当时的现代企业制度和相应的法律却几乎为零。大量的民营企业不得不在规则的真空状态下迫不及待却又小心翼翼地前行，而这其中更不乏不少民营资本或主动或被动有了“国有”或“集体”之名，也就是曾经被一再提到的“红帽子”。这样的“红帽子”一则好听好看好办事，二则比较安全。而娃哈哈，恰恰就是这类“红帽子”民营企业的一个典型。

脱胎于当年的杭州保灵儿童营养食品厂的娃哈哈集团，几经扩张和更名，如今已经是国内最大的食品饮料企业，而在当年草创之时，虽然当时的全部启动资金都来自宗庆后及员工为保灵公司代销花粉的预付款和银行贷款，国家并没有一分钱的投资，完全是依靠企业自筹资金滚动发展起来的，但由于当时的历史环境，也不得不戴上了“国有企业”的帽子，并且就这样一直成为了杭州市上城区“国有企业”的标杆。虽然自己辛辛苦苦养的孩子没有跟自己姓，但宗庆后和娃哈哈的员工当时根本无暇顾及这一点，他们整天为怎样满足嗷嗷待哺的市场而忙得焦头烂额。或许在他们的心底深处，也会偶尔泛起一丝涟漪，对于自己亲手建立的企业却不属于自己感到无奈和不甘。可在那个年代，他们又能做什么呢？

但是，机会总是会来的，1993 年，国家国有资产管理局制定了《国有资产产权界定和产权纠纷处理暂行办法》，其中第四条明确规定“产权界定应遵循‘谁投资、谁拥有产权’的原则进行，在界定过程中，既要维护国有资产所有者及经营使用者的合法权益，又不得侵犯其他财产所有者的合法权益。

上世纪九十年代中后期，国家开始对一批国有企业进行了一次较大规模的改制，一大批曾经戴着“红帽子”的民营企业也借着这次改制大潮摘掉了“帽子”。面对这样一个正本清源的机会，宗庆后也动心了。

他注意到，浙江省工商行政管理局、浙江省总工会和浙江省经济体制改革委员会在 1998 年 10 月联合发布了《浙江省企业职工持股会暂行办法》，规定了“职工持股会是专门从事企业内部职工持股资金管理、认购公司股份、行使股东权利、履行股东义务、维护出资职工合法权益的组织”。那份文件的最大创新是职工持股会募集的资金总额应当占到公司总股本 30%以上，这也就意味着浙江省的国有企业可以通过内部职工持股的方式完成一轮全新的改革。

同年，娃哈哈所在的上城区也出台了《关于区属国有集体企业改制为股份合作制企业的若干意见》，明确了“产权界定按照‘谁投资、谁所有、谁受益’的原则，从原始资产入手，界定产权”，同时还规定，“上级主管部门给企业的借款，企业应予归还。”

从中央到地方这一个个文件，给浙江当时因历史原因导致体制、产权并不清晰的众多“红帽子”企业提供了明晰产权的制度依据，也让宗庆后看到了希望，他憧憬着有朝一日自己和员工们能够真正成为自己企业的主人。事实上，当时从浙江省到上城区，确实也有不少和娃哈哈情况类似的企业已经开始改制了，宗庆后认为，娃哈哈的改制也不过是水到渠成的事情而已。

但是，他并没有意识到，娃哈哈和其他企业是不同的，娃哈哈是一只会下金蛋的鸡，又被地方政府视为标杆，所以虽然外面的世界已经如火如荼，宗庆后也多次尝试与地方政府讨论改制的问题，却始终没有得到积极的回应。有一段时间，宗庆后甚至提出了一个退而求其次的方案，如果整个集团改制不行，那么在娃哈哈集团、美食城和达能集团共同投资的几家生产性公司里面，挑一家杭州娃哈哈饮料有限公司作为试点进行改制，由宗庆后和全体员工将娃哈哈集团持有的39%股权受让过来。然而，这一方案报上去之后依然是泥牛入海。

事情终于在1999年下半年有了转机，当时任浙江省副省长的叶荣宝和十几名省人大代表来到娃哈哈的下沙基地视察，在对焕然一新满负荷运转的生产线赞不绝口的同时，叶省长问道，现在很多企业都在搞改制，娃哈哈为什么不搞？宗庆后连忙向她汇报了娃哈哈希望改制的想法和遇到的问题。叶省长当即说道，这个问题我来协调吧。

果然，事情很快就有了进展，在叶省长的亲自过问下，娃哈哈集团的改制工作像上了发条一样迅速运转起来了。当年10月30日，娃哈哈集团上报了内部职工持股方案的报告，杭州市上城区政府两天后就予以批复同意。11月16日公司又正式上报了请求改制为有限责任公司的报告，两天后的11月18日，杭州市上城区经济体制改革办公室就下文确认，同意杭州娃哈哈集团公司改制为杭州娃哈哈集团有限公司。那一天，是娃哈哈的好日子。

但由于地方政府的种种想法和顾忌，这个改制方案并没有按“红帽子”企业来界定产权，也没有为娃哈哈的民营资本正本清源。根据当时的改制方案，娃哈哈集团继续保留51%的国有股，其余49%的股权由宗庆后和员工所组成的职工持股会共同出资买下。不久之后，上城区国资局又将5%的股份转让给职工持股会，这样，杭州娃哈哈集团的持股结构最终变成了上城区国资局持股46%，宗庆后和团队及职工持股54%。之后，宗庆后与员工自己成立的持股会联合起来，陆续又成立了多家投资公司，不断扩大投资规模，如今，娃哈哈这个商业帝国的资产已经达到了310亿元，名义上的国有股东只占了整个集团股权比例1.85%，娃哈哈终于成为了宗庆后和员工们的公司，成为了他们实实在在的帝国，烙印着“宗庆后”的商业帝国。

收获亲手种下的丰硕成果固然让人感到幸福，然而，在宗庆后和娃哈哈的员工们看来，这一结果只能算是一个“半拉子”工程，因为他们始终认为，从娃哈哈的前身杭州保灵儿童营养食品厂诞生的第一天起，所有的资金都是他们自己筹措、积累起来的，企业经营也完全依靠他们自己，国家并没有投入一分钱。就算1991年娃哈哈兼并罐头厂的时候，也是拿出8000多万真金白银，把罐头厂的所有资产和负债一揽子买了下来的。无论怎么说，娃哈哈也和“国有”两个字不沾边。而现在，他们拥有了企业的一半所有权，但也只拥有企业的一半所有权，还是自己花了钱去买回来的，幸福与不甘交织在每个人的心头。

为了争得自己应有的权利，同时也为了让事实回复本来的面貌，这些年来，他们一直都没有放弃努力，向各级政府反复汇报、申请，希望能够彻底解决企业的产权问题。然而，这注定是一条坎坷的路、也是一条漫长的路……

被拖延和被拖累的

与达能及百富勤合资之后，娃哈哈就开始了狂飙突进。那是一段疯狂的甜蜜期，因为优势叠加，激情四射，彼此彻底征服了对方。

起初的时候，宗庆后对这场合资充满了兴奋，他相信是娃哈哈的实力和潜力吸引了达能，这也决定了他在谈判的过程中始终保持着强硬的姿态，最终能够获得不错的筹码。

宗庆后的强硬源自他对中国市场和娃哈哈的了解。虽然企业在很多方面落后于国外大公司，但宗庆后却坚信本土品牌在中国市场上具有洋品牌所不具备的优势，那就是他们天然的基因。例如日本的乳酸饮料“益力多”，可以在日本和东南亚横行无忌，可是在中国市场上却很难找到出路，根本的原因是中国有“娃哈哈”，中国孩子喜欢喝“娃哈哈”。这是娃哈哈的实力和软实力。

最初的时候，宗庆后与达能、百富勤的合作虽算不上愉快，倒也说得过去。达能和百富勤虽然给他设置了很多条条框框，但至少表面上，他们是尊重他的。但他们并不信任中方经理人，除了给宗庆后极具压力的盈利指标外，他们还为了限制宗庆后的权力而特别规定：在日常经营中，凡超过一万元的开支，都要经由董事会的批准。

起初宗庆后并没在意这条规定，等真正执行起来的时候，这一条变态规定可以让宗庆后寸步难行。要知道娃哈哈那时已经是一家大公司，每年的销售额有十个亿，一万块钱就跑一次董事会，一年下来，最多要跑个十万趟，岂不要命！

宗庆后曾在一份回忆材料中说："我认为达能和百富勤他们提出这些限制是不信任我。中国的市场情况变化那么大，我怎么可能在每年的12月份就将次年所有需要花的钱做成个准确的财务预算？如果任何一个超过1200美元的固定资产开支项目，都需要详细的可行性研究报告包括市场调查研究来证明项目的可行性，以及财务预算、规划与评估以证明计划的效益，我们的管理团队岂不是要天天都在写可行性报告？哪里还有时间干别的工作？我记得当时的董事会是每个季度召开一次，如果合资公司的管理模式如此僵化，如何应对中国市场瞬息万变的市场竞争？于是我当时提出了异议。"

几个月过后，在宗庆后的多次抱怨下，达能或许意识到自己想法的不切实际，又或许是5家合资公司的出色业绩让他们感到满意，于是达能亚太区的负责人、合资公司副董事长伊盛盟在1996年11月25日写信给宗庆后，说他提出了一个"新的具体共同工作的方式"。

"在我们参与的这段短时期间，你发展公司的眼光及迅捷地把握机会的能力，都已加强了我们的信心。"他在信中说，宗庆后每年向董事会提交一份业务发展的策略计划书，一份年度预算及一份投资计划书。如有需要超出已批准计划的范围的情况出现时，宗庆后需先取得董事会的批准；如需急切取得批准，可特别召开董事会会议，或者宗庆后可递交建议书给个别董事考虑批准。

在宗庆后的记忆当中，跟伊盛盟的合作起初还是可以的。"他每月开一个董事会，你把你的想法跟他说就行了，他基本上能支持的都支持的，虽然在支持进度上可能并不太理想。"

在1996年3月28日董事会上，宗庆后曾向董事会提出多项投资建议，这些建议，毫无疑问都与他当初的设计与规划相关。但是，达能方面除了有限地同意了几个外，对其余的建议或是直接予以否决，或是以"进一步考虑"、"先进行可行性研究"为由予以拖延，大部分就此不了了之。这些被否决、被拖延的建议，包括生产方便面、膨化食品、糖果生产线、罐头设备、纸箱生产线、印刷生产线和白酒灌注生产线等项目。

这些"胎死腹中"的项目，今天看来，都已各自构成了中国食品饮料行业的大格局；不能不说，在这方面，宗庆后呈现了远见卓识。

不断的否决和拖延构成了宗庆后的抱怨和恼火。一年后，1997 年 3 月 13 日，在向董事会汇报时，宗庆后抱怨说：由于他们的拖延决策，影响了合资公司的业务。“由于设备(果奶灌装线)引进决策、订货时间较迟，导致设备到位较晚，未能在旺季之前安装调试投产，影响了销售。”

关于纯净水的投资也是一个受拖累的案例。最初的时候，合资公司有两条纯净水瓶装生产线。由于娃哈哈的推广卓有成效，“明星效应”凸显，“我的眼里只有你”成为一种时尚，娃哈哈纯净水一直供不应求。1997 年 3 月，宗庆后向董事会提出要增加瓶装水生产线，但达能方面直到那一年的 12 月份才“原则同意”。

1997 年 8 月 14 日，宗庆后致函达能委派的主要负责人伊盛盟先生，告知他自己已计划购买 8 条纯净水生产线，准备在东北三省安排三条，四川广元、湖北宜昌、北京及湖南等地各安排一条。宗庆后告诉他，新增这 8 条纯水生产线将提升合资公司各产地满足当地市场需要的能力，成为当地市场的主导力量。

5 天后，8 月 19 日，伊盛盟复函。他详细询问关于纯净水产量和成本支出等细节，并对宗庆后的商业建议表示怀疑。他说：“你认为我们应否在北部兴建另一家工厂？我们在北京附近有一个很好的水源，年出水量为七十万吨，拥有极优水质。”

又是 5 天后，8 月 24 日，宗庆后再次致函伊盛盟先生，心急如焚地告诉他：“若不急速扩大产量，可能会失去市场……”

1997 年 10 月 9 日的合资公司董事会上，宗庆后提交了 1997 年前三季度经营情况汇报及 1998 年经营初步打算。这当中，他再次指出了他们所面临的困境：“今年由于设备到位时间迟，安装调试速度慢，因此纯净水未达到预计产量，影响了市场占有率的进一步扩大，也影响了效益的增长。”

宗庆后向董事会建议：“为使明年公司主导产品娃哈哈纯净水能满足市场需求，并开发新产品碳酸饮料，合资公司在 1997 年下半年投入了大量资金引进设备及对外投资，预计共投资 50234.12 万元，存在较大的资金缺口。”

在宗庆后反反复复地建议、不厌其烦地追问之后，1997 年 12 月 5 日，达能和伊盛盟终于“原则上”同意了他的投资建议，但具体的细节，他们又要求包括宜昌、沈阳、广元及长沙四项目在内的所有项目都要等待关于现金流量、筹资需要及投资法律结构的审定后再决定。

对于达能方面的一再拖延，宗庆后已十分不满。他在 1998 年 1 月 9 日给秦鹏致函，直接要求他们解释清楚："请尽快答复，若不愿投或投不出钱亦请尽早告知，我们自己设法投资。最后希望办事要有效率，做人要讲信用，光空话讲讲是没有用的。"

这些纯净水工厂最终在 1998 年 3 月至 9 月期间才陆续投产，距离宗庆后提出建议，最快的过去了一年，慢的则过去了一年半时间。这是娃哈哈发展过程中的"黄金年代"，这一年多"黄金时间"的错失，其本质上毫不亚于一吨多"黄金"的错失。

不出意料，宗庆后要"响应国家号召"，"到西部去"，在那里投资建厂，招聘当地职工，利用当地资源，利于当地的特殊政策为娃哈哈布局。但是，达能方搞不懂他的规划，一听到"扶贫"、"援建"、"支持"之类的词就大摇其头，觉得这是亏本的买卖，不能干。

多年后宗庆后总结与达能的合作，十多年的时光可浓缩成达能一步步放弃经营产品、转攻资本市场的故事。无论秦鹏还是范易谋，无论是华裔还是法国人，他们都无法理解中国市场，更无法理解中国的中小城市与农村。他们眼里只有北京和上海，只有黄浦江和长城。他们不知道，中国最大的市场在农村，中国的故事和希望也在农村。

在那两三年里，当然也有快乐的时光。有好几次，宗庆后到法国巴黎参加在达能总部的高管会，达能总部的门口总会升起中国国旗。有那么几次，宗庆后激动得差点儿流泪，可是次数多了，也就习以为常了。

宗庆后的有生之年，有两件事情记忆最为深刻，最难忘怀，其中之一是在大庭广众之下的三次落泪，另外一件则是娃哈哈与达能的合资公司成为达能旗下的五大海外公司之一，而且是利润率最高的公司。

达能总部第一次升起五星红旗的一刻，成为宗庆后最自豪的时刻。当时他感慨万千，觉得中国企业从此告别了贫穷落后，告别了被侮辱与被损害，他们的价值得到了整个世界的尊重。

大约是 2001 年，"达能系"在巴厘岛召开亚太区经理人会议，按惯例会场不允许抽烟，但秦鹏格外友好，对宗庆后采取了特殊政策。宗庆后和他的团队坐在主席台旁侧最显眼的位置，还获准自由进出会场。秦鹏还专门为他准备了烟具。宗庆后抽烟的习惯是一支烟抽上几口就掐掉，在他印象中，还是秦鹏亲自给他点烟，并且满脸含笑。有一家媒体援引一位“知情者”的话形容说：“当时的场景所有人都看在眼里记在心上，从那以后我们明白了一点，娃哈哈和宗庆后在‘达能系’享受的是与众不同的待遇。秦鹏采取的是带有怀柔色彩的中庸之道，放下架子让宗庆后放手干。这并不容易，一方面，秦鹏要代表达能的利益，另一方面，他要尊重宗庆后，这很难。”

时过境迁之后，宗庆后自是没必要过度膨胀想象力，来重构当年与达能的恩恩怨怨。宗庆后能作证的只是他的内心，如果他对得起自己的内心，就不必逢迎任何人，也不会勉强他的对手们招认或者道歉。恰恰相反，他不介意他们的直言不讳，也不屈从于他们的威逼利诱，唯其如此，他才能配得上“诚实”两字。

异梦

宗庆后已经感受到了达能的诚意匮乏——在那一年，达能开始调整其在中国的投资战略，大举收购乐百氏等娃哈哈的竞争性公司。

1998年，沉埋多年的火药终于被引爆，香港百富勤倒闭，达能收购了百富勤拥有的金加公司的股份，彻底“攫取”了娃哈哈合资公司的控股权。这加剧了宗庆后心中的不快，使他更加理解了国际资本的属性。

达能控股

最初的时候，合资公司的股权比例是娃哈哈方面占49%，达能与香港百富勤合资的金加公司持有51%，但达能在娃哈哈的实际持股比例只有35.7%，它无法对娃哈哈实现事实上的控股。

梁伯韬与他的合伙人杜辉廉是香港鼎鼎大名的“花旗三剑客”中的两位，他们在1988年9月合伙创办了百富勤融资公司。巴曙松在一篇文章中介绍说，香港百富勤在亚洲金融市场快速发展的推动下，经过10年的努力，从4000万美元起步，快速发展成为除日本以外亚洲市场实力最雄厚、影响力最大的投资银行，拥有240亿港元总资产和126亿元市值，并跻身《财富》杂志全球500强之列。

“当时，业内人士对其的评价是：堪称发达成功的港资综合性投资银行唯有百富勤，真正能够与来自华尔街的专家们一决雌雄的港资投资银行也唯有百富勤。在这些炫目的成绩之下，百富勤在治理结构方面的缺陷被深深地遮掩了。”

1997年7月，正当百富勤野心勃勃地扩张圈地时，东南亚金融危机爆发了。

好几家媒体在描述“香港百富勤破产内幕”时都写道：“由于百富勤大量投资于东南亚债券市场，这次危机给百富勤带来了巨大冲击。其中一个致命性的直接打击来自百富勤于1997年为印尼安稳的士公司发行的‘百富勤定息债券’(OPEL)，在金融风暴冲击下，这一债券迫使百富勤陷入财政危机。东南亚国家货币的持续大幅度贬值，使得在亚洲债券市场过度扩张的百富勤在更大范围内陷入困境。在一整套‘拯救计划’相继流产后，百富勤投资集团公司无可奈何地于1998年1月12日发出公告宣告破产。受百富勤破产事件的影响，香港恒生指数这天一度跌破8000点大关，市场极度恐慌，香港特别行政区首任行政长官董建华呼吁市民‘面对股市的涨落要做冷静和明智的决定’。”

在1998年1月发生的上市公司“百富勤投资”被强制清盘事件，是亚洲金融危机在香港的“最高潮”之一，它对香港乃至整个亚洲的影响，就如同10年后美国的投资银行雷曼兄弟宣布破产，直接动摇了整个资本市场的根基，使危机持续深化、加剧。

一年后，时任港府财政司司长的曾荫权委任审查员理查德·法兰特调查百富勤倒闭的原因和经过。这份三年后才正式公开的报告声称，导致百富勤倒闭的主要原因是公司在报告及会计程序、风险管理和内部审计上的基础系统均不足，“前百富勤董事总经理梁伯韬则因为自己分管的业务状况良好而无须承担责任”。

梁伯韬躲过一劫，但娃哈哈却未能幸免。在合资两年之后，香港百富勤突然破产，将自己所持有的金加公司30%的股份悉数转让给了达能，金加公司变成了达能全资的子公司，达能由此也成为娃哈哈所有合资公司名正言顺的控股股东。

宗庆后的确无法对梁伯韬及香港百富勤提出更多的指责。破产，已经成为了它的命运。宗庆后不可能要求百富勤在弥留之际，还能侠义心肠、慈悲为怀地为娃哈哈作最后的奉献。他们无奈地选择了退出，而对达能来说则属求之不得。

在合资之初，达能曾提出将“娃哈哈”商标转让给合资公司，代价是1亿元人民币，其中5000万元由金加公司出资向娃哈哈集团购买，另外5000万元以无形资产的方式作为娃哈哈集团在合资公司注册资本金的投入。

依照宗庆后当时的理解，娃哈哈商标当时是娃哈哈集团拥有的，而合资公司最终也是由娃哈哈方面控制，商标从娃哈哈集团转让到合资公司，不过是从娃哈哈的左手转到了右手而已，就同意了。可是等他们跑到国家商标局，却发现根本不是左手转右手那么简单。国家商标局直接否定了他们的转让协议，不予批准，也不予备案公告，理由是“商标无偿转让是国有资产的流失，而且多家子企业使用的商标无偿转入一家合资公司，容易引发法律纠纷”。

后来发生的一切，证明国家商标局的否决行为是何其英明，对此宗庆后深怀感激，虽然他在1996年还无法清晰地意识到这一点。

之后，达能又在董事会上多次提出，要求娃哈哈集团与合资公司签署《商标使用许可合同》，并要求合资公司对“娃哈哈”商标的权利、义务应与《商标转让协议》一致，不得有所变更，为了通过备案，达能提出要签署二份合同：一份是符合中国法律的简式合同，用于备案；另一份则是详式合同，才是用于实际执行的。宗庆后考虑到娃哈哈集团曾经答应转让，虽然由于政府不批准未能实现，但自己还是要讲信用的，所以在1999年5月18日，当达能再次提出商标转让时，双方就私下改签了二份阴阳“商标使用许可合同”，以这种变通的方式，将“娃哈哈”商标投入了合资公司。

在那份“阴合同”当中，应达能的要求，还特别标注了“不管国家商标主管机关是否同意商标转让，合资公司董事会都获得类似于商标转让的使用许可权利”。

宗庆后以为这并不构成商标使用上的障碍，依照他与达能之间的谈判能力，也算不上什么大问题，就答应了。

诚意的匮乏

虽然达能在合资时承诺对娃哈哈进行技术扶持，虽然达能的低温液态奶技术是全球最先进的，但是，达能最终并没有给什么技术。

宗庆后已经感到了达能诚意的匮乏。他不指望能从达能手中得到核心技术和更多的资本及资源支撑，他所能做的，只有将娃哈哈的营销优势发挥到极致，最大限度地从市场中得到利润，以时间换空间，寻找属于娃哈哈的生存机会。

在这些年里，宗庆后一直奔走在市场的最前端，这一方面是他保持市场敏感度的需要，另一方面则属于他不得不进行的选择。他必须把时间和精力花在市场上、花在渠道上，因为受制于达能，除此之外，别无他路可走。

宗庆后曾在一份文字材料中说："自从我1987年创业以来，我几乎每天都从早七点工作到晚十一二点。我每年还花大量的时间到全国各地市场考察，掌握市场第一手资料，以便作出及时准确的决策。自1996年5家与达能共同投资的合资公司成立后，我跟从前一样努力工作，从来没有因为有51%的股份是达能投资的而有丝毫的懈怠，本人也因此而深受各方面的尊重。"

宗庆后也知道"核心技术"和"多元化"对于娃哈哈的未来有多么重要，他也想挣"科技钱"、"资源钱"、"创意钱"。他不想让娃哈哈的所有员工，靠挣"辛苦钱"过生活，在没日没夜中耗掉自己的大好年华。宗庆后也曾进行过尝试。他所亲自参与研发的"营养快线"如今是娃哈哈赖以生存和成长的基石，并且在童装和能源方面进行了多元化尝试。

而同时，合资公司一直享受着业绩增长带来的成果，甚至更多。宗庆后曾在一份文字材料中陈述过：

"1996年4月，最初成立的5家合资公司开始正式运营。在此之前，合资之前的娃哈哈子公司获得的利润应当属于这些公司原来的股东。但是，当时秦鹏先生提出了要分享1996年3月份利润的无理要求。我对达能的这个提议印象不好，但考虑到我们刚开始合作，搞得不愉快亦不太好，因此，经娃哈哈集团同意，中方将1996年3月份原本属于原来股东的利润1624万元给了合资公司。"

尽管娃哈哈的高速增长一度掩盖了宗庆后与达能之间的很多矛盾。效益覆盖了一切。但娃哈哈和达能的这段"婚姻"还是日显"同床异梦"，宗庆后在合资公司中经常受到掣肘。

宗庆后记得1998年12月11日，为应付中国国内原辅材料紧缺和价高的不利局面，他向董事会提出在国内投资奶粉厂，但他的建议被董事会搁置了，并且最终事实上被否决了。其后的事实证明，国内奶粉的价格一路走高，导致合资公司的生产成本大大增加。

2001 年 1 月 11 日和 5 月 8 日召开的董事会上，宗庆后两次建议合资公司收购一家澳大利亚的乳品公司或在国内收购一家设备比较好的奶粉厂，尽管他一再建议，以各种方式与达能方面进行沟通，但都被董事会否决。

还有一次，在 2000 年 6 月 6 日召开的董事会上，宗庆后代表管理层提出一系列投资发展计划，包括：在江苏、河南、广西、陕西投资生产线，设立新合资公司；投资利乐包生产线 18 条，生产奶和果汁类产品；在黑龙江、西安、宜昌、桂林、杭州等地各投一条新生产线；投资两条热灌装线，生产茶饮料。他告诉董事会，新增加的四条生产线将会进一步提高产能并扩大市场份额；新增加的 18 条有关利乐包生产线的项目，也会增加合资公司在这些地区的供应能力并提高奶和果汁产品的市场份额。这些项目加上两条生产茶饮料热灌装线，总投资大约为两亿元人民币。

虽然达能方面的董事经过讨论“原则上同意”了上述各项投资方案，但他们同时提出:“在新的水项目投资过程中不妨再研究一下投资的方式，包括对新公司的组建方式、股权比例等等，看怎样才能对我们更有利。”最终的结局是，所有上述建议中的一系列项目，大多因为达能未出资而未能设立合资公司，无疾而终。

宗庆后后来才知道，达能在那一年开始调整其在中国的投资战略，大举收购乐百氏等娃哈哈的竞争性公司。达能投向合资公司的资金已经明显跟不上市场对娃哈哈产品的需要。

其后的 2002 年 9 月 5 日，在董事会上，宗庆后再次提出要考察云南及相关地方，有必要时再投资建一个工厂。董事会最终还是没有批准在云南设立新公司。

宗庆后知道，娃哈哈与达能的“婚姻”已经出现了问题，相互信任的基础已经出现裂缝。达能开始限制娃哈哈的成长空间，既控制娃哈哈研发和生产饮料产品，也抵制娃哈哈生产乳制品。

在达能的正面抵制和背地里“消极怠工”的双重胁迫下，宗庆后感到美梦已经变成了“惊梦”。他时常从梦中惊醒，时常在“心病”中陷入自责和反思。他不知道，娃哈哈与达能的“婚姻”是否还有未来，是否还能如想象般和好如初。

惊变

当宗庆后听说达能收购乐百氏的时候，他知道，娃哈哈与达能之间裂痕已深。这就如同婚姻当中突然出现了一个第三者。

当宗庆后听说达能收购乐百氏的时候，他知道，娃哈哈与达能之间裂痕已深。这就如同婚姻当中突然出现了一个第三者，而她居然是你最大的竞争对手。他耀武扬威地把她请进家门，给了名分，没大没小，平起平坐。他要你接受现实，并且还要高声祝贺。

事实上，相比在娃哈哈的吝啬，达能投资与合资公司有竞争的公司的资金数量可谓相当地“大手笔”。它在与娃哈哈合资后又陆续在中国收购了包括乐百氏、上海正广和、深圳益力、汇源果汁、光明、蒙牛等一系列与娃哈哈合资公司有竞争的企业。后来达能陆续从光明和蒙牛等公司中退出。而在当时，除了乐百氏之外，宗庆后对其他的投资都毫不知情。

引入“小三”

对于乐百氏引入外资，宗庆后一直是支持的。乐百氏虽然曾是娃哈哈最大的对手，但何伯权却是他惺惺相惜的朋友。宗庆后有一次还劝何伯权大胆引进外资："不要怕，让他们进来。你只要坚持拒绝外方参与企业的内部管理，并且在合资公司的董事会成员中保持多数席位，就可以完全掌握企业的主动权。"

事实上，达能与乐百氏的结缘，宗庆后也算是半个"红娘"，尽管他从来不愿意做这样的"红娘"。大约在1999年，宗庆后在香港开会的时候，给何伯权打了一个电话，希望他尽快赶到香港，与达能的伊盛盟和秦鹏坐下来聊聊天。宗庆后是应伊盛盟和秦鹏的要求，介绍何伯权与他们相识的。

在宗庆后的记忆当中，当时秦鹏告诉他，雀巢正在和乐百氏接触，准备收购乐百氏。雀巢是达能全球的主要竞争对手，因此当宗庆后1999年去香港开董事会时，伊盛盟、秦鹏问他是否跟何伯权认识，说他们对收购乐百氏感兴趣，并希望由达能和娃哈哈一同出面进行收购。秦鹏后来也承认了是由于雀巢意欲收购乐百氏才发生达能亚洲想收购乐百氏的事情。

后来秦鹏又说如果达能把乐百氏收购过来后，可以把乐百氏交给宗庆后统一管理，同时他也提出用"间接的方式"给宗庆后和手下一些乐百氏的股份。说实话，秦鹏的游说使宗庆后有一点儿动心。宗庆后想，如果他们将乐百氏收购下来，并交由他统一管理，就可以减少竞争、扩大市场份额，勉强可以接受。于是才有了宗庆后应伊盛盟与秦鹏的要求，给何伯权打了电话，请他尽快到香港来的一幕。

何伯权很快就到了香港与秦鹏见面。他们在第一次见面时只进行了简短的初步谈判，彼此通报了一下立场，表达了一下意向。接下来，秦鹏开始单独与何伯权谈判了。他们没有邀请宗庆后参与，也没有向他通报任何进展情况。

伊盛盟和秦鹏显然有着自己的谋划，而宗庆后显然与他们谋划的"大场面"无关。他们试图彻底收购乐百氏。

当宗庆后明白其中的关窍时，他明确地对伊盛盟与秦鹏说，他反对任何形式对乐百氏的收购。然而，他们最终轻忽了他的反对，执意收购了乐百氏，并且在完成了收购后，秦鹏甚至还担任起乐百氏的董事和董事长。

2000年2月，达能以超过23亿人民币的"天价"收购了乐百氏92%的股权，并又追加了近9亿人民币的投资。收购之后，达能没有按照约定将乐百氏交给宗庆后管理，而是让何伯权继续管理乐百氏。最终，达能旗下的"兄弟"，娃哈哈与乐百氏，在达能的一手策划下，开始了残酷而血腥的竞争。

达能并购乐百氏的消息是从香港传来的。据宗庆后的了解，尽管1999年乐百氏的利润仅为1.05亿元人民币左右，但达能为乐百氏的92%股权支付给原股东的股权转让价款高达23.8亿元人民币。除此之外，达能还另出资约1.08亿美元注入乐百氏，这样算来，其收购乐百氏的市盈率接近25倍。达能的这种高姿态，毫无疑问使宗庆后感到了被欺骗与被侮辱。

对于达能之举，宗庆后只能反对和愤慨，只能以各种方式来表达他的不满和强烈抗议。宗庆后说："实际上达能把乐百氏收购了，它都掌握了我的商业机密，肯定给我们带来了危害。我提出了异议以后，它也没有理我。"

被动的竞争

事实上，在娃哈哈与达能合资的时候，他们就已经在协议中注明了要求娃哈哈集团"不从事任何与合资公司的业务产生竞争的生产及经营活动"，要求达能"不损害合资公司利益"。这两句话虽然在文字表述上不同，但从中文含义来看，达能承担的"不损害合资公司利益"的义务应当更加广泛，应当包括"不从事任何与合资公司的业务产生竞争的生产及经营活动"。而当达能并购了乐百氏之后，这些条款都像是"掩耳盗铃"，颇具讽刺意味了。

达能向乐百氏投入如此巨额的资金，无疑加强了乐百氏的竞争能力，使其可以降价来跟娃哈哈合资公司竞争。在2000年6月6日董事会上，宗庆后向董事会指出乐百氏与娃哈哈合资公司竞争带来的损失：

"今年达能收购乐百氏并注入资金后增强了对手的竞争能力，一季度乐百氏搞了一系列低价倾销的促销活动，造成我们在奶类产品上盲目跟进，引起奶价混乱，水价上不去，影响了销售。"

7月11日，宗庆后又致信达能全球总裁弗兰克·里布先生说："达能近几年通过收购、兼并，加大了投资力度，加快了在中国市场的发展速度，特别是与娃哈哈、乐百氏合作后基本上垄断了中国的瓶装水及配制奶的市场，但是亦带来了自己内部的竞争。而且近年来一直听到达能亚洲的有关高层人员时不时有收购不同中国企业的想法，其中一些企业均生产与娃哈哈类似的产品。"

"前几年我们主要的竞争对手是乐百氏，到去年为止基本上将其逼到无招架之力的地步，但今年由于达能注入资金后使其增添了活力，又与我公司开展了第二轮的竞争……”

在宗庆后看来，达能巨额投资乐百氏根本就是错误的，导致其作为娃哈哈合资公司最大的竞争对手，有能力进一步进行广告促销和降价来影响娃哈哈合资公司。他在2000年8月31日董事会上再次指出乐百氏的竞争导致对合资公司的损害——合资公司同期销售下降了50%：

“产品掉价主要是奶，现在又牵涉到水，是因为受到主要对手乐百氏的逼迫。今年春节后，乐百氏奶大力度促销，逼使我们跟着促销，造成奶价下降，影响了今年奶的销售，特别是4月份比去年同期下降50%……”

出于责任感及本能，宗庆后将他所了解的市场不利一一通报给合资公司董事会。他试图让他们感受到，由于乐百氏展开与娃哈哈合资公司的价格战，直接导致合资公司不得不通过降价来保住市场。当时的情况相当严重：

“最近据悉乐百氏又要将100mlAD钙奶降价至27.6元/箱(我公司目前售价30.5元/箱)，看来又将与其杀价恶性竞争……”

“由于乐百氏大幅度降价，(纯水)价格又回落到0.95元/瓶，8月份天气多雨、气温下降，乐百氏价格又下降一个水平，目前又逼使我司售价亦降到原来的价格。”

然而对于宗庆后的抱怨和指控，达能方面的伊盛盟和秦鹏根本就不理会，他们反而在董事会上说：“为了与雀巢、可口可乐竞争而适当降价可以理解，但是与国内其他企业的竞争特别是与已成为兄弟公司的乐百氏竞争，最好多从开拓市场的角度去考虑而不是单纯用降价的方式。”

达能一直声称乐百氏是娃哈哈合资公司的“兄弟公司”，还要求娃哈哈合资公司不要与乐百氏竞争。他们显然无视一个事实：乐百氏是娃哈哈合资公司最大的竞争对手。

在2001年1月11日董事会上，宗庆后发现达能投资乐百氏后对合资公司造成了巨大损害，于是再次指出：“由于最大竞争对手被外方注入资金后增添了活力，拼命与我司抢夺市场，及二乐反击与低价八宝的冲击，我司被迫参与恶劣的价格竞争，造成销价下降，损失销售收入33518.55万元。”

对于达能的姑息纵容，宗庆后亦决定进行回击。他在董事会上表示，娃哈哈合资公司会不惜代价，与乐百氏争夺市场份额：“总体思路上 2001 年将采取扩量、低价，不惜代价抢占市场占有率的策略。”

面对恶性价格战，秦鹏找到宗庆后进行商量，他提出娃哈哈和乐百氏纯水一起涨价。宗庆后同意了，但娃哈哈合资公司纯水涨价以后，乐百氏却没有涨价，这使娃哈哈的纯水销售受阻，结果造成库存积压太大，经销商、二批商包括工厂当时有 1000 万箱左右的库存。

2001 年 7 月下旬，被欺骗了的宗庆后开始感觉问题比较严重。天气又不好，而且涨价已是不可能。因此他决定加大销售的力度、降价，并补贴经销商的费用，直到 8 月底基本使库存趋于合理。但由于经销商的资金及合资公司的销售人员的精力全部押在水产品上，导致销售全面下滑，造成了当年唯一一个月比上一年度销售负增长的结果。

9 月 5 日董事会上，宗庆后提出解决乐百氏的问题要求：“不要让我们腹背受敌。实际上今年计划完不成与乐百氏的竞争亦有相当大的关系，以前可以毫无顾忌地与其竞争，现在中间夹了个达能的秦鹏，导致该竞争时没有去竞争，造成很多被动，特别是瓶装水与铁锌钙奶受的损失较大，所以亦希望要妥善解决好这一问题。否则的话，明年我们准备不论是谁，一律开打，竞争到底，不然我们将没有后路。”

娃哈哈的确没有后路，达能与乐百氏断了他们的后路，并且将之视为理所当然。在 2001 年与乐百氏之间的价格战之后，2002 年乐百氏增加产能也给娃哈哈合资公司带来了威胁。2002 年 4 月 5 日的董事会上，宗庆后又一次提出，由于达能 2001年给乐百氏又增加了瓶装水的生产线，产量增加，造成娃哈哈合资公司的产品过剩。而由于娃哈哈合资公司提价后乐百氏并未提价，造成娃哈哈合资公司的产品库存积压。

对于宗庆后连续的抱怨，达能方面均置若罔闻。这是宗庆后所已经习惯和预料当中的回应。对于达能，他是彻底死心了。

2005 年，外界风传达能已在进行收购汇源果汁的工作。汇源是中国一家主要的果汁生产商。在 3 月 21 日董事会上，宗庆后对此表示了担忧，因为一旦达能收购汇源，将增加十几条生产线的产能，将会给娃哈哈合资公司销售造成更大困难。

达能方依旧对此置若罔闻。宗庆后后来才了解到，达能集团向汇源的出资报价为1.3725亿美元。2006年，达能持有汇源集团22.18%的股权，而从公开信息获知，汇源2006年的净利润仅为22161.1万元，达能的收购市盈率高达22倍。

对于达能所热衷的竞争性公司并购，宗庆后所不能理解的是：无论从任何经济指标来衡量，娃哈哈合资公司都要明显优于汇源和乐百氏，为什么达能对待后两者付出与待遇比对娃哈哈都好很多？如果娃哈哈被认为是违反了所谓的不竞争条款的话，那么达能应该是更严重违反合同规定的“不损害合资公司的利益”的一方吧。

鉴于达能的“鸵鸟政策”及“出轨”，宗庆后开始与乐百氏保持距离，也开始与达能保持距离。一桩桩任性的并购，使宗庆后看到了达能的另一面。后来，当秦鹏他们再次邀请他参与乐百氏的管理时，他严词拒绝了。

在宗庆后看来，乐百氏的资产与娃哈哈相比也属“不良资产”，当时乐百氏与娃哈哈员工数量相差无几，可产量还不及娃哈哈的1/4。于宗庆后而言，与其接手乐百氏这个烫手山芋，还不如自己新建一座工厂来得划算。他是个生意人，不做亏本买卖。

2001年年底，宗庆后听到了何伯权他们“四龙一凤”被逼出局的消息，悲愤不已。时至今日，当年叱咤风云的“乐百氏”已不复辉煌。

尴尬的“婚姻”

前后两桩“乐百氏事件”——并购和何伯权的出局，使宗庆后受到了很大的刺激。再联想到达能此前的种种行为，他已濒临无法忍受。

宗庆后知道，倘若再这么走下去，娃哈哈前途堪忧。他已经感觉到达能并购乐百氏的真正目的是想通过做大乐百氏来限制娃哈哈。达能的这一战略，直接影响了合资公司的发展，导致合资公司虽然产能已达极限却无法及时增加投资，而如果合资公司的产能不足，不接受更多的订单，在中国激烈的市场竞争环境下，娃哈哈就有被淘汰的危险。

宗庆后多次在董事会上提出了合资公司资金短缺、要求扩大投资的方案，但达能总会找些理由予以拒绝或是拖延，他们更是不止一次提出找更多的代加工单位才是解决这一问题的唯一办法。

于是，宗庆后不得不去找合适的代加工厂。虽然市场上也有一些饮料的代加工厂，但要找到既符合公司质量要求又能长期稳定的代加工厂确实很难，宗庆后不得不转而考虑设立非合资公司来为合资公司代加工，以满足庞大的市场需求，保持娃哈哈在市场上的份额。

事实上，非合资公司从双方合资的第一天起就已经存在了，当时娃哈哈旗下已经有 10 家公司，达能只选择了其中的 4 家进行合资，而剩下的也就成了为合资公司代加工的非合资公司，达能也认可它们可以使用“娃哈哈”商标。面对达能眼下的百般推诿、甚至是牵制，宗庆后别无选择了。

宗庆后曾不止一次告诉达能，如果他们不赞成自己的投资建议，设立新的合资公司或扩大现有合资公司生产能力，娃哈哈方面将自己投资。当时，达能并没有提出反对意见，也没有告诉宗庆后这将违反合资合同。在这种背景下，更多的非合资公司从 2000 年开始设立。

实际上，宗庆后投资设立的非合资公司是为合资公司代加工，产品都通过合资公司销售，与合资公司一起分摊销售费用。长期以来，达能指定的审计师在每年对合资公司进行审计时，对这些情况都予以如实地披露，达能对此都是知晓和认可的。这一点，在后来娃哈哈与达能长达 3 年的法律诉讼中，娃哈哈方他们找到了确凿的证据证明达能对“体外公司”的知晓和默许，也正是这个证据，为他们后来在诉讼中赢取了主动，并成为制胜的关键。

几年之后，达能却提出宗庆后的这些非合资公司是违反合资合同非法设立的，并且自称他们是请了调查公司才发现宗庆后与那些非合资公司之间的关系的。

对此，宗庆后感到十分不解，也很愤慨。他认为，非合资公司作为合资公司的代加工单位不仅弥补了合资公司的产能不足，分担了合资公司的成本，帮助合资公司从经济规模中获益并获得了更大的市场份额，合资公司的销售额也因此从 2000 年的 51.44 亿元增加到 2006 年的 140.52 亿元，利润从 2000 年的 6.89 亿元增加到 2006 年的 10.4 亿元，这一业绩的取得与非合资公司是分不开的。

宗庆后感到他没有任何必要去隐瞒非合资公司的情况，他除了担任合资公司的董事长、总经理，也一直担任部分非合资公司的董事或董事长，这些信息都在工商机关登记，是公开的、不保密的，随时都可以查询到。因此，他对达能十分坦然，对他们的指责也不以为然。

事实上，对于宗庆后和娃哈哈来说，这些非合资公司不仅为合资公司创造了利益，最终也保护了整个娃哈哈集团的利益，使所有娃哈哈员工，包括宗庆后个人在内，得以在与达能背水一战的时候，保有最终反击的可能。

至于达能，宗庆后后来一直认为它在中国市场上大规模的并购行为，不独伤害了娃哈哈的利益，还构成了一种新型的垄断，这是值得警惕的。对于宗庆后这样一个“温和鹰派”来说，感觉尤其明显。他对娃哈哈与达能的合作，直到最后一刻都还保留着残存的希望。宗庆后记得，直到2003年11月16日，他还给弗兰克·里布和伊盛盟发信，要他们就方便面项目尽快决策。

宗庆后在信中说：“我们发现与达能的合作发生了一些问题，我们公司需要发展，而且为了对付日益激烈的竞争更需要发展壮大，否则就没有竞争力。而达能既都想参与又都迟迟没有明确态度（在此我要郑重声明的是我们并非一定要达能投资，资金、技术、人才我们都没有问题，纯粹是为了友谊），速度似乎变慢了，我们提了几个新项目，如方便面项目，一直在等达能是否参与投资的回音，但现在快到年底了，一些优惠政策将会到期，因此我们希望在年底前实施这个项目，但一直没有达能方的消息。”

“也许我们之间存在一些文化差异或对工作方法态度的不同，但我认为在中国这样一个有巨大发展潜力的市场，市场竞争比世界上任何其他国家都要激烈，我们必须快速行动，而不是花大量时间等待研究结果，否则就会丧失机会。”

“我明白国际公司的工作方式，但在中国，我们必须立即行动，否则机会稍纵即逝。”

“希望此函不会打扰您太多，但确实，我们在中国应共同加快步伐。”

确实，达能和娃哈哈在中国共同加快了步伐。然而不幸的是，他们不是加快走向融洽，而是快步走向了分手，而且是通过一场伤筋动骨、彼此视若仇雠的“婚变”走向分手的。

宗庆后后来对访问者说：“达能不懂得尊重人，对别人限制重重，对自己则认为什么也不用限制。”他厌倦了这种毫无底线和道德感、尊严感的合作。在“婚姻”的存续期内，他无计可施，唯有自保。可是，这场“婚姻”迟早要走到尽头。

与达能之间的“婚姻”就在这种悲哀的暧昧中越走越远，一直这么若即若离地过了下去，争吵、妥协、忍让、出轨……所有在婚姻中出现的问题，在娃哈哈与达能的合作中都出现了。然而，“婚姻”还在存续，生活还在往前，直到有一天，一个叫范易谋的人出现了。

WAHAHA ALWAYS STANDS TOWERING

Biography of Mr. Qinghou Zong

CHAPTER

09

为尊严而战

这是一个注定在世界和中国经济史上留下深刻烙印的经典案例，在一千多个日子的风云变幻甚至铿锵之战中，我是漩涡中那个坚守的老人，一个用自己的智慧和勇气对抗跨国巨头的中国人。

达能欲低价并购娃哈哈非合资公司遭拒后，先后采取威胁、利诱、媒体攻击和全球诉讼等一系列手段，企图迫使我们屈服。

在这场战争中，“宗庆后”不是一个人在战斗。当所有的纷争、考验、战火掀起了面纱，所有的真伪都水落石出，这场战事考验的不仅是一个人的尊严和勇气，更是对中国民营企业和中国人灵魂的一种炙烤。

在身败名裂的威胁之下，在全球500强这样强劲的对手面前，我选择的是什么？是妥协、是勇气还是公平？在大多数人心头忐忑的时候，如何挺过来，熬过那一阵阵的绝望，熬到最后的胜利？

我很庆幸，在这场没有硝烟的战事中，我做出了该做的选择，我没有辱没自己，也没有愧对娃哈哈和中国人。

——宗庆后

悬崖边的诱惑

达能公司意欲并购娃哈哈的“体外公司”，并打出了“温情牌”。宗庆后陷入幻想和矛盾中，差一点就失去了制衡的武器。

有很多关于宗庆后和娃哈哈的非授权图书对娃哈哈与达能之间的争端进行了绘声绘色的描述，这些描述有的出自杜撰，有的纯属“合理想象”。当然，也的确存在一个事实，那就是“达娃之争”确实存在，并且，宗庆后的主要对手，正是那个威胁说“我要让他在诉讼中度过余生”的范易谋先生。

范易谋很多次没有指名道姓，但所有人都知道他针对的是一位叫宗庆后的中国人。然而并非所有人都猜测到了结局：宗庆后，最终成为了范易谋的噩梦。

分立账户

2005 年 7 月 1 日，达能亚太区总裁伊盛盟退休，达能集团首席财务官范易谋继任亚太区总裁。娃哈哈的噩梦就此开始。

范易谋那一年 43 岁，年富力强。有人评价他“拿高薪、带着法国人特有的一丝傲慢”。他曾经供职于巴林兄弟银行，专事并购业务咨询，从未经营过实业。达能需要范易谋这样的专业人士，所以他们将其招揽至门下，赋予其重任。

范易谋甫一上任，就把达能亚太区总部从新加坡搬到了上海，他也给自己取了“范易谋”这个中国名字。他希望自己能够学习到中国的谋略，管理好达能亚太区的业务。

他刚到任的时候，倒也没显出什么山水来。

范易谋知道自己要获得漂亮业绩，成为达能集团出类拔萃之辈，就必须与宗庆后处理好关系，保护好宗庆后经营娃哈哈合资公司的积极性。

但范易谋的动作很快，他很快就了解了一些“不和谐”的现实：达能虽然控股合资公司，却没有实际的经营管理权；“娃哈哈”商标已经转让给了合资公司，但大量非合资公司却在使用这一商标；娃哈哈集团有大量的非合资公司。

这些“不和谐”的情况让范易谋颇为不快。他准备大刀阔斧地“改革”，从宗庆后下手，彻底清理掉这些“不和谐”成分。

他针对宗庆后烧了“三把火”。

第一把火是在董事会上提出，鉴于娃哈哈合资公司的快速发展，达能希望进行更多的投入。范易谋的真实意图是通过追加投资扩大达能在合资公司的股权比例，最终实现控制合资公司的目的。

第二把火是提出修正商标使用合同，“以规范加工企业的商标授权”。

第三把火是着手调查娃哈哈的“体外公司(非合资公司)”。

宗庆后态度非常坚决地拒绝了范易谋提出的增资提议。宗庆后告诉他，娃哈哈集团不会出让任何一点儿股份给达能，51%是达能所能获取的极限。范易谋最终接受了现实。他事实上也明白，如果真正想控制一家公司，51%的股权与91%的股权没有本质的区别，都是绝对控股。

然而范易谋的步步紧逼并没有停止。但是这样的人宗庆后见识过，但他们最终还是被业绩和现实征服了。宗庆后相信范易谋一定也会接受现实，做出对自己和达能最有利的选择。

这一次，宗庆后又错了。

在2005年年底的一个阴雨天，宗庆后在杭州清泰街娃哈哈集团总部发现，范易谋已经雇用了调查公司，开始启动对娃哈哈所有非合资公司的调查。

范易谋的特殊身份、达能的中国战略、调查公司的高效和残酷……一种被人背后捅刀子的感觉油然而生，被背叛的屈辱再次弥漫在宗庆后心头。

然而在表面上，范易谋依然对宗庆后尊重有加。他曾多次在董事会上给予宗庆后积极和正面的评价，并且在“达娃之争”发生后告诉媒体，1996 年达能集团与宗庆后初步接触和合作时，确实给了宗庆后太“特殊”的自主权。“那是出于对宗庆后所获成就的尊重，担心不这样会影响他的经营风格。”他对宗庆后的评价是“有企业家精神，喜欢自作决断”。

然而，在宗庆后的眼里，达能亚洲的管理团队一直对中方管理团队缺乏尊重，内心看不起娃哈哈集团的管理层。秦鹏还时时处处找机会想插手合资公司的经营管理；从 2000 年开始还总是找机会劝说宗庆后“退休”，找接班人，实际上就是想改变合资之初双方同意的“由中方负责经营管理”的原则，抢夺合资公司的经营管理权。秦鹏的“小动作”使宗庆后颇为恼火，以至于宗庆后不得不在 2000 年 7 月 11 日给达能集团董事长兼首席执行官里布先生写信专门解释所谓的“接班人问题”，把秦鹏的要求顶了回去。

作为合资公司的董事长，多年来宗庆后一直忠实地履行董事会赋予他对合资公司的经营管理权。在宗庆后和娃哈哈集团管理团队的经营管理之下，娃哈哈合资公司每年的效益都好到令达能心满意足，甚至瞠目结舌。

然而达能的目的并非单纯地想获得高额的投资收益，他们发现自己无法将娃哈哈真正变成“达能”的时候，就开始转变其投资战略。他们投巨资到乐百氏，还收购了正广和、汇源、深圳益力等一系列竞争性公司。

但是，达能收购乐百氏之后，经过几年激烈的市场竞争，原来与娃哈哈合资公司旗鼓相当的乐百氏，陷入了连年亏损，达能亚洲在中国的业绩也因此受到了严重的拖累。

这正是 2005 年范易谋就任达能亚太区总裁的背景，也正是秦鹏所面临的困境。无论代表达能亚洲的范易谋还是急于摆脱困境给自己一个机会的秦鹏，都试图孤注一掷，在娃哈哈身上赌一把。

乐百氏被并购后所面临的困局，以及娃哈哈及宗庆后的反应，使达能亚洲意识到通过乐百氏整合娃哈哈的目的已经彻底落空，要迅速提升达能在中国乃至亚洲的经营业绩，唯有把目光投到娃哈哈的非合资公司上。

宗庆后所掌握的那些非合资公司连年取得良好的效益，如果通过低价获得非合资公司的股权，进而从中获得丰厚的回报，不仅能够弥补达能亚洲在中国的其他投资所造成的亏损，还能带来业绩的大幅度提升。这对达能亚洲的管理层是充满诱惑的，在巨大利益的诱惑下，达能集团连同达能亚洲一起开始了一场规模浩大的争夺娃哈哈非合资公司的行动。

然而在公开决裂之前，宗庆后和范易谋却不得不像一对演员夫妻一样在公众面前“秀恩爱”。宗庆后不得不听从范易谋与秦鹏的号令，划清合资公司与非合资公司的界限。这是一种自我清理的行动，也是一种自我保护的举措。

宗庆后采用的方式是分立账户，让合资公司与非合资公司不再搅和在一起，各自独立签署合同，各自拥有自己的开户行及账号。宗庆后要通过合同的明晰、账目的明晰，分清合资公司与非合资公司，免得两类公司搅在一起，到时候一扯皮，谁都扯不清楚。

娃哈哈集团的一份内部文件上也写得很清楚:“要明确哪些是合资企业，哪些是非合资企业，同时分析一下客户主发货是合资销售公司还是非合资营销公司，将一部分客户确定在合资或非合资的销售公司范围内，便于打款与结账，营销公司要与客户补签销售合同。同时要按计划—打款—报站—发货流程认真操作，也就是销售公司下达各类产品销售计划后，各省要认真落实分解，然后销售公司确认，此时发货工厂已经明确了，即按发货分厂的属性打款、结账，做到销售公司与营销公司的可用资金平衡、独立。”

分立账户的行动一如娃哈哈集团的其他行动一样，迅速而高效地贯彻落实，也就是两三个月的工夫，娃哈哈食品饮料营销有限公司便获得了超过 30 亿元人民币的销售收入。

范易谋他们听到了分立账户的消息。他们的第一反应是：宗庆后要通过娃哈哈集团与合资公司的财务分离，削弱达能在市场领域中的控制力。他们最为惶恐的是，宗庆后彻底掌握了娃哈哈最核心的销售渠道。

事实上，娃哈哈的核心销售渠道一直掌握在宗庆后手中，在宗庆后的心中，在宗庆后的记忆里。那些经销商，十几年交情的老兄弟们，他们只听宗庆后一人的号令，不需要借助任何文本力量，他们都会受宗庆后“将军令”的召唤。

被觊觎的“体外公司”

2006年12月初，达能全球CEO弗兰克·里布从巴黎出发到杭州来。他要访问娃哈哈位于清泰街简陋的总部，还打算与宗庆后签署一份协议。据说在他看来，只要签下这份协议，达能的后顾之忧将立即化为乌有，从此便能完全控制娃哈哈、掌握“宗庆后”了。

弗兰克·里布对宗庆后一向尊重和欣赏，投桃报李，宗庆后对他也是尊重有加。弗兰克·里布是传奇企业家安托万·里布之子。老里布曾对他说：“如果你不是在最好的足球、滑雪或者网球队伍里，你就是在浪费自己的时间。”

弗兰克1980年加入达能，从销售代理开始做起，16年后，也就是达能与娃哈哈合资的1996年，他从父亲那里接过了达能的领导权，出任达能集团的董事长兼CEO。他还是法国雷诺、鳄鱼、奥纳集团的董事。他虽然较宗庆后年轻十几岁，但他自底层干起的草根精神、他的远见卓识，还是赢得了宗庆后的尊敬。

2006年6月13日，达能集团亚太区经理人会议在北京嘉里中心举行。那时候宗庆后和范易谋之间的矛盾已经激化，除宗庆后自己外，他没让娃哈哈其他任何人参加这次会议。会议的最后一个环节是100多位总经理与里布对话。有人通过递纸条的方式向里布提了问题：“我们如何控制宗庆后，减少达能在中国的风险？”

里布和范易谋端坐台上，四目相对。“这个问题提得很有意思，宗总是个很优秀的企业家，我们没有必要把他当作风险来控制。”他说，“乐百氏是达能控制的，现在做得如何？我们有什么理由去控制宗庆后？”

在那次会议上，已经意识到了娃哈哈的怒火与敌意的里布刻意地向宗庆后释放善意，希望维持旧日情分。他第一次称娃哈哈是达能一个很好的合作伙伴，从未将娃哈哈当作下属公司对待。

然而里布的善意抵不过范易谋的敌意。范易谋的团队成员大多是一些不了解中国市场的外籍高薪经理人，他们曾遭到宗庆后多次的口诛笔伐，对宗庆后的强硬可谓“恨之入骨”，又因他们对乐百氏的整个管理一塌糊涂，更被宗庆后所鄙视。就是这些人，2006年在云南丽江组织拓展活动时，狂喊“打倒娃哈哈，解放全中国”。宗庆后听到这消息的时候，就已经知道，横亘在他与达能之间的，已不仅仅是误解。

弗兰克·里布试图让大家都快乐起来。他给宗庆后送来了一份协议，核心内容是：达能集团出价 40 亿元人民币，收购娃哈哈集团有限公司下属所有非合资公司 51%的股权。

事实上，从 6 月份开始双方就在进行谈判。双方花了半年时间讨价还价、勾心斗角。最终，达能承诺除了出价 40 亿元人民币外，还给予宗庆后和其他股东个人 6000 万美元的补偿。

2006 年九十月间，秦鹏到杭州找宗庆后。一见面他就拿出一份关于“服务协议”的《与宗总讨论稿》，提议继续与宗庆后签订新的“服务协议”，自 2006 年 1 月 1 日起至 2010 年 12 月 31 日止，期限为 5 年，并将宗庆后的年薪从 120 万元人民币提高到 150 万元。

为了表示“诚意”，秦鹏还出示了一份关于“奖励股协议”的《与宗总讨论稿》，当中写道：“达能赞同就宗总于 2001 年至 2005 年在娃哈哈合资企业发展中所作的贡献给予公平的回报”，提出“双方同意对 2003 年 6 月 29 日双方签署的奖励股协议进行修改”，即“达能向宗总购买 Festine 和 Novalc 的股份的价格相等于达能在这两家公司的投资额”，并建议如果宗庆后同意，“在近期内将 1996 年以后成立的所有非达能合资饮料企业股权的 51%转让给达能”。

秦鹏代表达能提出的收购价格，其所依据的计算原则是资产净值。除此之外，达能还提出要在收购价格之外另付 6000 万美元给宗庆后本人和相关股东。

宗庆后没法接受秦鹏的提议。他知道中国的政策不允许进行这样的交易，他也知道非合资公司拥有上万名员工股东和其他股东，达能提出的净资产收购方案会严重损害他们的利益。若是自己接受了这一条约，宗庆后将毕生都无法面对这些人。

由于宗庆后没有接受达能的建议，弗兰克·里布又在 2006 年 10 月 12 日给宗庆后写信。他说：“通过我们双方的交流和讨论，我现在对非合资公司设立的背景有了更清晰的理解，我坚信我们一定能找到一个对您和您的家属以及对我们均非常合理的解决方案。”

11 月 21 日，里布又给宗庆后写了一封信。他写道：“目前，秦鹏正在与您讨论如何结算第二期奖励股协议。我们建议通过购买非合资企业 51%的股份来一并解决这一问题……我仍然相信您发展那些非合资企业的目的不是想损害我们合资企业的利益，虽然我也不认为发展那些非合资公司是解决第二期奖励股协议引起的问题的好途径。作为合作超过 10 年的伙伴，我们不应让这种情况再发展下去。因此，我认为我们双方应就这问题达成协议，通过与您多年的交往，我相信我们都是公正和通情达理的人，我们应能很快对非合资企业 51%股权的价格达成为双方都能接受的协议。”

无论是秦鹏还是里布，他们显然已经发现：单纯地给宗庆后本人好处并不能让他改变主意。他们态度变得强硬，表示不排除通过法律途径来解决问题。里布 12 月 8 日在给宗庆后的信函中说：

“范易谋是达能集团的前财务总监，对达能的内部治理系统比较熟悉，这也是我让他来向您解释在今年夏天期间，因出现了一些与我们之前协定的条款相抵触的实际情况而引发达能内部处理流程的原因。”

“作为一个私企，您或许还不能理解所有这些处理流程的含义。但是作为在华尔街和欧洲股票交易所上市的达能来说，我们确实了解这样的事情在国际资本市场上无疑是异常爆炸性的、严重的、非常棘手的事件。到了最后，任何人回过来都不会希望去启动这样一个调查流程。”

“如果明天我到中国来和你协商后依然没有一个解决办法的话，在我的权限之内，我真的就没有办法阻止流程的启动了。因此我真的希望您能了解，无论您、您的家庭、娃哈哈或是达能都不会从这个法律纠纷的处理过程中受益，合资或非合资企业也会因此受到影响，达能和娃哈哈在中国和国际资本市场上的形象也会受到伤害。”

对于弗兰克的提议，宗庆后不是没有犹豫。事实上，他的心中矛盾不堪。他既想把娃哈哈事业做大，又想从彼此的激烈对抗中抽身而出，专注于企业经营当中。他的心中也存在一丝的侥幸，那就是他可以凭借 49%的股权继续控制娃哈哈。宗庆后是一个有时候相信直觉与经验远胜于相信理性的人，不知道这算不算一种性格缺陷，总之这最终给他和娃哈哈都带来了暴风骤雨。

在宗庆后举棋不定、犹豫不决的时候，达能开始游说法国大使馆向中国有关部门递交材料，控诉宗庆后的种种“不端”，希望借助公权力施压，迫使他接受其开出的条件。弗兰克则代表了他们“温情”的一面，希望用温情脉脉的眼神，让宗庆后在他们的协议上签字。

2006 年 12 月 9 日，里布、范易谋和秦鹏三人专程到杭州与宗庆后进行收购非合资公司股权的谈判。双方一直艰难地谈到半夜 12 点多，他们表示可以把收购价格从净资产价格提高到 15 倍市盈率。

宗庆后再次向他们解释，非合资公司关系着上万名员工和股东的利益，他们不会同意低价转让；并且宗庆后自己也感到这样的并购行为是很难为中国政府所批准的。但是达能方却坚持认为在政府审批方面不会有任何问题。他们百般纠缠，宗庆后则不胜其烦。

宗庆后终于没能扛住里布的"温情牌"。以前就有人断言，对于宗庆后这样一种吃软不吃硬的大男子性格，温情或许是唯一可以击中他那阿喀琉斯之踵的武器。想来这样的判断有些道理。12 月 9 日，在里布的不断催促下，宗庆后狠下心在一份关于解决非合资企业问题的中文意向书上签下了名字，匆匆与里布签了一个转让非合资公司股权的意向书。里布和范易谋都开始沉醉于自己的成功当中，宗庆后则在内心的忐忑与纠结中开始准备娃哈哈的这个年关。

在得知宗庆后与弗兰克·里布签署了一纸意向书后，娃哈哈的职工持股会和非合资公司股东罕见地联合起来，强烈反对并抵制宗庆后的决定。宗庆后的"国王班底"也向他进行了理性的分析，说非合资公司是他们用来制衡达能的唯一筹码，如果宗庆后把非合资公司控股权卖给达能，他们就只能面临被清理出局的危险，达能将彻底掌控娃哈哈，娃哈哈再也不姓"中"，也不姓"宗"了。

那一刻宗庆后惊出了一身冷汗。他有时感性有余，对很多法律条文也不甚重视，每临大事，往往吃亏。这一次倒算是幸运，所签署的只是一纸意向书，而非作为法律文本的协议或合同。

宗庆后后来对外界说："非合资公司的股权是大家的，不是我一个人的。职工持股会和全体员工不同意卖。里布跑到杭州天天逼着我签协议，同时达能还通过法国大使向国家相关部门告状，递交材料向我施加压力，不得已我只好以个人名义和里布签署了一个不具有任何法律效力的意向书。后来我就拒绝再签署相关合同，这也得到了所有娃哈哈员工的支持。"

2007 年 1 月 10 日，宗庆后给达能发去公函，告诉他们自己要推翻一个月前签署的意向书。就在此时，1 月 14 日，范易谋也致函宗庆后，就 2006 年合资公司取得的强劲销售增长，要他转达达能集团总裁里布先生对全体员工的致敬。

当他们收到宗庆后的公函时，无疑感到沮丧乃至绝望。宗庆后毫无疑问打乱了他们全部的计划和节奏，使他们陷入极度的被动当中。他们给宗庆后连发了三道传真，要求召开董事会，宗庆后给他们的唯一回答就是，沉默。

达能倒是锲而不舍，仍多方“使劲”，试图通过外部政府压力迫使宗庆后在最终的合同文本上签字。

可是，他们没想到宗庆后是个自尊心很强的人。他们更没有想到的是，宗庆后是个吃软不吃硬的人。他们可以用“温情牌”迫宗庆后就范，却无法通过施加压力的方式，打赢与宗庆后的对决。

在他们通过外力对宗庆后施压后不久，宗庆后给他们发去一封传真：

“我郑重宣布，中国人现在已经站起来了，已经不是八国联军侵略中国的时代了，中国人有自己的国格、人格，你老是用威胁、恫吓的口气跟我们说话，只增加我们的愤慨。双方的合作必须是平等互利的合作，你再用这种态度跟我们说话，我就终止跟你合作。”

达能方彻底绝望了。他们觉得宗庆后“简直是失去理智了”。宗庆后也知道，风暴将至，在一场暴风骤雨之中，谁也不知道会遇到什么；但是无论遇到什么，无论最终的结局如何，自己都必须挺住，为了娃哈哈，为了家，为了母亲，为了妻子，为了宗馥莉，为了两万名员工，为了无数靠娃哈哈讨生活的人，自己要挺住。

引爆

战火因“内参”的意外曝光而点燃，达娃的异国“婚姻”岌岌可危。媒体上的口水大战甚嚣尘上，范易谋和宗庆后，究竟谁变成了谁的噩梦?

2007年3月初，宗庆后到了北京。作为全国人大代表，他要去参加全国人民代表大会。那一年他提出了《关于立法限制外资通过并购垄断中国各个行业维护经济安全的建议》，内容包括了加快反垄断立法、通过定义限定并购条件、设立审查机构和鼓励国内民企参与并购。

他在提案中写道：“近年来，外资并购目标直指国内各行业排名前三的企业，并控股这些龙头、骨干企业，已经导致了许多重要行业或龙头企业被其控制。这些外资利用其控股地位，说撤就撤，直接威胁到了相关产业发展和国家经济安全。”

“外资并购也严重威胁到了民族品牌的生存和发展。目前外资并购了许多国内知名品牌、商标，并利用控股地位，或者将这些民族品牌打入冷宫，造成许多民族品牌因此消失，或者限制其生产和发展，使这些民族品牌日渐萎缩。”

宗庆后此说并非危言耸听，而是残酷的现实。大量的外资品牌，通过并购形成了事实上的垄断。很多民族品牌如今已经不见了踪影，人们保留下来的只有模糊而辛酸的回忆。

谁的噩梦

“两会”后不久，宗庆后接受了新华社旗下《经济参考报》记者的采访。4 月 3 日，《经济参考报》的文章《宗庆后后悔了》刊发出来，披露了达能意欲对娃哈哈低价并购的“内幕”。

文章中说：“十多年接触，宗庆后不断揣摩达能合资和并购娃哈哈的真实目的。‘最开始，我们单纯地认为，这是达能对娃哈哈企业品牌形象及其生产销售能力的认可和肯定，但其在中国境内接连不断的并购举动及其并购后的表现让我们渐渐认清了达能的真实目的：达能并购娃哈哈以及中国其他一些大企业的行为，不是为了将这些企业经营壮大，而是为了资本运作——将中方企业股权低价收购后再在国际市场上出售或上市，以套取巨额资金和利润。’”

报道刊发的当天，很多记者开始与娃哈哈联系，他们不断地拨打娃哈哈新闻发言人单启宁与宗庆后的电话要求采访。事实上，宗庆后接受新华社的采访，只是希望刊发一篇内参文章，而不是在《经济参考报》上公开刊出。这种结果，是宗庆后始料未及的。

至于达能方面，据说文章见报的当天，范易谋就看到了全文翻译。宗庆后不知道范易谋究竟是何种心态，以及如何反应。宗庆后只知道，范易谋曾对一家媒体说他“觉得很不安，而且非常失望”。范易谋还说：“宗先生为什么这么做，为什么他签了又后悔，我不方便评论。但我的确知道他签了这样一个合同。”

事实上，范易谋很清楚，宗庆后所签署的只是一纸“意向书”。范易谋所指控的“我们认为他违反了合同，而且一定要改变合同的条款”，在“意向书”面前，显得苍白不堪。

4 月 4 日那天，达能亚太区总裁范易谋、中国区总裁秦鹏和财务总监嘉柯霖赶到了杭州，约见了宗庆后和娃哈哈法律部主任伍伟强，谈判收购股份的问题。但当时双方你说你的，我说我的，说话的口气很冲，更多的是一种相互指责，火药味已经很浓。范易谋的脸色很差，神情傲慢，一直昂着头，在谈论的过程中不曾正视过宗庆后等人，没有任何目光交流。他是一个后来者，前面很多过程没有参与，所以认为要彻底为达能维权，把利益拿回来。秦鹏还想中间调解一下，但收效甚微。在这种状态下，双方其实已经没法对话，最终不欢而散。

第二天一早，双方在西湖边上的凯悦大酒店召开了合资公司董事会，合资十多年，这还是第一次在杭州开董事会，还是临时董事会。

双方整整讨论了十个小时，也争吵了十个小时。双方所争议的“合资合同条款是否平等”、“商标使用许可是否需要修改”、“宗庆后能否兼任这么多公司的董事长和总经理”、“非合资公司生产的产品是否违法”等问题，一直是各执一端，各说各话，鸡同鸭讲，没有取得任何成效，只是各自表达了观点，发泄了怨气而已。

当天下午，范易谋回到上海，单方面撕毁了不召开新闻发布会的约定，在南京西路上的波特曼酒店开始了对宗庆后的“反击”和“反制”。他召开了新闻发布会，对外宣布：达能与中国企业的合作都是“开放、透明式”的。对于娃哈哈“并购圈套”的说法，达能“非常震惊”。

他说：“合资公司的合同曾经在1996年、1999年和2006年进行过3次修改，作为中国非常成功的企业家，宗庆后怎么可能在过去的十多年当中，连续3次由于不知道情况被我们欺骗而掉入这个签约的陷阱?”

他针对《宗庆后后悔了》中的指控进行逐条反驳，说:“包括收购非合资公司在内，达能所提的解决方案，都是本着合同来的。”他无法理解“宗庆后以这样的方式将属于公司层面的交涉内容公之于众”。

“我们所控制的旗下品牌市场总额在中国加起来也不超过15%，而且我们面临非常强大的竞争对手，如康师傅、统一、百事可乐、可口可乐、雀巢，怎么能说对市场造成直接的或非直接的垄断呢?”

对于范易谋的喊话，以及他日渐强硬的措辞，宗庆后早就习惯了。宗庆后已经与范易谋打了两年的交道，丝毫不担心他的恫吓，也不惧怕他的强硬。

事实上，就在《宗庆后后悔了》刊发的当天，健力宝集团董事长叶红汉以个人名义发表声明，声援宗庆后关于警惕外资垄断饮料行业的呼吁。“3月中旬以来，我注意到宗先生在保护民族品牌、反对外资垄断中国饮料行业，并积极提议立法限制外资恶意并购的举措。对此，我表示极大的声援和赞成。”

叶红汉的声明使宗庆后有理由相信，他不是一个人在战斗。

媒体上的“口水大战”

当范易谋开始在媒体上喊话的时候，宗庆后对单启宁说：“我想娃哈哈也有必要通过媒体说一说。”

宗庆后选择的媒体是新浪网，中国最大的新闻门户网站，也可谓是实力最强大的新闻媒体之一。4 月 8 日下午，在跟随温家宝总理访问韩国前夕，宗庆后临时决定做客新浪，向外界披露了达能欲以 40 亿元人民币“强购”娃哈哈非合资公司 51%股权的内幕。

宗庆后告诉人们，这是一次恶意收购。宗庆后还告诉他们：“达能投入娃哈哈 15 亿元，收益超过 38 亿元。”宗庆后也告诉了他们，在中国饮料十强企业中，达能现已并购 5 家……

第二天，达能集团致函新浪，说是达能的大股东利益受到了损害。“达能集团对于我们的合作伙伴宗庆后先生昨天在新浪网上的谈话，表示强烈不满。我们认为，宗先生提出的是他个人的看法，他所列举的观点并不完全符合事实。这种行为无疑对娃哈哈合资公司、对娃哈哈品牌、对娃哈哈合资企业的员工，以及我们其他的合作伙伴造成了不必要的伤害。”

宗庆后一方也在第二天对达能进行了反驳，向新浪网发去《娃哈哈集团全体职工代表声明》，称达能集团不但采用非光明正大的手段实施强行并购，还搬出各种歪理，企图左右视听，实在不是一家负责任的国际公司的行为。

宗庆后和他的团队的态度和坚持赢得了广泛的支持，娃哈哈下属企业所在地地方政府纷纷站出来，发表声明支持宗庆后对达能的“尊严之战”。他们的支持给予了宗庆后和娃哈哈力量，宗庆后和他的团队相信，他们可以赢得与达能的对决。

然而撕破脸之后的达能与范易谋开始组织强力反击，他们经由奥美公司的组织，4 月 12 日在上海波特曼酒店召开了达能新闻圆桌会议，会议的结果呈现在了第二天的报纸上，包括娃哈哈集团的改制细节、非合资公司等情况的调查。当记者问及范易谋：如果宗庆后另起炉灶，达能的损失会不会更大？范易谋说：“如果这种情况真的发生了，导致发生这个情况的人将在法律诉讼中度过余生。”

范易谋还声称，达能已于 4 月 9 日正式向“娃哈哈创始人宗庆后”发出通知函，要求其作为合资公司的董事长，对“非法”成立的非合资销售公司准备启动法律诉讼程序。根据通知函，如果 30 天内公司管理层不采取任何行动，将自动启动法律程序，就违约责任提出正式诉讼。

宗庆后看到范易谋的回答时，忍不住嗤之以鼻。

宗庆后让单启宁负责挡住所有前来采访的记者，婉拒所有访问要求。4 月 13 日晚，娃哈哈集团发表了一份声明："由于政府要求停止在媒体上与达能进行口水战，因此暂不能满足各位媒体朋友的要求。"

然而宗庆后和他的团队的善意与理智，换来的却是达能的反击。在奥美公司的"舆论引导"下，在范易谋的频频出镜、频频喊话下，他们的声音变成了主流。

4 月 23 日，宗庆后与范易谋再次坐在了一起，地点还是杭州的凯悦大酒店。范易谋满心指望舆论的压力会迫使宗庆后作出让步，他旧话重提，建议宗庆后接受合约，交出非合资公司的控股权。宗庆后说："不！"

范易谋见无法逼宗庆后就范，就采用了"釜底抽薪"之计。他们给娃哈哈全体员工和经销商发了一封示好的公开信，说："我们公开承诺，不论争端将以何种方式解决，达能集团将尽全力保证娃哈哈合资企业所有员工及全体经销商利益不受到侵害。"

"作为娃哈哈合资企业主要股东，达能过去、现在、将来都会始终如一地支持娃哈哈这一中国本地品牌进一步向前发展。"

"此次争端由宗先生违约而起，对合资企业股东及其员工的切身利益造成了严重的伤害。达能集团完全有权利诉诸法律，我们也为此做好了充分的准备。然而，为了最大限度地降低此事对各方的影响，达能集团始终希望与宗庆后先生协商，通过合理合法的经济方式解决。"

4 月 26 日，达能集团在巴黎召开股东大会。里布在会后公布了立场，他说："我们跟宗庆后签的合同在法律上没有任何漏洞，同时对我方利益会起到很好的保护作用。""达能可能不会以妥协的方式解决这次事件的争端。"

可是范易谋和里布还是小瞧了宗庆后，更小瞧了娃哈哈人。这里是中国，是娃哈哈。在娃哈哈，宗庆后和他的团队是利益共同体，是家人，不像在达能那样，只是雇佣与被雇佣的关系。范易谋不但抽不掉宗庆后的"釜底之薪"，还会因为自己鲁莽的威胁和无知无畏的举动，而激起娃哈哈人的公愤。

战神时代

很少有人能预见宗庆后最后的胜利，但是，在这场被称为“一个人的战争”中，宗总却得到了员工和经销商们的绝对支持。

2007年5月9日，达能对外发布通告，声称:“因娃哈哈合资企业的管理层未对非合资企业的违法行为采取任何行动，在此情况下，达能集团于今天正式启动了相关的程序。目前我们尚不便透露具体的程序，以及正在与合作伙伴进行的协商。”

事实是，达能(亚洲)、金加投资等7家达能全资子公司向瑞典斯德哥尔摩商会仲裁庭提出了8个仲裁申请。这8份仲裁书的内容基本一致，主要是要求杭州娃哈哈集团有限公司、浙江娃哈哈实业股份有限公司、杭州萧山顺发食品包装有限公司、杭州娃哈哈广盛投资有限公司以及宗庆后个人，停止“未经授权，擅自生产与合资企业同样的产品，侵害了合资企业的利益”的“侵权行为”，“以及由该行为引起的其他侵权行为，并提供相应赔偿”。

达能毫无疑问聘请了最专业的律师团队，他们的仲裁申请书写得极为专业，从引言、当事人身份，到仲裁背景、适用法律、被申请人义务、双方争议内容，再到仲裁委托、裁决要求，都罗列在案，看得宗庆后头晕眼花，不知所以。

范易谋果然没有食言，把宗庆后也列为仲裁对象，说他违反了“非竞争条款”和“保密条款”。这是达能最辣手的一招，因为“针对个人的仲裁申请，在以往的国内合资纠纷中尚无先例”。范易谋放的狠话成了真，要宗庆后“在法律诉讼中度过余生”的话正付诸行动。

“窃听风云”

范易谋的行动，使宗庆后颇为烦恼。西方世界之于他是陌生的，陌生的语言、陌生的文化、陌生的环境……一想到这些，他的心中就发毛。宗庆后最怕的事情是在国外受歧视，很多道理说不清楚，一旦败诉，不但伤害了娃哈哈，也丢了中国人的脸。何况，企业以创造价值为使命，娃哈哈把时间和精力都消耗在官司中，并不是一位企业家所希望看到的。

可是事情既然发生了，也就没什么可怕的了。烦躁自然就没了，内心平静了下来。宗庆后点上烟，跟“国王班底”们讨论对策，他们的建议与他的想法不谋而合——

到国外跟达能打官司，宗庆后和他的团队也不见得会输，温州的正泰集团在法国与法国人打官司不就赢了嘛。退一万步讲，即使输了，宗庆后和他的团队也可以另起炉灶，从头再来，也好过这么窝窝囊囊地跟达能合资。

所以，就在达能向斯德哥尔摩商会仲裁庭提起仲裁的当天，娃哈哈就向外宣布：“我们将认真准备，积极应诉，奉陪到底！”

自从达能与娃哈哈交恶之后，娃哈哈内部也沸反盈天，在面对达能是和谈还是对抗的问题上，曾经有过不同的意见。员工们信任宗头、依靠宗头，但是在面对跨国资本巨头的时候，他们心中仍然犹豫、徘徊、忐忑，他们劝说宗庆后在没有必胜的把握的时候放弃诉诸法律，尽量走到和谈的道路上来。

在“达娃之争”的初期，虽然娃哈哈对外的宣言都十分强硬，但是宗庆后的内心也是处于一种混沌状态。他知道自己遇见了创业以来最大的困难，这只拦路的巨虎貌似庞大且不可战胜，在它的面前他和娃哈哈渺小得似乎能被一口气吹跑，几乎所有的人都认为对抗它恰似螳臂挡车，是没有胜算的。

就在此时，一些不相干的人出现了：一拨人是来“拉架的”，另一拨人是来“盯梢”的。

“拉架的”人有两个，一个叫冀书鹏，当时的身份是东方高圣首席分析师、知名并购专家。他给娃哈哈发来信函，分析了娃哈哈的局势，提供了解决方案，提出希望见面详谈。

宗庆后最终的决定是沉住气，不回复。冀书鹏等不及了，就给范易谋和宗庆后分别发了公开信，详细分析了双方的处境、利益错位及解决方案。从专业的角度来看，那的确是一份不错的方案，可那种纸面文章对宗庆后而言没有任何意义。他与达能之间已经不存在和解的可能。

宗庆后向来的风格是：“人不犯我，我不犯人。人若犯我，我必犯人。”金庸的小说《天龙八部》里，姑苏慕容家有门功夫叫作“以彼之道，还施彼身”，这也是他所偏爱的功夫。

冀书鹏本可以表现得更为得体，可是在他的解决方案得不到回复的时候，又在《英才》杂志上撰写对娃哈哈的负面评论，证明他的初衷显然并不是发自善意。

在冀书鹏之后，另一个“拉架的”出现了，名叫李肃。他在 6 月 14 日以北京和君创业咨询有限责任公司总裁的身份站出来放话，声称将以光明乳业小股东的身份对达能进行一切可能的法律诉讼及检举。他也发了一封公开信，要求达能退还娃哈哈品牌，并对损害光明乳业小股东利益的行为作出赔偿。

“这里，我们即便把宏观层面的大是大非完全搁置，仅仅从市场经营的战略层面看达能公司的中国策略，也可以明显地看到达能有恶意摧毁竞争对手的倾向。因为，一个大型跨国公司进入一个新的区域，将最大的几家竞争对手分别收购重组，听任各方血腥拼杀，且在各家董事会中悠然自得地窃取商业秘密，而后步步为营地操控对手。这种做法有违上市公司同业竞争的商业原则，侵害着各家合作方股东的根本利益。”

“达能公司正在进行的这场国际性法律之战，是一场损人不利己的无谓之战。如果继续一意孤行，我公司将依法对其提起诉讼。”

李肃仅持有 100 股光明乳业股票，但他特殊的身份令人刮目相看。他曾担任过北京市社科院经济研究所副所长、美国休斯敦大学亚美研究中心高级研究员、社科院社会发展中心研究员。他长期从事公司战略、并购、重组等方面的研究与咨询。

与此同时，一拨“盯梢的”、“窃听的”开始介入到娃哈哈的经营和宗庆后的生活当中。

就在5月8日，达能向瑞典斯德哥尔摩商会仲裁庭提起仲裁的前一天，下沙交警支队的民警们在处理一起发生在娃哈哈下沙基地附近的交通纠纷时，发现了一桩诡异的事。

纠纷中的一名王姓男子，是北京邦信阳专利商标代理有限公司驻上海办事处负责人，他出现在杭州，出现在下沙，是受客户委托，暗中调查娃哈哈、跟踪“宗庆后”。

半个月前，娃哈哈下沙基地附近一家小店里发生了一桩凶杀案，民警对周围进行排查时，发现一辆北京牌号的小轿车一直停在那里。民警前去盘查，居然发现车内藏有砍刀、被子、记事本和摄像机。经过询问，车上一对男女都来自北京邦信阳。

他们交代，4月20日，公司召集数十人开会，安排他们组成3个小组，分赴沈阳、山西和杭州调查娃哈哈，并对宗庆后进行跟踪监控。会后他们一行9人来到杭州，一拨人去了秋涛基地，另一拨人来到下沙，架起摄像机进行全天候监控。

民警很快又找到了正在对娃哈哈进行监控的另一拨人。在大量的文字和影像证据面前，这些人很快就交代了他们的幕后委托人，竟然是达能公司！达能自然否认这些指控，他们说“从来没有雇用任何人或任何公司来监视宗先生”。

然而仅仅10天后，警方在娃哈哈萧山基地附近又抓获一名涉嫌非法监控者，这名胡姓男子也交代了其委托人是达能公司。

杭州警方将三起监控事件并案调查，并到北京邦信阳进行了询问，最终发现该公司于2007年4月与达能公司签订了委托合同。警方起获的证据显示，达能曾向多家机构支付每天400美元的调查费用。

达能可以继续否认针对它的指控，但杭州警方的办案记录、北京邦信阳的委托代理合同——都摆在那里。宗庆后对达能所抱有的任何幻想，最终都破灭了。“盯梢事件”与后来发生的“窃听事件”，使他对达能彻底绝望，并且促使他跟达能“血战到底”，决不退让一步，绝不进行任何谈判。

“窃听风云”也发生在杭州，主要是监听宗庆后的办公电话。达能的监听行为不止一次，直到被杭州警方抓获为止。

单启宁后来聊天时说：“达能事件，对我来讲更惊心动魄。为什么这么说，我们在电视剧里看到的那套东西，窃听啊，监视啊，污蔑、陷害，在达能事件中都体现出来了。跨国集团弄些黑幕来整我们，包括用很卑鄙的手段揭发宗老板一些莫须有的罪名，真是登峰造极。我亲身经历过，在我的职业生涯中真是很大的锤炼。真的是什么情况都有，达能首先找了个公关公司。这个公司是英国的，它委托北京的一家公司来窃听，在英国境内都可以监听宗老板和我们的电话，我们很多东西都有可能泄露了。否则，我们这儿的风吹草动，对方怎么可能了如指掌？后来有个公关公司的人来告诉我们说，北京某公关公司的人来监听你们、监视你们。宗老板当时还担心这个人是双重间谍，将信将疑。这个人说当时他们来买通他，就是价格没谈好。”

“达能做出这种威胁我人身安全的事情，已经跨越了道德和法律的底线！”宗庆后有一次对媒体说。达能的这些行为，使宗庆后的人身安全受到极大的威胁，此后很长一段时间，宗庆后的每次出行、每场新闻发布会，都需要公司同事的陪同，没有私人空间，也没了行动的自由。

一边搞监视监听、威胁恫吓，一边用法律诉讼来摧毁宗庆后，这就是达能的目的。美国时间 6 月 4 日，达能又在位于美国洛杉矶的加利福尼亚州最高法院对恒枫贸易有限公司和杭州宏胜饮料有限公司提起诉讼，把矛头对准了作为这两家企业高层的宗庆后的女儿和妻子。

达能可以把对决的矛头对准宗庆后，对准一个敢作敢当的男人，但是不能伤害他的家人！这是宗庆后的底线，但是达能已经触及了它。宗庆后彻底愤怒了，对访问者们喊道：“真是笑话！让他们去告吧！”

当达能把矛头指向宗庆后无辜的妻女，他身上沉埋的铿锵的宗氏血性突然爆发，他认清了达能的目的——并吞娃哈哈。

宗庆后知道娃哈哈和达能之间已经走到了山穷水尽的末路——没有了未来，没有对话，没有妥协。

在彻底愤怒后，冷静下来，宗庆后对 11 年 2 个月与达能合作的过程进行了反思，他一直坦坦荡荡，总是以和为贵，以情服人。“这亦可能是与中华民族的民族特性有关，一是我们中华民族是一个讲情理的民族，二是我们中华民族是一个宽容的民族、与人为善的民族，因此总是把好东西先给人家，自己吃点亏亦要让人家满意。与达能合作十一年零两个月，由于我们过度宽容、与人为善，反而被他们认为软弱可欺。”

但是，宗庆后终于想明白了，一是他和他的团队认识到，诉讼与仲裁是一种文明的处理矛盾与纠纷的办法，要学会诉讼，敢于诉讼；而且自己和团队并没有违约、违法，首先违法的是达能，他们在整个合资过程中留下了许多违法的事实，因此达能还不一定会赢，自己一方亦不一定会输。重要的是，斯德哥尔摩是一个公正的仲裁机构，不会因为肤色而偏袒谁，必定会作出公正的裁决。

当天傍晚，娃哈哈对外发表了回应声明，在声明中指出：“达能花巨资雇用了外资公关公司造势，打压宗庆后的真正目的就是要逼宗总就范，达到其低价并购娃哈哈、吃掉娃哈哈的目的。”

宗庆后从今以后不与达能谈了，亦不与达能玩了，要养精蓄锐到斯德哥尔摩与他们去讲理了。伟人毛泽东的一句诗词“不管风吹浪打，胜似闲庭信步”，可以真实地反映宗庆后当时的心情。

不是一个人在战斗

宗庆后已经预见到了接下来的战争场面，这是一场生死之战、尊严之战。在他与达能之间没有任何和解的可能，只有一方宣布死亡或者投降。

他准备破釜沉舟，背水一战。在6月6日晚上，宗庆后彻夜未眠，回想起与达能合作的这十一年零两个月，回想起昔日的幸福甜蜜和今日的视若仇寇。宗庆后不知道抽了多少烟，终于写下了一封长信——《给法国达能集团董事长里布先生及各位董事的公开信》。

在这封信中，宗庆后历数自己从担任娃哈哈和达能公司合资的5家公司的董事长，一直到目前担任娃哈哈与达能合资的29家公司、10家二级公司的董事长，11年多以来整个公司的卓越业绩和成长，以及达能对他的种种欺凌和诬陷，揭露达能方“并购不成，就搞个人人身攻击，欲将我置于死地而后快”，言而无信，手段不地道，表示不惧将与达能在斯德哥尔摩的法庭对簿公堂，并宣布辞去董事长的职务，“今天本人告别达能，希望明天达能不要告别中国！”

这封信写完之后，宗庆后有一种酣畅淋漓的释放感，郁结胸中的愤懑和郁闷一扫而空。收拾心情，宗庆后开始准备与达能新的征战。这是他“一个人的战争”，他却“不是一个人在战斗”。他不需要成为“民族英雄”，但是这也是为了中国人的尊严而战，他要在斯德哥尔摩击溃他们。

6 月 7 日傍晚，当宗庆后辞职的消息发布之后，达能神速地进行了反应，他们在发布的新闻稿中说：“达能集团委派的董事决定接受他的辞呈，并任命合资企业现任副董事长范易谋先生临时接替董事长之职。”

范易谋还表示：“达能在全球各地一贯坚持奉行社会责任原则，作为其中一个重要的组成部分，达能保证合资企业的员工在就业、福利待遇、工作生活条件和个人发展等方面不受到此事的影响。”

在宗庆后辞职并发布了公开信之后，娃哈哈人不干了。他们的怒火被燃起来了。他们开始自主自发地组织对达能的反击。经销商发出了《达能，你都做了些什么》的声明，喊出了“请你们滚出娃哈哈”。

娃哈哈销售公司市场部和供应部职工代表发出了《宗总我们要跟你走》的声明。

娃哈哈下沙基地职工代表发出《宗总，您不是一个人在战斗》的公开信，说：

▲ 宗庆后获得员工的绝对支持。图为广东分公司员工拉起支持的横幅，并在横幅上签名。

"我们坚决支持您积极应诉、奉陪到底的态度，宗总，您不是一个人在战斗！"

娃哈哈广东分公司员工拉起支持宗总的横幅，表达决心。

……

密密麻麻的签名，强烈的民意，给宗庆后带来了巨大的安慰、感动和震撼。这么多年来，宗庆后带着众多的经销商和员工，一起战斗，一起赢利，他们一直是宗庆后责任感和力量的来源，现在，他发现自己得到了丰厚的回报——一种全然的信任和支持，一种沉埋已久的感激之情，一种绝对的感恩——这是他们给予他的最珍贵的礼物，让这位久经沙场的汉子感动得几乎落泪。这不仅是对宗庆后能力的肯定，更是对他人品和人格的一种肯定。在关键的时刻，"子弟兵"的支持和全力拥护给予了他无比的勇气，他誓与达能周旋到底。

达能进退维谷，陷入到了娃哈哈民意的汪洋之中。他们的那些行为激起了所有人的愤怒，也使其形象从光明变成了阴暗。在法国，一家媒体写道："达能与其中国合作者娃哈哈公司的分歧已经扩大为一场战争，并蔓延到几大洲。"

战争很快就进入了白热化。6 月 12 日，达能在上海召开新闻发布会，指责宗庆后"在公开信中所罗列的很多情况均属断章取义，歪曲事实"。

娃哈哈人也意识到了达能的"伪善"，他们决意打碎达能的面具。在达能召开新闻发布会的上海波特曼酒店廊桥，几十名头戴小黄帽、高举标语口号的娃哈哈上海公司员工整齐划一地站着，向达能表示抗议，也向人们展示娃哈哈的力量。

因为这些人的出现，范易谋心情大坏，他忿忿不平地说："这是有人在故意制造障碍，要阻止我们保护合资企业的利益。"

在杭州，宗庆后和他的团队在第二天也举行了新闻发布会。会场中挂着横幅，上书："坚决抵制达能的恶意并购，最后的胜利必将属于娃哈哈！"宗庆后带着 12 位娃哈哈高管，接受了几十家媒体的访问。那 12 人是他的"十二罗汉"，他们表示："如果娃哈哈与达能彻底决裂，我们将集体辞职，继续跟随宗庆后。"

记者们问了很多尖锐问题，所涉包括"是否同意收购非合资公司"、"离岸公司"、"为什么在辞职以后向合资公司派出了 78 名董事"，宗庆后一一向他们解释作答。也有人问宗庆后，是否会同意与达能继续和谈，宗庆后告诉他，和谈有两个前提条件，一是取消不平等条款，二是向他公开道歉，缺一不可，否则免谈。

宗庆后还告诉记者们："娃哈哈商标许可权的原始合同文本有一些漏洞，我们可以通过法律途径收回使用权。"

预见奇迹的人是孤独的

法律不再是达能的独门武器，当达能开始使用种种手段欲置宗庆后于死地的时候，宗庆后也拿起了法律武器，与达能殊死一搏，以维护个人及娃哈哈的权益。

只是宗庆后拾起这个武器之初，很少有人如同宗庆后一样预见了三年后的胜利。虽然宗庆后在娃哈哈是一个神一样的存在，但是在奇迹发生之前，预见奇迹的人是孤独的。

自从与达能交战以来，仲裁诉讼的法律材料一箱箱邮寄到娃哈哈公司，最多的一天，娃哈哈总经办收到了足足十几箱材料。达能索赔的金额也每天在惊人地增长，从 1 亿元开始，每天递增的金额都是千万元级别的。这些让人心惊肉跳的情形，使得部分娃哈哈内部员工担忧不已，私下里劝说宗庆后放弃法律手段，跟达能和谈。但是，娃哈哈是宗庆后一手抚养长大的"孩子"，为了她，为了娃哈哈的数万名员工，也为了中国人的尊严，宗庆后绝不妥协。

当员工们看见宗庆后如此掷地有声的宣言之后，他们的劝说变成了绝对的信任。既然宗庆后已经下定了决心，他们所能做的就是绝对的执行，就像在商场上无数次的冲锋陷阵一样。

虽然"神"是一种戏说，但戏说中也包含着某种真实——员工们对这尊心中的"神"充满了崇敬甚至有相当的崇拜，所以，他们追随他、信赖他最后的决定。

6 月 14 日，杭州市仲裁委员会正式受理了娃哈哈集团提起的对娃哈哈商标转让合同无效的仲裁申请。

而在头一天上午，商务部召开例行新闻发布会，新闻发言人姚申洪说："他们之间的商业纠纷已经进入仲裁程序，商务部十分关注事态的发展。我想本着从中外双方合作发展，本着有利于互利共赢的长远考虑，我们还是希望投资双方不要放过任何一个可以通过友好协商解决这一问题的机会。"

娃哈哈集团大股东、杭州市上城区政府的代表随后也表示："企业的运营和企业家本身关系密切。很多国有老企业都陷入困境。娃哈哈能实现稳步增长说明宗庆后是一个成功的企业家。”“至于其投资行为则是企业自身的经营策略。”“政府的相关部门会按照《公司法》对国有资产进行监管。但是在企业正常运作的环境下，不会去干预企业的日常运营。”

就在国家商务部与杭州市上城区政府各自表明了立场与态度的时候，6 月 13 日晚，范易谋通过传真向合资公司的中方董事发出了关于召开董事会紧急会议的通知，要求所有合资企业的中方董事于 6 月 20 日上午 10:30 在杭州召开联合董事会。

宗庆后立即将公司的骨干们召集起来，商量对策。6 月 18 日，娃哈哈以传真的方式拒绝了达能的要求，理由是:“每一家合资公司均为独立的法人单位，不应该集中开董事会，而应该逐个召开。”

范易谋无奈之下用传真方式作出回应：定于 6 月 20 日和 21 日两天，先分别召开娃哈哈食品有限公司、娃哈哈百立食品有限公司、娃哈哈保健食品有限公司、娃哈哈速冻食品有限公司、娃哈哈乐维食品有限公司、娃哈哈饮料有限公司、娃哈哈永盛饮料有限公司和娃哈哈非常可乐有限公司 8 家企业的董事会，每家公司的会议安排为两个小时。

会议有选举临时董事长等 7 项议程。娃哈哈方起初决定依照合资公司章程，拒绝参加会议。宗庆后告诉他们，必须要参加会议，否则显得他们小气和理亏。“你们只需见机行事就可以了。”

范易谋所组织召开的董事会，最终并没有发挥太大作用。虽然每家公司在最终的董事会决议上都签满了外方董事的名字，但是依据合资公司章程，只要娃哈哈的中方董事没人签名，即使决议多数人同意，也属无效。范易谋虽然宣布自己当选了新任董事长，但他的“当选”是无效的，他依旧是合资公司的“副董事长”。

在接下来的那段日子里，双方陷入“口水大战”，口水四溅，纷争不断。在 7 月 3 日，娃哈哈召开了“娃哈哈集团中外媒体见面会”，到场记者超过三百名。当晚的答谢晚会，压轴节目是大合唱《团结就是力量》，宗庆后为娃哈哈人的合唱担任了指挥。当宗庆后打着拍子，听他们唱响“这力量是铁，这力量是钢，比铁还硬，比钢还强”的时候，他忍不住流泪了。

宗庆后和他的团队对达能的诉讼反击也在“团结就是力量”中开始了。针对达能三位外方董事在乐百氏等竞争公司兼任职务一事，娃哈哈集团委托律师向39家合资公司发出催告函，要求合资公司董事会或监事会依法对范易谋、秦鹏和嘉柯林从事“竞业禁止”的行为提起诉讼。

娃哈哈与达能合资公司的所有中方股东，也将分别对范易谋等三人提起诉讼。这些股东，虽然多有重叠，累计起来，也有二三十位。“如果各合资公司在规定期限内未提起诉讼，娃哈哈方股东将依法提起股东代表诉讼，起诉三位达能方董事。”

“以前我们讲究的是东方文化，能忍则忍，能让则让。但是现在不一样了，达能说要讲法律，那好，我就和他讲法律。”宗庆后说，“他不是指责我不遵守合同，并且威胁说要让我在诉讼中度过余生吗？那我就要和他斗一斗，我们看看最后谁的官司多!”

沈阳陵东实业发展总公司第一个提起诉讼，矛头对准的不是范易谋，而是秦鹏。秦鹏在与宗庆后的相处中表现得最为温和，这或许与他华人的身份有关。据说当他听说自己成为被告后连声哀叹。

秦鹏可能无法理解，事实上宗庆后并非针对他个人，而是针对达能，他只是达能的一个代表，一个符号，一种象征，没什么“不可理喻”的；恰恰相反，宗庆后的态度非常清晰：不论私人关系好坏，我要与达能斗到底。

接下来在广西桂林，娃哈哈集团与桂林祥昇工贸有限公司一起起诉了嘉柯林；在吉林、在宜昌、在全国各地，娃哈哈合资公司的股东们开始了对范易谋、秦鹏与嘉柯林的“车轮诉讼”。

宗庆后曾对单启宁说：“幸亏他们现在提出起诉，不然十年之后，我七十有三，还真没精力和他斗了。”

战争在持续，进入了胶着状态，到处都是累累焦土，满目都是废墟，和平遥遥无期，达能的各种计谋却层出不穷。而作为他们以最凶猛火力攻击的目标，层出不穷的负面“新闻”如潮水一般一波波地向宗庆后袭来。宗庆后不知道这样的东西是否能算上“新闻”，因为新闻是以事实为依据的，而在这场硝烟弥漫的大仗中，这些“新闻”是离真相最远的某种文字组合。

对于达能的虚张声势，宗庆后早就习以为常。他告诉手下：“不用理会它，一切用事实说话。”

在宗庆后和他的团队的"不理会"下，谣言不攻自破，慢慢淡出了人们的视线与记忆。它的诡异出现以及诡异结束，宗庆后相信只是达能为了抹黑他所采取的拙劣手段。如今事隔多年，时过境迁，很多事情，当年的痛苦、纠纷甚至仇恨，他都会在回忆当中慢慢淡忘掉、擦拭掉。一个人的内心装不下那么多东西，负面的东西装多了，就装不下自由和幸福这些正面的东西。

好消息不断传来。先是在11月12日，桂林市中级人民法院在嘉柯林缺席的情况下，判决嘉柯林停止担任娃哈哈以及与娃哈哈有竞争关系公司的董事职务，并判赔合资公司、中方股东损失以及各项费用共计53.88万元。

达能对此感到"非常遗憾"。然而，他们并没有因为"遗憾"而直面司法，而是想方设法逃避法律的追踪。

"由于范易谋和秦鹏千方百计躲避法院多次向他们送达的法律文书，现在桂林中院已依法采用公告方式送达。我们认为无论你们的行为有没有违反中国法律，你们都应该到法庭上说清楚，逃避不是解决问题的做法。但是我们也相信，只要你们在中国有违反中国法律的行为，你们不可能逃脱法律对你们的公正审判。"说起范易谋他们躲避法院送达文书的事，不少法官都哭笑不得。有好几次，送法律文书的法院人员到了达能位于上海的中国总部，都是被前台拦住，被告知"范易谋先生"或"秦鹏先生"不在。还有一次，一位法院人员找到了范易谋，范易谋对他连连摆手，说："我不是范易谋。"

桂林的诉讼结束之后，没过多久，12月10日，经过杭州市仲裁委员会的四轮庭审，"娃哈哈"商标的归属权终于有了结果：确认自1999年12月6日起，杭州娃哈哈集团有限公司与杭州娃哈哈食品有限公司于1996年2月29日签订的《商标转让协议》已经终止，因此支持娃哈哈的仲裁申请，"娃哈哈"商标属于娃哈哈集团所有，终止此前与达能合资公司签订的《商标转让协议》，并驳回合资公司要求娃哈哈集团立即履行《商标转让协议》、办理"娃哈哈"商标转让申请的反请求。

这下子达能傻眼了，他们表示"对裁决结果感到震惊"。当天他们就发表了声明，声称："仲裁庭的裁决是完全错误的，因为它严重违背客观事实真相，对

《商标法》、《商标法实施细则》等法律、法规的理解错误或不当，并且与商标转让司法实践中存在的惯例严重不符。对于这一裁决，合资公司将依法提出撤销申请。”

第二天，达能又迎来了新打击。达能控制的金加公司起诉宗庆后损害公司利益纠纷案，新疆建设兵团农八师中级人民法院做出了民事判决，结果是：驳回金加投资有限责任公司的诉讼请求，案件受理费 24656 元由金加投资有限责任公司负担。

这一次，达能既没有跳出来“深表遗憾”，也没有高声叫喊“大感震惊”。

12 月 16 日，娃哈哈集团工会宣布以“损害侵权”为由在山东起诉达能，要求达能“立即撤销一切法律诉讼”、“承认中方享有的经营管理权”、“停止恶意收购的一切企图”，正式提出“工会委员会作为一方有权参与娃哈哈与达能的谈判”，并要求赔偿 1000 万元。达能第二天回应，发表了一个《达能集团关于娃哈哈工会起诉达能一案的声明》，依旧是陈腔滥调，依旧是推卸责任，依旧是把矛头对准宗庆后个人。

第二天，娃哈哈集团工会也发表声明进行回应，声明中说：“娃哈哈已经给了你们投资的三倍回报，今天你们又要以净资产的价格收购娃哈哈非合资公司的股权，天理又何在！你们这次挑起这场纠纷，并在全世界除非洲之外的地方到处起诉我们，无非是想迫使宗总就范，让你们能实现恶意低价并购，掠夺我们的利益！在此我们想再提醒你们一下，你们又想错了，娃哈哈处事原则确实是礼让三分，但碰到要欺侮我们、羞辱我们的，我们亦决不会任人欺凌的，我们将会为自己的尊严与任何人血拼到底的！”

“半吊子”共识

伴随着战事胜利一起到来的，是娃哈哈创业 20 周年大庆。11 月 16 日下午4 点，时任浙江省省长吕祖善在省人民大会堂会见了参加娃哈哈 20 周年庆典的各地党政代表团嘉宾。5 点半，时任杭州市委书记王国平会见外地党政代表团主要领导。他们都对娃哈哈进行了肯定、表扬和鼓励。

两天后，在娃哈哈 20 周年纪念日上，宗庆后进行了致辞。那是他心情最复杂的一次致辞。他回忆往事，也展望未来，所有的言语，都充满了辛酸和力量。那天的演出活动中，很多明星都来了，王力宏专程从台湾赶来，还登台演唱了三首广告歌。

时任杭州市副市长沈坚登台授予了宗庆后“特别贡献奖”，这使宗庆后感动得近乎落泪。在这最特殊的时刻，得到了杭州历史上的第一个授予企业家的“特别贡献奖”，宗庆后知道，这是肯定、鼓励和支持。

事实上，宗庆后和他的团队与达能曾有过和谈的机会。那一年 11 月 25 日，法国总统萨科齐访华，弗兰克·里布随同前来。萨科齐在一场演讲中说：“请你们相信法国企业，相信他们的能力，对法国抱有信心。”

在萨科齐访华前，弗兰克·里布曾在莫斯科的一场会议上声称，萨科齐访华，将对解决达能与娃哈哈的纠纷起到决定性的作用。达能方面的法律顾问也曾向媒体表示，达能与娃哈哈的纠纷很有可能“跨越法律问题，寻求永久解决”。

萨科齐的确帮了弗兰克·里布一个大忙，在与中国领导人进行会晤的时候，他们就达能与娃哈哈的合作纠纷“沟通了看法”。

12 月 20 日，带着 20 周年庆与接连获胜的喜悦，宗庆后赶到北京，准备跟弗兰克·里布坐下来好好谈一谈。第二天下午，双方在商务部主持下会面谈判。这一次宗庆后决定沉住气，静静地听他们说完，然后再亮出自己的观点。

可是，里布上来就直接问宗庆后：“宗先生，你同不同意我收购？”宗庆后说：“不同意。”里布扭头就走了，非常傲慢。所有人都等在那里，商务部的人也一直等在那里。后来商务部的人火了，派人去把里布给叫了回来。但双方从下午一直谈到晚上，各执己见，最终达成了一个半吊子共识。

12 月 21 日晚上 11 点左右，达能发布了《杭州娃哈哈集团与法国达能集团的联合声明》：

感谢大家对达娃争议的高度关注。今天特发表“杭州娃哈哈集团与法国达能集团的联合声明”：

一、遵照中法两国政府的期望，双方同意结束对抗，回归和谈，双方同意暂时中止一切诉讼仲裁，停止一切攻击性言论，为和谈创造一个友好的氛围。

二、双方本着平等、互利的原则，求大同、存小异，相互谅解，相互谦让，争取和谈成功。双方将为进一步发展壮大所有娃哈哈企业做出新的努力，及为加强增进中法两国的友谊与中法企业之间的合作做出新的努力。

2007 年 12 月 21 日

事实上，在谈判前，商务部领导把这事汇报给国务院领导。国家领导人也有过批语，大致内容是要求娃哈哈跟达能会谈，根据企业的现状、自身利益去平等对话。

跟达能谈出一个“半吊子”声明后，双方开始处于“停火状态”。这注定只是一场短暂的“停火”，因为结果不可预知，随时可能重新开战。宗庆后和他的团队做好了一切准备，然后心平气和地等待结果的到来，无论哪一种结果。

斯德哥尔摩法庭上的气场

宗庆后一走进法庭，达能律师桌上的杯子突然就掉了下来。宗庆后俯身帮他捡起来，放在桌子上。剑拔弩张的气氛突然一百八十度大逆转。

2007 年 12 月 16 日，达能诉娃哈哈及宗庆后个人的仲裁案在瑞典斯德哥尔摩商会仲裁院开庭。这是经过长达半年多的调查后的第一次开庭。宗庆后和娃哈哈的应诉团队到了瑞典，在那里，一行人遇到了范易谋、秦鹏和达能的律师团。

在开庭前，达能又于 10 月份向仲裁庭提交了 3 项临时措施要求，要求宗庆后和娃哈哈必须做到以下三点：一是不得设立新的"非合资公司"或增加现有"非合资公司"的产能；二是要确保"非合资公司"制造的所有产品通过双方的同一合资公司销售；三是确保达能获准进出所有合资公司场所。

8 个月后，2008 年 7 月 11 日，斯德哥尔摩商会仲裁庭颁布了第七号程序令，驳回了达能提出的前两项请求，仅仅有条件地准许了它的第三项请求。这对达能来说，是一场很大的失败。

镜头切回到 2007 年 12 月 16 日。那是宗庆后第一次步入斯德哥尔摩的法庭，宗庆后记得那天开庭的时候，他刚走进法庭，达能律师桌上的杯子突然就掉下来了。宗庆后俯身帮他捡起来，放在桌子上。他冲宗庆后笑了笑，表示感谢。本来剑拔弩张的气氛，突然出现了一百八十度大逆转。

可是在庭审的时候，大家依旧是针锋相对。没有再出现笑容，而是充斥着相互的攻击和指责。达能一如既往地对宗庆后进行指控，一如既往地试图用法律术语、专业词汇来给他增添应诉的烦恼。可是这一次，他们失算了。

“宗大律师”的诞生

当娃哈哈被达能卷入仲裁和诉讼的漩涡后，宗庆后就已经强迫自己变成了一个法律专家。宗庆后和他的团队成立了专业的“法务部”，娃哈哈的总经理办公室也给宗庆后增设了专事法律事务的秘书。

当宗庆后决定与达能决裂的那一刻起，他便下决心要亲力亲为地投入到整个的司法程序中去。宗庆后感觉一股久违的激情把自己点燃，血液中的执着和强悍再度张扬。宗庆后就是凭这样的血性与智慧创造了娃哈哈，并缔造了一个强大的娃哈哈王国，现在他依然要以此来捍卫娃哈哈和娃哈哈人。

在达能申请仲裁之后的那段时间里，宗庆后没日没夜地阅读专业法律工具书、请教他团队的法律顾问。《合同法》、《商标法》等各种法律法规，他都一本本地啃了下来。虽然宗庆后已不再年轻，可他却真的越学越有劲，越学越有心得。他知道，每当自己又读通了一本法律工具书，他与达能对决的胜算就又多了一成。

强大的学习能力虽然一直是宗庆后的天赋，但是如此投入地学习，还是把他的律师团队惊到了。有一次，一位访问者惊诧于宗庆后信口说出的“股东派生诉讼”这样专业的术语。宗庆后告诉他：“通过这次纠纷，我学会了很多法律知识，要不给人抓住把柄，一切都要按照法律走。”坐在他身边的员工说：“我们宗老大快成一名大律师了。”

宗庆后亲身经历了整个合资过程，他了解达能，他知道在法律对抗时，光凭律师的一张嘴去说是没有说服力的。他一开始就对律师们说，原始的资料要全部找出来作为证据。

宗庆后的整个律师团队把娃哈哈资料室都翻了个遍，把跟合资有关的纪要、汇报全部找出来，然后又把要点全部勾画出来。这工作量真是海量的，光整理过的文字材料就堆满了两三个会议室。

为此，娃哈哈的日常运营受到了影响，不得不暂时被宗庆后搁置一边，厂长、经理们只有极少的时间跟他讨论日常经营的事务。所幸娃哈哈有一支过硬的员工队伍，这么多年良好的管理和制度在此时也发挥了作用——哪怕没有宗庆后在边上掠阵，娃哈哈也能像一个健康的有机体一样有条不紊地运转。宗庆后化身为法律“战神”，大部分时间都跟他那由瑞典、英国、美国等国际律师和国内律师几十号人组成的律师团队泡在一起。他把整个团队拉到了杭州娃哈哈的下沙厂区，很多晚上大家挑灯夜战，度过了一个个不眠之夜。

宗庆后几乎参与了每一次讨论，梳理证词、答辩或者陈述意见的整个框架、脉络，甚至具体到文字，他都要亲自撰写或者修改。他在斯德哥尔摩法庭上的证词每份长达几十页甚至几百页，都是在他的主导下反复讨论修改完成的。

在整个法律团队里，宗庆后毫无疑问是“灵魂人物”，不仅因为他了解合资从头到尾的整个过程，而且他有一种直击核心的能力，能抓住本质性的东西。“宗总的过人之处就是非常敏锐，确实对于问题的看法，他能一下子根本性地钻到最核心的里面去。”这不仅是他的律师团队的感受，包括与他接触过的许多国际上的“大状”都会有这样一种感受。“宗总的概念就是说，法律总是要讲公平的，所以一个问题应该从所有点面上来讲公平。”

在宗庆后和他的团队跟达能的一桩海外官司中，宗庆后发现他请的英国“皇家大状”斯蒂芬对整个状况了解不充分，仓促上阵，以至于让达能钻了空子，法院启动了一个冻结令，达能把这个被冻结的公司接管过去了，搞得很被动。

宗庆后特意把斯蒂芬召到杭州，梳理思路，商量答辩的对策。斯蒂芬的专业素养没得说，可是他的思路却有问题，一直跟着达能思维在走，一直被达能牵住了鼻子。宗庆后就跟他说：“你这样不行，你的观点跟在达能后面，会给法官造成一种印象：你只是来应诉的，来为自己辩护的。你要坚持我们的观点。”

斯蒂芬起初很不理解。宗庆后就与他沟通，告诉他不要顺着达能的思路，不要斤斤计较于跟对方的辩论，而要提出自己的主张，把自己的真实情况告诉法官。“我们不要说你不对，我对。我们要讲对的部分和我们为什么对，让法官做决定。”宗庆后说，“实际上跟达能打官司就是两样东西，谁在搞同业竞争，谁在滥用商标。我就抓住这两个实质问题。”

那场海外诉讼第二次开庭后，整个局面就被扭转过来，娃哈哈方获得了胜利，冻结令被取消了。这个胜利，对于宗庆后和他的律师团队后面的诉讼和仲裁来说是十分重要的胜利。

在大获全胜之后，斯蒂芬说："宗总，你才是一位真正的大律师。"他还问娃哈哈法务部的人："你们确定宗总没有做过律师吗？"

事实上，宗庆后与这位"皇家大状"的沟通一直还算顺畅，只是中间存在着专业差异和文化差异。斯蒂芬一直觉得宗庆后不了解英国法律，这的确是事实，因为不同的国家和地区的法律都有差异。但是宗庆后了解娃哈哈，他了解问题的症结何在、矛盾点何在。他知道反驳不可能奏效，只会使自己落入窠臼和圈套。自己必须庖丁解牛般切中肯綮，然后快刀斩乱麻，直奔核心。宗庆后和他的团队赢了。

这个案例代表了宗庆后一贯的风格：化繁为简，认清本质。他们需要的不是反驳，不是突围，而是跳出包围圈，形成反包围。

宗庆后信任他的专业团队，给予他们足够的时间与空间，可是当他对他们的方向与进度不满的时候，宗庆后就会毫不犹豫地进行干预。在他熟悉的领域，他会发布指令；在他不熟悉的领域，他会提供观点——如果他有观点的话。宗庆后相信自己的判断，很多时候事实证明他的判断是正确的。

每个人所站的高度是不同的，宗庆后相信自己站得高、看得远。宗庆后对自己的学习能力充满自信，有人曾问他："你学法律学了多久？"宗庆后回答他说："官司打多久，我就学习多久。"

宗庆后说过，他从来没有接触过那么多的法律条款，当他开始学习这些原则和条文之后，他获得的不是"烂熟于胸"的感觉，而是形成了全新的认识。"站得高，看得远"，这是一位企业家的天职。

坚持对的

2007 年 12 月 16 日的庭审结束后，因为秦鹏提出的"撤换娃哈哈约 300 名经理"要求，娃哈哈工会才对达能掀起了新一轮的诉讼。5 天后，双方在北京进行的谈判，正是在这样的背景下进行的。双方谈出了一个"半吊子"结果，停火休战两个月。

在双方停火的那段时间里，达能在中国开始陷入困境。这或许与里布的战略有关。在2007年11月莫斯科的一个论坛上，他就声称与娃哈哈的纠纷改变了达能看待在新兴国家发展业务的方式，并承认要调整市场策略，“可以独立进入新兴市场，不一定非要通过合资企业方式介入”。

12月18日，就在斯德哥尔摩的开庭与北京和谈的中间空当，达能与蒙牛宣布结束合作，理由是“在一些方面的外部合作条件尚未成熟”，进一步投资所需要的先决条件未能在双方协议规定的时间内达成。

这是达能从中国乳业市场上的第二场退出，此前两个月，达能刚刚结束与上海光明乳业的合作，它们十五年的“婚姻”以离婚而告终。光明乳业是幸运的，因为它们的“离婚”属于“和平分手”，而娃哈哈则要经过痛苦的“财产争夺”，才能实现最终的散伙。

在北京和谈不到一个月后，范易谋辞职了。他事实上已在几个月前升任了达能全球首席运营官，并继续兼任亚太区总裁。他在1月15日给达能与娃哈哈的7家合资公司发来辞职信，宣布辞去娃哈哈合资公司董事长职务。

娃哈哈从未承认范易谋的董事长职务，但是收到他的辞职信，大家还是颇感意外和兴奋，只有宗庆后对此丝毫不感到意外。达能对于和谈还抱有一线希望，所以让范易谋辞职，成为达能必须作出的选择。

“这个人太强硬了，好多事儿都是他折腾出来的。只要他在这儿，就不利于整个谈判的进行。所以他的辞职，是迟早的事儿!”宗庆后对一位访问者说。

范易谋的辞职信，简洁明快，说是“由于已被委任为达能集团的全球首席运营官，鉴于合资公司在达能集团治理结构中的位置，以及与之相关的集团内部政策，无法继续担任选举我为董事长的7个合资公司的董事长”。

“这是范易谋为自己找到的台阶。”宗庆后想，但他不像所有人以为的那样，相信这是里布抛出的橄榄枝，是一个善意信号。以宗庆后对达能的了解，他已不会再相信所谓的“橄榄枝”和“善意”。太多的伤害让他学会的只是“听其言，观其行”。

范易谋似乎并不愿意回到法国，他的辞职信中说：“考虑到过去数月的形势，尤其是为了维护目前协商期间的稳定，我很乐意继续担任我以前担任的合资公司副董事长之职。”

在范易谋辞职的当天，宗庆后等又回到了谈判桌上。

争论、争吵，依旧是毫无结果。

当所有的一切手段和压力都无法把宗庆后压垮、让他屈服的时候，这一场在达能推动下的“戏剧”行进到最匪夷所思的阶段。互联网上突然开始疯传有关于宗庆后个人的种种谣言，恶意中伤，一波一波地叠加，其强度和烈度几乎可以说要置他于死地而后快。当宗庆后看到报纸上一个个耸人听闻的标题的时候就知道，他们与达能之间的“停火协议”结束了，双方开始了战争的下半场。

这些消息在全国“两会”前后传出，只能说明是有人刻意选择了时机，因为宗庆后是全国人大代表。达能倒是不温不火，他们以他们所擅长的方式推波助澜：“对宗先生的言论以及各方的猜测，我们不予置评。”

所有的中伤都无法对宗庆后造成真实的伤害。当他洞悉了达能的心态和手法之后，他已经知道，只要他坚持下去，达能就达不到目的，娃哈哈就不会落入达能手中，他所付出的一切，痛苦和忍耐，就都值得。

宗庆后对身边的人说：“我死都不怕，还怕什么?”

4 月 15 日，宗庆后在娃哈哈集团与一群访问者对话，后来《财经时报》描述说：“他走进会议室时，满屋子的部下都站立起来。宗庆后坐定，左侧的娃哈哈集团销售部部长递过香烟和红色的打火机，很快有人从后面递过来银白色的不锈钢水杯。”他们借此描述，宗庆后在娃哈哈的地位和权威从来不曾动摇过。

达能的秦鹏，很快就得到了属于他的惩罚。6 月 25 日，秦鹏因违反《公司法》“竞业禁止”的相关规定，被沈阳市中级人民法院判决停止其在娃哈哈合资公司中的董事职务，其在担任其他竞业公司职务期间所取得的 20 万元人民币收入归沈阳娃哈哈所有，并责令其另向沈阳娃哈哈饮料有限公司支付 20 万元人民币经济赔偿，以弥补该合资企业的损失。

一计不成，再施一计。达能在媒体上炒作，向媒体散布言论，试图利用公众的民族情绪对宗庆后施加压力。据宗庆后了解，达能甚至还举报质疑他全国人大代表资格的合法性，而中国的全国人大还专门就此问题进行了讨论，确认他的代表资格没有任何问题。

财经评论员叶檀曾在《南方都市报》上撰文写道：“明眼人一看便知这种人品描黑术是怎么回事。这种道德泼粪战术是中国特色的商业战形式。”这让宗庆后见识了和国际巨头斗争的残酷性之外，让他不明白的是，达能这样一个国际公司，怎么能将这种“中国特色”运用得如此炉火纯青?

在取得胜利很多年以后，宗庆后依然对法国绅士们带给他的意外感到非常遗憾——一种人文主义的遗憾。他们的行为彻底打破了宗庆后对西方绅士人文主义的一种幻想，而在合作的前期，这种幻想曾经让他对他们保持一种心理上的尊重。

一波波的所谓爆料，在网上掀起了一波波争议、抨击甚至谩骂，当然也有很多为宗庆后喝彩、支持他的网友，宗庆后对他们感激且铭记于心。每天，宗庆后那 24 小时候命的团队为他下载网民们的言论，厚厚的一叠呈放在他的案头。员工们都惊异于他的勇气和定力，敢于直面这样的诘难和谩骂。如果换一个人，或许会选择逃避，但是他不。他需要了解整个态势，每天一一阅读那些信息，而口水和骂声都仿佛泼洒在了空气中，对他没有太大的影响。

又一波巨浪是达能举报宗庆后偷税漏税三个多亿。“从达能发起低价收购战之后，我才发现达能并没有为我在《服务协议》中的收入扣缴个人所得税。我为合资公司服务期间实行的还是 1993 年修订的《个人所得税法》，当时是以支付所得的单位为个税的扣缴义务人，扣缴义务人应扣未扣税款的，则由扣缴义务人缴纳应扣未扣税款。也就是说，单位有为个人扣缴个税的义务，否则就要追究单位的法律责任，向它追缴税款。当初秦鹏告诉我发给我的服务收入扣了一小部分钱，我还一直认为这是达能为我扣缴了个税。”而当宗庆后意识到存在误解之后，考虑到无论是由达能承担未按照税法纳税的违法义务还是自己再承担重新纳税的义务都是向国家纳税，只要国家不损失就可以了，2007 年他主动向国内税务机关补缴了本应由达能扣缴的个税款。

“绿卡门”，是达能攻击宗庆后的另一个高潮。宗庆后是有一个美国绿卡，当初他办绿卡为了在美国销售罐头来回方便，也是为了看望在美国读书的女儿方便。后来罐头不卖了，女儿读书也读完了，他好几年没去美国，但他没顾上去办理注销绿卡的手续。“绿卡门”爆发之后，在美国驻上海总领事馆，宗庆后填了张表，盖了章就把美国绿卡注销了。达能方还攻击他拥有美国护照，他说:“护照我是没有的，有护照变成入美国籍。我不入外国籍，我热爱中国。”

达能不仅在中国举报宗庆后偷税漏税，还到美国去举报，认为宗庆后应该在中国缴的税要到美国去缴，理由是宗庆后曾经拥有美国绿卡。这次宗庆后选择了打一场国际税务官司。“我找到了国家税务司国际司，当时他们也比较支持我。当时中美两国有个‘中美避免双重征税协议’。我仔细看了这个协议，在哪个国家工作，在哪里居留时间比较长，就在哪里缴税，而且个税不能‘双重征收’，在中国已缴税的自然就不可能再向美国缴了。我当时把护照全部理了出来，和达能打官司前的十年间我前前后后只在美国待过80来天，最后两三年一天都没有去过。”据说这是《中美避免双重征税协议》签订以来的第一场个税协商争议，宗庆后最后打赢了这场官司。

曾经有短暂的一段时间，卷在漩涡中的宗庆后也感觉各种念头纷至沓来，像走马灯一样在脑海中回旋不停。这让他的睡眠受到了影响。那是宗庆后心理压力最大的时刻，但是他一遍遍反复地扪心自问：“我是对，还是错?”他的答案都是肯定的，坚信自己是对的。于是，他内心坦然，告诉自己一定要坚持下去，没有压力不现实，关键要承受得住压力，该吃吃该睡睡，不然活不到今天。回想那一段艰难时期，宗庆后说：“我承受压力的能力还算可以，这有赖于年轻时的艰难所给予的磨炼。抗击打能力、承受力，使我挺了下来。”

7月11日，瑞典斯德哥尔摩商会仲裁庭颁布的第七号程序令，达能所提出的三项临时措施请求被驳回了两项，仅有条件通过了第三项，即“达能获准进出所有合资公司场所”。

娃哈哈的员工感到极度可笑，他们说：“平时宗总邀请他们过来参观参观、指导指导工作，结果他们谁都不肯来。现在可好，他们向法庭要求让他们进到自己的公司里来，好像我们挡着门不准他们进似的。他们是大股东，自己的地盘还要法庭批准他们进来吗？实在太搞笑了！”

第七号程序令让宗庆后看到了希望。他此前总以为与达能在海外对簿公堂会遭遇不公正待遇，第七号程序令使他相信，因为公理和正义，因为商业的基本规则和商业文明的基本逻辑，他和他的团队会赢得这场“尊严之战”。

永远的胜利

娃哈哈与达能的这场战争，最终娃哈哈取得了胜利，这是在现代企业在法律的游戏规则下、在全世界范围内的胜利，因此称得上是一段“英雄史”。

2008 年 9 月 3 日，宗庆后向仲裁庭提交了他的第一份证词。2009 年 1 月，瑞典斯德哥尔摩商会仲裁庭再次开庭的时候，宗庆后又向仲裁庭提交了他的第二份证词，即“补充证词”，这份证词作于 2008 年 12 月 12 日。

尊严之战

那一场辩论与之前的辩论没什么两样，都是主要围绕着“达能是否知道非合资公司的存在”与“非合资公司是否侵害合资公司利益”展开的。从辩论一开始，宗庆后就被对方弄糊涂了：为什么他们一会儿说他是天使，一会儿又说他是魔鬼呢？

事情其实非常简单，整个案子无非是要搞清楚两个问题：谁在搞同业竞争，娃哈哈有没有滥用商标。

关于同业竞争问题，娃哈哈认为，由于达能不愿意继续投资娃哈哈，合资公司产能严重不足，非合资公司正是根据达能“为合资公司找代加工厂”的要求而设立的，目的是弥补合资公司的产能不足。两者的产品都统一使用“娃哈哈”商标，通过统一的销售渠道对外销售，其市场均纳入“娃哈哈”品牌份额。非合资公司分摊合资公司的销售费用，降低了合资公司的经营成本，两者完全是利益共同体的关系。更何况在纠纷发生之前，所有娃哈哈产品的销售都是通过一家合资公司——杭州娃哈哈保健食品有限公司来进行的。因此所有非合资公司与合资公司的关联交易都通过由达能指定的、世界著名的普华永道会计师事务所进行年度审计，并且普华每年还要单独向达能提供审计备忘录。在这些审计报告和审计备忘录中，普华对非合资公司与保健公司的交易情况均作了详细披露，非合资公司还被定义为“受同一关键管理人员控制”的关联公司。另外需要强调的是，在11年的合作过程中，达能始终向娃哈哈派驻有一位财务总监，在娃哈哈集团总部工作，被赋予充分的权限了解娃哈哈的财务信息，但达能在长达11年的期间内，从来没有对这些非合资公司提出过任何异议。因此娃哈哈有充分的理由驳斥达能“同业竞争”的指控。

反观达能一方，在明知道乐百氏、蒙牛等饮料巨头是娃哈哈竞争对手的情况下，还大规模投资于这些公司，壮大他们的实力，事实上也造成了娃哈哈巨大的竞争压力，明显违反了其在与娃哈哈合资时做出的“不损害合资公司利益”的承诺，搞同业竞争的恰恰是达能一方。

至于“滥用商标”的指控，娃哈哈认为，一方面非合资公司作为合资公司的代加工企业，弥补合资公司的产能不足，必须、也只能使用“娃哈哈”商标，同时，无论是《商标使用许可合同》还是《商标使用许可合同第一号修订协议》，都明确承认了娃哈哈的非合资公司有权使用“娃哈哈”商标，因此娃哈哈滥用商标的指控也是无从谈起。

正是因为有以上充分的事实理由，娃哈哈一方对于仲裁结果充满了信心。更为重要的是，对于宗庆后来说，娃哈哈就是他的全部；但是对于范易谋和秦鹏来说，达能却只是他们人生道路上的落脚点。宗庆后和他的团队相信自己的法务团队，相信自己的律师。他们与律师一起准备了所有应诉材料，包括把宗庆后的话语整理为证词。范易谋和秦鹏可能不知道，整个娃哈哈的英语人才都被临时派驻法务部翻译材料，二三十名国内外律师组成的团队没日没夜地工作，光整理过的文字材料就堆满了两三个会议室。

达能则完全依赖其所聘请的律师团，或许正因如此，他们没有把全部的精力投入到诉讼中，更不会把达能当作自己的命一般进行维护。

那一次庭审中，宗庆后一方的答辩赢得了仲裁庭的尊重，而达能方面的律师和证人，则是频频错漏、驴唇不对马嘴。

达能一边对宗庆后进行抹黑，要置他于死地，一边又伸出“橄榄枝”，希望重启谈判，这使宗庆后和娃哈哈的几万名员工都实在无法理解。他们的种种行为，已经让宗庆后感到极为愤怒。宗庆后曾经和许多跨国公司打过交道，娃哈哈至今都与它们保持着良好的工作关系，但他从未遇见过达能这样的合作对象。

胜利的“礼物”

达能与娃哈哈先后进行了七八十场诉讼，娃哈哈全部应诉，宗庆后参与了全部的诉讼。最终，娃哈哈赢了，在全世界范围内，把达能打败了。宗庆后知道，如果只是在中国把达能给打败了，它一定会高叫“中国司法不公”，他只有在美国、在欧洲打败它，它才能心服口服。

在这场长达两年半的战争中，宗庆后方面花费了一亿多元人民币的诉讼费；对比达能更加“豪华”的律师阵容，对方所花费的代价就更可想而知了。

当宗庆后和他的团队赢得了与达能的战事之后，宗庆后又想起了与达能最初的合作。“他们当时的亚太总裁伊盛盟对我很友好，他认为我很好，所以我说什么，他就听什么。”这样的情形，再也不会出现了。

这一场长达两年多的战争，这一桩长达 13 年的“婚姻”，终于走到了终点。依照双方约定，不得泄露在斯德哥尔摩商会仲裁庭上的证词及庭审内容，宗庆后接纳了这个和解条件。

当 2009 年 9 月 30 日上午的“和解声明”发出之后，长久等待胜利的喜悦，如清泉一样灌注了宗庆后的身心——他们胜利了，娃哈哈胜利了；同时三年来高强度对抗的疲惫和劳累也释放了，他像放下了千斤重担，让他硬扛着的身体获得了解放。但是，在打了一场不属于他这个年龄的恶仗之后，宗庆后对这场纠纷有了更全面和透彻的认识，也有了更理性的所得。

宗庆后感到，随着中国企业尤其是民营企业的不断成长壮大，他们必须以更加自信的态度面对世界，既不能自负，更不能自卑。中国企业要真正走向世界，融入世界经济一体化的进程中，很重要的一个方面就是要正确对待与国外企业的纠纷。由于中国企业发展历史不长，参与国际竞争的时间更短，一旦发生国际诉讼或仲裁，往往会因为没有经验而产生畏惧心理，不敢到境外去应诉、更不敢据理反击，而是选择妥协让步、息事宁人的方式来平息纠纷。殊不知，许多外国公司正是利用了中国企业这一心理弱点，炮制事端、制造纠纷，来侵犯中国企业的利益。娃哈哈在纠纷初期也曾经犹豫过，但娃哈哈最终顶住了压力，与达能进行针锋相对的斗争，结果证明了中国企业同样可以获得国际上的尊重。对于跨国公司挑起的事端，中国企业要敢于斗争，只有这样，才能更好地维护自己的利益，也才能树立中国企业在国际上的新形象。

宗庆后和他的团队也高兴地看到，近年来，越来越多的民营企业敢于拿起法律武器，与国外跨国公司抗争。浙江民营企业在这方面是走在全国前列的，比如，与法国施耐德打官司的温州正泰集团、与百事可乐打官司的浙江蓝野酒业公司。他们相信，只要自己依法经营，敢于依法维权，民营企业是能够在国际经济交往中很好地维护自己的权益、快速成长起来的。

宗庆后反思说，要对国外跨国公司的本质有正确的认识。在改革开放开始后很长一段时间内，中国企业往往抱着“以市场换技术”的愿望，与国外企业进行合作。但是，这些年以来，自己的市场给了人家，但技术却没有到手。目前中国的很多产业已经实际上被外资所控制，而中国企业拿着别人过期的技术，为人家打工，结果反而丧失了自己不断创新的积极性和主动性。必须看到，国外跨国公司进入中国，不少只是为了自己的利益，有些甚至可以不择手段。

通过与达能的纠纷，宗庆后和他的团队也清楚地认识到，很多国外跨国公司绝不像他们自我标榜的那么高尚。因此，中国的民族产业要振兴，最终真正实现“强国富民”的目标，一味依赖别人是没有出路的，最根本的还是要靠自己。

“这些年来，各级政府，尤其是中央政府已经对这一问题给予了高度的关注，逐步取消了一些对于国外企业的超国民待遇。民营企业也应当改变过去那种盲目引进外资的做法，对合作伙伴应该加以认真的考察，选择那些真正愿意和自己分享先进技术，对自身发展确实有帮助的公司进行合作，优势互补、共同发展。”

“要格外重视与国外企业交往中的法律工作，加强对自己的法律保护。中国人，乃至中国企业往往有讲情讲理的传统，而对于讲法这一点相对注重得较少，很多时候碍于情面而不能做到‘先小人后君子’，最终吃亏上当。”

娃哈哈在这方面的经验教训也是深刻的，在与达能的合作过程中，虽然签订了一些合同、形成了一些文件，事实上他们也完全是按照这些合同和文件来执行的，但还是深刻感到，当时签订的合同，对自己的保护力度还远远不够，造成达能千方百计钻空子。因此在很多问题上，宗庆后和他的团队就容易丧失主动权，一旦发生纠纷，就会面临巨大的风险。

当娃哈哈胜利、踏上新的起点之时，宗庆后对她的明天很期待，对再度与国外企业合作的可能性也并不抗拒。但是，对于此类跨国合作，他却有了吃一堑、长一智的“智慧锦囊”：

(1) 尽可能地坚持在企业中的控股权，这样才能把主动权牢牢掌握在自己手中。

(2) 即使不能做到控股，也应当对股东在合资企业中的投票权和董事会议事规则等事项作出详细的约定。在根本性的问题上，绝对不能放弃发言权，对于重要事项，应当做到至少中外双方各一名董事投票同意才能通过。

(3) 由于我们设立的是中国的企业，应当依照中国的法律办事，相应地，纠纷的解决也应当在国内，由更熟悉中国法律的中国法院和仲裁机构依照中国的法律进行，尽量避免约定适用外国法律或者到国外去仲裁。面对本性贪婪的“合作伙伴”，我们必须提高警惕，尽可能地把防范工作做在前面，只有这样，才能控制风险，更好地维护自己的权益。

宗庆后得到的东西比失去的更多，除了痛苦、残酷和激烈外，他还得到了更多的亲情、爱、幸福和温馨。宗庆后深刻意识到了娃哈哈对他意味着什么，也意识到了施幼珍与宗馥莉对他意味着什么。

宗庆后感激每一个支持过他的人。他感到自己是那么幸运，在他遭遇人生和事业困境的时候，他的员工、经销商、他的朋友，没有一个“反水”，没有一个背叛他，给了他生命中最珍贵的礼物——忠诚。

宗庆后还在诉讼的过程中看到了一段文章，这段话说“按照公开资料对宗庆后的描述，他同这个形象非常吻合”——

“他的情绪含而不露，他是孤独的。他的个性能激起人毫不掺假的忠心。他是冷峻果敢与无限宽容的结合；眼光远大与学究似的注意细节的结合；坚定的意志与极端的敏感；外在的超凡魅力与内在谋略的结合。”

WAHAHA ALWAYS STANDS TOWERING

Biography of Mr. Qinghou Zong

CHAPTER

10

一个企业就像一个国家

一个企业就像一个国家，国家所具有的所有要素与细节，企业当中都具体而微地呈现着，对命运的争吵、不同的理念、兴奋与沮丧、高潮与低谷、矛盾和冲突、激烈的情感、无法言说的勇气。

经常观察社会，才会发现社会出了什么问题；经常在市场上跑，市场才会回馈你，你就会跑出活力，越跑越觉得有活力。很多人在年轻的时候也是死了命地想把企业做好，企业慢慢变大了，他们也慢慢变懒了、变膨胀了；在他们懒惰和膨胀的时候，他们失去了对市场的洞察力，极易做出想当然的判断，并且固执己见。

如果你不经常跑市场，你也不会产生对市场的敏感度。活力和洞察力，都是用脚板子跑出来的。

而我之所以能够坚持这么做，是因为爱，对企业、对产品、对员工、对经销商、对于我创造的世界，我有一种深刻的感情或者说痴迷。

当你所有的思想聚集于一点，强大的力量由此而生，它汇聚人脉、金钱、一切。

——宗庆后

美丽的暴走

宗庆后每天的工作时间超过 16 小时，28 年来从未改变过。一年中，他有 200 多天在市场一线奔走、考察，用脚丈量土地。通过“暴走”，宗庆后走出了一个巨大的市场，发掘了市场的“隐秘”。

在宗庆后经营娃哈哈的 28 年当中，几乎走遍了整个中国。有一次到海拔超过五千米的高原，在满目的寥廓苍远当中，他看到了另一种世界，一个充满神秘之美的世界，一个不属于他的世界。那是西藏。

拉萨的海拔宗庆后尚可接受，但在藏区五千多米海拔的地方，高原反应使他难以应付。站在山上，头疼，脸也变得苍白，呼吸变得困难；翻过山去，向下走的时候，慢慢又开始恢复，感觉稍微好些。在西藏的那几天宗庆后都没洗澡，直到回到杭州才洗，怕洗澡出汗闹上感冒，就会出大问题。

宗庆后在拉萨看到到处都是娃哈哈的产品，后来就在那里建了一个工厂。当他的随行者欣慰于娃哈哈产品的渗透能力时，宗庆后看到的是急切的需求和庞大的市场。那时候西藏还没通火车，只能通过汽车运娃哈哈水，有时候一个月还到不了货。他唯一的办法就是建厂，降低物流成本，缓解市场本身的饥饿状态。结果拉萨的工厂一建，整个市场几乎都成为他们的了。

发掘市场的“隐秘”

有人曾向宗庆后讨教“如何把娃哈哈卖到全国都是”，其实这就是“暴走”的结果。不停的“暴走”使宗庆后发现了市场上的隐秘，譬如在传统观念里，西部落后于东部，内陆落后于沿海。可是他看到的“秘密”却是，西部市场和东部市场没什么区别，有的西部地区消费水平比东部还高很多。在西部的很多地方，人们的消费理念是“吃光用光”。那儿的小汽车拥有量也很高，虽然档次比东部低，大都是几万块钱一辆的，但他们没钱也会借钱去买。他们的消费观与东部完全不同。以前西部竞争没东部激烈，宗庆后一行去投资建厂的时候，简直是“一统天下”；现在东部企业都往西部走，就连新疆、西藏的竞争都非常激烈了。

杭州对宗庆后来说，有时候是个陌生的城市。他每年巡视整个“娃哈哈帝国”的时间都超过 200 天。他走遍了全中国最偏远的地方。杰克·韦尔奇的自传中说，韦尔奇经常“深潜”到企业的最基层，通过“深潜”保持敏感、获得灵感。宗庆后很认同他的做法。

有人问杰克·韦尔奇：“作为 GE 的董事长和 CEO，最大的好处是什么？”他的答案只有两个字——“深潜”。“深潜”，就是一个猛子扎进去，一直扎到最基层，跟最基层员工在一起工作，他还提出“打滚，做表率”。

“我经常这样做”、“我一直坚持这样做，直到我担任这项职务的最后几天……”韦尔奇对“深潜”简直乐此不疲，因为“深潜”为他带来了胜利，极大的胜利。

宗庆后深深地理解韦尔奇。娃哈哈是一家对市场反应极度敏感的企业，而宗庆后必须通过“深潜”，接触到终端，直接获取来自一线的信息，保持他对市场的敏感度，使他遇到问题时可以做出最准确、最迅速的判断与反应。

宗庆后认为他自己没什么“鲜活的思想”，他只有“深潜”的成果，只有鲜活的市场信息，只有脚板子下的市场判断。

在宗庆后的办公室中，有一张大床。大床的边上，是几个行李箱，以备他随时出行之用。他的布鞋，有的沾满了泥土，也摆放在那里，随时准备跟他一起出发，去巡视他的帝国。

宗庆后一天到晚地到处跑，与各式各样的人接触，与社会最底层的人聊天。有时候宗庆后跟一些政府官员接触，把来自最底层的一些声音反馈上来，官员会很惊讶地问："你是怎么知道这些的？"事实上，宗庆后所知道的比官员们想象的更多。

宗庆后记得有一次见到一位老太太，跟她聊天，老太太说："你们这饮料好是好，就是瓶子太小了，在我们这儿不方便。"他听了后，就回去把小瓶换成了大瓶。他还告诉企业的市场人员，要了解老百姓的需求。"老百姓想要什么，你就开发什么，肯定卖得好。"

"暴走"使宗庆后成为娃哈哈人的"榜样"。一位叫罗继伟的职工记得宗庆后有一次来徐州分厂，航班晚点了两个小时，宗庆后没顾上吃午饭就直接进了车间。当他看到三位一体灌装产品溢流过多时，当即指出了此现象会造成消耗增加，尤其是瓶口残留的果汁会霉变，要求罗继伟尽快调整好。后来他又看到套标不整齐，就跟操作人员讲，要注意橡皮条的对称性。罗继伟说："老总对工作的精通、认真和仔细，让我印象深刻。"

忙活到下午两点，花了 15 分钟吃饭，两点半宗庆后又去跟徐州市委书记和市长见面。见面结束后，宗庆后急急忙忙地赶回饭店，召开苏北市场的销售会议，一直开到了晚上六点半。晚餐时间，他还寻机与当地经销商进行了简单谈话，尽可能多地去了解市场情况。

宗庆后在晚餐后匆匆赶往机场，晚上 8 点的航班一直拖延到了 10 点半，最终确认取消。宗庆后返回饭店时，已是凌晨。"宗总的这种工作作风和敬业精神，深深地感动了每位在场的人，包括徐州市陪同的领导同志，他们也坚持陪同到最后。"罗继伟说。第二天早晨，宗庆后只好改坐小车前往郑州换乘飞机，再次踏上"暴走"的征程。这只是一次极其普通、极其平常的市场视察，可以说是宗庆后日常生活的一个样本。但宗庆后深信这种真切的感染，一定会影响员工在娃哈哈的工作状态；而他自己，也在"暴走"之中，完成了对整个徐州市场丰富性的了解。

娃哈哈有位叫邵金荣的员工说："跟着宗总出差的日子，好像一天时间特别长，特别充实，能跑很多地方，做很多事情。宗总的一天，是从早上六七点开始，到夜里十二点，甚至凌晨一两点才结束。"

宗庆后一直说，他做市场“靠的是感觉”，这种感觉毫无疑问来自他对市场的关注和熟悉。很多次，为了深入市场，他都“舍近求远”，绕开高速公路，沿着国道前行。从重庆到成都，走高速不到四小时车程，但有一次宗庆后从早上8点出发，一路上走访了很多小店，直到黄昏才抵达成都。城乡接合部的批发点、乡间小路旁的终端小店、城市中的商场超市，都是他所关心和驻足的地方。在那里，他看产品批号，打听销售价格，感受销售情况。更重要的是，在那里，他可以切身感知那种从乡村到城市市场的梯次变化。这些变化最终将会影响他的决策。

2002年夏天，因为腰椎间盘突出，宗庆后全身贴了十几张止痛膏；那时候他的嗓子里长了息肉，医生已经发出了警告，“不许劳累，必须立即手术。”可是“暴走”的渴望，以及永远干不完的事情，使他赶在手术前又转了大半个中国。

那次手术后没几个月，2002年12月28日，宗庆后到南昌去。南昌公司的徐河水在昌北机场接上他时，已是下午5点。旅途的颠簸已使宗庆后略感疲惫，而初冬的南昌，也已略嫌寒冷。宗庆后见到徐河水他们的时候，只说了一句话：“先到厂里看看。”从那句话开始，他启动了他的南昌“暴走”。在短暂的几个小时内，宗庆后视察工厂，解决了基建问题，在吃饭间隙还在听取南昌、吉安两家分公司的工作汇报，接着召开了江西市场区域销售经理会议，解答了销售人员的疑惑，高效而忙碌。

贵阳公司的潘月高曾陪宗庆后去视察了解贵州的一线终端市场，真切地感受到宗总对市场通路、销售终端的重视。在童装店里，宗总与贵州省市场经理、童装经理一起讨论童装店地理位置的重要性，询问专卖店主销售情况与盈利情况，并告知公司的秋装计划。然后又马不停蹄驱车视察了几处饮料零售点，察看铺货情况、堆头方式，询问促销政策是否到位，并请店主提具体的建议，非常细致地了解市场终端的状况。

对市场的“深潜”使宗庆后跑遍了中国的各个角落，28年下来，对每个地方的情况他都有了最基本的了解。长时间的“暴走”，带给他的不只是辛苦、疲惫，还有巨大的成就感——市场回报了他，“营养快线”一年一百多亿元的销售额，“爽歪歪”的热销，都是证据。

一直“在路上”

有一位访问者曾：“中国企业家大都很难在成长过程中始终保持活力和洞察力，你都做到了，诀窍是什么?”宗庆后告诉他，如果你只管机构不管财务的话，你就不会懂财务；如果你不亲力亲为的话，你就没有洞察力；如果你不经常跑市场，你也不会产生对市场的敏感度。活力和洞察力，都是用脚板子跑出来的。

宗庆后说：“经常观察社会，才会发现社会出了什么问题；经常在市场上跑，市场才会回馈你，你就会跑出活力，越跑越觉得有活力。很多人在年轻的时候也是死了命地想把企业做好，企业慢慢变大了，他们也慢慢变懒了、变膨胀了；在他们懒惰和膨胀的时候，他们失去了对市场的洞察力，极易做出想当然的判断，并且固执己见。很多企业不是垮在快速成长的时候，而是垮在最大最强的时候。三株、秦池、德隆，哪一个不是如此?”

宗庆后“暴走”，不是每次都是“深潜”到最基层。他有时只是去探视一下经销商，跟他们聊聊天，大体上问问情况，也看一下仓库，看看批号。批号最能反映真实销售，卖得快批号就比较新，卖得慢批号就比较老。有的是货发多了造成积压，只好低价卖掉；可是如果你价格低了，经销商没钱赚，就不想卖你的货。有的是消费者认为价格高了，买的人少了，销量也做不起来。

曾跟随宗庆后去跑经销点的娃哈哈销售部部长？对这样的“暴走”印象深刻，因为宗庆后的出现就像“检察官”，他的工作，经销商的工作，有没有做到位，反映得一清二楚。“跟老板跑市场，心情是很紧张、忐忑的，就像考试一样。”

宗庆后说：“一线员工即使看得到细节，却意识不到问题，不能敏感捕捉其中传递的市场信号。”这也是他不断亲自跑市场督阵的一个原因。大家时常说宗庆后有一套“宗氏市场调研心法”，事实上他什么都没有，有的只是一双脚板，不停地行走在大地上，“接地气、接人气”而已。

现在宗庆后年纪渐大，精力在下降，但是人生的经验和阅历却在增加，现在报纸看看，就知道大体什么情况；偶尔抽几个经销点看看，得出的结论通常跟先前的预判差不多。

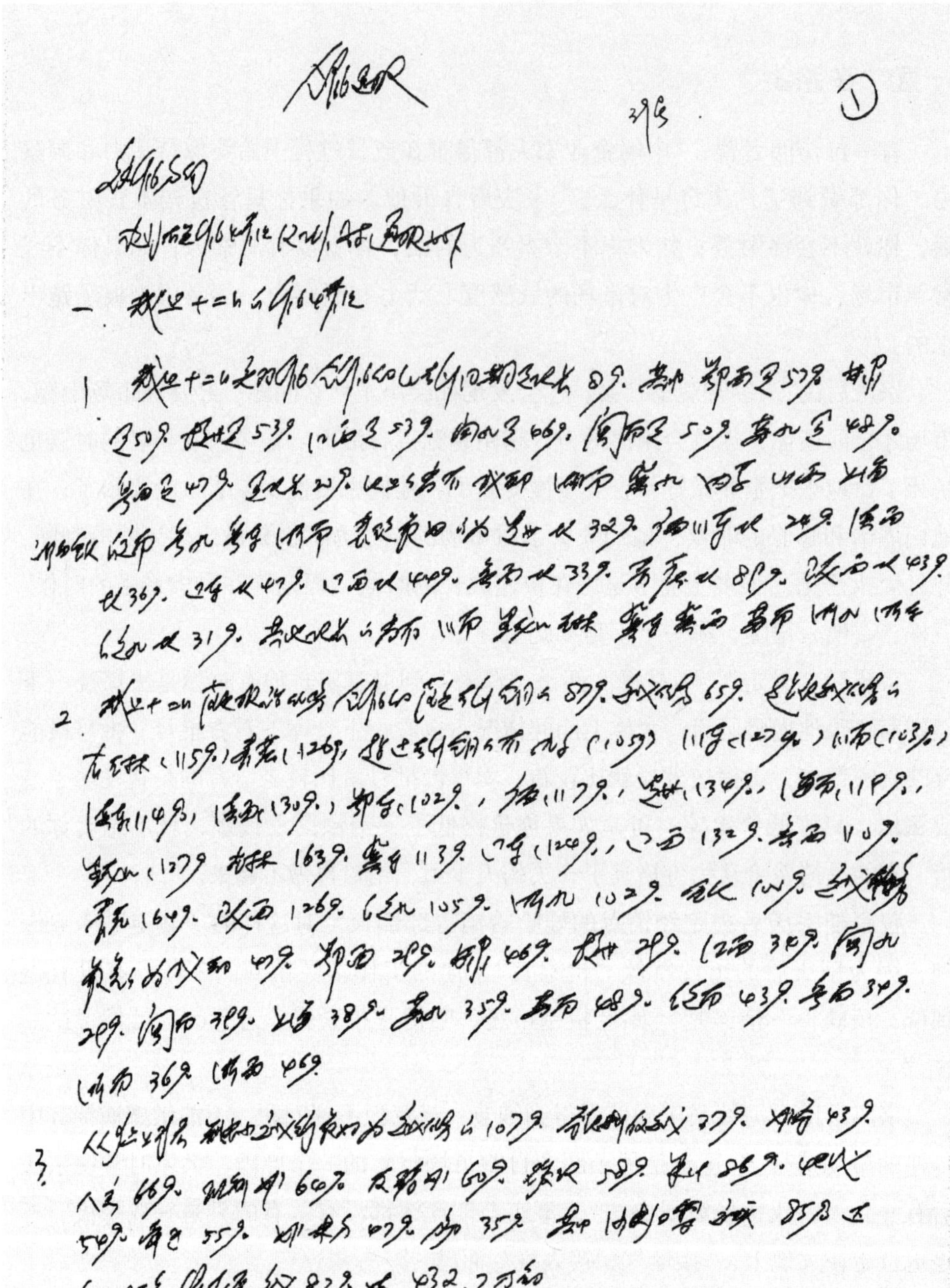

▲ 宗庆后亲手撰写的销售通报，每两三天一份，成为娃哈哈销售人员和经销商的营销宝典。

“深潜”也使他得到了其他收获，譬如对房地产市场的判断。宗庆后有过很多次机会，但时至今日都没想过要搞房地产，想搞的话早就搞了。这个市场太诡异，越看他就越觉得复杂，越觉得心惊肉跳。

每次“暴走”和“深潜”，宗庆后都会带几本书，或是在机场买几本书看看。他看书很杂，也很快，坐一趟飞机，一本书就翻完了；几十万字的东西，稍微一梳理，就抓住了核心要点，形成了自己的一个观念，在后面的会议中，传递给他的部属。

其实“暴走”也是在不断学习，不断去扩容。宗庆后不用电脑，不上网，在暴走中跟很多不同阶层和行业的人接触，观察大家有什么变化，来进行补充和学习。人的成功需要勤奋加天赋，还需要洞察力。

有一年“两会”，宗庆后感觉实在疲惫，就感叹说：“等我们的一个项目完工了，我就去好好休息一下。”部下们说：“老板，你这是在找借口，这个项目完了，还有下个项目。要不现在我送你到香格里拉，你沿着香格里拉走一圈？”他赶紧摆手。部下们就说：“你说等项目完了就去锻炼，那纯粹是借口。”

还有一次，大家劝宗庆后锻炼身体，他答应了。他买了台跑步机，放在办公室里，准备稍有空闲就在上面跑一跑，结果没跑几次就停下来了，因为他发现他比跑步机要忙。有时候体检，医生也会建议宗庆后多注意身体，要锻炼，于是部下们又给宗庆后买了台跑步机，结果这次连包装都没拆。

有时候宗庆后也会担心自己的身体，但更多时候确实顾不上。时至今日，即使他已极度克制，但很多事情仍需他身体力行、事必躬亲。他依旧每天审阅文件到深夜，依旧平均两三天就撰写一份销售通报发给各地市场。

就连春节，他也会在厂区、办公楼或者“深潜”到各地。每个月，宗庆后都会召集全国的部厂长商量战略，往往要探讨到深夜。只要他没有出差，每天晚上，在娃哈哈清泰街总部那幢不起眼的六层小楼里，他办公室的灯总是最后才熄……

宗庆后说他无意褒奖自己的勤勉。毫无疑问，“暴走”与“深潜”使他获益良多，使他成为了“首富”，使他保持了对市场的洞察力和敏感度。宗庆后只能自欺欺人地说，每年200多天的“暴走”，不断地奔波，就是他的锻炼方式。在不断的“暴走”中，他走出了一个王国。

开明的专制

在娃哈哈，宗庆后是开明的“君主”，他在各方面显现的强大，让他有一种“被神化”的倾向。这是他的成功层层积淀产生的光环效应。

一家企业就如同一个国家。整个娃哈哈集团的确如同一个王国，如果从这个视角来看，宗庆后的确就是“娃哈哈之王”。在娃哈哈，他可谓大权独揽，董事长、总经理都是他，所有重大市场决策都是他一人拍板。

开明的独裁

娃哈哈的生产、销售、营销诸领域的管理由部厂长负责，各地的分厂则相当于生产车间，原材料如何调配、生产品种及数量任务，都由总公司安排。所有分厂或销售公司都具备独立法人资格，但它们既无经营权也无资金控制权。这一握紧成拳、形成合力的管理模式使企业形成强大的集聚效应。

娃哈哈采用的管理模式，简单说就是：大权独揽，分级授权。他在娃哈哈施行的是“开明的专制”。宗庆后相信任何一家企业都是独裁的、专制的，否则它就搞不好。

有人描述说：“现在，娃哈哈虽然实施了分级授权制度，但各类采购合同、广告费、交际费等仍牢牢控制在宗庆后手中，营销方面的任何决策，任何产品的包装、价格、广告都是他说了算；设备的引进、生产线的安装、厂房的设计许多时候也是宗庆后亲自定夺。如果宗庆后出差在外，办公室每天晚上要给他发送几十份关于各方面工作的传真，然后他再用电话做批示或签字回传，遥控指挥娃哈哈的具体事务。这些做法都跟现代经营理念显得格格不入。”

分级授权就是“开明的专制”。宗庆后曾说：“说我在娃哈哈大权独揽我承认，而且我认为这个做得比较对。你去看看中国现在能成功的大企业，我觉得都有一个强势的领导者，都是大权独揽而且专制的，我认为中国现阶段要搞好企业，必须专制而且开明。”

宗庆后的“开明的专制”从兼并杭州罐头厂之后开始。那时候人员的突然增加，管理人才的大规模引进，使他开始变得“大权独揽，小权分散”。他在各个领域，生产、销售、管理、营销、办公室，都安排了精兵强将，让他们担任部长和主任，直接听命于他。

在这个班子中，部厂长就如同宗庆后的各级指挥长，总经办则构成了他的幕僚团队，总经办主任则是他的“首席幕僚”。他们一起形成了宗庆后的“国王班底”。

起初的时候，宗庆后不设立副总经理的位置，是为了避免公司中出现勾心斗角和办公室政治，同时也为了解决杭州罐头厂的一批“老干部问题”。

“我有我的优势。娃哈哈只有我一个‘头’。‘头’一多的话，企业就不行，争斗太多。那种书记、厂长各一条线，副厂长又有自己的线，各自的班底勾心斗角，这样的企业搞得好吗？”宗庆后在谈到自己的“管理真经”的时候说，“第一，我不大愿意听员工打小报告。第二，我要求员工都要讲真话，不允许他们勾心斗角。所以应该说我们公司的氛围还可以，人际关系还比较简单一点。”

在娃哈哈，部长就相当于副总经理，但是没有这个职位，他们就不能跟他叫板。以前不设“副总经理”，是为了避免国有企业里的副职叫板，现在是无所谓了，即使设了常务副总经理，也没人会跟宗庆后叫板，除宗馥莉之外，她是宗庆后的女儿，当然她还是很为老爸考虑，也不会跟他叫板。

宗庆后说，当时如果设了副总经理，矛盾就比较多了。中国企业还是老板独裁、强势的才可以搞好。中国人又聪明又难管，人人都想当老板，想当皇帝，但皇帝只有一个，老板也不是人人都可以当的，你不强势肯定乱掉了。

相比来自学院派的“战略”、“管理”和“文化”以及类似的陈词滥调，宗庆后更相信使自己成功的那一套经验和规则。他曾说过：“娃哈哈没有战略，我不去考虑八九年之后的事情，只考虑明天的事情。”用一句玩笑话来说，他从来不去想什么战略，“战略”，那是毛主席他们考虑的词儿。

宗庆后在20世纪80年代初读过函授，开始接触企业管理知识，之后他再也没有接受过更完整的培训。人力资源、市场营销、战略等一些企业管理知识，断断续续，零零散散，都是他看书自学而来。在这个过程中，他形成了自己的一套管理体系，形成了自己的管理逻辑，这套体系和逻辑并非来源于哪本书或哪套理论，而是他融会贯通后的原创。“联销体”、“高压管理”、“先吃肉后啃骨头”、“黑板干部”……这一切具有娃哈哈特色的词汇，证明了他的管理卓有成效，也证明了只有适合自己的管理，才是最成功的管理。

他认为，国内管理学界崇洋媚外非常严重。“而事实上，中国人比西方人更聪明。当然，西方研究企业管理起步比较早，有可学之处，但不能硬套。西方人的思维都比较死板，中国人则比较灵活，碰到同样的问题，中国人走不过去时就绕过去，而按西方人的思维，就退回来了。当然，西方的理论也不是要完全拒绝，但引进以后要用中国文化给改造一下。”

宗庆后讨厌那些咨询公司什么的。娃哈哈也曾请过世界知名的咨询公司，可是当他看了他们提供的咨询报告后，反应只有一个：没用处。对于专业的管理学，他更是敬而远之。

2006年6月，杭州举行的浙商大会邀请了W·钱·金。钱·金是名噪一时的《蓝海战略》的作者之一。在那天的“蓝海战略高峰论坛”，当着钱·金的面，宗庆后说：“我来之前也翻了一翻他的书，这个《蓝海战略》要花几年工夫，花几年工夫死都死掉了，还搞什么蓝海战略？我觉得应该把复杂的事情简单化，而不是简单的事情复杂化，我先搞差异化，搞营养快线，今年上半年增长百分之三十几呢，如果搞蓝海战略那就会停滞不前的。我不认可这个蓝海战略，我认为《蓝海战略》没有什么新意，实际上也就是我们的差异化创新，也就是迎合消费者的需求，就是这些道理。”

娃哈哈的干部们经常说：“老板，你太聪明了，搞得我们聪明不起来了。”娃哈哈现在的班底都不错，却也没有非常突出的人。

宗庆后只用了“黑板干部”一招就把“干部问题”解决了。宗庆后任免的干部都是“黑板干部”，任命和免掉都很容易，就像在黑板上写上去或擦掉那么简单，一句话就可以了。当然他也讲究民主推荐和竞选，不是随便写，也不是随便擦，即使擦掉人家也不会恨他，只恨自己工作没有做好。企业也搞竞争上岗，形式也是各种各样，搞竞争上岗，不能强搞，偶尔搞搞，要经常变变花样。

在人才的引进方面，娃哈哈以前曾大规模地招聘过，现在主要是自己培养。他们也曾在核心岗位上使用过“空降兵”，但“空降兵”对娃哈哈的文化和节奏大都无法适应。

再说十全十美的人才宗庆后也没见过。人才关键要做到人尽其才，三百六十行，各行各业都有人才，烧饭的也是人才，砍柴的也是人才，方方面面的人才，要用他的长处。

“开明的专制”需要的是“老板不犯错误”，需要宗庆后通过“暴走”和“深潜”得出最准确的结论和决策。这么多年来，娃哈哈的这套“扁平化”管理模式大行其道。宗庆后说他们也曾犯过错误，但是他们犯错很快，改正也很快。如果他设置了很多个副总，犯错的概率下降了，但是对市场的敏感度降低了，犯了错之后快速更新的灵活也没了，若是出了大事，只有死路一条。

神以及“被神化”

要确保“扁平化管理”能够顺利地执行和推进到每个角落，除了需要权威、技术和观念上的革命之外，还需要宗庆后个人以身作则的带动。

他每天工作16个小时，没有节假日。他每年有超过200天“暴走”和“深潜”，这使他能够保持着对市场的觉察力和敏感度。公司的每一个人，除了宗庆后自己，都为他超常的精力、准确的判断和预言以及对企业内部各方面事务的精通所折服。

“宗总是娃哈哈的总工程师、总设计师、首席律师、总营销师……总之，神啊！”员工们说起宗庆后时，不免带一点诙谐的崇拜。这是成功的层层积淀产生的光环效果，无论是联销体的独到成功，非常可乐的杀出重围，对抗达能的大获

◢ 宗庆后是娃哈哈的"总工程师"，他总能迅速发现和解决机械的问题。图为宗庆后到双城公司超净车间视察。

全胜，甚至包括他对各种机械的无师自通，都变成了一种神话。

人都有膜拜偶像的需要，在娃哈哈，宗庆后毫无疑问有一种被"被神化"倾向。

但宗庆后认为，这并非一种需要。宗庆后不需要成为娃哈哈的"半个神"，他只需要成为"娃哈哈之王"。宗庆后需要保持他在娃哈哈的权威，但事实上，娃哈哈已经对他的权威形成了需要和依赖，这颇令宗庆后头疼。

肖竹青曾在 2001 年进入娃哈哈集团担任策划总监，他对宗庆后的评价是："娃哈哈每年的高速成长，产品组合适时更替，变幻莫测的商业高招，全部来自宗总天才般的商业直觉。宗总抓生产，宗总亲自指示企业科委新品研发方向，亲自抓销售，亲自过问广告片提案和审片，甚至当时每一篇对外提供的新闻通稿都要宗总亲自审阅……宗总在我们心中，是十项全能冠军。"肖竹青颇为感佩，"甚至连送客人，宗总都亲自送到电梯口，等客人坐的电梯关上门下去以后，才走回办公室……"

工作几乎是宗庆后的全部，他上班不是朝九晚五，而是朝七晚十一，从年初一上到年三十，几十年如一日，而且他没有什么享受，简直就是为了工作而生。部下们说，他虽然在杭州生活，但是已经好几年没到西湖边去坐坐，看风景对他来说是一种奢侈。

如果有人问："娃哈哈的核心竞争力是什么?"他们会说："娃哈哈的核心竞争力就是宗总。宗总的智慧、精神和毅力，在娃哈哈的成长过程中是至关重要的。"

"他身先士卒，要求也非常严格，而且说到做到。"杜建英曾说，"我在总经办这么多年，给宗总做督办，什么事情要什么时候完成，就像军令状一样，如果完不成听到的骂声也是很厉害的。"

除了跑市场外，以前设计工厂、安装生产线的时候，宗庆后都是亲力亲为。娃哈哈刚生产果奶的时候，果奶热销得不得了，有一次装货的工人不够了，来不及发货。宗庆后过去一看，问他们是怎么回事，然后二话不说，他自己把外套一脱，就冲了上去，装完货的时候，浑身都像水洗了一遍。

员工们还记得，他会为一些细节问题亲自动手，哪怕小到会议的横幅歪了一点，饮料罐上的包装略有不齐，购买涂料时量墙壁的面积不准确……他是如此追求完美，一定得把这些整得妥妥帖帖。

还有一次，宗庆后发现公司的八宝粥生产车间温度很高，查了好几次都没查出原因来，工人们在那种高温环境下工作，非常难受。宗庆后体验了一下后，就知道肯定是通风设备出问题了，他见车间外有个云梯，就自己架上云梯，爬到了房顶上。

对于不少人来说，那的确是一个吓人的场景，十来米高的车间房顶，相当于普通住宅的三层楼。当时正是最热的季节里温度最高的时候，一位年过六旬的老人、中国首富，在房顶上转悠了差不多一个钟头，考量好通风设备怎样安装后，才带着满身的疲惫与汗衣裹体，下了房顶。

当时，中层干部们看宗庆后爬到房顶上，目瞪口呆，也只能跟着爬上去。工人们在底下远远望着，觉得匪夷所思。面对这样的"老大"，工人们怎么能不服，怎么不会感觉到他身上"神"一样的光环呢?

宗庆后并非为了树立权威才这样做事，他是为了"溢出"的追求——别人做到七八分，他要"溢出"十分，到十二三分。这已经成为宗庆后的行事习惯，是他的思维方式，恐怕已经成为他的潜意识。因为他知道唯有在"溢出"地付出之后，事物才会有被神化的可能，至于化境。

曾担任娃哈哈销售公司总经理的丁培玲曾说："别人以为宗总是为自己干活，

所以才这么拼命，其实他一向如此。”她说，宗庆后下乡时晚上还要跟人搞劳动竞赛，甚至种茶叶也百般研究想种得好一点，这样的性格基因从很早以前就已经渗透在血液里。

宗庆后的另一个理念是：要让员工怕你而不恨你。“商场就是战场，企业就是军队，如果企业犹如一盘散沙，肯定在商场上打败仗，因此企业就必须号令统一，纪律严明，作为经营者必须铁面无私，用铁的手腕进行管理。员工做错事情要让他感到怕你，又要让他明白处罚他是为了企业好，同时亦是为他好，因而不恨你。”

裹胁也好，感动也罢，宗庆后“身先士卒”，他的身上有神秘的光环。

虽然很多人不说，但宗庆后知道跟着他干活儿是很辛苦的事。这不是一个人的看法，而是大部分娃哈哈人的共识。每天，得有两拨部下当班追随宗总，协助处理各种事务，一拨人马下来，另一拨人马顶上，大家累得腰酸背痛，宗总却应对有余。他是一个越晚越兴奋的人，超级旺盛的精力，也让大家又惊又佩。没有良好的身体底子，没有15年农场生涯的“魔鬼训练”，根本承受不了这样超强的工作压力。

他喜欢员工围在他身边的感觉，像一家人，有时候也像“国王”。宗庆后通常会发号施令，心情好的时候也会讲讲笑话，但员工们经常不笑，因为他的笑话太冷，或是他们早就听了很多遍了。

宗庆后的“专制”有时被员工们诟病为“有强烈控制欲，对大大小小的事都希望能全部掌控、了解”。他们曾举例说，宗庆后每天几乎要收到两百封信件，这么多的信件按理可以让总经办先帮助他过滤一下，重要的再拿给他看，不然他的精力应付不了。但员工们却发现，这么多年，他还是喜欢亲自处理信件。

宗庆后虽然很像“铁人”，很少生病，但是近年年纪大了，精力不如从前，上下楼梯有点气喘。精神不好的时候，宗庆后也用过人参，为此还遭到家人和员工的诟病，他们说:“这个人参是吊精神的，你常吃，就‘疲’掉了，吃了也就没啥用了。”他们觉得他迷信吃人参，但他们并不清楚，宗庆后需要用尽全力与时间斗，与衰老斗，尽管他知道谁也斗不过时间。

人参的作用现在越来越小，逐渐变得“疲”了起来，微乎其微了起来，有一段时间，失眠什么的全来找宗庆后了，幸好有一副好身体作底子，全都熬了过去。

娃哈哈是个家

为了娃哈哈这个“大家”，宗庆后可以对父亲、兄弟“六亲不认”；为了员工，宗庆后可以谦卑地俯下身去，为他们的家人写亲笔推荐信。

娃哈哈是一个大家庭，宗庆后是这个大家庭的家长。娃哈哈奉行一种“家文化”，叫作“凝聚小家，发展大家，报效国家”。宗庆后与大家一起分享企业发展的成果，同时保持一种开明的独裁。

凝聚小家就是关心员工，关心经销商——员工跟着提高收入，经销商发财，也满足职业生涯；然后共同发展大家，发展企业，企业发展了再报效国家。

为“大家”可以“六亲不认”

宗庆后信奉“物质文明是基础，有了物质文明才有精神文明”，有了物质基础，一定要着手抓精神文明，光看到钱，思想道德方面也会有滑坡。

他认为，在中国做生意，必须以人为本，这是外国人所不能理解的。对员工如此，对消费者如此，对夹在中间的经销商也是如此。

娃哈哈本来就是一个大家庭。娃哈哈带给宗庆后的除了这种感情以外，还带给他“赚到钱、事业成功”这个乐趣。他理想中的娃哈哈是一家首先能够报效国

◢ 每年 10 月，员工们总是自发为宗总庆祝生日，那也是宗庆后感到特别幸福的时刻。图为 2009 年场景。

家，其次能够给员工带来幸福的公司。规模，娃哈哈可以越做越大。目标也会很严谨地不断发展变化，但是“家文化”不会变。

娃哈哈是一个大家庭，是一家人走在一起，不是谁一个人的家庭。它在全世界应该是一家领先企业，在内部就是一个家。宗庆后有足够的时间与空间去建设这个“家”，修缮这个“家”，改造这个“家”。

“家文化”的缘起可以追溯到规模很小的校办工厂经销部之时，那时人员不多，活来一起干，饭在一起吃，有困难大家帮忙，真是“一家亲”。后来，娃哈哈成立了，宗庆后一直在车间里身体力行地干活，每个员工的脾气、性格和水平他都知道，遇到事情他们都是直接找他。这是宗庆后最骄傲的事。公司小的时候，他事无巨细都要过问，即使兼并了罐头厂，娃哈哈拥有两千多名员工的时候，他依旧能做到这一点。

宗庆后和员工一起吃饭的时候，若是听到大家议论哪个菜淡了、哪个菜咸了，他就忍不住自己跑到厨房去“指导”大师傅：“你看这个菜，这个多放点盐，这个少放点。”这是宗庆后的习惯，也是他对这个“家”的情感。

为了这个“家”，为了“大家庭”的利益，宗庆后可以做到“六亲不认”。他曾无数次对员工们说：“企业不是我个人的，是大家的，我要对大家负责。”这是他的“娃哈哈准则”。

有位叫杨锋的员工说，1988 年的一件事使他终生难忘。那时候正值娃哈哈建厂初期，儿童营养液销量不错，包装容器“安瓿瓶”需求量日益增大。有一次在验收运到的一批安瓿瓶时，杨锋发现有部分瓶子质量不是很好，破损略微超标。考虑到安瓿瓶的量供不上，这家供货单位又是宗庆后父亲帮忙寻找的，因此他就将这批安瓿瓶收了下来。宗庆后后来得知此事，严厉批评了杨锋，责令他退回这批货。他当着大家的面对父亲说："企业不是我一个人的，是大家的，我要对大家负责，这批货一定要退回去，我没有其他办法，请你理解我。"

事后员工们与宗庆后谈起此事，觉得他这样当面责备自己的父亲有点过分，宗庆后告诉他们："我们是搞生产的，必须把好质量检验关，为了企业的利益可以六亲不认。"

还有一次，宗庆后有个弟弟要向银行贷款，希望娃哈哈来做担保，被他一口回绝了。宗庆后跟他讲："我们从来不贷款，也不做担保。"虽然弟弟一度对此事有点想不通，但是宗庆后认为这样做对娃哈哈健康发展有利，不应该掺杂私人情感的因素。

对于员工，宗庆后的呵护是细致入微的。有一次，娃哈哈美食城大厦的保卫科长由于工作关系与一家租赁方保安部经理发生纠纷，保卫科科长被对方打了。娃哈哈保卫部的褚锦华在处理纠纷时，考虑到对方系娃哈哈合作方，今后在工作上还需继续配合，为不影响今后的工作，只采取了简单的调解办法。他觉得这是一件鸡毛蒜皮的小事，就没有向宗庆后汇报。但当宗庆后得知此事后，将他一顿批评，并问他："若你为了工作被他人殴打，我这样简单的处理方式，你会怎样想？"

宗庆后告诉他："下属在工作上受到委屈，你只是简单地协调处理，完全丧失了作为一个中层干部关心下属的原则。关心下属工作、生活就是从这些看似很小的事例中做起的，这就是领导干部起码的素质，你做不到这一点，是当不好领导的。你这样简单的处理方式，势必会失去群众威信，失去下属的信任，对自己今后开展工作有百害无一利。"

宗庆后与褚锦华经常打交道。差不多十年前，有一次，他在生产区域检查工作时，在厂区的马路上摸出一支烟点上了。娃哈哈有规定，厂区内不准抽烟，于是一名经济民警就上前向宗庆后行礼，说在厂区老总最好还是不要抽烟，这是规定。宗庆后很尴尬，当即掐灭了香烟。他后来又单独找到褚锦华，请他代为转达对这位经济民警的歉意和敬意。在宗庆后的心中，任何一个维护这个"家"的人都是值得他去爱和尊敬的。

把员工“服侍”好

有的人会奇怪，但是宗庆后确实会记得哪个员工没有结婚，哪个员工的小孩多大了，记忆力惊人，还经常帮助员工解决子女入学问题。有一个最为典型的例子，单启宁的女儿到了小升初的关键时刻，很少求人的宗庆后专门为他女儿写了一封亲笔信，向杭州最热门的民办初中文澜中学的任继长校长推荐这个优秀的女孩。他对单启宁说：“我也不知道任校长是否知道我，写信应该更有诚意一点。”女儿如愿进了文澜中学，单启宁深为感动。

娃哈哈员工邬文龙也一直记得这么一件事，1998 年他受公司派遣去广东曲江筹建一家新公司，从基建、设备安装、组织调试到生产，工作非常忙。“就在这最忙的时候，正逢女儿中考，说实话我人在广东又那么忙根本无暇顾及。中考成绩下来，女儿以两分之差未达重点线，知道这个消息我心里非常焦急，总觉得愧对女儿。后来这件事不知怎么给宗总知道了，他立即要市场部杨秀玲部长帮助我解决难题。”

一位肖姓员工说：“宗总还亲自指点我怎么找对象，我现在婚姻很幸福，衷心感谢宗总当年的关心……”

对于大家庭中的小家庭来说，宗庆后也在想办法使员工有一个完整、舒适和幸福的家。现在的房价很高，员工们买套房子很不容易，但年轻人总要成家立业，只有帮助他们把房子问题解决，他们才会更安心。

娃哈哈很早就开始寻求解决员工住房问题的尝试，老员工的住房问题都已经解决掉了——用福利分房的形式。后面加入的年轻员工，因为现在国家不允许企业为他们造房子，也不允许分配房子，就只有采用经济适用房补贴的方式。娃哈哈帮助他们去申请经济适用房，申请下来后每平方米再补贴 1200 块钱，他们买房子就很便宜了，然后每个月再为他们付公积金。

这个解决方案的出现，也是娃哈哈的优势使然。娃哈哈税交得多，是杭州的利税大户，政府给他们的经济适用房就会多一点，这样才会让每个年轻员工都有机会享受到企业发展的成果，排着队等待“小家”的成立。

娃哈哈还在公司内部建立了“廉租房”，这事实上是打了个“擦边球”，因为国家规定工厂当中 8% 面积是可以做办公设施和生活设施。同样是因为效益好、税交得多了，他们去跟政府部门谈判的时候，政府才会接受他们的条件。

宗庆后相信，真正对员工好，一是要有实力，二是真心把员工“服侍”好，让他们享受企业发展的成果。他们被“服侍”得舒服了，才会尽心尽力去干活。有的民营企业老板想不通，经常克扣员工。给员工待遇好一点，员工尽心尽力给企业创造更多财富，企业不就可以搞得更好么？企业与员工是相互依存的，企业是家，起着关键作用；员工是家人，若是没有员工就如家中无人。一个没有家人的家根本称不上家，只是座房子而已。

一位企业家做到一定程度之后，会觉得建立一种文化，使员工对公司产生家的感觉，这是自己的使命。同样，这时也更希望国家发展得好一点，这样企业才会发展得好一点。

在这个大家庭中，下面这么多员工，吃喝拉撒指望这个家。家里有一个大家长，小孩子们有什么话肯定要跟家长说。企业也是如此。娃哈哈员工又特别多，他们遇到什么问题、一些现实的纠结也会跟宗庆后说。举例来说，娃哈哈给员工加薪，因为个税起征点有一个门槛，过了这个门槛，企业给员工加的工资，大部分都缴税了，员工收入得不到有效增加，反而减少了。过低的个税起征点与过高的税负，构成了企业为员工加薪的障碍。

为了个税起征点的问题，宗庆后曾以全国人大代表的身份多次呼吁，也在两会上提过建议，虽然起征点最终上调了，但离大家的期望值还是差很远。员工有时候会抱怨说：“老板，你给我们涨了一点工资，结果国家又给拿走了，不够用啊。”

宗庆后觉得，这批年轻人很不容易，他们是未来的精英和支柱，是未来社会的中坚力量。房价高、物价高，都对他们造成了诸多压力，他很理解他们，尽量给他们创造更好的条件。

娃哈哈员工应该享受到企业的发展成果，他们的薪金收入，每年都会根据娃哈哈的效益不断增长。娃哈哈还搞全员持股，通过制度设计使整个家庭利益捆绑在一起。他们规定一部分人工作满一年可以持股，有的工作满三年可以持股。每年四五月份是分红的季节，作为对员工的一种激励。

娃哈哈对员工的奖励很大方，激励的方式也很多，有股权期权，也有现金奖励。中层干部如今对钱的感觉在慢慢降低、淡薄，因为他们大都已是百万富翁、

◢ 过年了，娃哈哈的家长给孩子们发过年红包了！年年如此！（CFP供图）

千万富翁，他们所需要的更多是价值的认同和精神上的刺激。很多普通员工都有了小汽车，虽然宗庆后觉得养汽车不太划算，但还是感到很欣慰。

娃哈哈一方面想办法提高员工们的收入，解决他们切身的问题，另一方面，“家文化”也让他们感受到了亲情。宗庆后不是去硬管员工，而是让他们形成一种自我管理的意识。员工对娃哈哈的忠诚毋庸置疑，他们勤奋而努力，宗庆后与达能对决的关键时刻，他们坚定不移地站在他身后，他清晰地听到：“你不是一个人在战斗！”

这就是娃哈哈的家文化，“凝聚小家，发展大家，报效国家”。

负责党群工作的女将叫叶峥，她不久前组织了一个老同志聚会，十几个人往那儿一坐，突然觉得这么多年简直是一眨眼的事情。“你不管走多远，只要在中国，娃哈哈总让你觉得，自己从没有离开过这个家。”她说。娃哈哈的“家文化”能够从每个娃哈哈人的理念和行动上获得感知。

除了员工，宗庆后时常在想，要让利益相关方都从娃哈哈的成长中获益。娃哈哈上下游的企业，在金融危机中的表现都很淡定，“任他风吹浪打，胜似闲庭信步”。

对经销商也是如此。“联销体”是娃哈哈攻城略地的利器，它对娃哈哈的作用无需赘言。各级经销商构成了娃哈哈整个营销体系的神经系统，最底层的经销商就是娃哈哈的“神经末梢”、“神经元”。经销商其实很单纯，把利益关系理顺了，合理分配利益，让他赚到钱，他就跟着你往下走，就对你产生了越来越浓厚的忠诚。很多人靠经销娃哈哈的产品发了大财，成了百万富翁、千万富翁。娃哈哈把经销商当作自己人对待，凡属完成任务的，都会进行奖励，有一次还奖励过宝马汽车。

娃哈哈每年都搞年夜饭，每年宗庆后都去给员工们拜年。有一年过年的时候，市场部还给他制作了拜年广告，把宗庆后和曼联队的队员 PS 在一起，他很喜欢这种风格。

宗庆后不怎么会唱歌。吃年夜饭的时候，他通常会给他们唱《卖汤圆》，可是每年都这么唱，也就没有了新意。他后来就参加大合唱《团结就是力量》，再后来就干脆当指挥了。宗庆后喜欢那种充满力量的歌曲，吃年夜饭的时候，他也喜欢那些充满亲情、温情脉脉的歌曲。

对于员工，宗庆后向来是张弛有度，宽严结合。他爱他们，就如爱他的家人；他对待他们的严苛，也如同对待自己的孩子。

宗庆后经常会批评他们，如果他们干得不好的话。底下的职能部门如生产、销售、工程等部门，因为事情比较多，受到他的批评就更多。他们老是抱怨宗庆后对他们太严厉，但是明白人会了解：“宗总骂我是看得起我，宗总如果不骂我，说明我已经不在他的考虑范围之内了。”

筹建深圳工厂时，当时的筹建负责人未经请示，为了工地联络方便，买了几个简易对讲机，集团专门发文进行处罚。未经请示，擅自行动，在娃哈哈是不允许的。有时，外界无法理解娃哈哈内部管理的严苛，但是宗庆后认为必须这么做，否则整个集团那么多员工无法做到令行禁止，这是“冲杀沙场”之大忌。“要让员工怕你而不恨你，处理问题就要公平、透明、有理。”宗庆后说。

宗庆后对他们越严苛，他们成长得就越快。他相信他的严苛已经构成了娃哈哈的精神，构成了一种高度紧张负责和追求效率的信念。他们这些人，若是离开了娃哈哈，无论到任何一家公司，做事的专业态度、精气神，对工作效率的追求，对质量的苛刻，一定会使他们在新岗位上获得褒奖。

宗庆后记得企业刚上 ERP 系统的时候，服务商是埃森哲，顾问团队曾给很多世界五百强企业做过服务，他们看到娃哈哈的态度、对效率的追求、上线后的执行力，大为感叹:“这么好的执行力，执行得这么到位。员工不分昼夜干，还毫无怨言。我们没见过。”

对于员工，宗庆后一向是奖罚分明。赏罚不明是企业管理的大忌，但在娃哈哈却不存在这样的问题，更不存在西楚霸王项羽的那种“妇人之仁”。

奖惩分明，赏罚公平，无论过去还是今日，无论在计划经济年代还是市场经济年代，娃哈哈都视之为“天条”。这对娃哈哈始终保持快速增长至为关键。

宗庆后说，现在的企业领导者端架子的比较多，能放下的比较少，缺乏自嘲精神。事实上，自嘲不仅仅是一种勇气，更是一种能力。只有能够坦然接受员工调笑的领导者，才会有足够宽阔的心胸，把员工当作子女来看待，为他们谋福祉，建立起真正的“家文化”来。

宗庆后说，企业家就是少犯错误，甚至不犯错误，一步一个脚印地走出来的。这些年他幸好都做对了，没犯什么特别致命的错误。娃哈哈坚持把主业做实，做出了核心竞争力，也做出了规模。它的核心竞争力不是“宗庆后”，而是

合唱《咱们工人有力量》是宗总和员工在娃哈哈春晚上的保留节目。(CFP供图)

技术装备与创新能力，以及一支执行力超强的队伍。

但宗庆后也知道，他的“宽严相济”的管理政策，存在着争议。有朋友曾对宗庆后说，娃哈哈的中层干部和关键岗位的员工大都收入不错，但他们需要他的认同，希望宗庆后以后少批评一点儿，多鼓励一下。宗庆后也曾反思过，他不善于表达感情，也不太会表扬人，顶多说句“干得不错”，确实是太吝啬了。

走读世界

他通过走读了解了世界，看懂了世界。“我看到了西方经济的弊端，也以其为参照，更深刻地了解了中国。我始终认为，中国人是非常勤劳、聪明和优秀的。没有人比我们更好。”

因为达能，宗庆后成为了一个“民族主义者”，被当成了一个“排外”的人。事实上，他从不排外，他只排斥崇洋媚外，更排斥内鬼。宗庆后希望能够与跨国公司在同一个舞台上竞争，能够在公平的环境下竞争，依靠各自的本事，各显神通，各奔前程。

虽然达能一度影响了宗庆后的看法，然而他依旧要放眼看世界。他的舞台不只是在中国，而是在整个地球。他代表的是中国。他要代表中国去走遍世界，读懂世界，去整个世界舞台上表演和竞争，去展示中国的商业时代和商业文明。

当宗庆后成为“中国首富”之后，他走读世界有了新名片，而娃哈哈则成为中国民企一个象征。

做一个“世界人”

宗庆后走过全世界很多国家，美国、欧洲、日本、澳大利亚等等，除了考察企业和考察设备等，他还有一个保留节目就是逛超市，买饮料，但令人跌破眼镜的是，许多著名的景点他几乎没去过。

“我第一次出国是到德国，刚好是东德、西德合并之际，交界处的岗亭还没有拆掉。”宗庆后说。在娃哈哈起步阶段，能有机会去国外考察，可以说是一件颇为奢侈的事。所以宗庆后对第一回开“洋荤”印象深刻，他跟一批大学教授到德国考察营养学。“想象中的天堂并没有出现，好像并没有觉得国外有多好。”

柏林墙已经推倒了，但交界处的岗亭和铁丝网还连接在那里，似乎是一段历史的记忆。宗庆后的第一站是莱比锡，那时候莱比锡属于东德。他去的时候，正逢莱比锡在游行示威。原来，德国统一后，原东德的福利待遇没有了，人们对未来的期望下降到了冰点。

然而，令宗庆后感到震惊的是，莱比锡作为前东德的发达地区，依旧显得很破烂。“莱比锡怎么这么破破烂烂？汽车怎么也是破破烂烂的？但是到了原西德地区，感觉就不太一样了。城市建设也好，开的车也好，明显上档次。”

那是宗庆后的第一次出国，在此后的人生当中，他成了欧洲的常客。他跑的都是发达国家，一般都是去引进设备、调查项目，作为一个工作狂人，哪怕是顺便的旅游也很少能占据他的日程表。

宗庆后去过很多次法国巴黎，最熟悉的是巴黎的超市，那是他逛得最多的地方。他在那里买回了各种各样的饮料，装在行李箱中，带回了杭州。去了那么多次巴黎，宗庆后却没去过著名的“红磨坊”，朋友们说那是个“歌舞圣地”，还拍过好几部叫《红磨坊》的电影。宗庆后对他们说：“哦，你们不错么，我都还没去过。”他只是调侃，丝毫也不羡慕。

娃哈哈新产品很多，每一个新产品宗庆后都自己盯着看，上市前都需要他拍板。部下们其实对随同宗总出国是有点犯怵的——宗总像蜜蜂采蜜一样满世界地去采购设备、收集样品，乐此不疲。他的随行人员都得负责带上几个空箱子，然后满满当当几大箱地把各种饮料运回来。这些“甜蜜的负担”，带起来真的很困难，但是 20 多年积累下来，宗庆后和娃哈哈人从国外带回的各种饮料已经达上千种，现在全部保存在娃哈哈的科研中心，形成了一个世界饮料博物馆。

最能说明宗庆后“走读世界”的专与钻的，是娃哈哈果奶自动化生产线的设备组成——那简直可以说是“联合国出品”了——灌装机是韩国的，理瓶机是美国的，贴标机是加拿大的，杀菌机是意大利的。“这些设备都是我从各国精挑细选来的。”宗庆后说。当时，国内并没有现成的果奶自动化生产线，流水线上还需要人工操作，为了改进、提高生产效率，宗庆后他们全球跑，愣是组装成功一条果奶自动化生产线。他说：“我们先去参加相关设备的国际展览会，展览会上各国设备都在那里展览，然后再到各国实地去考察。”无论企业实力是否强大，购买设备要投资，而且直接关系到产品质量，所以必须小心谨慎，“就怕他们展览是一回事，实地生产是另一回事。”

跟达能合作之后，宗庆后他们去欧洲考察的时候，难免要去几次法国达能。达能总部在巴黎，都是办公楼，不是很大，生产的工厂也在乡下，不在巴黎附近。达能原先也有很多工厂，后来都慢慢卖掉了，最后也没剩下多少。寄希望于学习国际巨头新技术的宗庆后，亲眼看到他们并没有新的生产线，心里不能不说是失望的。

企业家要做“世界人”，开阔眼界，从世界同行中汲取营养，从各国经济形态、文化发展中领略全球风景和趋势。这是宗庆后的观点。

在他的笔记本上，有这么一段文字：“国内最好的封罐机，一分钟只能封 130 罐，而国外先进的设备一分钟封 1000 罐以上；美国的大公司日产千吨罐头，操作工人约 40 名，而我们日产百吨罐头，要 600 人以上。”

这是宗庆后在国外考察时信手记下的一段。每次出国考察，都会给他带来巨大的冲击，使他感到娃哈哈的成长之路漫长而艰难，稍有不慎就会掉进陷阱当中，万劫不复。国外的先进技术和经验，以及产品开发的流程化管理，都是娃哈哈所无法企及的。娃哈哈要想成为真正的大企业，成为一家跨国公司，就必须改变自己的基因，在接下来的每一天都按照大公司的路数往前走。

而且，宗庆后还是一个火眼金睛的“谈判手”，虽然他在面对部下时，会展现颇有温情的一面。2000 年 9 月，宗庆后带着何卫冰他们到意大利参观考察，顺便洽谈生产线的购买。意大利是宗庆后去的次数最多的国家，因为他们的生产设备大部分从意大利订购。

意大利人跟中国人很像，宗庆后印象最深的是“威尼斯商人”。米兰、罗马、佛罗伦萨，他都有合作商，但去得最多的是米兰。米兰是意大利的工业之都，比较发达，很多大工厂都在米兰附近。

在意大利，他们分别和新得多、捷飞特、欧姆宝等公司进行了几场谈判。在谈判的过程中，宗庆后每次都能切中对手的要害，将机器的价格压到一个较低的水平。“记得有一次，欧姆宝公司的一个技术人员拿出了一个瓶胚型芯模具来冒充瓶盖型芯模具，宗总一眼就看穿了他的鬼把戏。宗总敏锐的观察力和分析问题的能力使我这个专业技术人员感到汗颜。”何卫冰说。

2010年6月9日，上海世博会菲律宾国家馆日，宗庆后与菲律宾总统阿罗约会面。

那一次的旅程，何卫冰运气不够好。有一天，他所搭乘的汽车出车祸被撞了。幸运的是，何卫冰只是头部被碰了一下，并无大碍。宗庆后让随行人员送何卫冰到当地医院就医，后来他又抽空到医院去看望他。

在何卫冰的记忆当中，宗庆后在意大利的几天，每天都在六点半前第一个到餐厅用早餐，并且每天都工作到深夜。有一天晚上，宗庆后、何卫冰和新得多的雷纳多等人一起谈判并撰写合同条款。晚上11点半左右，何卫冰不知不觉就睡着了。他醒了以后，惶恐不安，以为宗庆后会很生气。但是，宗庆后一点儿也不生气，只是笑着提醒了他。宗庆后知道，跟在他身边的每个人都被他裹挟着，非常劳累。何卫冰感到非常内疚：“宗总难道不累吗？而我年纪轻轻，居然累得睡着。宗总对工作的高度责任感、对下属的宽容态度怎能不令人钦佩呢？”

部下们一直在说，跟宗庆后出去是一件“苦差事”，说他只会工作，只会逛超市买饮料样品。宗庆后也曾在阿姆斯特丹带部下们休闲片刻，其实是为了随顺他们小年轻的喜好。

那一次他们到欧洲考察，其中一站是荷兰的阿姆斯特丹。他们一到那里就投入到紧张的工作中，考察香精公司的试验设备，讨论新产品的设计。紧张工作了几天后，到周末了。宗庆后那时候刚从美国坐了十多个小时飞机到欧洲，又连续跑了欧洲几个市场。起初的时候，所有人都以为宗庆后肯定会要求大家总结参观内容，提出自己的想法。没想到他居然对他们说：“鹿特丹是世界上最大的港口，离这里不远，你们出国也不容易，明天去那里看看，工作也很紧张，放松放松吧。”他们当时大为惊讶，紧张的心情一下子放松了。

第二天，他们一起在鹿特丹游玩。那时宗庆后罕见地轻松，一路上，心情舒畅的他侃侃而谈。因为此前他已到过鹿特丹，对港口情况略有了解，就给他们介绍了港口的历史，建议他们在有纪念意义的地方留个影。宗庆后耐心地等着他们拍照留念。看着他们的欢快，看着他们的意气风发，他似乎回到了自己的年轻岁月。

由于是周末，即使鹿特丹这样的国际第一港口，也是全体歇业，一片寂静，不见一处忙碌。那些年轻人因为没见到鹿特丹港的繁忙景致，觉得有些不尽兴，宗庆后便建议说：“时间还充足，荷兰风车很有名，我们去那看看。”在风车旅游品商店，他突然产生了勃勃兴致。看着那一个个风车和木鞋的模型，宗庆后想起了女儿，他最后买了一架风车带回了杭州。在海牙国际法庭前，一行人还一起合影。这真是珍贵而快乐的旅程。

出国的时候，除了超市，宗庆后个人唯一想逛的就是服装店，因为几乎每次他都会给女儿买一些最新款的衣服回来，讨讨女儿的欢心，以弥补忙于工作、对她照顾不周的歉疚。

但是宗庆后当上“中国首富”之后，则不需要专门跑出国门了，上门推销的客户多了。2014 年初，宗庆后甚至还受到了英国女王的邀请，请他参加白金汉宫晚宴，他婉拒了。“正是春节，就去吃个饭，还不如在家里陪陪家人。”

英国人天天盼望宗庆后前去投资和并购，他们希望获得他的资本支持。宗庆后是一个实用主义者。他说：“我们不想去收购他们的大企业。倒闭的大企业，谁送钱给它？人家搞不好，你怎么就搞得好？它的工会力量很强，给你捣捣蛋你就完了。你看李东生拿了个法国勋章，差点儿把自己的企业都拖死了。我们想收购的应该是小型的有技术有产品的企业，我们拿回来复制一下，它发财了，我在国内也可以发财。”

由世界参照中国

在宗庆后考察过的国家当中，令他大开眼界的是南非，他曾想象南非贫穷、落后和封闭。事实并非如此。南非美丽、自由、开放、富有。他为南非所深深震撼。

事实上，2011 年的南非之行是一趟苦差事。尽管宗庆后没仔细算过，但他知道，每年至少 200 天在外面奔波，说是“空中飞人”毫不为过，除了“暴走”，他还得“暴飞”。一天到晚坐飞机是痛苦的事，尤其是长途旅行，会坐得骨头疼，坐骨和腰椎都钻心地疼。

在南非的时候，宗庆后一行拜见了他们的总统祖马和他的一位高官。这是一次政府组团的访问，宗庆后是副团长。他们那次去的目的是想搞经济特区，因此到处考察。

在南非的整整一个礼拜中，宗庆后每天早上三五点钟起来坐飞机。南非面积很大，120 万平方公里，相当于中国的 1/8，5000 万人口，只占中国的 1/26。南非自然风光很好，四边海水都很干净，没有污染。南非的经济很发达，国民教育水平很高。身在南非，就像到了欧洲。他去考察他们的高新技术，发现他们的技术非常先进，武器也很先进，堪与欧美媲美。

南非 5000 万人口，失业人口达到 1500 万人，都靠政府的救济金供养着。祖马他们也感觉到失业对政权的稳定有威胁。黑人通过选举把政权拿下之后，他们的就业问题却始终解决不了。经由曼德拉的居间调停，黑人从白人手中买下了土地，而不是通过暴力的掠夺，所以曼德拉获得了白人与黑人的共同拥护与爱戴。可是黑人的就业，却始终是个挥之不去的难题。

祖马希望中国人去南非投资办企业，帮助解决黑人的就业问题。宗庆后跟他们讲，中国和南非的关系一直很好，经济也互补，你们需要发展的产业，刚好是中国过剩的。在早餐会上，宗庆后说：“你们需要进口的产品，由中国企业来经营，在你国内生产，既解决了就业也降低了物价。第二，在非洲你是最发达的国家，非洲有将近 10 亿人的市场，我们把非洲需要的产品也投资在南非生产，这样也能帮助解决就业问题和带动出口。还有，你们的矿产资源很丰富，我们也来开发，把需要的卖回中国去。”

南非官员听完，觉得确实可行。宗庆后于是就告诉他们，中国的企业所得税只有 25%，南非却是 28%；南非的人力成本比中国高很多，折算下来人均每月大约要一千美元。宗庆后说：“我们到这里来办企业，会有点问题。企业过来，就是为了赚钱，不赚钱为什么要过来呢？中国政府很关注南非的发展，也很关注与南非的合作，但实际操作起来是企业的问题。你要有些具体的优惠政策，进口关税也要考虑，非洲没有的原材料怎么进来？南非的关税太高了，服装有45%的关税。”

南非官员一听，觉得确实有道理，就频频点头。据宗庆后的了解，南非其实有很多优惠政策，它对机械设备进行补贴，人力工资也有政府补贴，税收也有优惠。南非政府有钱，也有资源。只要能帮助它解决就业问题，提高就业率，政府不在乎多花一点儿钱。

宗庆后说：“我要到你这儿投资，开始肯定要带些管理人员和技术人员过来，你们签证什么的也要考虑开一下方便之门。”

他们听了宗庆后的设想，感觉蛮好，非常务实，没有虚头巴脑的东西。早餐会一结束，他们就向非洲国民大会党和祖马总统进行了专门汇报。然后祖马就带着南非最重要的政治人物来接见中国代表团。

宗庆后知道中国过剩的服装、太阳能发电厂，都是南非所迫切需要的。他告诉祖马，如果需要太阳能发电厂，他马上就能给他引进过来，南存辉现在就在做这个。宗庆后还让南非的经济部长把他们需要进口的产品清单告诉他，结果南非政府花了两天时间拉了一个长长的清单给宗庆后，厚厚的一叠，有好几本书那么厚，展现了他们的工作效率。

成为中国首富确有好处，那就是全世界都知道宗庆后是谁了，到娃哈哈来招商的各国政府也很多。娃哈哈想在澳大利亚投资养牛，西澳洲农业部出钱帮助搞调查。也有人建议宗庆后到缅甸去做水厂，他们一直在缅甸做水电，知道缅甸人对中国人很友好。宗庆后没去过缅甸，只是在边境上看了看。

宗庆后不吃西餐，吃不惯，要吃也只吃几片面包，牛排都不吃，更不用提乳酪和奶油了。员工心疼啊，就四处找中餐馆，好在中餐伟大到了极限，生命力极为旺盛，即使在法国乡村，也能找到它的身影。

很多人在自己家里菜都烧不好，就跑到欧洲开个中餐馆。老板很多都是浙江来的农民。他们往往来自同一个村庄，一个人走了，就随手带了一个走，然后一个带一个慢慢就把整个村子带空了。

有一次在约翰内斯堡的机场，宗庆后遇到了一个河南人，他上来敬了一支烟，问他是不是娃哈哈的老总宗庆后，说是两会期间在电视上看过他接受采访，所以认识他。这是宗庆后作为中国首富，在国外得到的中国同胞的礼遇，真是天涯何处不相逢。

宗庆后通过行走了解了世界，看懂了世界，至少他自己是这么认为的；宗庆后看到了西方经济的弊端，也以其为参照，更深刻地了解了中国。他始终认为，中国人是非常勤劳、聪明和优秀的。没有人比中国人更好。

中国曾是世界强国，甚至是世界最强国。在鸦片战争前，中国 GDP 还占全球的1/3。可是一场鸦片战争改变了整个中国，使中国开始了一百多年的衰落史、流亡史和屈辱史。宗庆后有时候会想，如果换他是满清的皇帝，一定会设法把八国联军打跑，为什么要带那么多人跑到西安去？你固然落后，最关键的是你没有决胜的信心，就知道向洋人低头。洋人并不可怕，可怕的是中国人的自卑。

宗庆后从不排斥与跨国公司合作。随着娃哈哈的规模越来越大，一些跨国公司有新产品或计划也会来找他，推荐给娃哈哈，打算大家合作开发，把量做起来，这样市场也就拓展出来了。

宗庆后最讨厌的那种生意模式就是做买办。做买办很容易，就跟现在做外贸一样，签个合同，信用证一开，根本不用搞市场。娃哈哈只能做的就要搞市场，虽然赚钱慢，又很辛苦，但“江山永固”，那些出口企业一旦碰到海外经济危机，一下子就完蛋了。温州的很多中小企业都是这么倒闭的，2008 年金融海啸的时候，珠江三角洲的代工企业，也有一大批因此而关门，据说有好几万家。

“事实上，依照这些代工企业的生产水平与产品质量，它们完全可以自己开拓市场。它们没有这么做，就成为了殉葬品。老外给它们订单，是因为老外那边有市场，它们的生产成本高，它用你的廉价劳动力赚钱。这种模式尽管利润很低，但很简单，只是突然出现的风险，往往能置人于死地。”宗庆后说。

宗庆后最大的成就，就是从无到有地创立了中国最大的一家饮料企业。今日的中国，饮料发展无论品种还是层次都属世界最高水平之列。以前全世界只有三种口味的饮料，现在丰富多彩，当中就有娃哈哈的功劳。娃哈哈对于老百姓的消费、利益关联方生活水平的提高也作出了一点贡献。娃哈哈的出现，使饮料这个行业实现了充分竞争，并且代表中国企业在竞争中生存下来，适应下来，最终强大起来。

今日的中国市场已经成为一个世界市场，所有跨国品牌都进来了，都在这儿进行着血腥杀戮。宗庆后相信，如果娃哈哈能在国内打败它们，日后到海外扩张，同样可以攻城拔寨。中国人是世界上最聪明的人，跟犹太人一样。

历史有不可抗拒的力量，多年以后，当宗庆后成为“中国首富”，当他建立了一个真真切切的商业帝国，当他学会了在无望的环境下全然不受干扰地往前行，他成为了他自己。

像他所景仰的那些帝王一样，他有时候会展现出豪放慷慨，有时候又超脱于日常生活的个性，展露出乐天逍遥的性格。没有人会觉得他有一种诗人的气质，但事实上他的确有。

他就如同一位伟大的战士、戏剧中的英雄，需要舞台来烘托。只是他的舞台，比大多数演员都要宽阔广大。他的舞台是一个商业帝国，超越了地理的界限，扩展到了整个世界。

WAHAHA ALWAYS STANDS TOWERING

Biography of Mr. Qinghou Zong

CHAPTER 11

首富与天命

当我用一瓶一瓶水卖成了“首富”的时候，曾有人问我为什么会有今日的成就，我回答说：“其实我并不比别人聪明，我所有的只是一门心思地想做成一件事的冲动，并且甘愿为此冒险。我还有‘只争朝夕’的精神。”

我相信，超过 1000 万元的财富都属于社会，这就是我的财富观。私人拥有财富，人人都觉得这是自己的，事实上最后还是社会的，有个一两千万属于你自己，其余的都在为社会所用。

我是一个“蓝血的平民”，因为我来自底层，我听得懂底层人民的声音，我看得懂他们的眼神，我读得懂他们的快乐与无奈，我要代表他们发出最真实的声音。一个企业家最终的天命是创造思维方式，为这个世界提供价值观和改善的方案。

我最欣赏的是“企业禅”的境界。

——宗庆后

首富时代

当他成为“首富”之后，就不断有人追问他“财富的临界点”到底是多少。事实上，他也不知道这个临界点何在。对于一个个人生活年消费不足 5 万元人民币的首富来说，这个问题显得极度吊诡。

有一次，宗庆后患咽喉息肉，喉咙需要动手术，被医生关在医院里没有办法工作，他心里急得不行。手术第二天，宗庆后就翻身下地，跑出了医院，来到了车间。因为没办法讲话，宗庆后就想了一个主意，找了一块小黑板，随手提着，拿着粉笔在车间巡查。走到一个地方，仔细看看觉得有疑问，他停下来在黑板上写上问题。若是得到满意的答复，他就会点点头；若是得到的解释还不明确，他就把问题擦掉，写上新的问题。

这个“黑板故事”，令很多人记忆深刻，即或他今天回忆起来，也是历历在目。

对于宗庆后这代人来说，财富并不意味着成功，它只是判断成功的一个通行标准。他们对事业本身的热望，对价值认同的热望，远胜对财富的渴慕。他们的成功来之不易，更值得他们珍惜。这正是宗庆后这么多年来始终简单生活、节俭办公的原因。

财富的临界点

宗庆后的生活看起来与“品质”无关，近乎吝啬。除了特殊场合需要穿西装外，他喜欢套件茄克，脚上趿一双布鞋。如果他混在小摊小贩里，谁都不会认为他是“首富”。有一次出差，天有点儿凉，他就花了十九块五毛买了套内衣。员工问：“老板，你为什么不买件好的？”宗庆后笑答：“穿我身上，人家都以为上千的，质量好就可以了。”

出门的时候，宗庆后也会带一点儿现金，因为不少地方还不能刷卡。他没什么个人消费，无非就是喝杯茶，抽两支烟。有人统计过，他一年的个人消费应该不超过 5 万块钱。

◢ 宗庆后拜年的广告出现在杭州繁华街头，充分体现了他的亲和力，让市民们不禁驻足观看。

宗庆后很少在家吃饭，家里也不怎么开火。他对饮食没什么讲究，豆腐乳与咸菜是他的最爱。若是在清泰街娃哈哈总部，他一日三餐都在食堂解决。不在杭州的日子，若无商务宴请，一个盒饭就可以打发他的一餐，至多不过是与他一起出差的人给安排个便餐。

宗庆后不喜欢“贵族运动”，既不打高尔夫，也不玩游艇、帆船、赛马。他也不搞收藏，“不懂，没这个爱好，还容易碰到赝品。”他不喜欢用起来很麻烦的东西，手机对他来说就是打电话，不用时尚和奢侈的，当然那种超长待机的最好。近一两年，他才开始用智能手机。

就连电影，宗庆后也是很长时间都没看过了。他偶尔会看看电视，出差的时候会看看碟片、电视剧，消遣消遣，看得最多的是《雍正王朝》和《亮剑》。

对于私人飞机和游艇，宗庆后也没兴趣。他太忙了，根本没时间旅游。以前出差的时候，他都是坐经济舱，现在腰不太好，坐得太挤很难受，才“升了舱”，开始坐商务舱，那里会稍微宽敞一点。以前宗庆后住的宾馆都很便宜，现在手下们给他找得比较好，事实上对他来说，只要能睡觉和洗澡就够了。

他的这些举动，与其他的首富大为不同。万达的王健林已经拥有了价值7800万元的豪华游艇，甚至还买下了制造游艇的那家船厂；他还是珍贵字画的大买家，手里有毕加索的《两个小孩儿》，还掌握了吴冠中七成以上的画作；当然，他的衣食住行也极为体面。

宗庆后与王健林不同。很多人说宗庆后的生活没有质量，这点儿他必须承认。就生活品质来说，他的生活没员工好。对于一个苦惯了的人来说，一切都是珍贵的。他小时候有一顿没一顿，后来做生意也吃过不少苦，钱都是自己一点一滴辛苦挣出来的。他真的不太会享受。

对宗庆后来说，人生价值的实现，比财富和享受重要得多。

2012 年 10 月 12 日，全球著名财经类杂志《福布斯》在上海安达仕酒店举行 2012 年福布斯中国富豪榜新闻发布会，宗庆后又以 100 亿美元资产成为“中国内地首富”。此前他已成为 2012 年胡润榜的内地首富。这是 2010 年之后，他再次成为“双料首富”。福布斯中文网还推出了一个专题，叫作“十年十首富”，城头变幻大王旗，宗庆后是少数的“重现者”。

2013 年 2 月 28 日，胡润全球富豪榜发布，宗庆后以 820 亿元第三次登上“中国首富”，在华人十大富豪中位列第八。5 月 6 日，《新财富》杂志发布“2013 新财富 500 富人榜”，宗庆后又成为《新财富》版的 2013 年“中国首富”。

所有这些榜单当中，宗庆后最为看重的桂冠是“民族产业贡献卓著的民营功勋企业家”，这是 2013 年全国工商联对他的褒奖。

正是在这一年，万达集团的王健林开始在一些榜单上取代了他，成为了中国的新首富。然而在财富的抽象意义上，宗庆后依旧远远超过了王健林——他在中国最传统的行业，用最传统的方式，以与“暴利”无关的刻苦经营，赢得了属于他的桂冠。

任何一位“首富”都值得尊重，只要他们的财富通过合法经营所得。然而判断“首富”的成色，却不能仅凭财富的多寡，至少还有几个标准：

“首富”的稳定性——是否长期在前三的位置上盘踞？

“首富”的象征性——是否为人们提供了象征意义？

从这两点上来说，无论娃哈哈的宗庆后，还是三一重工的梁稳根，其“成色”够足。

说心里话，宗庆后之所以能成为“首富”，还得感谢达能。当初与达能打那场“尊严之战”的时候，他心中做好了分道扬镳、另起炉灶的准备，就投了几十个亿进去，新建了90条生产线。

那时候宗庆后已经做好了关闭合资企业的准备，他唯一的念头就是，一旦合资企业关闭了，他必须在产能上超出原来的合资企业，这样才不致使市场突然出现“黑洞”，让竞争对手有机可乘。只要合资企业一退出市场，他就立马去把市场“黑洞”填满。

合资企业没有关停，等到娃哈哈赢了与达能的官司，达能把合资企业的控股权卖回给了娃哈哈。娃哈哈的生产规模突然爆炸性地膨胀，市场占有率的增长也很吓人。所以到了2010年，宗庆后不但一下子就成了“首富”，而且还是“双料首富”。

未雨绸缪地耗巨资扩大产能，使娃哈哈在赢得“达娃之争”后呈现出几何级数的攀升。突然之间，宗庆后不再因为“达娃之争”而受媒体关注，而因为成为“双料首富”而获媒体青睐。宗庆后再次成为了“媒体宠儿”。

曾经那些诟病宗庆后的，现在又回过头来对他褒奖。他们说，新首富来自传统行业，来自一位与VC和PE绝缘的人物。他们意识到，一个新象征诞生了。

当宗庆后第一次听说要成为“首富”的消息时，他极为淡定。他对财富本身没有概念，是否成为“首富”对他来说并无特别的意义。他挣的每一分钱，都靠自己的辛苦经营，而不是依靠资本市场的掠夺。他没有去拿不义之财，也没有搞投机，搞暴利，都是一分一厘赚出来的，非常透明。宗庆后不怕媒体采访。他欢迎他们。

成为“首富”之后，最大的变化是娃哈哈在世界上的影响力提高了，越来越多的外国媒体主动找上门来。他们关注宗庆后，也是因为他做的是最传统的行业，觉得他的财富不是数字游戏，不是依靠公司上市的虚拟和放大，而是实实在在的财富。他们觉得这是很了不起的事，一个卖饮料的也能卖出一个“首富”来。

“首富”对宗庆后的生活没有任何影响，他依旧是早上七点到公司，晚上十一点回家，没时间娱乐，也没时间“生活”。宗庆后的生活就是工作，工作也是生活，但他从不觉得单调乏味。家里人早就习惯了他的工作状态，他们没办法，只好接受这种现实。

家里的事情宗庆后从来不管，那是他老婆的地盘儿，她说了算。买房子，她做主；房子装修，她去弄。施幼珍蛮节约的，她在家热水器也不怎么开，空调也不怎么开，他们都习惯了艰苦。宗庆后住的小区，算不上特别高档，若说那是“首富之家”，估计没几个人相信。可是首富住那里，开发商知道了，就把这事当成了他们楼盘的广告。

“首富红利”也出现了，人人都想去兑现。有一次宗庆后去浙江省人民大会堂，找了一个餐厅吃菜泡饭。因为他经常在那家餐厅吃他们的菜泡饭，他们就打了个广告，说这是特色菜，是“中国首富”吃的，结果那菜泡饭简直卖疯了。

很多人问宗庆后：什么是首富的特质？他也不知道。有人依靠公司的股票价格成为首富，娃哈哈没有上市，他依靠的是实实在在的奋斗，一瓶瓶的水卖出去。宗庆后已经艰苦惯了，没什么奢侈愿望，即使硬让他过奢侈的生活，他也没办法适应。

宗庆后喜欢自己的平淡心态，拥有自己特别的幸福感。现在有些人心态不好，都想当老板，当总统，当皇帝，这是不可能的事。也许你可能比那些总统能干，但他当了总统，你却当不了。宗庆后的心态很好，没有这种超出想象力的奢望。

当宗庆后成为“首富”之后，就不断会有人问他“财富的临界点”到底是多少。事实上，他也不知道这个临界点何在。对于一个每年个人消费不足 5 万元人民币的人来说，这个问题显得极度吊诡。

宗庆后个人名下的财富很多，否则也不会成为“首富”，但是他相信，超过1000万元的财富都属于社会，如果有临界点的话，1000 万算个临界点吧。它并不科学，只是他的个人理解。

“以前全国的财富都是老百姓的，没一个人认为这是属于自己的；现在私人拥有财富，人人都觉得这是自己的，事实上最后还是社会的，有个一两千万属于你自己，再多的你也花不完，最终还是社会的。全中国的人，从上到下，把这个问题看清楚，我们就不会仇富了，经济还会发展得更快。”宗庆后说，“说实话，一个人能吃多少、用多少？财富这东西，死后又不能带到棺材里面去，带去也没有用；他即使留给了子孙，哪怕放在银行里不投资，那也是在为全国老百姓服务。”

在这个世界上，不是每个人都会成功，每个人对成功的理解和设定的目标也不同。如果心态不好，就永远不会成功；如果心态好了，处处都有成功。中国人的幸福感比较差，都是没有好心态造成的。宗庆后充满了幸福感，他没享受也很幸福，因为他做成了自己一直想做的事，还得到了整个社会、整个国家和整个世界的认同。

宗庆后相信时势造英雄，也相信英雄造时势。机会没来的时候要耐心等待，坚持到底，机会来了要去抓住。地上到处都堆着钱，只是人们没看到而已，或者只看到了近处的蝇头小利，没看到远处的大钱。企业家经营企业，如同逆水行舟，不进则退。娃哈哈一开始也是逆行，现在规模做大了，应该不会有大问题了，就如同顺流而下，“王浚楼船下益州”的感觉。

幸运也很重要，什么也比不上幸运。机遇每个人都有，它是公平的，但是幸运却是不公平的，充满了随机性、偶然性。宗庆后也是得到了幸运的垂青，才最终抓住了机遇，并且牢牢攥在手中。机遇需要去作出分析和判断：哪个机遇是你的？你多大年龄？应该做哪些事情？

企业家是弱势群体

曾经有不少算命先生给宗庆后算命，说他可以做水的生意。有的是在他做生意之前算的，也有在他做生意之后算的。宗庆后选择做水的生意跟他们没关系。他对宗教信仰或是神秘力量没有特别关注，那只是个心理安慰而已。

很多人说宗庆后是一个清教徒般的首富，夸张地褒奖他近乎是一个“完人”，无可指责，生活俭朴，乐善好施，不知道享受为何物，过着如同清教徒般的生活。说他每天都要工作 16 小时以上，放弃了很多私人生活：女儿上学，却不知道她读的是几年级；老母亲近在咫尺，一年看望只有数次；美丽的西湖离公司总部仅几里路，创业二十几年来没有去游玩一次；节假日、双休日不是在出差，就是在办公室，晚上工作常常到深夜，困了、累了就睡在办公室。

创业时期是这样，现在还是这样。

他们夸赞宗庆后虽然坐拥巨额资产，却依然保持一贯简朴的作风，是世界上最廉价的董事长兼 CEO，至今还住着一套平凡的公寓，对衣服所追求的只是舒适而非名牌，外出习惯住一天两百块的经济型酒店……

这些描述，有的是真实的情状，也有一些是夸张和渲染。“我不是一个清教徒，我只是有自己的信念和目标。成为‘首富’或者‘双料首富’没什么可值得骄傲的，这只是一种以财富作为价值评判标准的认可而已。重要的是我们的内心深处一直最强烈的渴望，重要的是守住我们的内心，去做最正确的事。”

宗庆后曾经历过贫苦的生活。“我知道那样的生活不代表中国，也不代表未来。我想改变自己的命运，也改变这种社会状况。经由 28 年的奋斗，我的确改变了自己的命运，也帮助很多人改变了自己的命运。”

宗庆后还为这个社会提供了一种信念，那就是只要老老实实创业，勤勤恳恳耕耘，认认真真奋斗，即使不依靠风险投资和私募股权，即使在最传统的领域，也会做出一番大成就来。

他希望创业者回到实业本身，因为只有中国的实业做强了，中国才会真正强。没有实业的国家是个“空心”国家，没有实业的经济，是“空心化”的经济，充满了虚幻，更充满了风险。

他相信无论美国还是欧洲，它们遇到危机，症结都在这里。国家要鼓励实体经济，但实体经济税负重，管的人也比较多，没有人愿意搞。大家都觉得虚拟财富来得又快又轻松，却忽略了其背后的风险：大家都不创造财富，分完了国家就完蛋了。

娃哈哈也不是闭着眼睛做实业。“我相信，做企业一定要懂政治，但不能与政治捆绑在一起，捆绑到一起了，分不开了，就会出大事；你要当官就去当官，你要赚钱就去赚钱，两者不能兼得。”宗庆后说，“以前媒体讲究‘政治家办报’，企业也应该讲究‘政治家办企业’，这不是要你成为政治家，而是希望你拥有政治家的视野、思维、判断，从而赢得更大的生存空间。”

中国的贫富悬殊越来越大，但宗庆后感觉还没有美国大。“美国为什么少见仇富，还要感谢富人？为什么富人受尊重？那是因为普通老百姓的生活水准跟有钱人差不多，房子车子都有，也不愁吃穿；有钱人吃得稍微好一点，房子稍微大一点。整个社会都认为，有钱人的投资给工薪阶层创造了就业机会。”

他认为，中国普通老百姓生活水平没有得到明显提高，基本生活需求没有得到普遍解决，社会上一些人又渲染仇富心理。“富二代”出一点儿事情，马上产生放大效应，现在交通事故在不断增多，任何人都会出。为什么普通人出交通事故就没事，“富二代”就有事？

宗庆后一再呼吁不要仇富。人们仇富的心理起来了，富人缺乏安全感了，就会拼命移民到国外，把财富也带到国外，这会对中国发展产生不利影响。

宗庆后认为，中国的企业家现在是弱势群体，一直以来都是这样。“一开始我们为了自己活命才拼命干，现在积累了一定财富可以回报社会了，资产规模和质量都提升了，但仇富的情绪也起来了。现在一些政府官员也对企业家充满了妒忌，他们有时候会觉得我权力这么大，为什么我钱没有你赚得多？”这些使企业家特别是民营企业家丧失了继续创业的积极性，对经济发展起了负面作用。

“富人缺乏安全感，你如果不停打压他，他就跑掉了；你要去鼓励和引导他，让他为社会作贡献。如果他们都跑了，社会如何解决就业呢？”他说。

企业家精神

宗庆后希望能够帮助中国形成一种真正的企业家精神，它与熊彼特、德鲁克所倡导的企业家精神关联，又因为中国特殊的文明、文化而经过了修正。

宗庆后希望能够帮助中国形成一种真正的企业家精神，它与熊彼特、德鲁克所倡导的企业家精神关联，又因为中国特殊的文明、文化而经过了修正。这种企业家精神适应中国的土壤，带着文化的基因，最终会陪伴中国企业和企业家在商业战场上开疆拓土进而成为全球化的主流。

企业家们所努力追寻的“企业家精神”，应该是一种包括冒险、首创、坚持、事业心、觉察力、责任感在内的新的综合。宗庆后觉得就本质上来说，大家追求的是一种价值认同，追寻的过程才是人们赢得内心安宁、找到创业幸福感的过程，才能够通过对商业美德的实践获得内心及外部世界的认同。

中国没有真正的企业家

宗庆后说，今天我们生活在一个全球化时代，生活在无数伟大企业的身旁，日常生活被它们提供的产品和服务合围——从家具、家用电器、电话、汽车、食品、洗发水，直到我们的袜子和内裤，无一例外。谈论起这些伟大企业和它们的领袖来，大家往往津津乐道，侃侃而谈，如数家珍。

中国企业正在开始成为这个时代的主角，这个时代更需要具有企业家精神的中国企业家。

1800年，法国经济学家萨伊说，企业家“将经济资源从生产力和产出较低的领域转移到较高的领域”。此后200年中，人们一直执着地讨论什么是真正的“企业家精神”。

摩根·威策尔在《管理的历史》中将“企业家精神”形容为“一种稀缺商品”。他说：“近来一些商学院开始努力把企业家精神教授给它们的学生，这种做法注定是要失败的。那些具有勇气和智慧等企业家天赋的学生，如果愿意成为一名企业家的话，那么他们就会成为企业家。而对于其他人来说，教学过程通常是灌输一系列行为方式和原则，如果缺乏创造性地遵从，就会获得看起来像企业家取得成功似的良好商业业绩……真正的企业家精神是冒险、动力和智慧的结合。”

熊彼特开创的创新理论对“企业家精神”有着最为精辟的见解。他认为，企业家作为创新主体，其动力来源无非是对利益的追逐和企业家精神，后者有时被他描绘为“独特的理性精神”，并被他确定为经济发展的最主要动力。在熊彼特定义中，“企业家精神”的要义是：

◎首创精神。

◎成功欲。

◎甘冒风险。

◎精明理智和敏捷。

◎事业心。

熊彼特的“企业家精神”如今统治了整个世界。无数被梦想包围的年轻人从本杰明·富兰克林的身上，从洛克菲勒身上，从亨利·福特身上看到了熊彼特的“企业家精神”，也看到了通往未来和未知的道路。

彼得·德鲁克在《创新与企业家精神》中写道：“在美国，企业家往往指创建自己的、新的小企业的人……但并不是所有新的小企业都是企业家的，或代表企业家精神。”开一家小餐馆的人虽然要承担风险，但显然他们并不是企业家，“然而，麦当劳却是有企业家精神的。”

首创精神毕竟只是企业家精神的一部分，我们可以从小企业的创始人身上看到的企业家精神，同样也可以从大企业家的身上看到。

德鲁克说:“事实上，许多大型的旧企业也正在实践企业家精神。通用电气公司是世界上最大的企业之一，有100多年的历史，长久以来，它就一直善于从头建立一家新的企业，并将它发展成规模相当大的产业。而且通用电气并不限于在制造业中采取企业家精神。它的金融帮手——通用电气信贷公司掀起一场很大的变革，转变了美国的金融制度，现在，它的业务迅速扩展到英国和西欧。60年代，当通用电气信贷公司发现商业票据也可用于金融业时，它就突破了金融界的马其诺防线，打破了传统银行对商业信贷的垄断。”

杰克·韦尔奇之所以成为伟大的企业领袖，与他身上的企业家精神密不可分。他坚持梦想，却又懂得变通，面对令人气馁的官僚作风时，为了实现梦想,“一定不能让运转中的‘风车’发生倾斜。”

人人都崇拜杰克·韦尔奇，把他当作“朝圣”的对象，但他们却从不肯按照韦尔奇指出的道路前进。他们知道那条道路通往一个彼岸，然而他们需要的、渴望到达的却是另外一个彼岸。

宗庆后对以上学说观点有着深入的研究，因此在他看来，企业家难求，更遑论企业家精神。掌握资源和资本的人高喊着口号，制造着各种骇人听闻的“名人名言”，而那些缺乏资源和资本的年轻人却无法得到施展抱负的机会。事实上，只有后者才有希望建立一种真正的企业家精神，也只有后者正在艰难地寻找着一条通往杰克·韦尔奇指引的彼岸的道路。

“企业家精神既不是一门科学也非一门艺术，它是一种实践。”彼得·德鲁克说，“从理论上说，企业家精神应该是风险最低的而不是最高的行为。”然而，即使明白了所有道理，精通“企业家精神”的科学或艺术，那些屁股坐在国企椅子上的“企业家”们也不会有丝毫的反应。

创新是企业家精神的核心

“对于他们来说，他们屁股下面的交椅比企业家精神更为重要；而对于我们来说,‘中国企业家的困惑’不是他们的困惑，而是我们的困惑。努力寻找真正企业家精神的人是我们，而非那些拥有经营的能力，可以调控几亿元、几十亿元甚至几百亿元资本的人。从中我们就会明白，为什么中国几乎找不到真正的企业家了。”宗庆后说。

宗庆后也有自己对企业家精神的理解。2010年6月10日，他曾在中国兵器工业集团公司中青年经营管理人员培训班上讲“如何做一名合格的企业家”。他认为做一名合格的企业家首先要具备以下五种精神：

创新是企业家精神中最主要的内容。企业家必须要有甘冒风险和承担风险的魄力，敢为人先。创新是做不同的事，而不是将已经做过的事做得更好一些，因此，企业家要从产品创新到技术创新、市场创新、组织形式创新等方面不断探索创新，使创新成为企业家的本能，亦就是企业家要具备推动社会进步的能力。

合作是企业家精神的精华。企业家必须擅长合作，对内要与员工合作，实行民主集中制，要让自己的决策获得员工的支持；对外要擅长与任何人合作，实行优势互补，才能取得成功。

敬业是企业家精神的动力。企业家首先要有对事业的热爱和执着精神。对事业的忠诚和责任，是企业家的“高峰体验”和不竭动力。

学习是企业家精神的关键。在世界经济环境变化加速的时代，企业家如果不学习，很难适应激烈的市场竞争环境。企业家都需要有一种善于自我学习、自我提升的能力，这样才能永远保持持续的竞争力。

诚信是企业家精神的基石。我认为诚信是企业家的立身之本，市场经济是法治经济，更是信用经济、诚信经济。企业家要奉行对消费者诚信、对员工诚信、对经销商诚信、对供应商诚信、对所有的人诚信的原则，才能取得信誉，获得信任与支持，才能最终取得事业的成功。

作为民营企业家与国企企业家来讲，区别在于民营企业家更有责任心与积极性，因为其有财产的名义所有权。而国企企业家积极性、责任性就差一点，因为财产他没有份，他是公仆，但思想境界未必能达到这个水平。民营企业家从开始创业到形成规模，实际上心态亦是在不断变化的。开始是一心为自己赚钱，甚至可以不惜一切手段打下自己的物质基础，逐步形成规模后，物质生活满足了，而且受到社会认可与尊重，他就会从为社会作贡献进而体现人生价值的高度来考虑问题了。

但企业家亦是人，亦需要得到尊重、鼓励，需要不断被激励，从而让其不断努力奋斗，为社会创造更多的财富。而且企业家是发展经济最关键的力量，亦是我们国家最宝贵、最稀缺的财富，而且在重心转到经济建设的时代里，企业家群体更应成为党的依靠力量。

通过发扬以上五种精神，我认为企业家能高瞻远瞩看得到未来，能让企业始终领先于人家半步，使企业的发展、市场竞争永远处于主动地位。通过学习与实践去精通业务；通过平等待人，公平、公正地处理任何事情；通过与员工共享企业发展成果，让员工能信任你，齐心协力地经营好企业；通过诚信及合理地处理好利益关系，获得供应商、经销商和消费者的支持；通过履行社会责任，获得社会及政府的支持。总之，企业家既要有能团结广大员工、把握好企业发展方向、解决企业发展中发生的困难与问题的能力，同时还要有为企业创造一个和谐发展的环境的能力，这样才能确保企业长期、稳定地发展。

真正的企业家在分析复杂问题时，能够将事物抽丝剥茧，还原到本质，化繁为简，因地制宜、因时制宜、因事制宜地进行决策。我不知道自己是否已成为一位这样的企业家，但我相信自己正无限接近中。

世界变化太快了，对企业领导者来说也不可能总按老的套路去出牌。但我认为做企业要有这些素质，特别在中国市场上，那就是：诗人的想象力、科学家的敏锐眼光、哲学家的头脑、战略家的本领。

我们的饮料其实是用各种各样的营养成分组合而成的，但怎么组合，这就需要有想象力：什么和什么配合在一起口味会更好；而要了解消费者的潜在需求，就需要眼光敏锐，才能比别人快半步；哲学家的头脑也很重要，必须判断所做的事情是否符合规律，如果是，即使现在有困难，将来也能成；战略家的本领更不能缺，有些局部的现象可能只是暂时的，但如果不能从战略高度看问题的话，就可能会迷失方向。

天命

卓越的企业家在价值积累的过程中，聚沙成塔，终将完成一个天命，那就是达到“无我”、“无物”的境界，为了这个世界本身的进步和建设提供意见，提供建设性的思维模式，这才是企业家带给这个世界的最大感动。

在这个世界上有比财富更重要的事情，那就是个人价值的呈现。如果宗庆后成为一名教师，“传道、授业、解惑”就是他个人价值的呈现；但他现在是一个生意人，要呈现生意人的价值，就必须理解生意的真正意义。

生意的真正意义是什么？宗庆后曾读过一段文字：

所谓生意，从它的字面上理解，就是生的意趣，是生命和生活的意趣，而不是死的意趣，不是硬邦邦的、怯生生的、浑浑噩噩、毫无生趣可言的意趣。如果生意不能给我们提供生的意趣，那么生意就不是生意，而只是一种生活和精神上的牵羁而已。

生意的结果是财富，但生意的目的不是财富，而是生的意趣；财富如果未被赋予生的意趣，充其量只能成为一个数字，而不能成为一种价值。

价值首先是我们内心的需求，如果它能够影响更多人，依附、容纳了更多人的需求，它就得到了升华，变成了公共的价值。所以，要想使财富获取价值，就需要用财富影响更多的人。

如何用财富影响更多的人，是一件仁智互见的事情。但是，只要不违背作为一个个体人和一个社会人的底线，只要其目标所指能称得上“善”，就值得尊敬，值得效仿，值得自己为自己鼓掌。但是，善心只是第一步，有了善心还要有善行，善心与善行能够默契一致，就朝向了知行合一，离至善就更近了一步。

天命很大

任何杰出的商人、企业家，都希望能够作为榜样来改变人们对于商人和商业的看法，都希望能够通过自己的行动影响人们的选择和判断，都希望能够竭尽自己的力量推动商业文明和政治文明的进步，都希望自己能够生活在一个充满信仰、成就感和被尊重的社会当中。

和宗庆后相似的一批人，因为相信邓小平“让一部分人先富起来”的承诺，因为相信这个国家的伟大与自信，因为对中国的未来充满了期待与信心，因为洞悉了自己所承担的使命与责任，愿意认识自己、成就自己，愿意承受起来、担当起来。

他们希望成为这个时代的灵魂，成为值得尊敬的人。在他们充满不确定性的未来当中，或许会有人裹足不前，或许会有人倒在路边，或许会有人背弃了内心的召唤，但是作为一个整体，一个充满活力、激情与生命力的整体，他们将努力影响这个时代、改变这个时代、改造这个时代，使社会和时代，使国家和历史，使他们自己，变得自由、充分和有尊严。

天命就是历史使命。宗庆后相信这就是他的“天命”。“首富”只是一个象征、一个看上去很大的身份，它并不代表和意味着什么。它只是一个符号、一种督导，使他去承担更多社会责任，使他的企业去承担更多的企业社会责任，为这个社会和时代提供一种理念和精神财富，推动社会的持续进步。

今天已经不再是那个把商人和企业家的贡献连同尸骨一起埋葬的年代了，邓小平开创的“改革开放”已经越过了三十多个年头。中国在向着更好的方向走，中国人不愿也不可能再回到过去。

在这种潮流之中，寻找共同的价值契合点，相互接纳，彼此包容，扶持着、提携着，一起往前走，才是商业时代的潮流。“如果我的‘天命’是抹平穷人与富人的罅隙与伤痕，如果是呈现一种价值观与可能性，使年轻的创业者找到方向，看到哪怕一线的亮光，我一定会觉得这是有价值的，值得我义无反顾为之付出的。”宗庆后说。

实业，可持续的财富观

宗庆后希望人们回到实业。“娃哈哈这么多年一直坚持实业，相信实业真正创造财富，而资本运作只是通过虚拟将财富再分配，而非创造财富。如果大家都去分配财富，却没有人去创造财富，国家就垮掉了。我们必须建立一种可持续的财富观。”

2010 年 12 月 10 日，宗庆后代表中国企业界参加了 IDG 公司和美国斯坦福大学共同主办的“可持续发展与全球竞争力高峰论坛”。在那天，斯坦福大学可持续发展与全球竞争力研究中心主任、美国国家工程院院士 James O. Leckie 说，过去几十年来，世界一直处于变革当中。综观今天的商业世界，可以发现有两大趋势：一是世界的重心已经由西方向东方转移，世界经济秩序和相应的一些规则因此需要重新改写，下一个 10 年将是新秩序新规则确定的关键时期。对于中国来说，今后 20 年或者更长一段时间将会有 3 亿多人口从农村转移到城市，要在 20 多年时间里走完美国 200 多年才完成的过程。这是一个一次性的机会，而且是在对资源激烈竞争的环境中进行，所以中国必须确保它能够以一种高效、可持续的方式来完成。在这种前提下，中国企业的管理者需要全面探讨长期愿景和可持续的商业机会，并为之做出长期不懈的努力。

宗庆后在演讲中呼应了 James O.Leckie 的观点。他介绍了娃哈哈的历史，告诉他们，“用一句话来概括，中国的娃哈哈就类似于美国的可口可乐，当然从绝对规模来讲，娃哈哈还不能完全与可口可乐相比拟。”他在演讲中说：

在我看来，实现“可持续发展”应当做到三点：一是要以科学、合理的方式利用资源；二是要促使社会所有成员、至少是大部分成员通过劳动创造现实的财富；三是要使创造出来的财富在社会成员之间得到公平合理的分配，而不仅仅是惠及部分成员。我注意到很多人在谈及“可持续发展”问题时，都专注于提升科技水平、运用清洁能源、注重环境保护等问题，这些问题当然是重要的，但这只是可持续发展的第一个方面。

在商品经济条件下，我们每一个个人、每一个企业乃至每一个国家，都是全球性经济活动的参与者。我们参与经济活动的基本原则就是“分工不同，相互交换”：一方面通过社会分工带来的专业化提高生产效率、创造更多的社会财富；另一方面通过不同市场主体之间相互等价交换各自的剩余产品，实现社会财富的合理分配。生产与分配这两个基本环节的顺畅运行，是我们实现可持续发展的基本保障。

当今世界的三大经济体分别是美国、欧盟和中国，而这三个实体的经济发展模式都存在着自身的问题。我认为，按照它们现有的发展模式，都是无法支持可持续发展的。美国和欧洲的主要问题在于财富创造不足、超额分配、透支消费，而中国的问题则在于如何扩大分配，改变消费不足的局面。

首先，财富的创造和增加是社会发展的根本保障，我们必须维持一个可持续的财富增长模式。

归根到底，财富都是由人创造出来的，从世界范围来看，社会财富的可持续增长，必须依赖世界上所有国家及其国民通过合理的社会分工共同创造。但我们面对的现实却是，世界上只有一部分国家、一部分人竭其所能地创造着现实的财富，而另一部分国家、另一部分人却对创造现实财富失去了兴趣，而是热衷于搞虚拟经济，将别人创造的财富转移到自己手中，从而导致了全球范围内实体经济和虚拟经济的冲突。

说到虚拟经济，美国是当之无愧的世界第一，它拥有世界上规模最为庞大的虚拟经济。不可否认，虚拟经济是现代市场经济与科学技术高度发达的必然结果，经济的虚拟化极大地推动了实体经济的快速增长和发展。虚拟经济在一定范围内的存在，在优化资源配置、分散社会风险等方面确实有利于实体经济的发展。但我们必须清醒地认识到，虚拟经济再繁荣，其自身也不能增加一丝一毫的社会财富。但在现实当中，由于虚拟经济具有资本聚集和放大的功能，能够迅速地为经营者带来巨额的利润，因而对于有能力开展虚拟经济的人来讲，具有不可抗拒的诱惑力，越来越多的人热衷于从事虚拟经济，必然会出现由实体经济向虚拟经济输血的现象，通过资本全球性的不合理转移和聚集，不断侵夺实体经济的发展空间及其创造的财富，而且还刺激社会非理性的过度消费，这是有违我们发展虚拟经济的初衷的。

最近几十年来，越来越多的发展中国家的经济得到了迅猛的发展，中国也是其中之一。大量原先由发达国家从事的制造业转移到这些新兴国家，这些国家的人民辛勤劳作，创造了巨额的社会财富，但这些财富的大部分却不是由他们所享有，而是被发达国家凭借科技、人才、金融工具和贸易制度等方面的优势所获得。通过这样一种发展模式，发达国家在获得高额利润的同时，也获得了大量廉价的商品，本国国民的生活水准得到了极大的改善，他们越来越习惯于享受别人创造的财富，从而使这些国家离实体经济越来越远。

在这方面，美国表现得最为典型：一方面，强大的美国像一个黑洞，来自美国的热钱在世界各地兴风作浪，转移和侵夺发展中国家创造的财富；另一方面，美国的金融企业还不断推出种类繁多的金融产品，全方位满足国内消费者的欲望，鼓励和刺激他们进行超前消费、超额消费。而美国政府不仅对此不加警惕和约束，反而还推波助澜，采取种种措施鼓励低收入国民进行超出其实际承受能力的消费，甚至放任银行贷款给无偿还能力者购买住房。国家靠发债，低收入者靠借款，任何人都能为了任何目的借到他需要的钱。最终，我们都看到了，在这种非正常的、不可持续的经济发展和消费模式之下所积累起来的风险最终在2008年以次贷危机的形式彻底爆发，并迅速波及全世界。

作为单个企业而言，无法抗拒虚拟经济和金融产品所带来的诱惑，这是可以理解的，但作为一国政府，特别是在全球范围内有重要影响力的政府，必须承担与其地位相适应的责任，一方面要维护本国的利益和经济繁荣，另一方面也要顾及别国的持久发展能力；一方面要推动虚拟经济的发展，另一方面也要格外警惕它的副作用。如果美国政府不能真正负起责任来，下一次全球性的金融危机将是可以预见的。极端地试想一下，如果华尔街的金融家们把世界财富都聚集到自己手中之后，世界将会怎样？一个繁荣的美国和一个萧条的地球，是我们所追求的“可持续发展”吗?

当然，美国还是一个强大的制造业国家，只要调整到位、监管有力，是完全可以将虚拟经济掌握在可控的范围之内，使其为实体经济服务的，美国有能力、也应当为我们这个世界创造出更多的财富。而如果美国政府能够更进一步，考虑别人的利益再多那么一点，是可以帮助更多的国家走上可持续发展的道路的。

与美国不同，欧洲的主要问题是缺乏调动人们工作热情的社会机制。由于社会财富最终是要由人来创造的，因此如何调动和维持每一个社会个体的积极性、鼓励其投身于社会财富的创造活动中来，也是我们在讨论可持续发展时必须面临的一个课题。我一直在关注欧洲一些国家的社会福利制度，应当承认，这些国家高福利、高税收的制度，确实给其国民带来了普遍的福利。把社会财富最大限度地分配给最广大的社会大众，这当然是值得倡导的，但这样的制度必须建立在能够持续、良性运转的基础之上，做到可持续发展。我们都知道，人都是有惰性的，在一种干与不干一个样、干多干少差不多的制度下，如何长久维持人们通过劳动创造财富的积极性，这是我们必须破解的制度难题。

在这方面，中国是有深刻的历史教训的。20世纪50年代末，贫穷的中国开始实行“人民公社”制度，由国家包揽国民的主要消费开支，连吃饭也由公社食堂解决。刚开始的时候公社食堂顿顿有鱼有肉，但有限的财富根本不足以维持这样的体系，没过多久，食堂就只供应稀饭了。当然现在欧洲各国的经济发展程度和财富积累程度与几十年前吃“大锅饭”时的中国不可同日而语，但问题的本质是一样的。前不久，法国政府试图将法国人的退休年龄推迟两年，以减轻其财政压力，但这一措施遭到了国内空前的抗议和反对，这从一个侧面反映了在长期的高福利制度和优越生活环境中成长起来的新一代欧洲人，享得了福却吃不起苦。欧洲社会财富增加的速度与动力正在放缓，而一旦新增的社会财富无法满足新增的社会需求，高福利、高税收的制度危机将是不可避免的。

其次，我们必须建立和维持一个公平合理的、可持续的国际财富分配体系。

要实现可持续发展，一方面我们应当以更高的效率持续创造社会财富，另一方面我们也要确保创造出来的财富能够被公平地进行分配，从而保障不同市场主体的利益。一个仅仅考虑部分国家、部分企业、部分人群利益的分配制度，是无法承担可持续发展的重任的。

然而，在现实当中，财富分配不平衡的现象在各个层面仍广泛存在，发达国家与发展中国家、大企业与小企业、垄断企业与消费者之间，都存在着分配失衡问题。在这个世界的财富总量不变的情况下，由于欧美国家的消费超过了它们实际创造的财富，那么必然有人要为此买单，相应的结果就是包括中国在内的发展中国家的国内消费不足。

目前中国的 GDP 已经排名世界第二，但这丝毫没有改变其发展中国家的性质，人均可支配收入还处于世界中下游水平，大部分中国人获得的社会财富是远远低于其实际创造的劳动成果的。大量的商品以低廉的价格出口。

尽管中国有世界上最庞大的人口，但这一人口优势一直以来没有完全转化为市场优势，国内市场需求，特别是广大农村地区的市场需求并没有充分释放出来。加上中国目前的社会保障制度还很不完善，医疗、教育、住房等方面的压力也在很大程度上限制了国民的消费能力。另一方面，由于整体科技水平依然较低，资金实力有限以及国内产业结构的不合理，大量的中国企业仍然处于产业链的低端水平，只能在低价竞争中苦苦求生。这就形成了国内消费市场内需不足——产品大量出口、财富流失——国民因财富流失而无法获得足够的分配——进一步限制国内消费这样一个恶性循环。

不仅如此，中国老百姓辛勤劳动、节衣缩食所创造的大量财富输送到美国，换来的不是相应的现实商品和财富，而是美元外汇和国债，这在很大程度上也是中国内需不足的外应。这就造成了一个奇怪的现象，本该花钱投资的国家却在对外放贷，而本该放贷的国家却在借钱消费，这是一个无法长久持续的体系，最终将损害全球经济的健康发展。

即便如此，不少美国人还认为，中国的人民币应当大幅升值，从而提高美国企业产品的竞争能力。但我们都知道，中国出口美国的产品，大部分是低附加值的初级加工产品，而美国的企业，由于生产成本的高昂，已不可能自己生产这些产品。中国的企业并非是在和美国企业竞争，而是在与同为发展中国家的印度、墨西哥等国的企业竞争。所以，要求他国货币升值，并不能解决美国国内的问题，反而会进一步降低发展中国家出口商品本已微薄的利润，使发达国家与发展中国家利益分配不平衡的格局进一步加剧。作为一个中国公民，我一直对中国所持有的几万亿美元外汇和美国国债非常担心。“做美国的债权人，实在是一件高风险的事情。”

因此，解决中国可持续发展问题的首要问题，应当是扩大国民的分配，促进其消费能力，从而带动国内消费市场的繁荣。当前中国政府开始强调要加快调整国民收入分配格局，如果我们能够尽快有效地解决增加老百姓特别是中低收入群体的收入问题，完善我们的社会保障制度，让老百姓有能力、有信心去扩大消费，是能够扭转中国经济目前过度依赖出口和财富外流的局面，从而使中国经济的生产和分配两个方面走上良性循环的道路的。

总体而言，美、欧、中三家在可持续发展方面都存在着自身的一些问题，相对而言，我认为中国的问题可能容易解决一些，毕竟中国有句古话“由俭入奢易，由奢入俭难”，让过惯了大手大脚日子的美国人回头过俭朴一些的生活，恐怕需要美国政府更大的智慧和决心。

最后，走可持续发展道路也是每一个企业的责任。

可持续发展，不仅是国家层面的问题，同时也是我们每一个企业和企业家必须严肃对待的课题。作为社会财富主要创造者的企业，在可持续发展方面的首要任务是提高效率，持续性地为社会提供商品和服务，同时也要兼顾环境保护、慈善事业等方面的社会责任。以下我分享自己经营企业的一些感受和经验：

1. 必须做到以人为本，建立合理有效的激励机制，尊重和鼓励员工的工作热情。企业的财富最终是由每一个员工所创造的，只有当员工自发地与企业同呼吸、共命运，这个企业才会有价值，才会持续健康地发展。一方面，我们要让员工获得与其劳动成果相适应的回报，使其体会到工作的成就感和满足感；另一方面，我们也需要杜绝分配上的平均主义。

2. 保持不断创新的能力，是企业在竞争中保持活力、实现持续发展的重要保证。在我们这个充满竞争的世界，要想在竞争中脱颖而出、保持优势，创新是我们必然的选择。

这里的创新，首先是指企业在产品、技术和管理等各个领域的全方面创新，创新未必都是革命性的，有时候一个细节的创新也能为企业带来丰厚的利润。创新，特别是应用于实践的创新也不能脱离市场的现实，将过于超前的创新应用于实践，往往会因为消费者无法接受而被淘汰。因此，我们对创新的理解是，要时刻保持创新，并且创新并不需要领先别人太多，保持超过别人半步即可。娃哈哈28年的发展历史，正是实践这一理念的历史。

3. 适时开展合作，特别是国际合作，发挥各自的优势。在国际经济日益一体化的今天，任何企业都不可能与外界隔离，闭门造车。长期以来，以中国为代表的发展中国家由于劳动力成本低廉，并且受到科学技术落后等方面的限制，因此在国际合作中，这些国家的企业往往处于技术输入和产品输出一方，普遍是为发达国家的企业代加工。而随着这些国家整体实力的提升，国际合作的格局也应当出现更加丰富的组合，发展中国家企业的优势并不仅仅体现在成本低廉这一点上。国际合作各方并不存在高低贵贱之分，采取什么模式合作，完全应当根据各自的优势资源进行组合，由市场来决定。重要的是，合作的成果应当在合作各方之间公平地分享。只有这样，才能真正将有限的社会资源进行高效的利用，这也正是可持续发展的必然选择。

我代表……

“我是一个蓝血的平民，因为我来自底层，我听得懂底层人民的声音，我看得懂他们的眼神，我读得懂他们的快乐与无奈。我是他们的代表，代表他们在全国人大上发出声音。”

在西班牙的传说当中，贵族的血液都是蓝色的，所以才有“蓝血贵族”的说法。“我是一个蓝血的平民，因为我来自底层，我听得懂底层人民的声音，我看得懂他们的眼神，我读得懂他们的快乐与无奈。我是他们的代表，全国人民代表大会的代表。”

有人曾问宗庆后“最初参政的目的是什么”？他说：“我们中国企业的敬业精神，说实在的，是光宗耀祖的传统思维促成的。一个企业家做得好了，他在家乡就光宗耀祖，就会被选为人大代表，再走‘修身、齐家、治国、平天下’的人生道路，这就是他的最高理想。但我从来就没想过参政，按照我的说法是议政不参政，有一个能了解党和政府的政策方针及向党和政府提出自己意见与建议的平台。”

“企业家首先要为社会创造财富，而不是扮演政治家角色，二者绝不能兼任。我认为，民营企业家应该懂政治而不参与政治，要议政而不干政，否则就谈不上政企分开。我有我心中最高的经营境界，就是松下所说的‘企业禅’的境界，忘我的境界。”

呈现最真实的声音

宗庆后在 2003 年当选为全国人大代表，如今他已经连任三届。前两届的 10 年当中，他每年都会提交在他看来至为关键的议案建议。“我相信我能读得懂中国，我相信我的议案建议代表了底层的呼声。”

连任全国人大代表的 10 年，宗庆后累计提交了 10 条议案、139 条建议，总字数超过 21 万字，其中提高个税起征点、二次房改、清理不合格公务员等议案和建议，引发了激烈讨论。

他努力使自己能够发出社会最底层最迫切和最真实的声音。他的议案和建议，内容涉及十方面——

1. 扩大分配，拉动内需，完善社会保障(19 条)；
2. 深化改革，简政放权(2 条)；
3. 完善商标法，鼓励创新，推动企业发展(38 条)；
4. 食品饮料，行业发展(13 条)；
5. 房价及城镇化(13 条)；
6. 保证国家经济安全(6 条)；
7. 推动三农发展及农民工就业(13 条)；
8. 教育领域(8 条)；
9. 规范商超领域发展(5 条)；
10. 其他议案及建议(30 条)。

2003 年 3 月，第十届全国人大一次会议开幕，那是宗庆后第一次以全国人大代表身份参加全国人大会议。那一年，作为来自一家食品企业的代表，因为所用原料大部分都是农产品，所以他的第一条建议就是聚焦农业结构调整和农民增收。在接下来的几年中，他又针对“三农”问题提交了多条建议，其中包括关于加强农村基础建设规划工作、制定农村规划法的建议。2007 年 10 月，《中华人民共和国城乡规划法》正式颁布，当中就包含着与他的建议相近的内容。

宗庆后曾在接受记者采访时说：“我觉得建议和议案的关键是要把问题反映清

楚，把老百姓想要反映的事情反映出来。办好企业，让它强大是我的本分，让更多的人生活得更好才是我的最大愿望，为企业、为行业、为国家大业，我要尽最大努力做好每条建议和议案。”

这是他的真实想法。人大代表就要为老百姓说话。知政、参政、议政是人大代表的基本职责，要履行好这个职责必须深入调研。人大代表要有神圣的使命感和高度的责任感，要留心并积极思考政治、经济、法律、社会等各种问题，掌握各种问题的实质，真实地反映老百姓心声，只有这样，才能提出高质量的议案和建议，真正履行人大代表的职责。

作为全国人大代表，宗庆后投下庄重的一票。

在宗庆后作为全国人大代表的十多年当中，每年“两会”前，他都会抽出时间进行调查研究，撰写议案和建议。那是他最重要的工作之一。他相信，因为经常跑市场、跑工程，能够接触各个阶层的老百姓，如果能把这些关系结合起来，把身边的事情反映出来，就能最真实地呈现底层的呼声。

他曾多次建议提高个税起征点，后来个税起征点调高到了 3500 元，但他认为这远远不够——他从娃哈哈员工那儿听到的声音是，5000 元是一个相对合理的起征点。

娃哈哈的员工，以及社会上的大多数年轻人，对于高房价怨声载道、痛苦不堪。在高房价的压迫下，他们变成了房奴。宗庆后曾多次提出过关于“房价”的建议，面对记者提问的时候，他也曾告诉他们，房地产的价格，已经成了影响老百姓的民生问题。“我觉得限购不能解决根本问题。”

有人比较关注“70 年产权”，宗庆后也觉得“70 年产权”不合理。他对记者说：“我们现在很多人一生只有一套房子，而且很大程度上是依靠贷款，有的人还贷要到退休，如果只有 70 年，等于我们还完贷房子就不是自己的了，难不成从头再来，让下一代继续还贷？那不是世世代代做房奴？况且，70 年后把老百姓的房子无偿收回也做不到，怎么收？所以，我觉得与其让老百姓为此事烦恼，还不如干脆把它定下来，让大家吃颗定心丸。”

在全国人民代表大会上，宗庆后是一位受媒体欢迎的人大代表，符合他们对“麻辣代表”的期望。他的议案和建议容易成为话题，也能引发底层社会的共鸣。“犀利”，是他们对他的评价，也算是一种褒奖。

建言温总理

在宗庆后作为全国人大代表的经历当中，印象极为深刻的是与温家宝总理的交流以及对他建言献策。

2009 年 3 月 9 日，温家宝参加浙江团全体会议。他谈到民营企业的发展，指出应对国际金融危机的冲击，离不开民营经济的重要作用。那天赵林中代表为了说明“退步是为了更好前进”的道理，在发言中用了一首浙江诸暨当地的民谣，即：“手把青秧插满田，低头便见水中天。心地清静方是道，退步原来是向前。”赵林中没讲普通话，而是以诸暨方言道出这首民谣。身为天津人的温家宝一时听不懂，后来是宗庆后给他做的翻译。温总理听完后对赵林中说：“你谈的问题很深刻，很形象。”

娃哈哈是一家全国性公司，宗庆后经常在全国各地暴走。他发现沿海地区土地紧张，而其他地方却有大量的土地闲置；城市有大量下岗工人，人口密集，却还有大量农民工进城；广大农民一方面收入过低，增长缓慢，一方面却又无活可干，劳动力剩余很多；在经济高速发展的同时，自然环境却没有变美，有的甚至还遭到了破坏。

在 2004 年的十届全国人大二次会议上，宗庆后提出了《关于国家投资、动员农村闲余劳动力、大规模实施国土资源综合整治工程的建议》。他建议国家投资，动员农村闲余劳动力进行大规模国土资源综合整治，这样既能提高农民收入，又有利于解决城市下岗职工再就业问题；既能美化自然环境，又能缓解沿海地区土地紧张状况；既能促进沿海经济发展，又能缩小东西部地区发展差距。

会后他联合浙江的一些民营企业家给温家宝写了封信，阐述国土整治的思路，希望利用民间资本，投资边疆开垦荒地，把发达地区的土地腾出来发展先进制造业基地。建议上交后，各方的反应都是："这个建议提得很好。"

宗庆后曾当面对温家宝总理建言过两次，第一个是关于"十一五规划"，另一次是关于银行业发展。"当时我还很紧张，因为我对银行业抨击得比较厉害。"他说。虽然他做了一件正常的事情，但大家都很震惊。温总理倒没有表现出什么，他很有风度和气度，他一直微笑着问各种问题。

事实上，全国人民代表大会是最高权力机构，在这个场合、这个时间来提出任何建议，都不会构成什么问题。这是人大代表的权利。

宗庆后一直对银行问题和民间借贷比较关注。他相信银行贷款首先要从源头上控制用处，如果要贷款去买设备，钱可以从银行直接汇去买设备的地方，贷款就不会被挪用去炒房、搞其他投资；其次，银行贷款要有更严格的资产抵押规定，这样就不会有太大风险，你贷出去五千万元，要求拿一亿元的资产抵押，有什么风险呢？如果破产，就没收拍卖。现在贷了就不管了，完全是一个虚拟的游戏。

民间借贷红火了一段时间，也疯狂了一段时间，主要是一些中小企业急于获得周转资金，而从银行贷款比较困难。贷款是用来做生意的，银行嫌贫爱富，不贷款给中小企业，中小企业没办法就只好借高利贷，这么恶性循环下来，很多中小企业倒闭了，老板跑路了。

民间借贷风险太大，容易出事，中央银行也监管不了。中央政府要给中小企业贷款设计一条出路。现在银行喜欢贷款给政府，给央企、国企，它们觉得不会出问题，即使出了问题，也没有人追究责任。

互联网金融也是宗庆后关注的话题，他担心资本都到了互联网公司，实体经济的发展和创新就会受到抑制，所以对于同城的马云，以及深圳的马化腾，他总是呈现出一种谨慎观望的姿态。

宗庆后最近几年提的建议，国家也在慢慢接受。更早前他提到的外汇储备问题，还有房价问题，国家正在给出积极的回应。"首富"的身份，使他在提到房价问题时，突然拉近了与老百姓的距离。以前他们或许会感到离宗庆后很远，事实上他们一直走得很近很近，因为他们是一样的人，一样平凡、普通，在苦难中挣扎过、在最底层生活着的人。

WAHAHA ALWAYS STANDS TOWERING

Biography of Mr. Qinghou Zong

CHAPTER 12

飞得更高

我以前偶尔会关注一下浙江卫视的《中国梦想秀》节目，那是娃哈哈“启力”冠名的一档节目，据说非常火爆。“启力”是娃哈哈卧薪尝胆三年推出的一种牛磺酸维生素功能饮料，能够缓解人体疲劳。

节目中，当梦想实现的时候，一首歌就会响起，“我要飞得更高”……我喜欢那首叫《飞得更高》的歌。

虽然是老骥伏枥，但我还想飞得更高。

娃哈哈已经走过了28年的路，她不仅需要基业长青，她还要飞得更高。

2013年11月，在娃哈哈成立25周年的大会上，宗馥莉被宣告成为娃哈哈的传承人，她的头衔是“娃哈哈宏胜集团总裁”。她未来的道路更加辽阔漫长，我也希望她飞得更高。

我相信，她的明天会更好。

——宗庆后

宗馥莉

宗馥莉和娃哈哈构成了宗庆后生命中最重要的人与事。对她的关注，当然不仅仅出于父亲的关爱，还有前辈的期许。毫无疑问，宗庆后希望她能够出类拔萃，更希望她幸福。

宗馥莉是 1982 年 1 月出生的，她的出生带给宗庆后巨大的幸福感与震撼。这是他第一次真切地感受到一个生命降生的力量。那时候他正辗转在仪表厂与纸箱厂之间，一家人在艰难与颠簸中过得其乐融融。

等到宗庆后开始经营娃哈哈之后，突然忙起来的生活无疑会让女儿对他感到陌生。当他后来每年的大部分时间都奔波在外的时候，父亲给宗馥莉留下的印象就是：爸爸总有忙不完的事情。

与娃哈哈一起成长

说心里话，从一个父亲角度看，宗庆后觉得自己演好了“娃哈哈之王”的角色，却差一点演砸了一个父亲的角色。这是他的大实话，没什么可遮掩的。“没有时间。”这是一种现实，虽然听上去又像是一个借口。

娃哈哈的一位元老说，那时企业发展快，宗庆后忙得要命，没时间到幼儿园去接她；她妈妈也在娃哈哈工作，也很忙。有时候夫妇俩忘记去接她，整个学校只剩下她一个人在那里哇哇大哭，他们看了都心疼得要死。

宗庆后看重宗馥莉的学习。他只读完了初中，深知学习对一个人的未来有多重要。宗馥莉被夫妇俩送进了杭州建国一小，之后又转到了教学质量更好的杭州胜利小学。

娃哈哈的老员工至今还记得这样的情形：小小的阿莉放学后背着书包来到娃哈哈总经理办公室，埋首在办公桌前做作业，碰到不懂的题目，她就问办公室里的叔叔阿姨。那时，宗庆后的家就在清泰街娃哈哈总部二楼由教室改成的宿舍里，阿莉的童年就是在娃哈哈度过的，她是跟娃哈哈一起成长的。

宗庆后记得那时候阿莉与大部分孩子一样，有厌食偏食的倾向。“娃哈哈儿童营养液”的出现，某种意义上来说就是为了解决她的偏食问题。

宗馥莉后来到了杭州市第二中学读书，那是杭州乃至浙江最好的中学之一。她的成绩越来越好，宗庆后则越来越忙，几乎没时间照顾她，一切都赖施幼珍的照料，所以宗馥莉与妈妈始终很亲密。那时候宗馥莉生病了，都需要施幼珍一人去张罗。一想起这些来，宗庆后就颇感自责。

1998 年，娃哈哈与达能合资后的第三年，在宗馥莉的强烈要求下，宗庆后和施幼珍安排她去美国加利福尼亚州洛杉矶市的圣马力诺中学读书。那时候娃哈哈与达能的关系还不错，达能的高管帮他们物色了这所学校。作这个决定的时候，宗庆后确实摇摆了很长时间，女儿毕竟才豆蔻年华，只身漂洋过海，舍不得，说不担心也是假的。但是阿莉是他的孩子，身上流淌着他的血液，继承了他的主见和独立——她想早点去看看外面的世界。

圣马力诺中学成立于 1924 年，是一所办学质量很高的寄宿制中学，校风非常严谨，对女生着装之类的细节都有严格规定。学校还提供大学预科课程，施行小班授课，每班不超过 12 人，学生毕业后大部分都可以进入全美排名前 50 位的大学。当然，圣马力诺中学的学费也不低，每年要 3.5 万美元，不过这并不构成宗庆后的压力。

宗馥莉在圣马力诺中学结束了她的中学时光后，进入了佩珀代因大学主修国际贸易。那是一所成立于 1937 年的基督教私立大学，占地面积 830 英亩，坐落于圣莫妮卡山上，环境非常优美，可以俯瞰太平洋。

曾有人说，任何一个能够在没有监护人照看、独自在国外成长的少年，从某种意义上说，就已经经受了颇有强度的挑战和考验，算得上不小的成功。对于 16 岁只身赴美、顺利成长的阿莉，宗庆后颇感欣慰。

◢ 宗庆后和女儿

宗馥莉回忆起早年父母忙于工作无暇照顾她，她对此并无怨怼，她说自己也有跟宗庆后一样的“工作导向”：“我希望去国外读书，做这个决定时我就承担它所有后果。这个经历让我学到很多，包括自己的独立性、知道自己想要什么，这对我有很大帮助。”

直到今天，宗庆后一家三口还常常待在不同的城市，父女的交流更多是在公司，话题更多是工作，触及的核心也更多的是管理模式与公司未来。“我爸应该是一个不善于表达感情的人。”宗馥莉说。在她看来，辛劳是他的宿命，“你既然决定要做这个事，辛劳就是你所要承担的。”

父亲与女儿的“碰撞”

对于女儿，宗庆后存在愧疚，也存在“代沟”和“文化”上的碰撞。她 16 岁只身赴美读书的时候，娃哈哈已经有出口美国的业务，宗庆后去考察美国业务时，也是珍贵的父女的亲情时刻。

因为在美国度过了青葱岁月，宗馥莉更多时候像美国孩子，她的思维方式和行为方式都是如此。“当 80 后女儿站在 40 后父亲身边，早餐本身就是一种中西差异：父亲吃大饼油条，女儿吃面包牛奶。”《中国企业家》杂志如此形容。

宏胜集团的任少英 1992 年加入娃哈哈，她最初记忆中的宗馥莉还只是一个小学生，每天放学后自己背着书包到公司食堂吃饭。那时候，宗庆后和施幼珍都忙着工作，阿莉就经常在几个大学生集体宿舍里跑进跑出。“后来她就不见了。等再见到，是在一次大连的经销商会议上，远远见到一个高挑的少女背影，说是宗总的女儿回来过暑假。”任少英说。等到任少英再一次见到宗馥莉的时候，是

2004 年。那一年宗馥莉回国，开始参与娃哈哈的内部事务。宗馥莉在进入娃哈哈后，并没有直接以少东家的身份进入决策层，而是像其他新人一样，就职于一个企业中层干部助理的平凡岗位。慢慢地，宗馥莉才逐渐进入娃哈哈的奶粉、香精、机械、包装和进出口等行业。

她先是担任了萧山二号基地管委会副主任，负责包括饮料、童装、日化在内的 6 家分公司的生产。2007 年，宗馥莉开始兼任童装公司和哈卡倩娜日化用品公司总经理。“童装”是父女之间的关系纽带。在她小的时候，宗庆后每次出差都会给她买衣服。后来娃哈哈做童装，也起因于那时候的美好记忆。她想开发国际市场，宗庆后想让她先闯闯，他后面给她把关。他也希望她能够借助国际化的力量，将自己学到的管理知识运用到娃哈哈，使娃哈哈变成一支真正强大的现代化正规军。

“作为毋庸置疑的富家女，宗馥莉身上却全无其他企业家二代难掩的优越与飞扬。就连那一袭带有娇俏荷叶领的红色连衣裙、跳跃的浅黄色短卷发也压不住身上的严肃，更何况她还冷静、固执、不知疲倦。看不出她的志得意满，她正处在自我证明期。”这是媒体对她的描述。

在一位父亲看来，无论她的行为和表情，都只是一个女孩儿、一个女儿所应有的。事实上，宗庆后并不是很会扮演父亲的角色。宗馥莉回国后，宗庆后对她的严苛并不像是一个父亲，更像是一个领导。但是达能对她的起诉，以及宗庆后在与达能的“尊严之战”中所付出的巨大心血，使父女之间的关系更进了一步。

当达能起诉宗馥莉和施幼珍的时候，宗庆后彻底愤怒了。他虽然不善表达，但他爱自己的女儿，不容她受到一丁点儿的伤害。达能在伤害他内心最珍贵的东西，宗庆后当时的想法就是跟它拼了。

苦难和煎熬使宗庆后一家人共同面对未来，他们相互理解、包容。宗馥莉理解了宗庆后，他也感受到了她的关心。因为时间而造成的淡漠，因为误解而造成的隔阂，一下子全消弭掉了。如果因此需要感谢这一战的话，宗庆后会毫不吝啬自己的谢意。

宗馥莉和娃哈哈构成了宗庆后生命中最重要的人与事。对她的关注，当然不仅仅出于父亲的关爱，还有前辈的期许。毫无疑问，宗庆后希望她能够出类拔萃，更希望她幸福。

宗庆后希望宗馥莉能把他这个企业发扬光大。他欣赏她性格中的强硬，那是来自他自己的基因。宗庆后也欣赏她的开放心态。她受美国文化的影响远甚于中国文化，现在他一直在希望她将中国文化融合到她的管理当中。

中国是个“以人为本”的国家，美国是个以钱为本的国家，老板是老板，员工是员工，我给你多少钱，你给我干多少活，这种方式在中国行不通。中国企业家既要关心员工，又要严格管理，不能使其成为一盘散沙，要做到让他们怕老板但不恨老板。

宗馥莉她现在还没参与公司的整个战略部署。她自己单独管理一块。宗庆后说：“我让她自己去闯，碰鼻子了我再帮她善后——她不喜欢听这话，她听了不高兴。她很自信，有时候认为比我还行。我相信她一定会比我还行，虽然可能还要走一段路。她的中国企业领导者的个人魅力正在形成中，在待人处事方面也正在适应‘中国式管理’。”

达能曝出的宗馥莉“国籍问题”，事实上并非什么问题。一代人有一代人的命运，也有一代人的选择。在佩珀代因大学读书的时候，宗馥莉获得了美国国籍。但最终她放弃了美国国籍，回到中国，回到杭州，因为这里是她的家。宗馥莉这一代人身上没有包袱，也不应该有包袱。他们应该茁壮成长，轻装上阵，接受命运的挑战。宗庆后无法把自己的选择与命运强加在她的头上。达能针对他的攻击伤害到了他的女儿，也拉近了他们之间的距离。

现在，宗馥莉可以轻松地站在镁光灯前面，面对媒体，面对公众。“宗庆后”的女儿、“富二代”，这些都不是枷锁。宗馥莉也展现出了自己的能力以及社会形象。她在 2007 年 9 月 26 日成立了“馥莉慈善基金”，当中一个重要的使命就是援助家庭困难的大学生。2013 年 1 月 29 日，她又当选为十一届浙江

◢ 2013 年 1 月 29 日，宗馥莉当选为十一届浙江省政协常委。

2011 年度风云浙商颁奖典礼上，宗庆后与宗馥莉一同出席。

省政协常委。

宗馥莉在馥莉慈善基金成立仪式上说："尽管本人和娃哈哈宏胜饮料集团一样都很年轻，但能够在努力发展企业的同时，有机会承担起企业的社会责任，这是企业的光荣，也是我个人的荣幸！我们的慈善事业刚刚起步，还没有经验，会边工作边学习，努力让基金增值，争取做更多有意义的事。我们将把慈善事业作为企业的社会使命，认真做好慈善工作，并不断通过自己的努力将慈善精神发扬光大。"

那一刻宗庆后知道，她真的长大了。

女儿的长大意味着父亲的老去，意味着时间对他已不再仁慈。无论宗庆后是否愿意，他都必须考虑"接班人"的问题了。

2010 年，宗馥莉成为娃哈哈旗下的杭州宏胜饮料集团有限公司总裁、进出口公司总经理，开始探索国际化的路径。宗庆后知道，接班人问题，终于摆到了台面上，而唯一的人选，也已出现。

接班人

虽然宗馥莉是宗庆后的女儿，但她依旧很努力。员工们已经看到了这种努力，他们私下里把“大小姐”评选为“娃哈哈第二勤奋的人”。

在宗庆后刚过60岁生日的时候，达能的秦鹏突然莫名其妙地对他提出了“接班人”问题，说是宗庆后想干到什么时候都可以，但希望他培养一个接班人出来。这使宗庆后非常恼火，以至于宗庆后给弗兰克·里布写了封信，直截了当地回绝了秦鹏的提议，使他们彻底死了这条心。

在当时的宗庆后看来，“接班人”是个不可触碰的词汇，当秦鹏说出这三个字的时候，宗庆后怀疑达能是不是觉得他老了，怀疑他的能力，想要赶他走。达能方面据说也有了自己的人选。他们的计划，不但使宗庆后与达能产生了罅隙，也使宗庆后开始认真思考娃哈哈的“接班人”人选问题。

毫无疑问，宗庆后对达能有所疑虑，却也并不存在深的疑惧。宗庆后只是觉得自己不能失去娃哈哈，他必须竭尽所能给娃哈哈觅到一个更好的前途；并且那时宗庆后与达能之间，已经存在了罅隙，他们已经失去了他的信任。

接班 VS 阿莉的幸福

有些人相信，宗庆后一直没有认真考虑“接班人”的事，从来不曾认真物色过这样的人选。他们觉得宗庆后更愿意亲力亲为，愿意自己一直控制着娃哈哈。“企业总归要传承下去，要有一个持续性。”他们说，“娃哈哈需要一个在你身体情况不好的时候，或是遇到问题的时候，可以独当一面的人。”

宗庆后理解他们的良苦用心。他相信“接班人”的问题始终困扰着中国的民营企业家。任何一家家族企业，当创始人离开或是放手的时候，都会遇到或多或少的问题，因为企业本身的管理机制带有强烈的个人色彩，它运转的时候没有任何问题，但并不意味着它是成熟的。娃哈哈并不成熟。娃哈哈只经历了 28 年，还很年轻，就像宗馥莉一样。娃哈哈能有今天，取决于宗庆后个人的管理风格和“暴走”、“深潜”，以及从来没有犯下致命的错误。

在与达能打完那场“尊严之战”后，宗庆后就意识到选择“接班人”的事情刻不容缓了。然而，“接班人”除了取决于其个人的综合能力之外，还需要培养其领导力与个人魅力。要找一个合适的人是极为困难的。从理论上来说，宗庆后可以干到 80 岁，可是他依旧需要有人来接班。

自始至终，宗庆后选择接班人有两种模式：一种是管理团队接班，宗馥莉只是作为大股东、投资人出现；另一种模式是，宗馥莉既是大股东代表，也是管理团队的领导者，她是真正的“接班人”。

宗庆后曾在不同的场合描述过这两种模式存在的可能性。有很长一段时间，他也始终摇摆于这两种选择之间，无法决断。无论是女儿接班，还是管理团队接班，宗庆后觉得都可以接受。他只是尽他的可能将娃哈哈的基础打得更扎实。

如果选择宗馥莉接班，那么宗馥莉的态度就至为关键。在央视《高朋满座》录制现场，刘永好对刘畅说：“不管你接班，还是做你想做的事情，只要你幸福就好。”宗庆后也说：“接不接班要看女儿高兴。”

毫无疑问，宗庆后希望宗馥莉能接他的班，能够把娃哈哈的“宗氏”血脉和基因传承下去。他毫无疑问将宗馥莉作为接班人在培养。“娃哈哈现在每年大约有 1/3 的产出，是由她管辖的企业贡献的。”宗庆后说。

在家中，宗庆后和施幼珍都叫她“阿莉”。在娃哈哈，宗馥莉私底下被称作

"公主"，也有人叫她"大小姐"。她在接盘娃哈哈国际业务后说："我跟我爸有分工，我爸负责国内，我负责国外。"关于接班问题，她习惯回答："我相信我爸应该自有安排。"

阿莉的身上流淌着宗庆后的血液，性格甚至举手投足，也有着他的影子。她说："在集团公司，决策权只归我老爸一个人，但我自己公司的话，我觉得我有百分之百的决策权。"

尽管被称为"公主"或"大小姐"，但宗馥莉给人的感觉是"民主"。她让公司员工叫她 Kelly 或馥莉，她的名片上也不印头衔。但与宗庆后的"霸道"和"专制"一样，在与下属意见分歧时，她也会强调："那肯定还是我说了算。"

在宗庆后和宗馥莉之间，存在着多重的关系，在公司他们是上下级，但这种关系无法取代父女关系，更无法取代宗庆后对她的宠爱。有时，阿莉正好跟父亲、员工们一起吃饭，宗庆后总是很积极地为女儿夹菜，哪怕女儿有时耍点小性子，他也脾气很好地劝她多吃点，慈父的形象很鲜明，宠爱之情溢于言表。

有时候她跟宗庆后意见分歧，说服不了他而被他"专制"时，她也会赌气发起为期两三天的"冷战"，其结果往往是"董事长"赢了，而"父亲"输了。

毫无疑问，多年来宗庆后带给宗馥莉的，有成就感也有挫折感。她说："他以前有时不能认同我，这是我最大的挫折。即便是一个职业经理人，如果你的老板不认同你，你也会觉得很伤心，对不对？"

在阿莉看来，与宗庆后所进行的磨合事实上代表了她与娃哈哈的磨合。她也的确在慢慢地调适和改变自己，慢慢理解宗庆后的一些做法与观念。她开始认同"家文化"，接受不引进"空降兵"和不上市的主张。她说："因为娃哈哈有很重的'家文化'，外来人员不可能适应。如果我从外面请一个外援，他主张的东西员工不认可，可能造成的后果是我们不想看到的。与其这样还不如慢慢改变我们的员工。对我们来讲，只可能是从内部人员调整，从老板想法入手，慢慢调整员工的想法。"

宗馥莉身上发生的这些改变，令宗庆后欣慰，也使他越来越相信，娃哈哈以后依旧是优秀而强大的公司。他唯一不确定的是宗馥莉会坚持多久，娃哈哈的事业会否影响她的生活幸福。宗庆后把自己的整个人生注入到了娃哈哈，使娃哈哈有所成就。他把事业当成了生活，把价值实现和社会认同当作了幸福；但是宗馥莉绝非如此，也不应如此。她还年轻，会有自己的家庭和生活。宗庆后希望她幸福，成为幸福的妻子和母亲，他也能够成为幸福的岳父和外公。

宗馥莉是否愿意接班，宗庆后都会尊重并支持她的意愿。她首先是宗庆后的女儿，然后才是他事业的继承者。即使她接班了，能干多久，他也搞不清楚。宗庆后不勉强她，随便她做自主的选择，做对她最有利的选择。

“随便你，接班或不接班。管理层接班也没问题。”宗庆后说，“你也可以单纯只是做一个大股东代表。”

宗庆后已经干了这么多年，对娃哈哈充满了感情，也为娃哈哈注入了他的价值观和管理理念。这就像是《亮剑》中李云龙为独立团所注入的东西一样。但宗庆后的情感取代不了宗馥莉，并且他相信自己的担心是多余的。

娃哈哈第二勤奋的人

作为中国最不差钱的女人，多数人说起宗馥莉，还是有一丝神秘感。

其实作为一个 80 后女性，她也一样有这一代人乐享的小情趣——喜欢搜罗旅行时发现的小玩意，让阳光普照的窗台充满生机；喜欢逛小吃街，买一杯暖手的原味珍珠奶茶。

她也有遗世独立的艺术范儿——只要时间允许，为了看一场心仪的话剧，她二话不说就会直飞北京；爱听歌剧交响乐，但只选择最优秀的乐团。2014 年的杭州新年音乐会请来了著名的指挥家祖宾梅塔，只可惜当时她正在出差。

从小到大，宗馥莉走过数不清的国家和城市，她喜欢城市里的钢筋水泥，也喜欢江南水乡的竹林流水。

儿孙自有儿孙福，阿莉的未来，当父亲的宗庆后是做不了主的。她已经焕然一新，出过国、留过学，思维、观念和行为方式上已经越来越美国化。她更多地想去生活，去做自己喜欢做的事情。她觉得这个企业对她来说压力太大。她曾向宗庆后表露出这种念头，然而她是宗庆后的女儿，她依旧很努力。

员工们已经看到了这种努力，宗庆后已经听说，他们私下里把“大小姐”评选为“娃哈哈第二勤奋的人”（第一当然是宗庆后），因为她和宗庆后一样，每天很早上班，下班却没有准点，很多时候要工作到深夜。

父女俩之间在企业的管理方式上存在着一些分歧。那次，宗庆后和宗馥莉参加中央电视台的《高朋满座》，主持人问：“娃哈哈离开了宗庆后等于什么？”宗馥莉说：“等于零。”她的回答，有对自己父亲夸张的褒奖，也有对未来现代的制度化能否有效融入娃哈哈的隐忧。

宗馥莉说“对老爸的管理方式有很多不认同”，“他喜欢变，变得快，就是没有章法，让对手措手不及。我喜欢做长期计划，有了计划，希望执行它，不折不扣完成它，这一点在我父亲的管理上不太可能看得到。”

在日常用人上，宗馥莉比宗庆后直接。宗庆后希望每个人都能够在娃哈哈找到最终的归宿，而她则认为应该让老臣们领取厚薪退休，而非变成顾问留在公司里。“这一点我还是没有很成功说服我爸，但是我也没有改变自己的想法。”她说。

“他们觉得我比老爸相处起来难很多，我的要求比较严格。”她说。她觉得宗庆后对干部比较柔和中庸，“这就是一个很明显的差异，我用人就是会很直接告诉你，希望你能够帮我做成什么事。如果有一些员工做错，我不太会容忍，因为公司制度在这里。”

宗庆后还能做得动的时候，他会尽全力地去帮助她，为娃哈哈“女王”的出现做最好的铺垫。然而，他为她所做的一切，并不一定会给她带来欢乐。

在国外生活多年后，宗馥莉早习惯了那种直来直去的表达方式。她的直接，她的制度化管理，有时候会使一些员工受不了，他们就会来找宗庆后哭诉。他有时候会跟宗馥莉谈心，要求她改变工作方式，结果却因此造成了她“最大的挫折”，以致于引发了因管理风格不同导致的矛盾。

“还是理念的差异吧，我爸比较注重感情，我更讲究制度。”她说，“就像我自己一样，我也希望得到人家的认可和表扬，我会慢慢去改变自己。有的时候，睁一只眼闭一只眼呗。虽然我现在还没有把状态调整到百分之百，但我已经在往那个方向走了。”

宗馥莉很独立，习惯凡事靠自己，所以她也要求员工独立。一份报告递上来，有问题，她不批，也不说理由，等对方自己找出问题并解决。“一件事情你做得不好，你就要总结问题出在哪里，这样下次才不会犯同样的错误。我是在失败中成长的，所以我也希望下面的人会从失败中成长，虽然他们的错误是由我来埋单，但我心甘情愿。”她说。

◢ 宗馥莉被员工们喻为“娃哈哈第二勤奋的人”。

无论最终她是否接班，她都希望改变娃哈哈的文化，改变“娃哈哈等于宗庆后”的文化。

“现在娃哈哈等于宗庆后是所有媒体或者大众的想法，我希望娃哈哈其实代表的是一种生活方式，或者是一种很好的理念，它应该有它自己的个性，有它自己的品牌独特性，我不希望它以企业家本身来做宣传。这是我想要去改变的。”她说。“我希望帮娃哈哈这个品牌做点事情，不管这品牌是在我爸手里，还是在我手里，还是在某个职业经理人手里，我都希望这个品牌更加国际化、多元化，而且进一步体现专业化，围绕主业向上下游生长。这是我想要做的。”

宗庆后并不清楚这对于她来说意味着什么，然而在他的内心，却充满了甜蜜和幸福。他并不担心出现一个“后宗庆后时代”，这是迟早的事。他担心的是“后宗庆后时代”与宗庆后毫无关联。宗馥莉的表态，使他相信，无论作为“接班人”还是作为大股东代表，她都会在“后宗庆后时代”为娃哈哈注入新的血液和改良后的基因。

宗庆后喜欢女儿的个性。事实上，他喜欢她的一切。每次听到她谈到自己，宗庆后都会开心老半天。她说：“我需要学习，但我希望能保持自己的个性，因为我觉得每个企业家应该有他自己的个性。可是我觉得我爸说得也蛮有道理的，毕竟并不是每个人都能够接受我这样的风格，所以我有些时候还是要迁就人家一下。可是中国也在进步，在不断规范化，所以这一点我还是不会放弃，我还是会要求制度化的管理，无非是时间长短而已。我希望更多员工能够接受我的想法，我希望我的企业能够往这个方向发展，去修正、改变。”

“我好像基本属于自我修正型，遇到问题我会自己列出几个解决方案来择优解决，在关键点上有了判断后做出决断，不一定都得到最好的结果，但我想这也是我成长中要付出的代价。”

有时候宗庆后也会刻意地塑造宗馥莉在娃哈哈内部的权威。他让她慢慢参与到公司的大事当中，将一些容易产生矛盾的工作接过来自己处置。他把自己的秘书抽调给她当助手，希望身边一批“老臣”来辅佐她。

宗馥莉这一代人，他们开始承担更多的责任，但也有一些自身的弱点。他们这一代人最大的优点是视野比上一代开阔，但他们没有得到艰苦的锻炼。他们阅历不够，因为他们还没父辈活得那么长。他们需要慢慢地学习和感知。这种阅历会改变他们，在他们碰到很多磨难的时候，慢慢地将他们磨炼出来。

宗馥莉曾说：“上一代企业家可能想要承担更多国内社会责任，通过不断开发新产品提高人们生活品质，创造经济价值、社会财富。到我们这一代，我认为更大的责任是要通过企业国际化，逐步改变中国制造在全球的地位，提升中国品牌在国际上的形象。”

有媒体形容说，她在大学时期“非常非常崇拜”宋美龄，欣赏宋当年能向西方社会诠释中国故事。现在她的偶像是美国国务卿希拉里·克林顿，欣赏她能把工作和家庭兼顾得很成功，“能上能下，能里能外。”

“做企业无所谓男女，我有信心有兴趣才会做实业，要不然我不会逼自己。商界充满竞争与不确定，似乎更适合男性……但我觉得随着社会进步，这一切都有可能改变啊！欧洲、美洲可以有那么多女总统执掌的政府，商界也多的是成功女性。在我接触的圈子里，中国的女性地位还是很平等的，我不觉得有什么不公平，至少在我的成长过程中不觉得。”

2013 年 10 月 25 日早上，女儿宗馥莉获得了“浙商新星奖”，宗庆后亲自给女儿颁奖。颁奖的一刻，在座不少浙商起立鼓掌。对于主持人抛出的接班问题，宗馥莉坦言：“我们做好自己就好了。”这句话让宗庆后微笑起来。从他的眼神里，读出了一个自豪的父亲。

未来的娃哈哈女王

早在 2004 年的时候，就已有人不停地问宗庆后“接班人”的事。

◢ 商场上的父女兵，父亲给女儿打 90 分。梁臻 / 摄

后来采访者越来越多，依旧问着千篇一律的问题，所以在 2005 年的一次采访当中，宗庆后告诉他们，自己至少可以干到 90 岁，现在讨论这个问题还为时尚早。“我最近算过卦，能够干到 90 岁，所以我还有 20 年的时间培养接班人。”

现在，宗馥莉正在展示她的管理才能。她在管理萧山二号基地的时候，每天第一个到基地，最后一个离开。起先她认为制度就是刚性的，员工就应该遵守服从。这是典型的西方式管理。宗庆后告诉她，员工的确需要管理，但既要严厉也要关爱，要有人情味儿。她开始慢慢适应这种“中国式管理”，也开始呈现出一种改良版的“宗氏风格”。

伴随着她的成长，宗庆后也在发生一些改变，这都是她所带来的。她正在改变宗庆后的国际化理念，娃哈哈也开始调整供应商合同、跟研究院合作产品与市场调研。“很多地方我也取得了父亲的认同，比如现代意识、国际观、业务整合、管理思路等等方面，我作为年轻人的新观点或多或少也会让父亲有些改变。”她说。“过去，娃哈哈将精力集中于国内，不是完全看不到国际化的需要，而是国内市场还大有潜力，但今天全球共享资源、共享市场的国际环境需要我们有强烈的危机感，我们要看到被国内外同行赶超的危险，要抢在同行前面有所行动。”

对于她的私人生活，宗庆后并不干涉。她喜欢喝普洱茶和健怡可乐，这是两种比较健康的饮品。对此宗庆后并不介意，也不以此断定她对娃哈哈的产品有所不满，尽管她曾说过：“现在娃哈哈给大家的印象多是停留在饮用水品牌，但这个形象太单一了，不够丰富，我希望在饮料行业里带领我自己的公司在世界上树立一个全新的形象。”

宗庆后曾说过：“接班人”应该具备三项基本素质，首先要对行业里面的事情内行，别人骗不了他，这是最基础的；第二点是要勤奋，要有事业心；第三点是要有领导能力，下面的人要服他，而且要能调动他们的积极性。

人们或许已经意识到，经由三年的“尊严之战”，经由宗庆后和宗馥莉父女关系的修复与加深，经由宗馥莉所展示出的管理天赋，宗庆后越来越倾向于将娃哈哈交到她的手中。

在2009年之前，娃哈哈的老产品和新产品都在一起分摊营销费用，营销人员也在一起工作。从那一年开始，娃哈哈销售系统分成“一部”和“二部”，“一部”由宗庆后负责，“二部”由宗馥莉负责。娃哈哈开始在人、财、物及所属工厂、经销商、渠道上进行切割。

娃哈哈的目标是三年内使“二部”成长起来，销售成绩至少与“一部”平分秋色，分庭抗礼。宗庆后给了“二部”很多支持，一些地方的新品都放到“二部”的工厂中生产，由“二部”全权营销；有的地方将“一部”之前的畅销品种划给了“二部”，再辅以市场潜力巨大的新品……

2010年6月，宗馥莉启动在河南商丘以娃哈哈命名的Shopping Mall计划，进军零售业，跳过经销商，直接面向终端消费群打造品牌。两个月后她就开始带领团队频繁接触国际投行、基金。

宗馥莉说：“在美国留学，身上会有一些美国的文化特质，比如直话直说。父亲就说，你要注意人际关系，人是企业最重要的资产。我们的公司作为一个家族企业有比较强的家文化，在公司服务七八年之后，我觉得这种文化有一种特质，就是儒家文化的特质。比较倡导和谐和包容，形成一种和谐工作的职场环境。”

“但是与此同时，我们也希望娃哈哈能够更加国际化，所以我们需要对企业文化进行改造。把东方的特质和国际的特质加以融合。作为第二代管理人，作为家族企业第二代，其实我并不觉得自己是富二代，但是我想第二代的管理人员或许有更强的灵活性，或者是更擅长进行跨文化的沟通，而且更加有国际化的视野。”

面对父亲创建的这样一个庞大的集团，如何让它继续成长。宗馥莉希望能够找到一种模式，就是适合于中国企业的模式。“这个企业现在是进入第二代，其实这个企业也仅仅就是二十多年前才设立的，我想让这个企业做到基业长青，更加稳定，像韩国和日本，他们的家族企业有自己独特模式，但是中国家族企业还没有形成自己比较有效的模式，所以我的使命就是要找到一种适合于中国家族企业的模式。”

“很多人都问我，浙商二代传承有没有问题？我认为没什么太大问题，新生代浙商文化高、视野广、学历高、想法多。”宗庆后说，他给新生代浙商的建议是，搞创新的时候，不一定非得要大创新，持续不断的小创新，同样会产生很好的效果，但是创新要满足消费者潜在的需求。

宗馥莉说，作为一个80后的新生代企业家，她的“青春梦”并不是一个只关乎自己的梦，身在食品饮料行业，她有个更大的梦想：要让世界看到中国食品饮料行业的进步。

“我有一个很好的平台，而且从事食品饮料行业也是我个人的兴趣所在。在这个行业磨炼了8年，我越来越明晰自己的定位：那就是用更长远的眼光规划企业的发展，更加主动地了解消费者和市场新的需求，更好地引领整个行业的发展。”她说，“很多人都说，我的父亲宗庆后已经如此成功，为何我还要进入商场打拼？我想说的是，我是个喜欢独立的人，我希望能让娃哈哈更加年轻、时尚、国际。为此我会加倍努力。”

她说，她爱上了慈善事业，希望以“自强式、传递式慈善”为理念，让受助者学会自助，受益者懂得奉献，受教者进行施教。她想只有这样，社会才会变得更好，更和谐。“我想鼓励年轻人的是，这是属于我们的伟大时代，勇气和努力恰是给青春留下的最好勋章，坚持自己的方向，坚定自己的脚步，走自己的路，用几年或者更多的时间，让不可能成为可能！”

宗庆后的“股肱之臣”是当下管理团队的核心，但是他们中的大部分人，将在五年之内退休。宗庆后正在培养一批娃哈哈的“青年近卫军”。他们在未来将丰富和构成娃哈哈的核心管理团队。宗庆后一直在手把手地教他们，使他们在娃哈哈未来的成长中，能够将“宗氏风格”带到娃哈哈的每个角落。

若干年之后，当宗庆后与他的“股肱之臣”们集体隐退的时候，当娃哈哈的“青年近卫军”接掌权力的时候，正是宗馥莉最年富力强的时候。她有学识，有经验，有历练，有阅历，还有宽阔的视野与野心，有家族的荣誉与责任，那时候她将会顺利接班，而不会有任何的质疑、诘责和觊觎，她将成为真正的“娃哈哈女王”。

关于未来

28 年来，娃哈哈从无到有，从小到大，从弱到强，宗庆后眼看着它一点点成长，他希望它基业长青，成为一家百年老店。无论是娃哈哈集团、娃哈哈商超，还是跨国投资，宗庆后对它的期望永远是那么大。

宗庆后希望娃哈哈成为一家真正的世界级企业。娃哈哈已经排名世界前五，这是从产量上排名的。一块人民币实际购买力等于人家一块美金，但要真正按照美金的汇率换算就小多了，所以娃哈哈只能排到世界前五。

宗庆后相信以后很多行业的老大肯定都是中国企业。中国各行业的龙头企业，都应该是世界级的。中国人多，产品销量大，能够支撑一批世界级企业的成长。

娃哈哈有很多机会，也面对很多诱惑。相较于对手来说，娃哈哈的经济实力比他们强，但宗庆后还是想坚持主业。至于娃哈哈所面对的诱惑，譬如房地产什么的，有些说不清道不明的情况，他只想实实在在做事情，所以他不涉足。至于资本运作，宗庆后觉得风险也比较大。首先自己不是大炒家，最大的炒家在华尔街。

娃哈哈每一个产品都很成功。它品种最齐全，所以它的对手就多。它的每一个品种都有对手，碳酸饮料的对手主要是可口可乐；茶饮料的对手主要是康师傅和统一。它们的存在，时刻警醒娃哈哈：不要懈怠，不要犯错误，不要……

娃哈哈的效益在整个行业中都算比较好的。宗庆后和他团队以前很多东西都是自己做的，模具是自己做的，有些设备也是自己做的，相对来说成本会比较低，效率会高一点儿。公司现在生产部门也比较少，所以不受经济下行的影响；中小企业没先进的装备水平、技术水平，一旦遇到经济危机，日子就过得比较艰难。

宗庆后现在会在创新上、发展上、市场上多花一点精力。市场经常变化，不掌握这个变化就可能出现问题。创新也要跟着市场去创新。市场一切动态他都要自己掌握在手。由于他现在经验比较丰富，经常去现场看看了解一下，各种问题就了解得差不多了。

宗庆后对现在的年轻人不太了解，即使他们自己的员工，即使他自己的女儿，他的了解不太多，也不够深。现在的年轻人想法确实与上一辈大不相同。现在娃哈哈品牌知名度很高，但美誉度还不够。这主要是他们过于低调所造成的，没有很好地去推广品牌美誉度。也许“接班人”会解决这些问题，修正他的观点。

今天的娃哈哈正在获得整个世界的瞩目。如果有人看过娃哈哈广告，如果有人关注了娃哈哈启力，他们一定会记得曼联群星闪耀，一定会记得那句广告语：“曼联和娃哈哈是必胜的合作伙伴。”

娃哈哈与英超的曼联队已经建立了战略合作关系。2013 年 1 月 15 日，娃哈哈与世界最大的足球俱乐部之一曼联，在位于钱江新城的娃哈哈欧洲精品商场共同召开新闻发布会，正式宣布娃哈哈成为曼联的官方合作伙伴，也是曼联在中国的首个商业合作伙伴。

娃哈哈与曼联的战略合作，娃哈哈开发商超进入商业零售，以及投巨资生产“老百姓喝得起的茅台镇名酒”等多元化经营，无疑构成了宗庆后新的“泪与笑”。在代表娃哈哈未来的维度上，它们是全新的方向。它们与宗馥莉一起，将构成娃哈哈的未来。

如今做企业太不容易，真的特别难。宗庆后时常会感觉担子太重了一点，虽然担负起来还是绰绰有余，却是累并快乐着，因为他相信不累就管不好企业。

“我们也不想去收购欧美的大企业，倒闭的大企业，谁会送钱给它？人家搞不好，你怎么就搞得好。我们想收购的，应该是欧美的有技术有产品的小型企业，我们拿回来复制一下，他发财了，我在国内也可以发财。”宗庆后对于向国外投资有很清醒的认识，“我们已经有了感兴趣的项目，是能在我们产品流水线上自动操作的‘机器人’，正在考察这个意大利的项目。”

宗庆后认为，现在环保、节能方面的产品很有发展前途。“比较有意向的是到英国、加拿大考察的尾气过滤器项目，成本高一点，因为其中的过滤网材料是铂金的。”他说，这种过滤网有个传感器，还有一根催化棒。如果过滤网结垢、堵塞了，传感器会自动加催化剂重新疏通，网内的那些废物又能燃烧掉了，所以过滤了之后排出去就没有颗粒了。“我们也研发了节能电机，节电效果很好，现在在等通过国家论证。”宗庆后说。

宗庆后的女儿宗馥莉一直在进行国际化的尝试，她一直对进行海外并购保持着热情。他们最近在看一些项目，后面可能还会遇到性价比更高的项目。

胡润和《福布斯》使宗庆后成为“中国首富”，最大的好处是很多国家都会来娃哈哈这里招商、提供项目。宗庆后觉得现在还不是大规模收购的良机，经济危机还没彻底过去。他打算收购的公司都必须是有技术的和有渠道的，这样就可以通过原有渠道把产品打开，以夷制夷。娃哈哈以后的收购方向，一是食品，二是高新技术，收购的企业不一定比较大，只要它有技术，有特点，收购价格又不太高，又能把技术引进来。另外一个方向，就是国内资源比较缺的资源性的东西。

为了宗馥莉他们这些年轻人，现在宗庆后要打好基础，把娃哈哈的规模做得更大一点，把娃哈哈的管理做得更规范一点，这样竞争对手也没办法跟他们进行惨烈竞争。再加上现在人的寿命比较长，宗庆后的身体也还可以，他还能够在放权之前大干一场。

很多人说宗庆后是感觉派，实际上他是通过调查研究出来的感觉派，是通过长期积累才有了感觉的感觉派。宗庆后从小就在市场上摸爬滚打，他百分之八十的经验从实践中来。他不像理论界，哗哗地写一大堆东西。“一个人把本质问题看清楚就行了。看清楚了本质，那些具体问题，自己一个一个把它们解决。”

人才是永远需要的。娃哈哈的很多产品生命周期都长，一种产品到高峰的时候，利润非常低，靠量来创造利润，所以需要不断有新产品来补充市场。要研发新产品就需要人才。

娃哈哈当下最迫在眉睫需要解决的问题是如何不断创新。宗庆后每年都有创新奖，鼓励员工创新。如果解决了不断创新的问题，把各地经销商的利益分配好，分配得更加合理，娃哈哈就可以放心地往前走，放心地伸手去触摸“世界级”和“基业长青”了。

“我没办法预见到一二十年之后的事情，能规划好 2～3 年内的目标，踏实地做好眼前的事情，解决好眼前的问题，就已经是最大的成功。娃哈哈目前的主要目标是在有需要、有能力、有机会的前提下，适当进行多元化发展，大力开发高科技的生物科技领域，开发有利人体健康的功能性饮料。”他说。

对于宗庆后来说，娃哈哈的历史几乎是他全部的历史，也构成了中国三十多年改革开放史的一部分。有时候它是很大的一部分，因为它被赋予了象征意义；有时候它又是很小的一部分，因为它在中国具体的数字当中，的确是沧海一粟。

宗庆后的逻辑方式，就是使自己成为一个拥有逻辑方式和价值观的“中国梦”的一部分。他讲述的是一个典型的“中国故事”，一个以宗氏逻辑方式实践中国梦的故事。

宗庆后和他的“中国故事”，以及更多“中国故事”的讲述者，使人们意识到，抽象的道德和原则，经由他们这些企业家的浇灌，会慢慢开花、结果，最终形成独特的文化。

对于中国，这是宗庆后和宗庆后们最独特的价值。

这本宗庆后传记的出版，自 2011 年立项迄今，已跨越了 4 个年头，前后采访、写作、编辑出版的时间总计，也达到了整整的 3 年，1000 多个日日夜夜。

采访阶段，我和责任编辑陈桔女士在杭州、北京等地对宗庆后先生进行了 30 多次深度访谈，采访的地点多数是在他的办公室、出差的宾馆里，少数在轻松的就餐时间、甚至是在旅途中。他的普通话很标准，他的语言呈现是占据制高点后的纵向解剖。他站在一个很高的位置，俯瞰世界或中国，经济或时局，思路锐利，有时不愿意让自己陷入一些感性的往事。有时，我们需要把他拉回到往事当中，让他的感性和理性完美结合。我们不厌其烦地追问情感、细节、思维的方向，幸承宗庆后先生的耐心和不弃，我们完成了对他的传奇人生各个阶段的追踪和访问。

他习惯于在清烟的缭绕中娓娓道来，在朴素的笃定之中有着坚不可摧的自信和王者之风。或许是年龄的关系，年近 7 旬的他面貌上流露更多的是一种历经岁月的柔韧与善意，这种善意与王者之风的结合，是日常与不凡的无缝对接，是一个完美的矛盾结合体。

有时往事点燃了他的痛点，比如讲到因忙于工作对女儿的疏忽，我们注意到他的眼眶湿润了；有些回忆让我们感受到他内在的可怕力量，例如面对达能每天增加千万元的索赔而顶住的定力，他的身影显得愈发伟岸。

我们还当一个沉默的旁观者，像一个影子一样追随他的身边，观察他的待人接物、工作方式、走访巡查甚至是日常生活。我们发现了他对工作的一种痴迷，他对产品和经营的描述，就像在描述一位爱人，他拿捏把玩、胸有成竹，他把自己所有的想法、思考、爱和时间都交付于此。

我们追访他的家人、兄弟姐妹包括他九十高龄的父母，他们呈现了宗庆后那些岁月深处的有血有肉的、从未披露过的故事和细节；我们也对他的朋友、同事、同学进行了上百人、数百小时的采访，他们很多是娃哈哈的元老或者历史见证人，谈话的内容包罗娃哈哈的成长历史、宗庆后的人生经历、家庭生活、心灵史、对基本问题的答案等等，许多内容都是首次独家披露。

娃哈哈的资料室，成为了我们撰写这本书的“丰富的后方”，我们经常一泡就是几天，一次次看着工作人员摇动手柄，打开一排排巨大的资料库，翻出与宗庆后的人生有关的珍贵的一手资料：他的亲笔信、手稿、照片、视频，或者是与他相关的报道、文件、合同、档案等等。泛黄的纸片浸透历史的气息，诉说着一位伟大的企业家的艰苦卓绝和智慧顽强。

为了让本书具有最高的权威性，娃哈哈公司也向我们开放了核心的绝密资料，比如娃哈哈经营布局和未来规划等等。文件上“绝密”的字样和近五百万字的资料总量，展现了娃哈哈公司和宗庆后先生对这本书的足够的诚意。

三年间，我们五易其稿，最终为读者呈现出了这本书。感谢众多朋友的帮助，让这本书得以与读者见面。

在一个最视若无睹的行当里，宗庆后实践了达·芬奇的那句富有灵感的名言：“有人能看到，有人在别人指给他看时才看到，有人根本看不到。”

宗庆后看到了。这样的宗庆后，对于中国的创业者来说，其符号价值、象征意义，远甚于其他地产富豪和互联网大佬。

基于这样的判断，将宗庆后的故事放在三十多年的大变局当中观测，我们会发现：

宗庆后的故事是一个典型的中国故事——一个人相信这个国家的伟大，因应时代的变化，通过自己的努力，成为这个国家最富有的人。他同时还告诉人们：一个人如何在贫穷时保持向上的姿态；如何在富有时保持生活的质朴；如何在喧嚣浮躁中保有一颗赤子之心；如何在拥有力量的时候承担起责任；如何面对重压毫不妥协；如何成为一个真实的、自己希望成就的那个自己。

我们事实上无须问“为什么是宗庆后”。当我们看到“宗庆后是什么”的时候，我们就应该意识到，若有足够勇气，愿意承受变化的重压，愿意承担命运的裁决，愿意接受时间的考验，每一个人都可以成为宗庆后，每一个人都可以讲述属于自己的“中国故事”。

迟宇宙

2015年7月25日

图书在版编目(CIP)数据

宗庆后:万有引力原理 / 迟宇宙著.
—北京 : 红旗出版社,2015.10
ISBN 978-7-5051-3569-7

Ⅰ.①宗… Ⅱ.①迟… Ⅲ.①饮料-食品企业-工业企业管理-经验-杭州市 Ⅳ.①F426.82

中国版本图书馆 CIP 数据核字(2015)第 242115 号

书　　名 宗庆后:万有引力原理
著　　者 迟宇宙

出 品 人	高海浩	**封面设计**	李子琪
总 监 制	徐　澜	**版式设计**	水玉银
责任编辑	陈　桔	**封面摄影**	房　翔
特约编辑	程　峰	**扉页摄影**	房　翔
责任校对	赵晓思	**图文排版**	杭州兴邦电子印务有限公司

出版发行 红旗出版社
地　　址 (南方中心)杭州市体育场路 178 号
邮　　编 310039　　**编 辑 部** 0571-85310271
E-mail 672329804@qq.com　　**发 行 部** (北京)010-64036925
(杭州)0571-85311330
欢迎项目合作　项目电话 (北京)010-84026619
(杭州)0571-85310271
印　　刷 杭州长命印刷有限公司

开　　本 710 毫米×1000 毫米　1/16　　**字　　数** 450 千字
印　　张 27　　**彩　　插** 8
版　　次 2015 年 11 月北京第 1 版　2015 年 11 月杭州第 2 次印刷

书　　号 ISBN 978-7-5051-3569-7　　**定　　价** 56.00 元
